D1612844

30150   011228084

"E.J.W. GIBB MEMORIAL" SERIES

NEW SERIES, 31

A la mémoire du docteur Georges Colin
dont la générosité a permis cette édition
en hommage respectueux et reconnaissant

The

'Uddat al-jalīs

of

'Alī ibn Bishrī

An Anthology of Andalusian Arabic *Muwashshaḥāt*

edited by

Alan Jones

Fellow of Pembroke College, Oxford

1992

E.J.W. Gibb Memorial, New Series No. 31

First published in 1992 by the Gibb Memorial Trust,
Leda House, Station Road, Cambridge

Typeset at Oxford University Computing Service

Printed and bound in England by Aris and Phillips Ltd.,
Teddington House, Church Street, Warminster, Wilts.

British Library Cataloguing in Publication Data

Jones, Alan
   The '*Uddat al-jalīs* of Ibn Bishrī
a critical edition
   —(E.J.W. Gibb Memorial, new series; 31)
   1. Muwashshaḥ—Texts
I. Title
III. Series
861   PJ7755

ISBN 0-90609-440-2

"E.J.W. GIBB MEMORIAL"

Present Trustees

Clerk to the Trust

Acknowledgements

This edition would not have been possible without the generosity of the late Georges Colin, and I trust that it is of a standard that would have satisfied him.

I should also like to pay special thanks to two Arab friends who have always been ready to discuss with me problems about the manuscript: Professors Samīr Haykal and Bassām Sāʿī. If I were to name others who have helped me in various ways, I should have a list that would rival that of Ms Jilly Cooper in *Polo*, and that hardly seems appropriate.

In addition to Georges Colin, there are two people to whom not only I but all readers are indebted. They are Professors Pat Harvey and Geoffrey Lewis, who helped to soothe me down and sort out a series of crises and misunderstandings with the Clerk to the Gibb Memorial Trust that threatened to abort publication with the Trust. Even so, there has been considerable, if unavoidable, delay, which I very much regret.

Pembroke College   *A.J.*
Oxford

It was after the above had first been printed that I came to know Adrian Phillips. I would like to place on public record my appreciation of his care and professionalism in dealing with a nightmare set of bromides printed in what was for him a largely unintelligible script. The size of the book — quarto — added to the problems. If there are times when the pagination is slightly awkward, that is because the bromides had to be produced without regard for page size and the printers had to do the best they could with them. When we found at a very late stage that I had allowed poem 59 to be printed twice, it was thanks to Adrian that I was able to substitute appropriate reproductions of the *lacunae* occurring in poems 58, 59, and 60.

A.J.

Introduction

The aim of this edition is to present the text of a crucial work in a form that is as close to the unique manuscript as I can manage. My introduction to this volume is therefore brief, the indices confined to simple references (*i.e.* there is no biographical data on such figures as al-Mu'tamid or the poet 'Ubāda, *etc.*), and the bibliography is limited to the few works that the reader is likely to need for textual cross-references.

Attention is thus focused on the texts of the poems themselves, for the goal of this volume clearly had to be the establishment of the text, as the majority of the poems are being printed for the first time.

However, the *'Uddat al-jalīs* is not an easy work, and I fear that it needs two companion volumes, both of which I intend to provide. The first is a *facsimile* of the manuscript. The basic work for this has already been done. The only question is whether a black and white version is clear enough. The alternative, a colour version, will have to be on microfiche if it is not to be prohibitively expensive. The second volume required is a commentary on the poems. I am reasonably well into this, but there is still a long way to go.

The Work

The *'Uddat al-jalīs* is an anthology of outstanding literary importance, probably the most valuable work of Arabic poetry to surface in this century. It contains the largest and best collection of Andalusian Arabic *muwaššaḥāt*, 354 in all, of which over 280 are not extant in any other major source. Furthermore, no less than 29 of these poems have *kharjas* that are wholly or partly in Romance. (By comparison, the next most important collection, the *Jayš al-tawšīḥ* of Ibn al-Khaṭīb has 111 unique poems and 16 with 'Romance *kharjas*'.) The *'Uddat al-jalīs* is therefore a key source for those interested in Arabic literature, Romance literature or comparative literature. Three of its *kharjas* containing Romance, two of its *maṭla's* and eleven of its Arabic *kharjas* are also to be found as *kharjas* of Hebrew *muwaššaḥāt*, giving it yet another dimension.

The anthology survives in one manuscript only, the *manuscrit Colin*, unearthed in Morocco in 1948 by the late Professor Georges Colin. The one disappointment about the manuscript is that considerably fewer than half the poems carry ascriptions. With over two hundred poems we find

the title *muwaššaha* and nothing else. Occasionally even that is missing. Even when attributions in other sources — often of small fragments rather than whole poems — have been added to the appropriate *muwaššahāt*, the total of attributable poems is still only half of the total number of poems in the anthology.

What ascriptions there are appear to be reasonbly reliable, though the spelling is not always correct, and from time to time *ibn* or *abī* is omitted from a name. When there is a clash about attribution, most frequently between the *'Uddat al-jalīs* and the *Jayš al-tawšīḥ*, the *'Uddat al-jalīs* usually seems to be correct. However, there are exceptions to this. For example, the poem no.50 in the *'Uddat al-jalīs* is attributed to Ibn Baqī, whilst in the *Jayš al-tawšīḥ* (section 15, poem 2) it is ascribed to Ibn Zuhr. General stylistic features make the latter much more likely. The most surprising error is with poem no.145, which is attributed to Ibn Sahl, instead of to Ibn Šaraf.

Amongst the poets with *muwaššahāt* surviving in the *'Uddat al-jalīs* but not elsewhere are such famous names as al-Mu'tamid and al-Ruṣāfī, together with such lesser figures as Ibn al-Mu'allim, Ibn Ḥamdīn, the poetess Nazhūn and a good few others. Virtually all the famous *waššāhūn* are represented. The one notable exception is 'Ubāda ibn Mā' al-Samā', whose name neither appears in the anthology nor can be attached to any poem in it.

However, it can no longer be said that 'Ubāda ibn Mā' al-Samā' (died 419 or 421 A.H./1028 or 1030 A.D.) is the earliest *waššāh* to have a *muwaššaḥ* extant. The *'Uddat al-jalīs* contains at least one poem that may be dated to the tenth century. That is no.33, which the manuscript attributes to Abū 'l-Qāsim al-'Aṭṭār. This appears to be an error for Abū 'l-Qāsim *ibn* al-'Aṭṭār, a native of Écija, who became a well-known grammarian in Seville. His dates are given as 299-387 A.H. *i.e.* 911/2-997 A.D., thus wholly within the tenth century. There is perhaps one other poem in the anthology that we may tentatively ascribe to the first century of the *muwaššaḥ*'s existence. It is an anonymous *muwaššaḥ*, poem no.164, which resembles a *musammaṭ* in structure: AAAA B etc., with only one section in the *simṭ* lines. The final *simṭ* is a proper name, and thus not susceptible of typical *kharja* development. (An anonymous Hebrew poem of similar structure is to be found in Schirmann, *Širīm hadašīm min ha-genīzah*, Jerusalem 1965, poem 165, pp.336-7. It has an Arabic *kharja* and hence is more fully developed.)

The Anthologist

Mystery surrounds the anthologist. It would appear that he is not mentioned in any source material, and we are confined to what we can glean from the anthology itself. Even his name is a matter of some

dispute. It occurs only once in the manuscript, and then in a form that can be read two ways. When the anthology was first discovered, it was suggested, by Georges Colin himself it would appear, that the name was 'Alī ibn Bušrā. This was presumably because on the sole occasion that the compiler's name appears in the manuscript the final *yā'* has no dots: علی بن بشری However, that does not necessarily signify that the letter represents *alif maqsūra* — the final *yā'* of the following *nisba* is also without dots. It seems more likely that the compiler's name is 'Alī ibn Bišrī, as Bišrī is a form known to have been used in the Maghrib in medieval times. There is also the problem of whether we are to take the *nisba* 'of Granada' literally or not. I suspect that it simply indicates that the anthologist's family claimed Andalusian origin, but I have no good reason for doing so.

For the rest, the manuscript indicates that Ibn Bišrī, as I shall continue to call him, was the author of twelve poems in the anthology: poems nos. 1, 34, 35, 87, 134, 137, 159, 160, 194, 291, 302 and 307. These poems refer to some proper names: Aḥmad, Aḥmad ibn al-Qasṭal, al-Qasṭal (also al-Qasṭāl); and to one place name: Marrakesh (the only occasion that the city is mentioned in the extant corpus). Two other poems that bear no ascription (nos. 43 and 270) apparently contain references to the same people, but there is no cogent reason for assuming that they are also by the compiler. They might be, but they could just as easily be by a contemporary.

There is an indication of *ante quem non* in his inclusion of one *muwaššaḥ*, but only one, by Lisān al-dīn Ibn al-Khaṭīb (died 1375 A.D.). One may perhaps guess, on this very flimsy basis, that Ibn Bišrī flourished in the generation following that of Ibn al-Khaṭīb.

The *manuscrit Colin*

The age and provenance of the manuscript remain unclear, because of the loss of the final pages, which would have held any colophon. However, it is a typical Maghribi manuscript, and it would seem more or less certain that it is Moroccan. The compiler appears to have flourished in Morocco, Professor Colin acquired the manuscript there, and on the basis of notes he found scribbled on the first page he gave the following brief description to García Gómez, who incorporated it into *Veinticuatro jarŷas romances en muwaššaḥas árabes (Ms. G.S. Colin)*, al-Andalus, 17 [1952], p.63:

> Le ms. parait d'époque sa'dienne et a appartenu au prince al-Mustaḍī', fils du sultan Muley Ismā'īl du Maroc, qui mourut en 1173 h. = 1759-60.

The manuscript is of good size, measuring 11⅔ by 8½ inches (29½ by 21½ centimetres). It has suffered greatly in the passage of time. In many places the ink has eaten through the paper; it is much damaged by worm holes; and pages towards the end have been soaked by water at top and

bottom, causing both staining and the fading of the ink, in some places to the point of illegibility. It ends abruptly in the middle of poem 354, at the bottom of page 222. It is impossible to say how many pages have been lost, probably only a few.

In three places the manuscript contains poems that have seriously defective texts: these are nos.58-61, 104 and 261-263. The way that the manuscript is copied at these places indicates that the problem must have lain with the exemplar from which our copy was made. There are also indications, notably an initial uncertainty when some of the scribes begin their copying, that the exemplar was not all that easy to read.

As one would expect, the manuscript is written in Maghribi script throughout, and the alphabetical order used in the arrangement of the poems is the Andalusi/Maghribi one.

A minor amount of correcting appears to have taken place at the time that the manuscript was copied, but it did not rid the text of many errors.

Poems 1-63 have brief marginalia on metre and music. For example, against poem no.5 we have: *ʿalā wazān* (sic) *ʾyā man ḥakā'* (a cross-reference to poem no.1); and against poem no.6 we have *mina 'l-garība; maʿlūm al-istiʿmāl*. They are written by a later and not very literate hand, possibly by a musician. These notes are clearly not part of the original text. I have therefore excluded them from this volume. Nevertheless, they are of considerable interest, and they will be printed and discussed in my volume of commentary.

Scribes and Orthography

No less than six copyists were involved in the copying of the manuscript. The sections that each scribe copied are:

Scribe	Pages	Poems
A	1-56	1-83
B	57 only	83-85
C	58-110	85-173
D	111-168	173-269
E	169-194	269-308
F	195-222	308-354

The handwriting of each of these scribes has some characteristics that mark it as quite different from that of the others, and it is necessary to treat the pages written by each of the scribes as falling into a separate palaeographical unit. What may seem plausible in the interpretation of the writing of one scribe may well be inappropriate with the others. Of course, this is not always the case, but extrapolation from one scribe's writing to that of another must normally be considered to be highly dubious.

A minor but quite significant complication is an added uncertainty that is noticeable in the 29 *kharja*s that contain Romance material. Scribal uncertainty is not infrequent in colloquial *kharja*s, but it is, in my view, more marked in the Romance *kharja*s, sometimes being a positive indication of the presence of Romance. In some cases (a good example is the last word of poem no.260), the scribe seems deliberately to have written an incomplete or ambiguous form, in the hope that a learned reader would know what was meant.

The copying of the scribes is of variable quality. The best, by some way, is D, though even he would win no prizes for accuracy. A and E are tolerable. F is rather poor. Worst by some way is C. His neat and apparently assured handwriting masks gross ignorance and carelessness. Mistakes litter the section of the manuscript for which he was responsible. His incompetence adds greatly to the palaeographical problems, as it sharply increases the probability of irretrievable corruptions.

Vocalisation is inconsistent between the scribes, and in the case of two of them, E and F, one section of the pages they copied is vocalised and the other is not. The standard of the scribes' vocalisation is very much like that for their writing of the consonantal text. D is again best, often vocalising fairly fully and with reasonable accuracy. It is quite impossible to guess whether any of the vocalisation has been taken over from the exemplar or not. Even if it has, it is greatly affected by the attitude and competence of the scribe concerned. Specimens of each hand are given immediately after this introduction.

For those used only to modern orthography, there are other, largely irrational, variations in spelling that will take a little time to become accustomed to. Many of the more frequent variations are connected with *alif maqsūra*, for which *alif* and *yā'* are used interchangeably, and *hamza*, the writing of which is not bound by the modern rules of orthography. Thus *ra'ā* 'he saw' may be written in its normal form of *rā', hamza* with an *alif* bearer, *yā'* or as *rā', hamza* with no bearer, *alif*. *Alif madda* is very rare in its modern form. Instead, one finds *hamza* without a bearer followed by *alif* (at the beginning of a word) or *alif hamza* only (usually at the beginning of a word) or simply *alif* alone. Occasionally the *hamza* gets written in front of *lām alif* when it should go with the *alif* of the combination, *e.g.* in line 7 of poem no.61 *la'ālī* is written as *hamza* without a bearer, *lām, alif, lām, yā'*. This oddity is always disconcerting, and the normal spelling is given in the critical apparatus.

In these and other places where the orthography might cause difficulty for the reader I have added a note in the critical apparatus to give the word or phrase as it would normally be printed to-day.

Those not accustomed to the Andalusi/Magribi script should note that the orthography of *fā'* and *qāf* differs from the eastern spelling in the

dotting, but not the shape, of the two letters. *Fā'* has one dot below its shape instead of one above; and *qāf* is spelled with one dot above instead of the two dots used in the east. Further, with the final and independent forms of the two letters the dot is most frequently omitted.

Method of editing

The problems of editing Arabic texts are seldom discussed in any detail. For the most part this is because Arab tradition — naturally the dominant one — has become firmly fixed, and shows little response to suggestions that different norms be adopted. It is felt that traditional methods are generally adequate.

Over the centuries, two quite distinct editing procedures have evolved. The first is a procedure unlikely to be challenged, one of extreme fidelity, in which the works concerned are not subject to editing in any technical sense but are carefully preserved and transmitted as accurately as possible. The Qur'ān is of course the supreme example of this, but the transmission of some of the major *Hadīth* collections is also remarkable for its accuracy and conservatism. The few works that are treated in this way show variations that reflect developments in the script but little else.

With other medieval works, the standard view in the Arab world is that a completely different process should be adopted. It is felt that the text is part of a living tradition, and that it is the basic duty of the modern editor to ensure that his edition should be as accessible as possible to the Arab reader of to-day, and that all other aims should be subordinate to this.

In many ways this is a laudable approach, but the inevitable result is that modern editions of medieval texts stand at some remove from the manuscripts of the work being presented. Uniformity of spelling, in particular, is seen as a basic necessity, even though its imposition eliminates information contained in the manuscripts about the long evolution of the Arabic script. With a good editor, this modernising approach normally produces a reasonably reliable and readable text, and in cases where the prime *desideratum* is to put an easily readable text before the general public, one cannot reasonably object to that.

However, at a scholarly level there are drawbacks to such an approach. The reader gets virtually no idea of the real nature of the textual problems involved, and the edition makes no contribution to our knowledge of Arabic palaeography. Yet a knowledge of palaeography is often crucial to the understanding and solution of textual problems. In particular, it acts as a restraint against the temptations of instinctive emendation to which many Arab editors have been prone.

The lack of a sustained palaeographic tradition poses problems for an editor who wishes, for whatever reasons, to pay particular attention to manuscript problems. Any attempt at an approximation to a diplomatic

text will produce an edition with spelling and other anomalies that will at first reading prove difficult and distracting to readers unaccustomed to the erratic ways of medieval scribes. It is clear, therefore, that editors will not adopt such an approach unless they are convinced that the text being edited requires such special treatment. From a very early stage in my editing of the manuscript of the *'Uddat al-jalīs*, I have felt that it falls into this category. In fact, I believe this to be the case with all the main manuscripts of Andalusian stanzaic poetry, as they contain both Romance and Andalusian dialect material.

We have a duty to our colleagues who specialize in Romance studies, if to no one else, to see that the lines containing Romance material are available in a form that is as near to a diplomatic edition as possible. It is equally important to present the *kharja*s containing dialect material in a form that indicates clearly what spelling the manuscript gives. Any modernisation of the spelling of the *kharja*s will inevitably obscure some of those indications of Andalusian dialect in the *kharja*s. This will in turn cause failures in our perception of some of the dialect features involved. Now, if the lines containing Romance and dialect material are have to be given conservative palaeographical treatment, it is hardly reasonable to handle the rest of the text in a different manner.

When I first began my edition of the *'Uddat al-jalīs*, I made it my goal to produce an edition that would come as close as possible to the ideal of a diplomatic text. As time has progressed, however, I have seen the edition move away from my ideal, as problems of various kinds had to be dealt with.

The most difficult problem that faced me was with the form of script I have had to use. As will be immediately apparent, the printing fount available to me is an excellent *naskh* fount. It is something of a paradox to have such a fount with Maghribi letters, but this was a necessary compromise.

There was an additional problem. The typesetting machine to which I have access can produce the Maghribi *fā'* in its dotted forms, but not in its undotted forms; nor can it produce *qāf* either with a single dot or without any dot. As a result, I have had to check every final and independent *fā'* and *qāf* and use liquid paper on the bromide sheets to remove the surplus dots. Though I have done my best, I fear that there are bound to be errors with such minute alterations.

There is also a problem with *šadda* that is common to most medieval manuscripts, both western and eastern. The *manuscrit Colin* has three forms for *šadda*: ^{ᵛ ᴧ} and ᴧ to show a doubled consonant plus *a*, *u* and *i* respectively. These forms may or may not have the vowel sign in addition. The three forms merged in later Arabic, and modern printing uses for all three, thereby losing some useful information when the vowel is not

written in addition to the *šadda*.

Two further general, but specifically Andalusi/Maghribi, orthographic problems concern scribal interchangeability between *dāl* and *ḏāl* on the one hand, and *ḍād* and *ẓā'* on the other. For example, *šādin* is spelled as both *šādin* and *shāḏin*. This causes no difficulty. But when *naẓīr* is spelled as *naḍīr* there is a problem. After long deliberation, I decided that there was no alternative but to treat these letters very much as a traditional editor would do, that is to print the letter that is to all appearances correct without drawing special attention to this in the apparatus. When, however, there is the slightest doubt or difficulty caused by the interchangeablility of these letters, any change from the manuscript reading is noted in the critical apparatus. This is, I must accept, a lapse from the appropriate standard of meticulousness, but an inevitable one if the apparatus is not to be too cluttered. The only mitigation I can plead is that a *facsimile* edition will make it possible for those who want to check on such spellings to do so. These problems apart, I have done my best to reproduce the manuscript orthography.

The Critical *Apparatus*

This is in Arabic with the following exceptions: Hebrew names and phrases found in Hebrew *muwaššaḥāt* are in Hebrew characters; references
to European scholars and works are in Latin characters. García Gómez's name has suffered the slight indignity of losing its accents. This is because it is virtually impossible to print accents on Latin characters processed through the Arabic printing software available to me, due to the complications that arise through the need to feed the Latin characters through in reverse order. For example, 'Stern' had to be entered as 'nretS'.

Though I have emended the text wherever I have felt justified, there are many other places in which I suspect the transmitted text to be very doubtful but nevertheless feel that I cannot present a fully reasoned case for the emendation I would wish to propose. In such cases, I have left the manuscript reading in the body of the poem but put my emendation in the *apparatus*. The phrase *kaḏā 'ayn* (ع is the *siglum* I have used for the *manuscrit Colin*) basically means *caveat lector*, as the text has to be looked at particularly carefully at that point, either because the reading is doubtful or because there is something unusual to be noticed. For example, the last word of line 5 of poem no. 230 reads *ašjānā*[3]. Note 3 reads *kaḏā 'ayn*. The reason, which can only be explained fully in a commentary, is that the *ašjānā* has already appeared at the end of line 4, and may well be a case of dittography. However, one cannot make a good case for following García Gómez, who substitutes *aḥzānā*, blithely adding, 'El ms. tiene aquí indudablemente por error, *ašjānā*, como dos

esticos antes' (*Las jarchas romances*, 2nd ed., p.192). There is obviously a problem, but the solution is not at all clear. Again, the text for line 23 of poem no. 71 reads [6]*wa-kam wahabta min mali-k*,[6] and note 6 reads *kaḍā 'ayn*. The reason is that the *min* presents a metrical problem. One can solve this either by assuming that a metrical foot has been substituted in a way that is normally considered irregular or by taking the view that the syllable is unstressed and that the quantity does not matter.

I have used the obelus † to indicate a corrupt passage for which no plausible emendation can be suggested, for example, when the same *juz'* has been copied twice, once correctly and once in error (as in lines 9 and 13 of poem no.223). In such cases, there is no hope of restoring the incorrectly copied section, unless the poem has survived in a different recension.

Reference is made from time to time to emendations made for metrical reasons. Alterations made solely on a metrical basis have been avoided wherever possible, unless the metrical pattern of the poem points to manifestly incorrect vocalisation that can be corrected very simply. The scansion patterns I have established have been for my own use to help me as I worked through the text. They were not intended for publication at this stage, though they will need to be discussed in the volume of commentary. However, I should make it clear that I have treated the scansion in a fairly traditional Arabic manner, in what is becoming known as the extended Khalīlian system, but without any attempt to give the patterns that emerged any Khalīlian label. Where a complete breakdown in the metrical pattern has been apparent, I have looked at the text very carefully to see if emendation was indicated, and where there has been a logical case I have made an emendation. I have not acted in this way where there might be just an unusual substitution of metrical feet (*tafʿīlāt*).

It is not the aim of this edition to produce a comparative text or a general *apparatus* when a poem appears in more than one source. Different recensions are quoted whenever they throw light on the text found in the *ʿUddat al-jalīs*, but not otherwise. Similarly, *maṭlaʿ*s and *kharja*s that are also to be found in religious *muwaššaḥāt* are referred to only if they throw light on a line in our text.

The works that contain alternative recensions that are of real value are the *Jayš al-tawšīḥ* of Ibn al-Khaṭīb, the *Dār al-ṭirāz* of Ibn Sanāʾ al-Mulk, the *Mugrib* of Ibn Saʿīd, the *Tawšīʿ al-tawšīḥ* of al-Ṣafadī, and the *Nafḥ al-ṭīb* and *Azhār al-riyāḍ* of al-Maqqarī. The *ʿUqūd al-laʾālī* of al-Nawājī, the *Sajʿ al-wurq* of al-Sakhāwī and the considerably later *al-ʿAḍārā al-māʾisāt* are much further down the chain of transmission, and they are not referred to unless they have information not available elsewhere.

Bibliography

Arabic material

Abū Nuwās, *Dīwān*, ed. Gazālī, Baghdad, 1963.
Ibn 'Arabī, *al-Dīwān al-akbar*, Bulaq, 1271 A.H.
Ibn Bassām, *al-Ḏakhīra*, ed. Iḥsān 'Abbās, Beirut, 1975-9.
Ibn Khātima, *Dīwān*, ed. M.R. al-Ḍaya, Damascus, 1972.
Ibn al-Khaṭīb, *Jayš al-tawšīḥ*, ed. Nājī and Māḍūr, Tunis, 1967.
Ibn Khaldūn, *al-Muqaddima*, Beirut, 1967.
Ibn Sa'īd, *al-Mugrib*, ed. Shawqī Ḍayf, Cairo, 1953-5.
Ibn Sanā' al-Mulk, *Dār al-ṭirāz*, ed. Rikābī, Damascus, 1949; second edition, Damascus, 1977.
al-Sakhāwī, *Saj' al-wurq*, still only in manuscript in Istanbul: vol.1 Topkapı ms. 3918; vol.2 Topkapı ms. 2532.
al-Ṣafadī, *Tawšī' al-tawšīḥ*, ed. A.H. Muṭlaq, Beirut, 1966.
al-Maqqarī, *Nafḥ al-ṭīb*, ed. Iḥsān 'Abbās, Beirut, 1968.
Id., *Azhār al-riyāḍ*, ed. al-Saqqā', Cairo, 1939-44.
al-Nawājī, *'Uqūd al-la'āli'*: for an edition of the text see Haykal below.
al-Rawḍa al-gannā', unpublished manuscript in Rabat, *al-Khizāna al-'Āmma*: see *Dīwān al-muwaššaḥāt al-Andalusiyya*, vol.3.
al-'Aḏārā 'l-mā'isāt, ed. M.Z. 'Inānī, Alexandria, 1986.
Dīwān al-muwaššaḥāt al-Andalusiyya, vols. 1 and 2, ed. S.M. Gāzī, Alexandria, 1979; vol. 3, ed. M.Z. 'Inānī, Alexandria, 1988.

Hebrew material

Schirmann, Ḥayyim, *Širīm hadašīm min ha-genīzah*, Jerusalem 1965.
Todros Abulafia (Ṭodrōs ben Yehūdā Abū l-'Āfia), *Dīwān*, ed. Yellin, Jerusalem, 1932-36.
Yehūdā Halevī, *Muwaššaḥāt*, ed. Tova Rosen-Moked, Oxford University D.Phil. thesis, 1972.

Western material

Corriente, Federico, *Spanish Arabic Dialect Bundle*, Madrid, 1977.
García Gómez, Emilio, *Veinticuatro jarŷas romances en muwaššaḥas árabes (Ms. G.S. Colin)*, *al-Andalus*, 17 [1952], pp.57-127.
Id., *Las jarchas romances de la serie árabe en su marco*, Madrid, 1965, second edition Barcelona, 1975.
Heger, Klaus, *Die bisher veröffentlichten Ḫarǧas und ihre Deutungen*, Tübingen 1960 (*Zeitschrift für romanische Philologie*, Beiheft 101).
Haykal, Samir, *The Eastern* Muwaššaḥ *and* Zajal, Oxford University D.Phil thesis, 1983. Vol.2 includes an edition of al-Nawājī's *'Uqūd al-la'āli'*.
Jones, Alan, *Romance* Kharjas *in Andalusian Arabic* Muwaššaḥ *Poetry*, Oxford 1988.
Stern, Samuel, *Les vers finaux en espanol dans les* muwaššaḥs *hispano-hébraïques: une contribution à l'histoire du* muwaššaḥ *et à l'étude du vieux dialecte espagnol "mozarabe"*, *al-Andalus*, 13 [1948], pp.299-348.
Id., *Les chansons mozarabes*, Palermo, 1953 (reprint Oxford, 1964).
Id., *ed.* L.P. Harvey, *Hispano-Arabic Strophic Poetry*, Oxford, 1974.
Sola-Solé, J.M. *Corpus de poesia mozárabe (las ḫarǧas andalusíes)*, Barcelona, 1973.

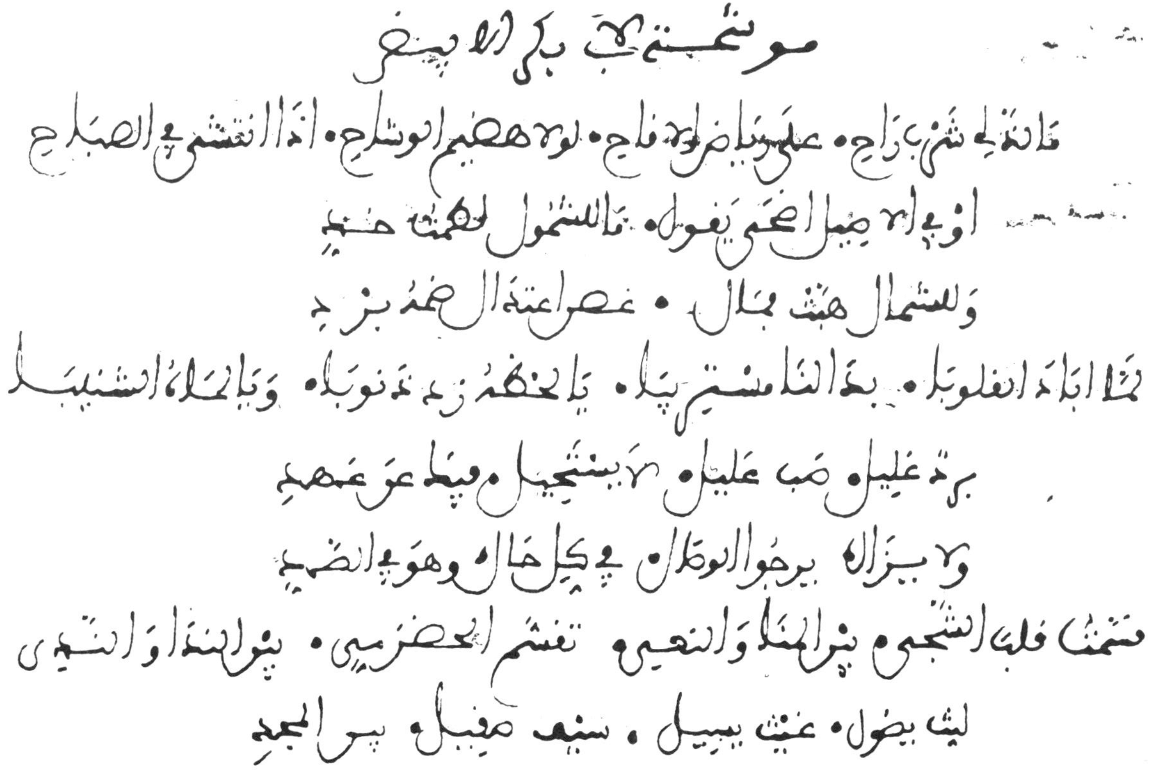

Handwriting of Scribe *A* (from page 47, beginning of poem 71)

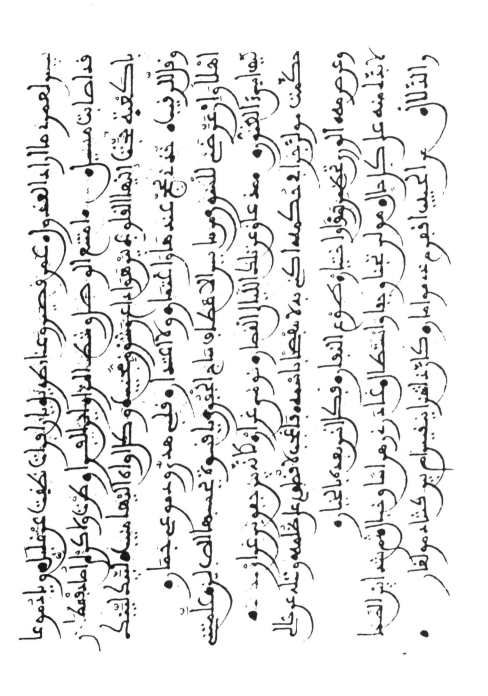

Handwriting of Scribe C (from page 81, poem 124)

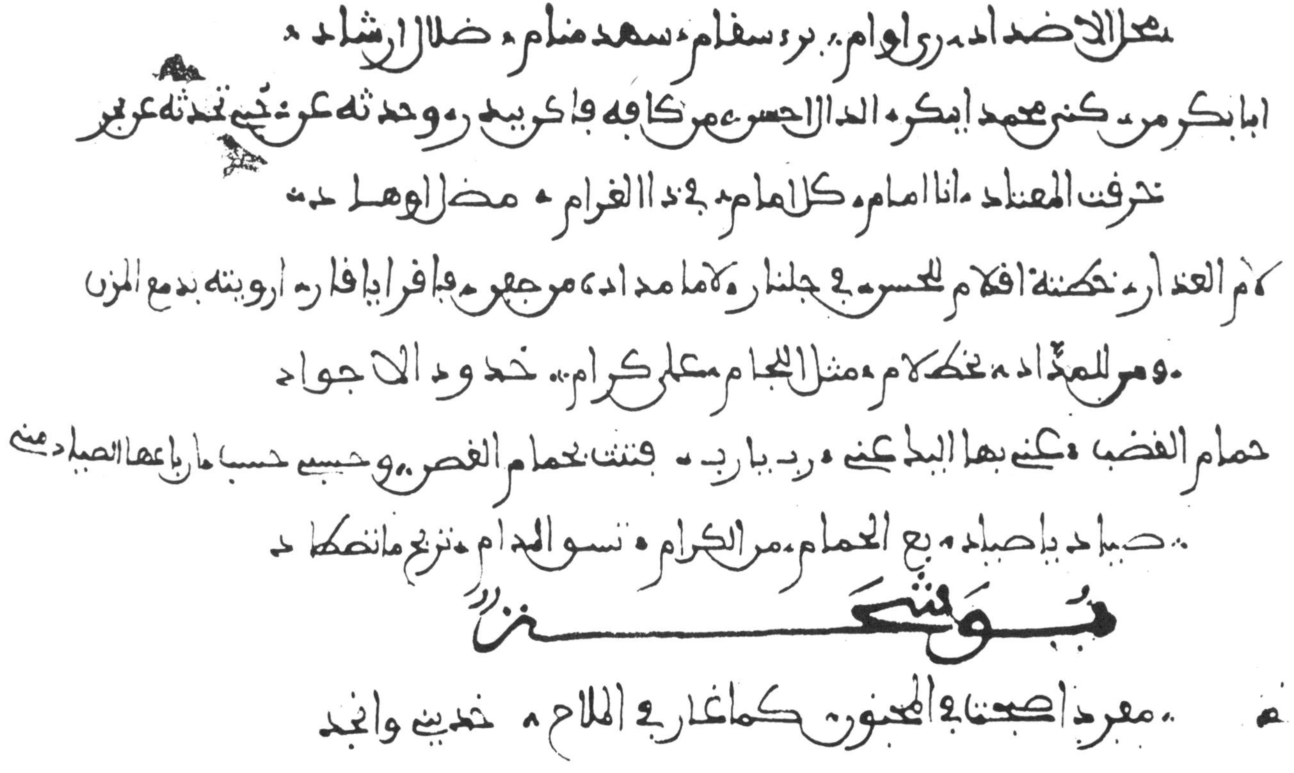

Handwriting of Scribe *B* (from page 57, poems 84 and 85)

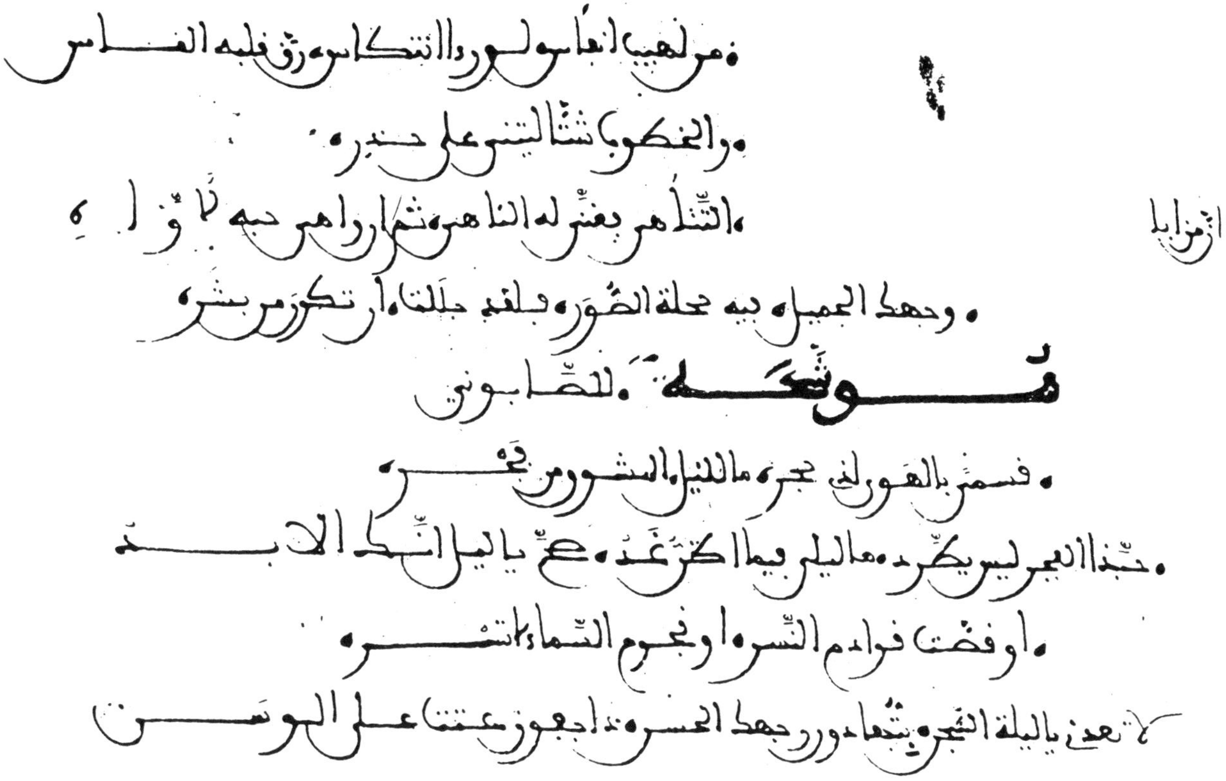

Handwriting of Scribe C (from page 70, poem 104 [showing *lacuna*] and poem 105)

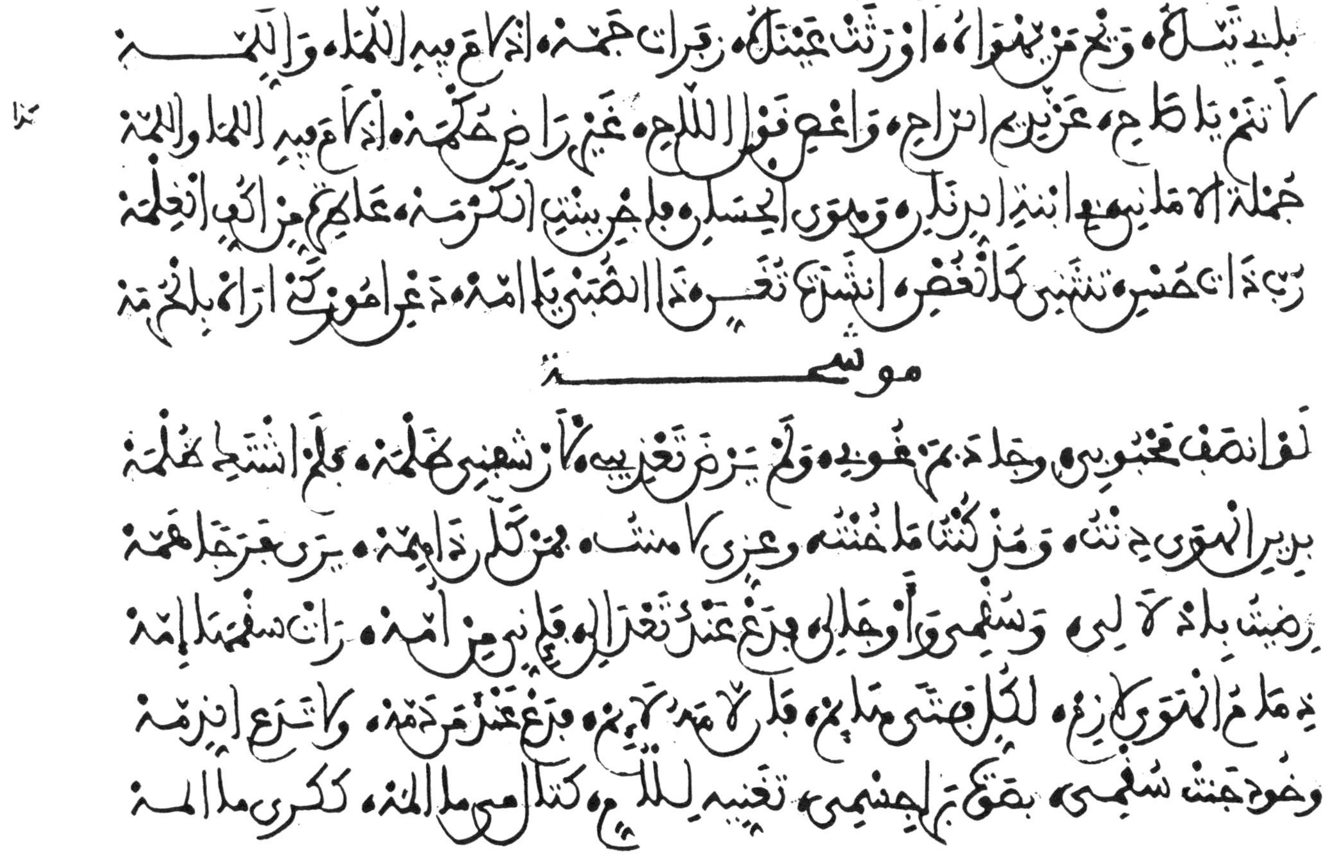

Handwriting of Scribe *D* (from page 139, poems 223 and 224)

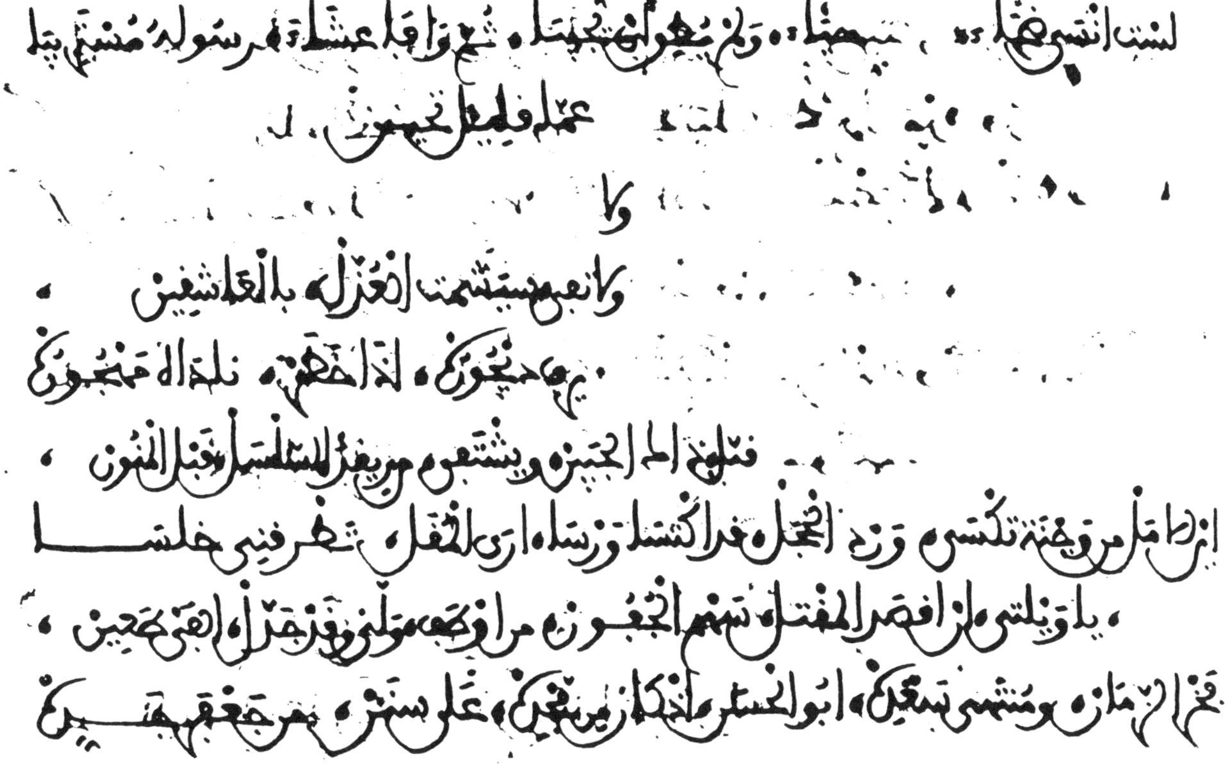

Handwriting of Scribe *D* (from page 163, showing *lacuna* in poem 262)

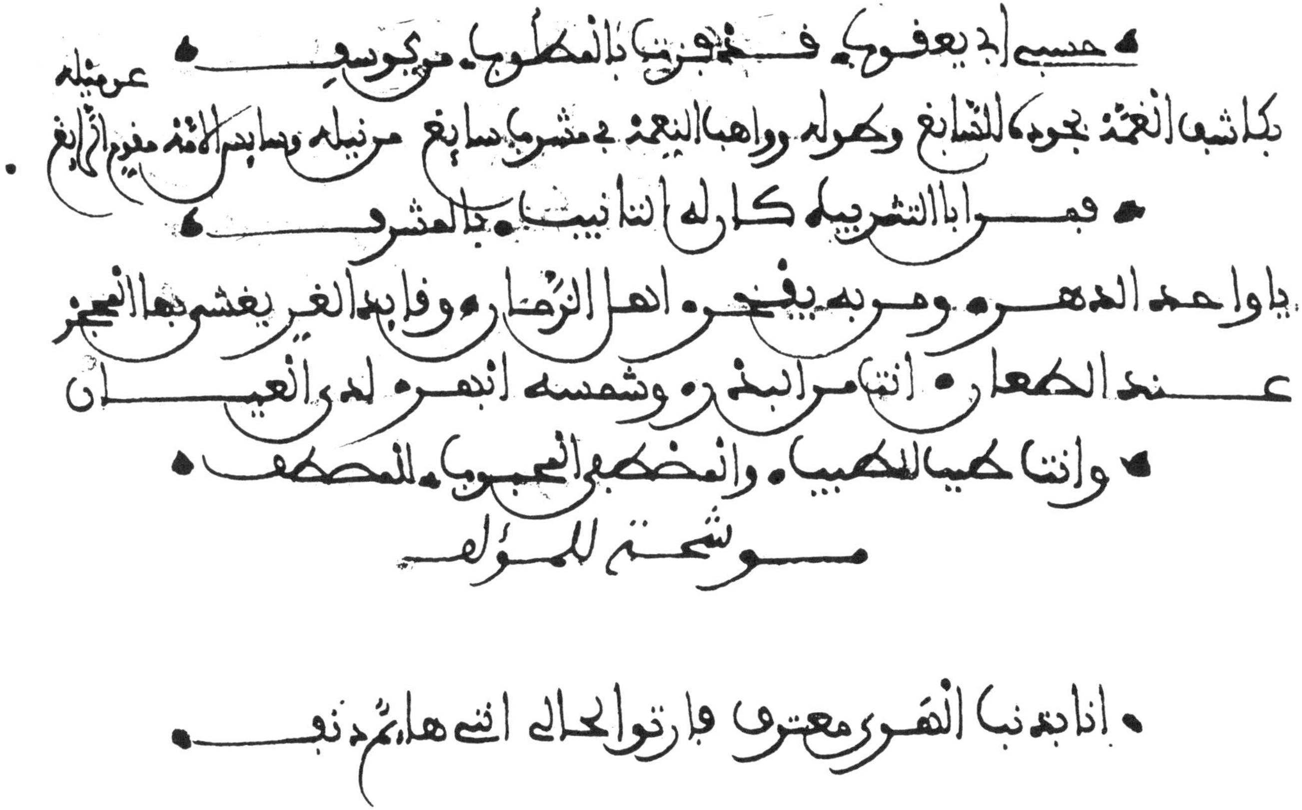

Handwriting of Scribe *E* — unvocalised section (from page 192, poems 306 and 307)

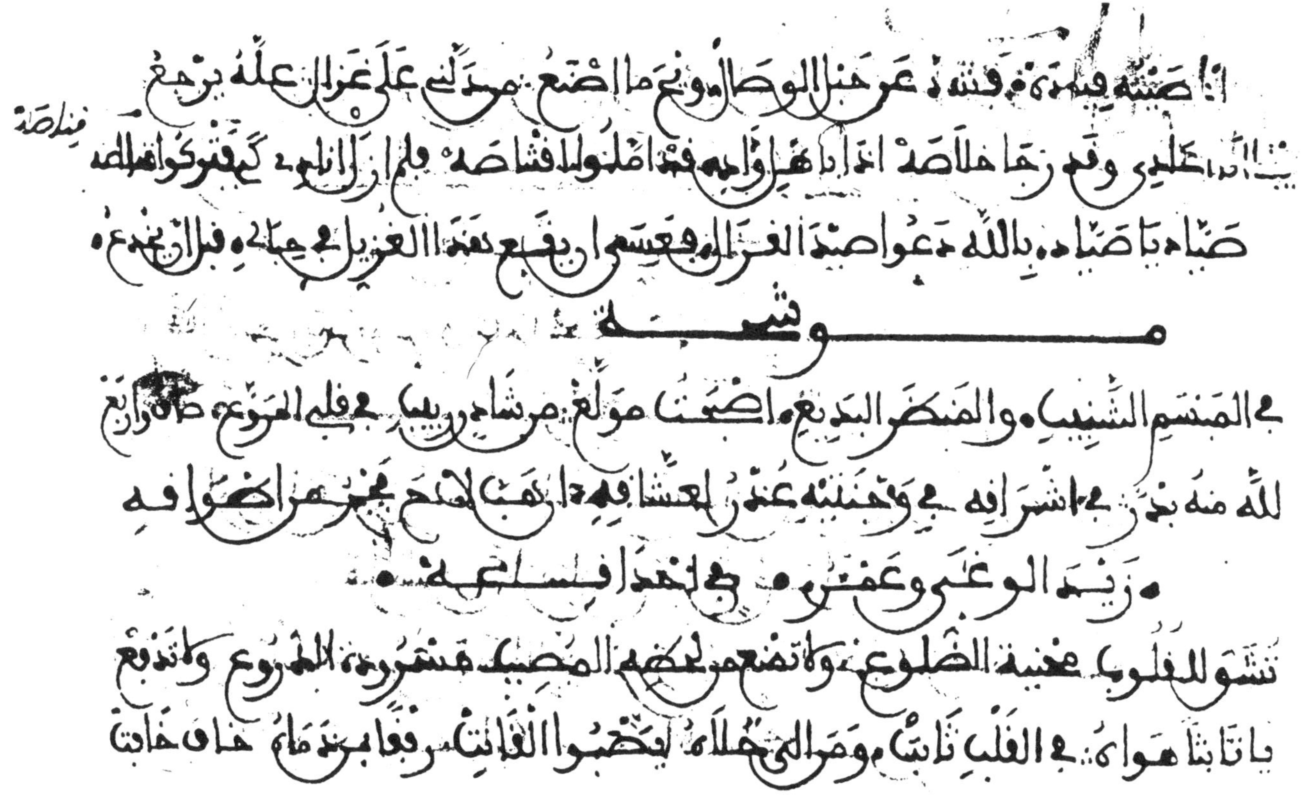

Handwriting of Scribe *E* — vocalised section (from page 188, poems 298 and 299)

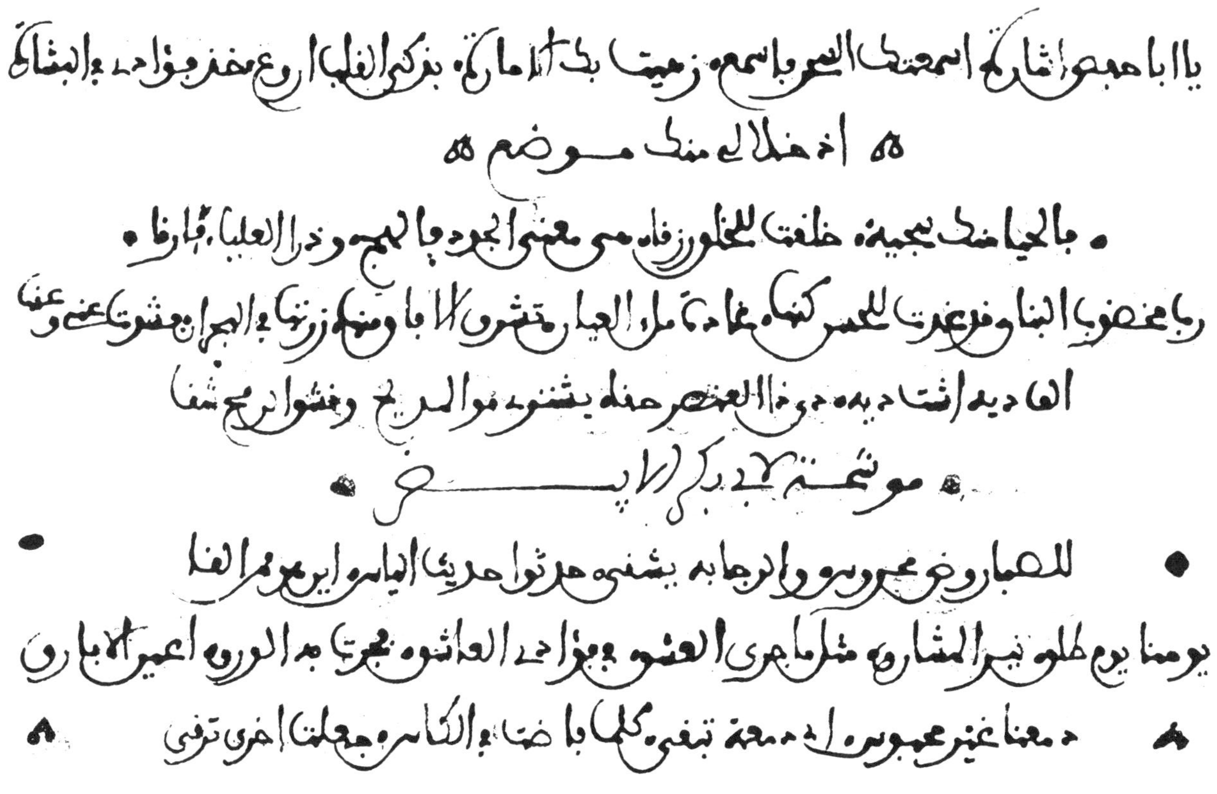

Handwriting of Scribe *F* — unvocalised section (from page 197, poems 311 and 312)

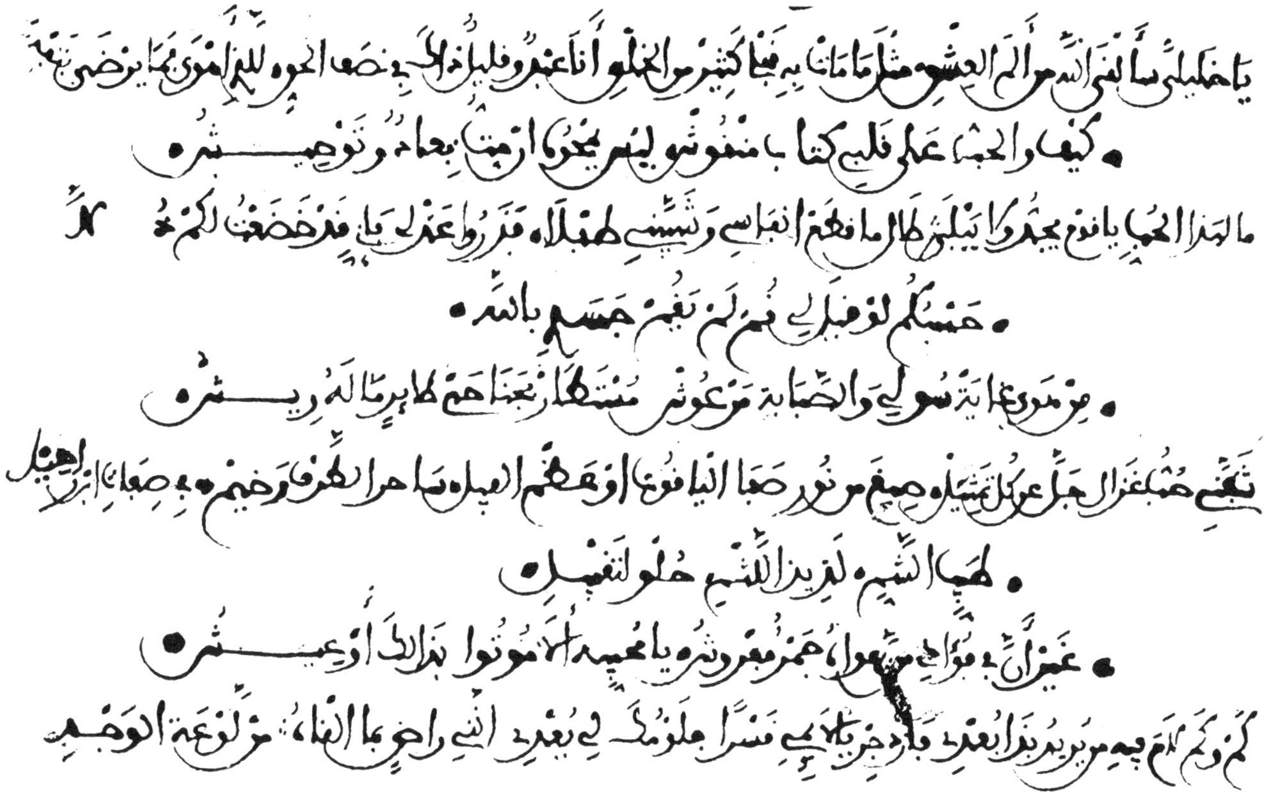

Handwriting of Scribe *F* — vocalised section (from page 216, poem 345)

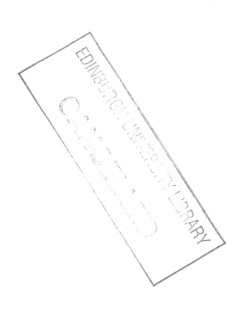

كتاب

عُدَّة الجَلِيس
وَمُؤَانَسَة الوَزِير وَالرَّئِيس

تأليف

عَلى بن بشْرى الاغرناطى

عنى بتصحيحه

أَلَنْ جُونْز

مطبعة مركز الحَسَّابات لجامعة أوكسفورد

تولّى طَبعهُ أُمناء سِلسِلة جِبْ التذكاريّة

١٩٩٢

بسْمِ اللّـه الرحمن الرَّحيم   صَلَّى اللَّـهُ عَـلَى سَيدنا ومولانا محمَّد وَعَـلَى ءَالِهِ

يَـفُـول العَـبْـد الفَـفيرُ الى رحْـمت مَـولَاه الرَّاجى عفْـوه وَمَـغْفِرته وَرضَاه عَلى بن بشْـرى الاغرناطى

الحمد للهِ عَـلَى مَـآ اسْدَى مِنَ النِّعَم وَبسَطَ عَـلَى عبَادِه من انواعِ الفَضْلِ وَالكرَم[١]، وَصَلَّى اللَّـهُ عَـلَى سَيدِنا وَنَـبيِنا وَمَـولانَـا **محمَّد** سيد العَربِ وَالعَجَمِ وَخير من أوتِـى فصْل الخطَاب وَجوَامِع[٢] الكَـلِم وَافضَل مَن خُصَّ بالايات البينَـات وَبدائع الْحِكَم اكرَم نَبى باهى بامَّتِهِ يوم الفيَامَـةِ الامَم، وَعَـلَى ءَالِهِ الطيبينَ الطَّاهِرِينَ وَصَحابتِهِ الهادِين المهتَـدِينَ، وَشرَّف وَكرَّم وَمجَّدَ وَعظَّمَ وزَكَّى وسَلَّم **وَبعد** فَـانِّى لَمْ ازل تَتُوق همتِى وَتستَـدعينى طول المدى عزْمتِى الَى تصنيف تاليف يشتمِلُ عَـلَى مَـا استَعْـذبتْـه المسَامع وَان ارْهف الافئدةَ وَاسَـال المدَامِع من مختَـار ما سمحَت بهِ فرَائح اربَـاب الاذوَاق من مهَـذَّبى الطِّبَـاع الطيبى الاخلَاق من التوْشيحات التِى تصْبُـوا لها الالباب وَتفْـتَحُ عَلى السُّـرور كل بَـاب وَتسْتلب من اعمَـاق الافئدة كل هم كمن وَتصفل عنهَـا كل صدى استحْكَمَ اوْ درَن بلفْظ اوفع فِى الاذَان من الزلَال البارِدِ لِلظمئان حسن الاساليب سلس العبَـارَات وَالتراكيب مطبُـوع المنازع متْفَن الاهزاج وَالمفَاطِع محكم الاضرب وَالاعَـاريض وَينْتخل[٣] لنوعه احسن الافَـارِيض ليكونَ اشمَل للأُنسِ وَاجْـمَع للذَّة النَّـفْس إلى ان نظَمْـتُ هذَا النَّـوْع المسَـمَّى بالتَّـوْشيح وَرَصَعْـتُـه بجَـوَاهِرِ اللَّفظ الفصِيح وَفصلت بيْن دُررِهِ بشذُورِهِ وَردتْ اعجَازَهُ عَـلَى صُدُوره فِيهِ مُـدح الرُّؤسـاء وَالمُلوك ونُظِمَ بمئاثرهم وَمَكارمهم نَظم السُّـلوك **وسميّته** عدَّة الجليس وَمؤَانسَـة الوَزير وَالرَّء يس فوَافَـقَ اسْـمُـهُ مسمَّـاه وَطَـابَق بحمد اللَّـهِ تَـعَـالَى[٤] لفظُـهُ معنَـاه ورَتَّبْـتُـهُ عَـلَى حرُوف المعجَم ليسْـهل عَـلَى النَّـاظِر حِفظهُ وَيفرُب منهُ مَـعْـنَـاه ولفظهُ وَمنَ اللَّـهِ اسْئل أن يتفبَّل التَّـوْبَـة ويَـعفُـوا عَـن الذَّنب وَهوَ سبحانَـهُ حَسْبُنَـا وَنعم الوكيل

١ الكلمة غير واضحة بسبب ثقب فى المخطوطة – ٢ ع «وَجوَامعِ» – ٣ ع «وَبنتخِل» – ٤ ع «تَـعَلَى»

حرف الهمزة

١
موشحة للمؤلف رحمه اللّه

يَا مَن حكى وِرْدةً حَمرَاءَ وَجْهًا عَلَى صعْدَةٍ سَمْرَاءَ

يَا ثابتًا[١] حبُّهُ فِى سِرِّى
يا مَن مُحَيَّاهُ مِثل البَدرِ
اضرمْتَ نارَ الجوَى فِى صَدْرِى
وَصِرتُ من ادْمعِى فِى بحْرِ

وَكاثَرتْ ادْمُعِى الانْوَاءَ وَلَمْ اجِدْ لِلْجَوَى إِطْفَاءَ

لِلَّهِ مَا يشْتَكِى المعْمُودُ
أنْحلَهُ الدمْع والتَّسْهِيدُ
مِنْ خوْف لاحٍ لهُ تَفْنِيدُ
فِى حُبِّ ظَبْىٍ هَوَتْهُ الصِّيدُ

حَكَى رُضَابٌ لَهُ صَهْبَاءَ جَرَى عَلَى لثَةٍ[٢] لَمْيَاءَ

يَا فَاتَل اللَّهُ عَيْنَ الصَّبِّ
كَمْ جَدَّدَتْ فِى الْهَوى مِنْ كرْب
وَاوْقَعَتْنِى ببَحْرِ الحُبِّ
فَخضْتُه[٣] هَيِّنًا فِى صَعْبِ

وَصِرْت أُخْبِرُ عَن اشْيَاءَ وَفَارَقَتْ نَفسِى الأَحْيَاءَ

هذَا الغزَالُ الذِى أَضْنَانِى
مَا إِنْ لَهُ فِى الْوَرى مِنْ ثَانِ

تخَالُهُ الشَّمْسَ فِى نِيسَانِ
فَد حَلَّ مِنّى فِى[4] إنْسَانِ
تَمَلَّكَ الْجسْمَ وَالْحَوْبَاءَ وَحَرَّمَ النَّومَ وَالاغْفَاءَ

لَمَّا اتَى ذَا الْهِلالُ الزاهِرْ
وَفدُّهُ كالْفضِيب النَّاضِرْ
شدَوْتُ شَدْوَ العَمِيد الْحائِرْ
اذْ مَرَّ بِى كَالْغزَال النَّافِرْ
سُبْحانَ منْ صَوَّر الْأَشْيَآءَ وأَبْدَعَ الخَلْوَ وَالْإنشاءَ

١ ع «ثابتًا» – ٢ ع «لَثَّةٍ» – ٣ كذا قرأتُ، ع «فخضْتُ» – ٤ كذا قرأتُ، ع «لِى»

٢
موشَحة

يَا حَادِى العِيسِ بالاظْعَانِ رِفْفا بعَانِ
لَمْ يُبْقِ مِنْهُ هَوَى أَسْمَآءِ غَيْرَ الذَّمَآءِ

بِالطُّورِ[1] والرَّحْمنِ وَبِالْمثَانِى
مَا لِلَّتِى[2] فَد بَرتْ جُثْمَانِى فِى الحُسْنِ ثَانِى
ولا فؤاد الشَّجى الهيْمَانِ يُثْنِيهِ ثَانِ
عَنْ حُبِّ منْ لَحْظُهَا أصْمَانِى لَمّا رَمَانِى
بِنَظْرة فتَلَتْ أَحْشَاءِ فَتْل الرِّشَاءِ

[3]يا ى انْشر[3] أكْفَانِى بَفدْ كفَانِى
وَلْتَعْلَمَا أَنِّ[4] بالاجْفَانِ أَصْبَحتُ فَانِ
مَا ضَرَّ مَنْ حبُّهُ عَفَّانى أَنْ لَوْ شفَانِى
بأَحْرُفٍ مِنْهُ بِالْبُهْتَانِ أَوْ لَوْ أَتَانِى
خيَالُهُ طَارِق الانَاءِ عَلَى التّنَاءِ

٥ مَهضومَةُ الكشحَيْن وَالمعْطِفيْن
تفودُ كُلَّ الْوَرَى لِلْحَيْن بأَوْطَفَيْن
تخالُ شفْرَيْهمَا رُمحَيْن أَو مرهَفَيْن
فِعْلَاهمَا فِى حَشَا الْهَيمَانِ[6] فِعْل الْيمَانى
جَلَّا به راكِب البَلْفَاء يوْمَ اللِّفَاء

لو كانَ للنّصْلِ ذَاكَ الطرْفُ لَمْ ينْبُ سيْفُ
فِى حُسْنِ وصبكَ حارَ الوَصْفُ فالوصْب حيْفُ
أَنْت الْحياةُ وأَنت الْحتْفُ والعمْر ضَيْفُ
فَاستَفْبل الضَّيفَ بالاحْسَان يَا مَنْ نَسَانِى
وَجَازِهِ مِنْكَ بالإِدْناء[7] فبْل الفِنَاءِ

يَا سَالكا حوْمَة النيَاقِ أَلْمِمْ بطَافِ
ترى به البَدْرَ فِى أَطوَافِ ذَات النِّطاق
وَفل لَّهُ عَن شَج مُشْتاق دَامِى الْمئَاق
هَذا خَلِيلُكَ فِى اشجَان لِلْحَرب جَان
لم يُبْقِ[8] مِنْهُ هوَى أَسْمَآءِ غير الذّمَاء

١ سقط لفظ مثل «والشّـمسِ» أو «والنجمِ» أو مثلهما – ٢ ع «يا ى أنْشُـر»، ولعلّ الصواب هو «يا صَاحِبَىَّ انْشُـرَا» – ٣ كذا قرأتُ، ع «لِلَـذِى» – ٤ ع «أنَّ» – ٥ سقط لفظ – ٦ ع «الْـهَـيمَـانَ» – ٧ ع «بالادنا» – ٨ ع «يُبْوَ»

٣
موشحة

الْحبُّ مِن شيَم الاحْرارِ
فَاشْدُدْ عَليْـهِ يَد الايثَارِ
وَانظرْ الى فَلكِ الازْرار
كيْف اسْتَـدَارَ بِبدْرٍ سَارِ
عَلَى فَضِيب نشَا فِى كَلَاٍ[1] مِنَ الغوَالِى وَالعَبِير فِى صَدَاٍ

بَـدْرٌ انارَتْ بهِ دُنياهُ
سبَا عُـفول الْـوَرى مرْءَاهُ
فَفِى[2] فلُـوبِهم مثْوَاهُ
أحَبَّـهُ اللّـهُ اذْ سوَّاهُ
فصَاغَـهُ اللّـهُ بيْنَ الملاٍ من اللَّـئَالِى وَهُمُ مِن الحَـمَاٍ[3]

تَعسًـا لِوَاشٍ جرى مَا بينِى
وَبينَـهُ لصُرُوف الْـبيْن
فَرُحتُ غيْـر فرير العَيْنِ
تطْوِى[4] حيَـاتى أَيْـدِى حَيْنِ
وكُـنْتُ أشْرَبُ[5] فِى مُبْتَـدَاٍ[6] مَـاءَ الْـوصال فَـابْتليْتُ بالظَّـمَاٍ

يَـا يوسُف الحُسْن والاحْسَـان
انْ كُـنتَ مَـرَّدْتَ مِنْ هجرَانـى
صَرْحًـا فواريره أَحْزَانِـى
بِفدْ خدعْتَ بهِ أَفْرَانـى
وَانْ تَكُنْ سَـاهيًـا عَنْ نَبَـإٍ بِسِرُّ حَالِـى فَدْ أَتَـاكَ مِنْ سَبَـإٍ

رءى الحسُود منَاهُ فِينَـا
اذ زِدْتَ عِزًّا وزدتُّ هُونَـا
وكنتُ أَفسَمتُ انْ يَّـدِينَـا[7]
هَـوًى بِخالفْتُ فِيكَ الدِّينَـا
بَـارْجعْ كَـمَـا كنتَ لِى يَـا رَشَـإٍ بَـفدْ بَـدَا لِـى انَّـنِى عَـلَى خطإٍ

١ ع «كَلَا» – ٢ أو «وَبى» ، فالمخطوطة غير واضحة – ٣ ع «مِنْ حَمَـإٍ» – ٤ ع «تُطْوى» – ٥ ع «أشْرُب» – ٦ ع «مُبْـتَدَا» – ٧ كذا ع ، والأرجح أنّ الصواب هو «أدِينَـا»

٤

موشحة

يَـا هَلْ الى لوْعتِى إطفَـاءُ أَمْ هَلْ الى مُـفْلتِى إِغْفاءُ

انَـا المحبُّ الذى عَـنَّـانِـى
ظَبْىٌ بِأَلْحَـاظِهِ أَضْنَـانـى
فِمَنْ مُجيرِىَ مِنْ وَسْـنَـانِ
فِوامُـهُ صعْـدَةٌ سمْـرَآءُ شبَـاتهَـا مُـفْـلَـةٌ زَرْفَـاءُ

يَا حَامِيًا عذبَهُ بالعَضْبِ
دَعْ ذَلك[1] السِّرْبَ وَاحْلُلْ سِرْبِى
فلَيْسَ قلْبِى لذَاتِ القُلْبِ
فَمِنْ جبينِكَ[2] لى اضْوَاءُ   وَمِنْ دُمُوعِى لَهُ أَنْوَآءُ

انْ كنتُ مِمَّن أُرجى المحْيَا
بعْدَ النَّوَى طمعًا اوْ أحْيَا
جَحدْتُ كُفرًا ايَادِى يَحْيَى
مَنْ باسْمِهِ ترْفَعُ الأَلْوَاءُ   وَمنْ مَوَاهِبُهُ دَوَاءُ

إمَامُنَا بلْ امَامُ الامَّهْ
لقَدْ حَظَى[3] بالمنَا مَنْ أَمَّهْ
أَبْدَا لَنَا هِمَّةً فِى هِمَّهْ
أَفلُّ افْعَالهَا الاعْطَاءُ   وَالْعزْمُ وَالحَزْمُ لَا الابْطَآءُ

يَا نَدب عبْدكَ خَلفَ البَاب
رَاجٍ نداكَ بلا أَسْبَابِ
يشْدُوكَ مَا قَال فِى الأَحْبَابِ
بَانُواْ وَمَغْنَاهُمُ الاحْشَاءُ   يَا لَيْتَهُمْ قُرْفَتِى مَا شَاءُ

١ ع «ذاك» – ٢ ع «جِبينِكَ» – ٣ ع «حَظَىَ»

٥

موشّحة

أُخْفِى وَمِنْ ادْمُعِى أَنْوَاءُ   هَيْهَاتَ يَنْفَعُنِى الاخْفَاءُ

بَاحَتْ دُمُوعِى بِمَا فِى الْقَلْبِ

مِنَ الْغَرَام وَفَرْطِ[1] الْحبِّ

فَمَن لِشَجْوِ[2] كَئِيبٍ صبِّ

لَمْ تبقَ مِنْ نفْسِهِ حَوْبَاءُ   مَا تُبْقِى[3] مِنْ ظِلِّهَا الافْيَاء

كمْ ذَا ادُومُ عَلَى الْكِتْمَانِ

وَقَدْ تمَادَيْتَ فِى هجرَانِى[4]

فيَا شَقِيقَ قَضِيب الْبَانِ

اغْرَتْكَ بِالهجْر لِى اعْدَاءُ   فَلا يهُزَّنَّكَ[5] الاغْرَاءُ

حَيَاكِ فِى خدِّكِ الْوَضَّاء

صبٌّ فَرُدِّى مِنَ الارْجَاء

وَانْ بَخِلْتِ فَبالايمَاءِ

وَكَيفَ يُمكِنُهَا الايمَاءُ   مَنْ أَصْبَحَتْ خِدْرَهَا[6] الْجَوزَاءُ

لهفِى عَلَى الظَّبيَةِ البيْضَاءِ

تهْتَزُّ كالصَّعْدَةِ السَّمْرَاءِ

عَجِبْتُ انَّكِ فِى الاحْشَاءِ

وَالبيض دُونَك يَا بيْضَاءُ   وَالسُّمْرُ دُونَكِ وَالسَّمْرَاءُ

٧

١ ع «وَفرْطُ» – ٢ كذا قرأتُ، ع «لِشَجْوِ» – ٣ كذا قرأتُ، ع «تبقى» – ٤ ع «هجرَان ى» – ٥ ع «يهُزَّنَّكِ» – ٦ ع «خِدْرُهَا» – ٧ فى المخطوطة إشارة إلى بياض

حرف البـاء

٦

موشَحة لابى بكر بن بقى

انا بالافْـرَاحْ	وَالعَيْشِ الخصِيبِ[1]
زَارَنِى المحبُوبْ	مِن بعْدِ الْـمَغِيبِ
صَاحِ مَا احْلَا	غزالا انيسَا
اَجْرعُ الذُّلَّا	عليْهِ كُئُوسَا
وَالْهَوَى ولَّا	عَلَيْنَا رَئِيسَا
قمرًا يلْتَاحْ	مِنْ قوْق قضِيبِ[1]
شَعرهُ الْغِرْبيبْ	مِنْ حَبِّ[2] القُلُوبِ
مخجِل البدْر	أَتْلفْتَ دَمَاءِى
وَمن الْوَتْر	قطعْتَ رَجَاءِى
فَإِذَا بُرِّى[3]	مِن سبكِ الدِّمَاء
طَرفُك السَّفَّاحْ	ذُو[4] السَّهْمِ الْمُصِيبِ[1]
فَمَنِ[5] المطْلُوب	بثَارِ الْكَئِيبِ[1]
عابد الرَّحْمَنْ	رِفْقًا بِمُعنَّى
ردَّهُ الْهجرَانْ	كَيعْقُوبَ حُزْنَا
انْتَ يَا فتَّانْ	كيُوسُفَ حُسْنَا
جَاءَنِى النُّصَّاح	بقول كذوب
هَل يُرَى يَعْقُوب	يُكَادُ بِذِيبِ

لحظُكَ الْفتّال   طَوانِى[٦] سُقْمَا
وَأرى السَّلْسَال   ببيكَ وَأظْمَا
فبحَق فالْ   طَبِيبى مهْمَا
شئتَ أنْ تَرْتَاحْ   مِنْ حَر الْوَجِيب
لمْ تجدْ مشرُوب   كالرِّيق الشَّنيب

هذهِ خدْنِ   من اللّه رحْمَه
ثمَر الحسْن   وناهيكَ نِعْمَهْ
اصبحت[٧] بَيْنِى   وَبيْنَك قسْمَه
هُ لكَ التفّاحْ   بالغُصْنِ الرَّطِيب
وَاجْعَل الخرُّوب   كل فِى نَصِيب

١ ع بتسكين الباء ولكن يقتضى الوزن كسرها – ٢ كذا قرأتُ، ع «حُب» – ٣ كذا قرأتُ، ع «بِر» – ٤ كذا قرأتُ، ع «ذَ» – ٥ ع «فَمِنَ» – ٦ كذا قرأتُ، ع «ظوَانِىَ» – ٧ ع «اصبحتَ»

٧
مُوشحة لَهُ ايْضا

طال ليْل الكئيب   مِن الاسَى وَالنحِيب
فِى غزَال رَبِيب   يجنِى ثمَار القلُوب

لا يحلّى بوصْف   حتى يكون[١] بديعَا
مرَّ بى مِثل خِشفِ   يفرو[٢] نباتًا مريعَا[٣]
فسَبانى بطرف   يثنِى الكمىَّ صريعَا

وبفد رطِيب يُـريك فوْق الكثِيب

حركاتِ الفضِيب بَيْنَ الصبَا وَالجنُـوب

لَـو بغير احورَار رُميت مِن لحظِ رِيم

لرجَـوت انتصَار وَلم ابت بهمُـوم

فحذَار حذَار من لحظ عبْـد الكرِيم

ربَّ سَـهْمٍ مصِيب فد كانَ منهُ نصِيب

وَكُـلُـوم ضرُوب فى السَّـلمِ لا فى الحرُوب

كيْف ارجُـوا فكاكا مِمَّن يدين بظلمِ

فَـال لِـى مَـا دَعَـاكا الى التغزّل باسمِ

فلتُ يابى هوَاكا الّا ابَاحَـة كتْمِ

حَسَنَـاتِـى ذُنوبى وَالهجرُ منكَ ذَنوب

يَـا لهَـا مِن خُطوب اسكتْن كل خطِيب

فد تاملتُ نجما يختال برج سعوده

كسَى الجسْمَ سفمـا٤ احبب بهِ فى بُـروده ٤

ليتنِـى نلتُ لثما او رشفَـةً من بروده

مسفمى بل مذيبى ان لم تدَاو حبيب

بلمَـاك الشنيب فمَن يَكون طَـبيب

لَـم اجد عنهُ سلوه عَلى البعاد الطوِيل

هَـل هفَـا الفلبُ نحوه ومَـال كل مَـميل

فتَـاَخَّـيْت دعوه لعلهَـا بفبُـول

يَـا وَلى الغرِيب وَمن فضَى بالمغِيب

رُدَّنِـى عن فريب الى دِيَـار الْحبيب

١ ع «يكونا» – ٢ كذا قرأتُ [انظر موشّحة ٢٢، السمط الرابع «يفرو خَصِيب النَّبْتِ»]، ع «يفر» – ٣ ع «مريعًا» – ٤ الظاهر أنّ مقطعا سقط، ولعلّه «مذ» أو «وَ»، وإلّا فعسى أن يكون الصواب «كُسِي الجسمُ سقما»

٨

موشحة

لِذَا الهوَى نشوهْ   مِن غيْر مشرُوب
فِى ملعَبِ الافراط[1]   وَمَوضِع الطِّيب

فِى مفلتَى[2] وسنَان   الحَاظه دُعجُ
انفَاسُهُ رَيحَان   وما حَوى الدرجُ
بطرفِه جيْشَان   الرُّوم وَالزِّنجُ
تطرفنى غزوَه   مِن غيْر محروب
بعسكرِ الانبَاط[1]   قد حفَّ بالنُّوب

هميَانهُ يُلوى   فِى مثل خلخالِه
عذرٌ لمن يهْوى   عن عذلِ[3] عذَّالِه
ابثُّهُ الشكوى   فِى حِين اقبَالِه
فينثنى زهوه   عمدا لتعذِيب
فِى شرب من دميَاط   وَنسْج فرْقوب

هَل عَالم يكفِى   او رقية تشفِى
مَا لَاحَ مِن ضعف   بعض الّذى اخفِى
فقد دنا حتفِى   بمَا جنى طرفِى[4]

[5]فكيف لعُروه[5] شفَاء مطبُوب
عيَالهَا بفرَاط وَصبْر ايُّوب

كمْ فَال فيك النَّاس وَفيل عنِّى فيك
من فطعَة الاياس عسَى الهَوى يدنيك
فما عَليْك باس بمهجتى افديك
فكَم لنَا اسْوه[6] فى ءَال يَعفوب
وَمَا افترى الاسبَاط افكا عَلى الذِّيب

من منشد نوبَه اشرب عَلى وده
ءاه ليْسَ مِن توْبَهْ مَا عِشت مِن بعده
فان ابَى اوْبَهْ اوْ لجَّ فى صدِّه[7]
لَا بد نسيرْ غَدْوَه [8]نرى المحبُوب[8]
فى فبَّةِ البسْطاط وَنفضى مرْغوب

١ ع بكسر الطاء، ولكن يقتضى الوزن تسكينها – ٢ ع «مفلتِى» – ٣ ع «عذلْ» – ٤ ع «طرف ى» – ٥ ع «فكيْفِ لعُروة» (بتاء مربوطة)، ولعلّ الصواب هو «فكيْف مِن عُروه» – ٦ ع «اسوة» – ٧ فى المخطوطة يوجد السطر الأوّل لخرجة الموشّحة السابقة هنا أيضًا – ٨ كذا ع، والظاهر أنّ النصّ غير صحيح، ولعلّ الصواب هو «نرا لمحبوب»

٩

موشحة لأبى الحسن الحصرى[1]

عينَاكَ فوَّفت من جفنيْك سَهْمَى[2] نَحْبِ
هذَا جزَاء[3] فَلبى عَليْك ءَاهْ[4] يَا فَلْبِ

يَـا منيَـة القلُـوب
وبُـغية[5] الادِيب
وجنَّـة الكئيب
لَا اشتكيكَ إلَّا اليْك　　بِمَـا ذَنبِى
الا انسكاب دمعِى عَلَيْك　　حَسْبِى حَسْبِ

ذر الجفُـون تَـهْم
يا شَـهْم كل شَـهْمِ
لقَـد غَصَبْت جسمِ[6]
فواه[7] يَـا حمَـامَـة[8] الايْكْ　　اىَّ غَصْبِ
مُـذ عوَّدَ التثَنِّى عطفَيْك　　شوَّ القُضبِ

يَـا حَـاجب المعَـالِى
يَـا قمَـر الكمَـال
يا ضيْغم النِّـزال
النجْمُ اقرَب من نعْليْك　　بَـعْدَ التُّـربِ
فَتِه[9] فَانتَ خلى[10] يَـوميك　　بلَا تِرْبِ

السِّحْـر مِن بيَـانِك
وَالمـوْت مِن سِنَـانِك[11]
وَالرزْق مِن بنَـانِك
وَالغَيْث هَـاطِل من كفَّيْك　　عَـامَ الجدبِ
وَالليْث بَـاسِل فِى برْدَيْك　　يوْمَ الحرْب

كم مِن فِتَـاةٍ خدرِ
يَـا بَـدرَ كل بدرِ
تشدوك دونَ سِتْـر
ما ذَا لفيت حَـاجب[12] عَـلَـيْك   مِنَ الكرب
بحو عَـفربَى عَـارِضيْك   ارْدُد فلبِ

١ هذه الموشّحة موجودة فى جيش التوشيح (فصل ٥، موشّحة ٦) بين موشّحات ابن الرافع رأسه، ولها هناك ستّة ادوار – ٢ ع «سهمِى» – ٣ ع «جزا» – ٤ ع «ءَاهٌ»، ولكنّ الوزن يقتضى «ءَاهْ»، وفى جيش التوشيح «آه واكربى» – ٥ ع «وبَغية» – ٦ بعد هذا الغصن إشارة إلى بياض – ٧ يعنى «فَوَاهِ» – ٨ كذا ع، وفى جيش التوشيح «حمامات» – ٩ كذا فى جيش التوشيح، ع «منه» – ١٠ فى جيش التوشيح «حولى» – ١١ ع «سَنَانِك» – ١٢ كذا قرأتُ [يعنى «يا حاجب» – انظر الغصن الأوّل للدور الثالث]. ع «الحاجب»، وفى جيش التوشيح «حبّى»

١٠

من لِى بظبى نفَـر   يلومنى فِيهِ نفَـر   من صحب
تراه يمشى الخفِر[1]   ما بيْن ربَّـات الخمر   والحجْب

سِوَاى فِيهِ مُصِيب   لوْ انَّ لِى فِيهِ نصِيب
يحمِيه عنِّى رَفيب   يحفظهُ حفظ النفِيب
اما وَصد الحَبِيب   وَشـادِن الْفصر الرحيب
لاركبنّ الخَطَـر   لعَلنِى افضِى وَطَـر   من حب
وَليْس ينجى الحذر   من اجل اذَا حَضَـر   وَنحبِ

سَارُوا ايَادى سبَا   [٢]لشَادن فَد سَبَا[٢]
فسَل زمَان الصبَا   وَطيب انفَاس الصبَا
واذ تسُلُّ ظُبَا   عَليْك الحاَظ ظِبَا
بيض رفَاق البِشَر   سَلَبْن البَاب البَشَر   بالعَضبِ
مفلدات دُرَر   اجْرِيْن من دمْعِى دِرَر   كالشُّحْبِ

بالفائد ابن خيَار   نلتُ مِن الدَّهرِ الخيَار
عَدل اذَا الدَّهرُ جَارْ   [٣] كان لهُ[٣] الرحمنُ جَارْ
اوفدَ للضيْفِ نار   عَلى البفاع فاستنار
مؤيَّد بالظَّفَر   وَضيْغم دَامِى الظُّفر[٤]   فى الحرْب
يُفرَجُ ضيق المكر[٥]   بالهندُوَان الذكر[٥]   العَضبِ

حثَّ الخطَا وَاعمِدِ   الى اَبى[٦] محمَّدِ
السَّيد الامْجَدِ   دَامَ لنَا مِن انجدِ
منظرهُ فى الندِى   كمنظر الرَّوض الندى
وَالجودُ جُود مَطَر   أحيَا الوَرَى لَمَّا مطر   فى الجدب
وَمن نداه بدَرْ   الى مديحى بدَر   فحسْب

وَناعمات النهُود   هنَّ عَلَى فتلِى شهُود
[٧]يمشين فوف[٧] الصعيد   لو زرْنِنى كُنت السَّعِيد
فَفلت فول عَميد   كاد من الْوجد يميد
حى الاله صُوَر   كتبنَ للحسْن سُور   فى فلب
بالنفس مِنهَا فمَر   فَامَرَ فَلبى فَفَمَرْ   بالحبِّ

[١] كذا قرأتُ، ع «الخمر» – [٢] الظاهر أنّ مقطعا سقط – [٣] ع «كانّ لهُ»، ولكن يقتضى السياق «كَأَنْ
ـهُ» أو «كَانَ لَهُ» – [٤] ع «الظَفَر» – [٥] ع بكسر الراء، ولكن يقتضى الوزن تسكينها – [٦] ع «لَبى»
– [٧] كذا قرأتُ، ع «يمشين من فوق»

١١

موشحة

عَرِّج بمغنَى السّرور يَا حَادِي الركب
اَشِيم بَرق الثغُور من جَانِبِ الغرْب

الا فِفُوا صحْبِ عَلى شج هَائمْ
بالمنزِل الرَّحْب يفضى جَوًى لازِم
وَكِفَّ عَن عَتْبِ يَايّهَا اللاّئم

وصبْح تِلكَ البُدور بِى النَّاعِم الرَّطب
وَليْل تِلك الشعُور فد تيما فَلب

حكتْ بما تحمِ جفُونهَا السَّلسَل
موَارد[1] اللَّثمِ من دونهَا الذُبَّل
وَكلُّهَا[2] تَرْم لَم تخطِئ المفتَلْ

جئاذِر كالحُورْ بى الوَشى وَالعَصْبِ
تثنِى مِنَ الكافُور كمَائسِ الْفُضْبِ

وَبابى منعُوت بالحسْن فدْ اجرى
خمرًا علَى يافوت فد كللت درا
بفل الى هَارُوت تعَلم السحرَا

من مفلتَىْ يعفُورْ امضَى عَلَى الصَّبِّ
مِن صَارم المنصُور فَدْ سُل بى الحرب

حَسْبى الذى الفى مِنَ النوى حسْبى
فد هيَّجَ الورْفا بى غصنِهَا نحب
بغرَّدَت شوفَا ترثى[3] عَلى صَبِّ

فِى صفحتيهِ سُطور		من ادْمُع تنبِ
عمَّا طوَاهُ الضمِيرْ		من لوْعَـةِ الحُبِّ

سَل طيْفَك السَّارِى		عَن مغرَم مُكمَـدْ
ذى مدْمع جَارِى		عَـليْك يَا احمَـد
رهين تذكارِ		عذابُـه مفْصَد[4]
فيَا لَـهُ مهجُـور		لو فَـازَ بالْفرب
وَكيْفَ ذَاكَ السُّرُور		وَالدَّهرُ ذُو عتْب

هواه لا اعدُو		وَان نئا بعدَا
مِن وَصلِهِ الخلدُ		اذْ شبَّنِى وَجدا
فلَم ازَل اشدُو		وَالركب فَـدْ جدَّا
ابلِغ سَلَامًا كثير		بحرْمَـةِ الرَّب
الى هِلَال منِير		فد لاحَ فِى شلبِ

١ ع «مَـوارَد» – ٢ كذا قرأتُ، ع «وَكلَّـهَـا» – ٣ ع «ترتى» – ٤ كذا ع، ولعلّ الصواب هو «غَـدَا بِهِ مُـفْصَدْ»

١٢

موشحة لابى بكر بن بفى

يَـا طعْم اللمَـا مَـا احْلَاكْ		مِن ثغر الحبيبِ[1]
كمْ عين رَفيبى تَـرعَـاكْ[2]		بسهْم مُصِيب[1]

عَلَى مَا يَرِدُ الحَرَّان		مِن عذْب بَرُودِ
وَيصْلى بنَار الهجرَانْ		وَحَر الصُّدُود
ويجنى ثمَار الاغصان		اغصان النهودِ
سِوَاى وَفلبى يهوَاكْ		هل لى من ذنوب
مَا كانَ بفرْبى اولَاكْ		يَا غيْر فريب

جَعَلتَ الهَوَى لِى ذَنبَا		هَل لى من متَاب
مَا ذَابَ بُؤادِى حُبَّا		وَطَالَ عَذَابِى
لَو اجنى رحِيفًا عَذْبَا[3]		مِن بيضٍ عِذاب
بَالصَّبْر عَلَى مَا اولَاك		مِن شَان الْكئيب
عَن بيض دُمُوع ناجَاكْ		بسرِّ الْغيُوب

لوْ ردَّ الىَّ الحُكْم		حكمْتُ عَلَيْكا[4]
بلَثمٍ وَذَاكَ اللَّثْمُ		بيْن[5] مرْشفيْكا[6]
ان فلتَ عَلَينَا اثمُ		بسَل مُفلتَيكا
عن حَرْب جَنتْه[7] عَيناك		بتكًا لِلفلُوب
بهذى نبُوس فتْلاكْ		صَرْعى بى وَجِيب

كذاك نبُوس الحسَّاد		للملْك السنى
وموْلى الملُوك الانجاد		سير بْن عَلى
من حثت اليْهِ الفصاد		اخبَاف المطى
ترُوحُ اذَا مَا ادْناكْ		بى عيْشٍ خصِيب
وَتامن بهِ بى مغناك		من صَرف الخطوب

حططتُّ رحَال العِيسِ بِى ظل حمَاه
محط[8] عَلَى تعرِيس سَلسَال نداه
بِى ذَاك الحمى المحروس ببيض ظبَاه
ظفِرْتُ[9] باعْلَا الاملاك وَالغيْث السّكوب
وَالليْث الهمَام الفتاك باسْدِ الحروب

١ ع بتسكين الباء، ولكنّ الوزن يقتضى كسرها – ٢ ع «يَرعَاكْ» – ٣ ع «عَذْبًا» – ٤ ع «عَلَيْك» – ٥ كذا ع، ولعلّ الصواب هو «مِنْ» – ٦ ع «مرْشبيْك» – ٧ كذا ع، والظاهر أنّ الصواب هو «جَنتْها» – ٨ يعنى «مَحَطِّ» («مَحَطِّى») – ٩ ع «ظَفِرْتَ»

١٣
موشحة

ادرِهَا عَلَى الصَّبِّ اكوَاس ببنتِ العِنبِ
وَاشربهَا بما بِيهَا[1] مِن باس بِهَات وَاشرب

ادرِهَا بِبى الراح ابراح معنى لا يبِيق
وَاسفهَا[1] كئوسًا وافدَاح بسَلسَال الرحيق
وَاشربهَا مسَاء واصبَاح كحمرة العقيق
حيْث الوَرْد فدْ صَابح الاس بشطى مِذْنبِ[2]
وَللوَرد كالمسْكِ انفَاس مِن طِيبٍ[3] طيِّبِ

لَثم الكاسِ للنَّفس اوْلَى وَلثمِى للحَبِيب
تَلَافِى[4] ذَا وَذاك اسلى وَانسٌ[5] للكئيب
بطورا ترى الريق احلا واشبى للوجيب

وَطَورًا ترى الكاس ايناس   شَرق وَمَغرب
يسَافى ندَامَى وجُلَّاسْ   بصَوْتٍ مُطرِب

اهِيم بمن فدْ يَـهِيم   بخدَّيهِ الجمَال
غزَانِى ولَا غيْـرُ[6] رِيمُ   بسَـهْمٍ للخبَال
غزَال سبَانِى رَخِيم   ڢى طلعَةِ الْـهلَال
هلَال تطلع[7] للنَّاس   ڢى غيْر سُحب
ڢى غصْنٍ مِن الاس ميَّاس   رَطِيب مُرطِبِ

نفْسِى بالتصَابِى مُـليحَه[8]   ڢغيِّبِى رَشدِى
ڢدَعْنِى[9] اذُبْ يَا مَليحَهْ   بڢَرطِ الكمَـدِ
[10]ڢفَـد شفنى حب وَشِيحه[10]   وَاَضنَا جسَـدِى
وَمَا لِى طَبيبٌ ولَا ءَاسْ   يدَاوى وَصَبِ
ڢالبعْـدُ[11] فَـد فطع اليَاس   وَضيو المذهَبِ

لفَـد عَالنِى طُول صَدِّه   ڢليْلِى ليْل طُول[12]
ڢيَـا ليتنِى عبْدُ عبْدِه   ڢاحْظَى بالوصُول
ڢمَن لِى بهِ او ببُعدِه[13]   ڢفدْ حَانَ الرَّحيل
حبِيبْ فَلبِ سَـابَرْ[14] الَى ڢَاسْ   امَـا ذَا حَل بِى
وَفَـد خَامَر الفلبَ وَسْوَاسْ   واش نعْمل يَا ابِ

١ كذا ع – ٢ ع «مذنِب» – ٣ ع «طِيبِ» – ٤ ع «تُلَافِى» – ٥ يعنى «أُنْسٌ»، ولعلّ الصواب هو «آنسُ» – ٦ يعنى «غَيْرِ» («غَيْرِى») – ٧ يعنى «تَطلَّع» – ٨ ع «مَليحَه» – ٩ كذا ع، ولعلّ الصواب هو «دَعِينِى» بلا فاء – ١٠ كذا ع، وأشكّ فى صحّة النصّ – ١١ كذا ع، ولعلّ الصواب هو «ڢبالبعدِ» – ١٢ ع «صُول» – ١٣ ع «ببُعدِهِ» – ١٤ ع «حبِيبُ فَلبى سابَرَ»

١٤

موشحة

عَذْلِيَ مَا احْلَاهْ   فِى شادن ذكراه   حَلَّت عُرى لبِّ
الحَاظُه فِتْنَهْ   تَسْتَرجِعُ التَّائب   طَوْعًا الَى الذَّنْبِ

مِن جنَّة الخلدِ   افبَل تياه   عَلَى محبّيهِ
كالفمرِ السَّعدِ   احبُّ ذكرَاهُ   ولَا أُسَمِّيهِ
فَد هَامَ بالصدِّ   وَالْفلبُ يَهوَاهُ   عَلَى تَجنّيهِ

خلٌّ وَمَا اعدَاه[1]   مَوْلَى وَمَا افسَاه[2]   عَلَى شج صَب
فِى خده جنَّهْ   بالعَيْن وَالحَاجِب   تُحمَى[3] عن النَّهبِ

مدلَّل هَاجِر[4]   اهْلا بهِ اهْلَا   من اوطف حُلو
اذْ مرَّ بى خَاطِر   يُجرر الذَّيْلا   من شدة الزهوِ
ثمَّ انثنى نَاظِر   من بعْد مَا وَلَّى   مُلتفتًا نَحْوِى

فَدْ كتبَتْ عينَاه[1]   فِى صَدْرِ من يهْوَاه   سَطرًا من الْحبِّ
وَمَا ثنى جفنه   حتَّى انزوى ذَاهِب   ينفدّ مِن عجْبِ

مثَّلتُهُ وَهمَا   لوْ ينفَعُ الشكُّ   والخلُّ نشوَانُ
اضمهُ ضمَّا   خِلال مَا اشك[5]   والدَّمعُ هتان
امحُوا بهِ رَسْمَا   حُروبهُ مِسْكُ   وَالنفطُ خيْلان

وَالكاس فِى يُمنَاه[1]   وَالخمرُ تعْلوا فَاهْ   عَذبًا عَلَى عذْبِ
وَالخَال فِى الوَجْنَهْ   وَالمسْك فِى الشارب   فد تيما فلبِ

يَا عَاذِلِى صُنْهُ   فِى خَاطِرى كيْمَا   اصْبر عَلَى البَلوى
فنظرة مِنهُ   سفتنِىَ السُّمَّا   فِى المنِّ وَالسَّلوى
لا صبْرَ لِى عنْهُ   من غنجٍ الْمَى   يُهْوَى ولَا يَهْوَى

ارضَى بهِ ارْضَاهْ[1] وَان جفَى اوْ تَـاه حسْبى بهِ حسْبى
بذكره سُنَّـه وَحبُّـهُ وَاجِب وَان فضَى نحبِ

يَـا ليتَ شِعرِ هَل يرقُّ اوْ يرْحَم وَمَـا ارَى يَفْـعَلْ
وَفلَّ ما يسْئَلْ مدَلَّل ينعَمْ عَن مغرم[6] ينحَل
مَـا ضرَّ لَـوْ عَـلَّل متيمًا مُغْـرَم يشدُوا اذَا افبَل
يَـاللَّـهُ يَـاللَّـهْ[7] صَارَ الحَـبِيب تيَّاهْ وَاشْ نعْـمَل اربِّ
يمشِي بِبُـو بنَّـهْ يَـنظر الى جَـانِب يَـوجعنى زَغ فَـلْبى

١ ع بضمّ الهاء، ولكن يقتضى الوزن تسكينها – ٢ كذا قرأتُ، ع «انسَاه» – ٣ ع «تحمِى» – ٤ ع «هَـاجَـر» – ٥ يعنى «اشكو»، ع «اشكٌّ» – ٦ ع «مغرِم» – ٧ يقتضى الوزن «يَـا أللَّـهْ»

١٥

موشحة للمتطلى[1]

ضَنَـا جسدى بَـادِى لَمْ اشكُ لعُـوَّادِى سِوَى الْحُبِّ

مَن لِـى برشًـا اغْـيَـد
يعَـذبنى بالصَّدْ
وَباالهجْـرِ فَـد اوْعَـدْ
بمَـا حَـال مُسْـتَعبَدْ

غدَا بيْن ابعَـادِ وَمَـا بيْن ايعَـادِ مِنَ الْحبِّ

وَكَمْ ليْـلَـةٍ بتْـنَـا
وَسْطَ الرَّوْضَة الحسْـنَى

وَالطيْـرُ بهَـا غنّى
بصَوْتٍ لَـهُ معنَى
عَـلَى شَـاطِئِ الوَادِى وَفِى كلِّ ميَّـادِ مِنَ الْـفُضْبِ

فيَـا صُورة الحسْنِ
وَيَـا فَـامَـةَ الغُصْنِ
وَيَـا سَـاحِرِ الجفْنِ
اطَـلْـتَ جوَى[2] حُـزْنِ
سَطَـا لَحْظكَ العَـادِى وَكانَ بمَرْصَادِ لهُ فلْبِ[3]

رَشَـافَـة ذَا الْـفدِّ
وَتوْريد ذَا الخَـدِّ
هُـمَـا هيَّجَـا وَجْـدِى
فيَـا فمَـر السَّـعدِ
فَـلْبى للرِّضَا صَـادِ فنَـوِّرْ باسْـعَـادِ دُجَـا الصَّـبِّ

فيَـا حَـادِىَ الرَّكبِ
عرِّجْ بِـى عَـلَى شِلبِ
بهَـا أمَلِ الفَـلْبِ
وَفل لذوِى العَـتْبِ
لَـولَا حبّ عبَّـادى لمْ يحد بنَـا الحَـادِ الَى شِلبِ

١ كذا ع، ولعلّ الصواب هو «للتطيلىّ» – ٢ ع «جُوَى» – ٣ ع «فلْبُ»

١٦

موشحة

نَسِيم الرَّوْض فَاحْ فَقُومُوا نشرَبُ[١]

أَلَا قم يَا غُلَام

ادِر كاس المدَام

مَضَى صرْف الظلَام

وَكافُور الصبَاح اليْنَا يُجْلَبُ

صلُوا مزْج الخمُور

بسَلسَال الثغور

فمَا سِر السُّرُور

سِوى كاسَات رَاحْ وَريق يعذب

عَلَى دَهر مضَى

تحيَّات الرِّضَا

زَمَان يقتضَى

دِنَانٌ تستبَاح وَعُودٌ يُضربُ

الى العشق اسبقُوا

وَرَأيِى وَافقُوا

فَان لَمْ تعْشقُوا

فسيرُوا فى البطاح صبا لا يعشب

دَعُونِى سَاهِرَا[2]
وحبّى[3] هَاجرا
سَادْعُوا الفادِرَا
يَا رب ذا المَلَاح   فؤادِى عذّبُوا

١ مطلع هذه الموشّحة خرجة موشّحة عبرانيَّـة للشاعر **יהודה הלוי** [موشّحة ١٠]، مع إضافة واو إلى «نشرب»، **נסים אלרוץ פאה | פקומו נשרבו** . وأميل إلى الرأى بأنّ هذا المطلع وخرجة الموشّحة العبرانيّـة كانا فى الأصل خرجة موشّحة عربيّـة أخرى غير محفوظة، وإلّا فمن المنتظر أن نجد فيها «نَشْرَبْ» بالجزم جوابًا لـ«فقوموا». وبالإضافة إلى ذلك، المطلع خرجة موشّحة مكفّرة لابن الصبّاغ [ديوان الموشّحات الأنلسيّـة، ٣، ١٧٨] – ٢ ع «سَاهِرًا» – ٣ فى النصّ «وَحبيبى» وتحته فى الحاشية «وحبى»

١٧

موشحة لابى مروان بن زهر[1]

كل لَـهُ هوَاكَ يَطيبُ   انا وعاذِلِى وَالرَّفيبُ
امَّـا انَـا وحيْث تشَـاءُ
هجْـر وَلوْعَـةٌ وَعنَـاء
يَـا وَيلتَـاهُ كمْ ذَا اساءُ
امرَضتنِـى وَانتَ الطَّبيبُ   وَانتَ لِـى عَـدوٌّ حَـبيبُ
لِلهِ عيشتى مَـا امرًّا
لَـفَـد شفيتُ سِرًّا وَجهْـرَا[2]
دمْعٌ جرَا فَصَادَفَ بَحْـرا

فَاستبْطَن الضلُوعَ لَهيبُ		ذَابَت بحرهِ[3] وتَذُوبُ

لَمْ يَدر عَاذِلِى وَرقيب
انَّ الهَوى اخفُّ ذُنوب
وَانتَ يَا حَبيب الْقلُوب
كمْ تشتَكِى الَيْك القُلُوب		وَانتَ مُعْرِضٌ لَا تجيبُ

مَا لِى بمُقلَتَيْك حَوِيل
ولَا الَى رِضَاكَ سَبِيل
يَا مَن يَحُول فِيمَا يَقُول
اشكُوا النوَى وَانتَ قرِيبُ		امْر كمَا تَراهُ عَجيبُ

قَالَت سِمَاك انتَ مَلُول[4]
قَفلتُ ودُّكِ المسْتحِيل
فَانشَا النَّصِيحُ يقول
مَن خَانْ حَبيبُ[5] اللَّهْ حَسِيبُ[6]		اللَّه يعَاقب[7] أوْ يثيبُ

١ هذه الموشّحة موجودة فى جيش التوشيح (فصل ١٥، موشّحة ٨) – ٢ ع «جَهْرَ» – ٣ يعنى «بحَرِّهِ» – ٤ ع «مَلُول» – ٥ يعنى «حَبيبَهُ» – ٦ يعنى «حسيبُهُ» – ٧ يعنى «يُعاقبُهُ»

١٨

موشحة لهُ ايضا

يَوْم الفِرَاق يَوْم عَصِيب		يَرمِى اذا رمَى فَيصيبُ

رَام الحبيبُ عنِّى ارتحَالَا

هيْـهَـاتَ لا يطيقُ[1] زوَالا
عَن فلبِى[2] المتيَّم لَا لَا
يَـا مَن هوَ البعِيد الفرِيبُ   من لَا يغيبُ كيْف يغيبُ

الى الحشَـا خَلصت[3] نجيا
اذْ غيّبوكَ عَن ناظِريا
فـفد رَحَلتَ منّى اليا
هذا هوَ النزُوح الغرِيبُ   نـابَت عَن العُيُون الفلُوب

فَـد غبتَ وَالرَّفيبُ مُلَازم
وَللوُشَـاةِ حَـوْلِى نمَـائِم
وَفَـدْ احَـاطَ بِى كُلُّ لَائم
وَاشٍ وعاذِل ورفِيبُ   باللّـهِ اىّ عيْشٍ يَطيبُ

خلِّ الهَـوَى وذِكرَ الظِّبَـاء
وَابعَث رَسَـائلاً[4] مِن ثَـنَـاءِ
الى ابْن سَـابع الخلفَـاء
مَـلْك لَـهُ المَعَـالِى نَصِيبُ   ان رَامَـهَـا سِوَاهُ يَخيبُ

هذى[5] مكَـارِم الاخلَاقِ
وَالمُـرْتَضَى أبُـو اسْحَـاقِ
تالفَـا[6] عَـلَى اشرَاق
فال لهَـا وَفالَت تجِيبُ   مَنْ خَـان حَبِيبُ اللّـه حَسِيبُ

١ كذا ع، والأرجح أنّ الصواب هو «لا أطيقُ» – ٢ ع «فلبِ» – ٣ ع «خَلصتُ» – ٤ فى المخطوطة ما يماثل «وَسَائلاً» – ٥ ع «هذَى» – ٦ يعنى «تآلفا»، وإلّا فعسى أن يكون الصواب «تألّفا»

١٩

موشحة لابى بكر بن الصابون[1]

مَا حَال صب ذى ضنًا واكتِئاب　　انحَلَهُ يَا وَيْلتاهُ[2] الطَّبِيب
عَامَلهُ محبُوبهُ باجتِنَاب　　ثم افتدَى فِيه الكرى بالحبيبْ

جفَى جُفونى النَّوْم لَاكنَّنِى　　لَم ابكِهِ الا لفقدِ الخيَال
وَذَا الوصَال[3] اليَوْم قدْ عزَّنِى　　مِنهُ كمَا شاء وشاء الوصال
وَليْسَ بالمبْصِرِ مَن صَدَّنِى　　بدَعْوة الحقِّ ولا بالمِثال
وَليْسَ لِى مُلوٍ اليْهِ خِطاب　　الا لسَان الرِّيح عِند الهبُوب
ولَا مردَّ[4] لِى برَد الجوَاب　　الا الصَّبَا عَاطرة وَالجنوب

مَن لِى به كالبدْر فِى حُسْنهِ　　لَوْ لَمْ يَكُن كالبَدْرِ فِى بعْدِهِ
لم يعتِب الرَّوضُ عَلَى غُصْنهِ　　حتَّى رءَا مَا اهتزَّ من قدِّه
صفحْتُ فِى قتلِىَ عَن جفنِهِ　　وَشَاهِدِى ينطقُ فِى خدِّهِ
اجْرى دَمِى عَمدًا وَلَمَّا استَرَاب　　مِن مصْلتِ العَزْمِ لثارِى طَلُوبْ
اجراهُ من عَارضِهِ[5] فِى صحَاب　　حِلٌّ وَبِلٌّ[6] لك نفس الكئيب

لهْفِى عَلى دَهرٍ جراه[7] البعَاد　　عزَّ عَلَى طَالبِهِ مَطلبُهْ
لولَا ترَجِّى مِثلَهُ[8] انْ يعَاد　　مَا عشتُ[9] الا ريثَما اطلبُهْ[10]
اذ نحنُ فِى شمْل الهَوى وَالودَاد　　لَا يُذنِبُ الدَّهرُ[11] ولَا نعْتُبُهْ
بينَاهُ يَهْمِى مسْتَهل الربَاب　　قطْر الامَانِى فِى بقَاع القُلُوب
جَاءَتْ امُور لَمْ تكُن فِى حِسَاب　　اللّه للظالم مِنَّا حَسِيبْ

لمثلِ حَالِى يشفِق العَاذِل　　يَا نفْسِ يا مَرحمَةَ العُذَّلِ
صَبْرى عَلى حُكمِ الهَوى رَاحِل　　وَلوْعَة حلت ولم ترحَلِ
جُدْ بالرِّضَى يَايُّهَا البَاخِل　　لولَا اضطِرَار الحُبِّ لم تسْئلِ

ابْلَيتُ فِى حبّك بْرد الشَّبَابْ وَلَمْ يزَل بْرْدُكَ منّى فشِيبْ
ان كانَ لا يفضَى لَنا بافتِرَاب ليت المنَايا عَاجَلت عن فَرِيب

يَا غَايتِى مَا الذنبُ الّا الَيْك غلطتُّ[12] لَيْسَ الذَّنْبُ الّا الَىْ
رضيتُ وَالعَتبُ جميعًا لَدَيْك سَخطتَّ[13] والعتْبَى جميعًا لدَى
الَيْسَ ذَا باللّهِ عَارًا[14] عَلَيْك ان تنفِم الحسَّاد طرا عَلَىْ
حبيب عبْد اللّهِ كَم ذَا العِتَاب ان كنتُ اذنبتُ تَرَانِى نتُوبْ
فدْ اذنب امْسِ العبْد واليوْم تاب والتَّوب تمحِى يا حبيب الذنوب

١ كذا ع، يعنى الصابونىّ – ٢ كذا قرأتُ، ع «وَيْلاهُ» – ٣ ع «وَذَا لوصَال» – ٤ كذا ع – ٥ كذا قرأتُ، ع «عارضهُ» – ٦ ع «حل وبل» – ٧ كذا ع، والظاهر أنّ «جرَاه» بمعنى «أجراه» – ٨ ع «مثِلهَ» – ٩ ع «عِشتَ» – ١٠ ع «اطلبُهُ» – ١١ ع «الدهرَ» – ١٢ ع «غلطَّ» – ١٣ ع «سختُّ» – ١٤ كذا قرأتُ، ع «عَارُ»

٢٠

موشحة لابى بكر بن مالك اللّارِدى[1]

فِى ارتشَافِ رِيق الابَارِق وَتَرنُّم الوَترِ النَّاطِقْ لَنَا مَذْهَبْ

غَنَّتِ الفِيَان بافصَاحِ
فَاسفِنِى كؤوسًا مِنَ الرَّاحِ
كالبُرُوق لاكن[2] يَا صَاحِ
امطَرَت وَفَدْ اخلَفَ البَارِق فَسُررتُ لوْ كانَ ذَا صَادِق وَذَا خُلَّبْ

بَابِى وَفَدْ شغِفت[3] وَجدَا[4]
طفْلةٌ تفدُّ الحَشا فدَّا
فَسَمتْ بان تحرسَ الوَرْدَا

عَـفْـرَبٌ مِنَ الشعَـرِ الغَـاسِقِ   فسَطَى عَلَى مهْجَـة العَـاشق   ذَاك العَـفرَب

لا فِرَارَ من حبهَـا الا

لابن سَـعْـدٍ[6] الملِكِ الْاَعْـلَى

فهوَ خيْـر مَن بسَطَ العَـدْلَا

امتطَى الخيُـول السَّـوَابِق   وَاضاء بنور الحفَـائِق   دُجَـا الْغيْـهَب[7]

حُـلِّيَتْ كمَـا حُـلِّيَ النحْرُ

دَوْلَةٌ لهُ البرُّ والبحْـرُ

وَالّـذِي لهُ النهْـيُ وَالامْـرُ

مُـذْ حمَى ذمَـار الخلَائق   أمنت مِنَ الخطبِ وَالطَّـارِق   فمَـا ترهَـب

ايّـها المؤيَّـد بالنصْرِ

انّ من عدَاكَ لفِي خسْـرِ

مَـا ترِيدُ بالصيْـدِ فِى الفَفْـرِ

[8] ارْسل البزَا وَالسَّلالق   هِيَ تَـاتِيك برَاسِ الْـمنَـافِق   وَبالارْنب[7]

١ كذا ع، والظاهر أنّ المؤلّف هو أبو بكر بن مالك السرقسطيّ، فإنّـه كان كاتب محمّـد بن سعد بن مردنيش، واسم الممدوح ابن سعد. فى المخطوطة الموشّحة رقم ٨٦ والموشّحة رقم ٢٣٠ منسوبتان إلى «اللارديّ»، وفى موشّحة ٨٦ الممدوح هو ابن همشك (وهو صهر ابن مردنيش)، وفى جيش التوشيح يحتوى الفصل السادس عشر على ثمانى موشّحات لأبى بكر أحمد بن مالك السرقسطيّ، واسم الممدوح فى الموشّحة الخامسة فى ذلك الجزء ابن همشك أيضا – ٢ كذا ع، ولعلّ المقصود هو «ولٰكنِّ» – ٣ ع «شغفِتُ» – ٤ ع «وجدًا» – ٥ ع «فرارٌ» ٦ ع «سَعْدِ» – ٧ ع بكسر الباء، ولكن يقتضى الوزن تسكينها – ٨ الخرجة موجودة فى موشّحة لابن عربىّ [الديوان الأكبر، ٢٠٠] كما يلى:

ارْسل الخيول وَالسَّلالق   هِيَ تجيك برَاسِ الْمنَافِق   وَبالارْنبْ

٢١

موشحة[١] لابى بكر التطيلى[١]

لَمْ تَزَل بالقَلبِ حتّى عشِقا   فَعَلى رسْلكَ قدْ فزْت بهِ[٣]

بابِى لحظكَ ذَاكَ الاحوَر
هكذا يجنِى ولَا يعتَذِر
خِلتهُ وَالسُّكْرُ فيهِ يسْكر

عبَّ فى القهوة صِرْفًا وَسَقَى   ناعِسًا يفعَل فى المنتبهِ

كيْف لا يبكى عَلَى ريفهِ[٤]
من صبَاهُ فى يدى مخلفهِ
وَجدُوا نائِك فى مفرِقهِ

وَضحًى شاعَ فعَمَّ المفْرقا   قبْل ان يفرغَ مِن مَطلَبه

احسُبُ السنَّ وَألْغِى كمدى
[٥]فاوى فمَا لفَوْد[٥] فوْق العَدَدِ
كلمَا كرَّرته قال زِدِ

وَعَلَى الجمْلَةِ[٦] ان[٧] عزَّ اللِّقَا   خفِيَتْ لى دَهمة[٨] فى شهْبِهِ

جُمِعَتْ رقّته فى وَجْنتَيْه[٩]
لَوْ كسَوْنى لَامَةً من قسْوتَيْه[٨]
لَمْ أُنَلْ[١٠] بعْد بسَهْمَى مُقلَتيْه[٨]

فانجُ عَنْهَا لَحظَةً لَا تتَّقِى   بسِوَى[١١] ذَاكَ الذِى فى قلْبهِ

خلِّ نَفْسِى فيهِ تَلتَذُّ العَنَا
فهْى كالصَّعْدَةِ بَاسًا وَانثنَا

تحذَرُ العَطْفَ ولا تخشَا الفنَا

سَنَحَ الظبْىُ فَمَاتَتْ فَرَفَا　　　وَعَدا اللَّيْث فَلَمْ تحفَلْ بهِ

١ الموشّحة موجودة أيضا فى «الروضة الغنّاء» [انظر ديوان الموشّحات الأندلسيّة، ٣، ٦٣] – ٢ ع «التطلى» – ٣ ع «بهْ» – ٤ يعنى «رَبّقِه» – ٥ النصّ غير صحيح، والأرجح الصواب هو «فأرى فى العود» – ٦ كذا قرأتُ، ع «الحِمْلَةِ» – ٧ ع «انَّ» – ٨ ع «دَهمَهُ» – ٩ ع بكسر الهاء، ولكنّ الوزن يقتضى تسكينها – ١٠ كذا قرأتُ، وفى المخطوطة ما يماثل «أُبَلّ» – ١١ كذا قرأتُ، ع «سِوَى»

حرف التاء

٢٢

لمحمد بن عبادة المَالفى موشحة

مِن مَوْرِدِ التَّسْنِيم　　مِن سِلْكِ فُلْجِ[١]　　ذِى غرُوب　　فى فَلْتِ
ان ذَافَهُ عَاطِشْ　　مُلْطَى[٢] وَجِيب　　اطفَى اللَّهِيبْ　　فى الوَفتِ

اهوَى حَبِيبًا دنَا　　رَفيبُهُ مِن دَارِهِ
يمنع[٣] انْ يجتَنَى　　مِنهُ جنَى ازهَارِه
يَا جنَّةً لِلمنَا　　تحفُّ بالمكارِهِ
رِيح الجنُوب انَا　　المصْطَلِى بنَارِهِ

فَبَلِّغى[٤] التَّسْلِيم　　فى طَىِّ وَهْجِ　　يَا جَنُوبْ　　سُلِّمتِ
وَلتسْعدِى وَاحِشْ　　يَلفَى الحَبِيبْ　　خوْف الرَّفيب　　ذَا صُمتِ

اِلفِى ابَا عَمْرو لعمر ذَاك المبْسَمِ
لفَدْ مَلَا صدْرِى عتْبُك وَجدًا فَاعْلَمِ
فَارْدُد فوى صَبْرى اعش بهَا او فَارحمِ
فَدْ فصَدَت نحْرِى حدَاد تِلْكْ الْاسْهُمِ
وَيْحَ الشجِى الْمكلُوم مِن سَهْمٍ غُنجٍ لِلفلُوب ذِى بتِّ
لهُ الرَّدَا رَائش فَإذْ يُصِيبْ فلا طَبِيبْ نَسْتَفْتِ

وَاغيَدٍ احْوَرَا كالغُصْنِ لدْن الملْتطَى
مهَفهَفٍ[٦] صَيَّرا فلْبِى كاجْوَافِ الفطَا
عُلِّمَ[٧] ان يحْذَرَا لاكنهُ فد اسْفطَا
بكُلَّمَا ابْصَرَا ثمَارهُ تَنَشَّطَا
لَمْ ينجهِ التَّعْلِيم وَكيْف ينجِ مِن رطِيبْ فِى شختِ
همَيَانهُ الطَّائش عَلَى فَضِيبْ[٨] فَوْقَ الكثِيب مُنبَتِّ

لَمْ[٩] انسَ يَا صَاحِب لَا انسَ يوْم فلتُ لَهْ
اخضَعُ كالطالِب اعيَاهُ ذلُّ[١٠] المسْئلَهْ
فردَّ كالغَاضِب بمنطوٍ مَا اجمَلَهْ
يَرْنُوا إلَى جَانِبْ بنَاظِرٍ مَا افتَلَهْ
كمَا رَنتْ[١١] امُّ رِيم حَوْرَاء تزجِ لِلمَغِيبْ فِى مَرْتِ
غزيّلاً دَاهِشْ احْوَى رَبِيبْ يفرو[١٢] خَصِيب النَّبْتِ

وَغَادةٍ لَمْ تَزَل تشكُوا لِمَن لَا ينصِفُ
يَا وَيْحَ مَنْ يتَّصلْ بحبْل مَن لا يسْعِفُ
لمَّا رَاتْهُ مطَلْ[١٣] وَهِىَ غرامًا تكْلَفُ
غَنَّتْ وَمَا لِلامَل الَّا الَيْهِ المَصْرِفُ

ڢنْ[14] سيدِى إبْرَاهِيم　يا نوَامنِ[15] دَلْجِ　ڢَانتَ ميب　ذى نخْتِ
ان نون شنون كارش　ڢيريم تيب　غر مِى[16] اوب[16] لغرتِ

١ ع «ڢَلْجِ» – ٢ ع «مَلطى» – ٣ ع «بمنع» – ٤ ع «ڢبلّغ» – ٥ ع «حداد تلداد تلك» – ٦ ع «مهبهبَفْ» – ٧ ع «عَلّمَ» – ٨ ع «فضِيبِ» – ٩ كذا ع ، والأرجح أنّ الصواب هو «إنْ» – ١٠ كذا قرأتُ، ع «دلُّ» – ١١ ع «رَنّتْ» – ١٢ ع «يفروَ» – ١٣ كذا قرأتُ، ع «بَطَل» – ١٤ كذا قرأتُ، فى المخطوطة ما يماثل «مِن»، ومن الممكن أن يكون الصواب «مُو» – ١٥ ع «نُوَامنِ»، ولكنّ الوزن يقتضى «نْوَامنِ» – ١٦ ع «اوْب»

٢٣

موشحة لعبَادة[1] ايضا

بأَبِى　ظبْىُ حِمَا　تَكنُفُهُ　اسْدُ غِيل
مذهبِى　مِنهُ لَمَا　فرْفُبُهُ　سَلْسَبِيلْ
يسْتَبِى　لُبى بِمَا　يعْطفُهُ　اذْ يَمِيلْ
ذو اعتِدَال　يعزَى الَى　ذى نعْمَةٍ نَابتِ
ڢى ظلَال　تحتَ حُلَا　فطْرِ النَدَا بَائتِ

ذُو ڢتُور　ذُو غَنَجِ　ذو مرْشَفِ　العَسِ
لِلعَبِيرْ　ڢى ارجِ　للحُسْنِ ڢى　ملْبَسِ
كمْ يثِيرْ　وُجدَ[2] شَجِ　بالدَّنفِ　مكتَسِ
ذى اعتِلَال　لوْ عُلّلَا　انطقَ عَن سَاكِتِ
ڢى غَزَالْ　لَو مُفِلَا　الحظَ عَن بَاهِتِ

بدْر تَمْ　　شمْس ضُحَى　　غُصْن نَفَا　　مسْك شمْ
مَا اتَمّ　　مَا اوْضحَا　　مَا اوْرَفَا　　مَا اَنَمْ
لَا جَرَم　　من لمحَا　　فَد عَشفا　　فَدْ حُرِم
فَالوِصَالْ　　مَا فَدْ خلَا　　مِن امَل فَائتِ
وَالخيَال　　مَا فَدْ عَلَا　　مِن نفَسٍ خَافِتِ

كوْثَرُ　　سر الصدَا　　ان تردوا　　ورْده
نيّرُ　　حد الهُدَى　　ان يجدوا　　حَدَّهُ
فانظرُوا　　محمَّدا　　وَاتَّئدُوا　　عِندَهُ
فى هِلَال　　انْ يجتلا　　جَلَّ عَن النَّاعِت
وَزلَال　　لوْ بذلَا[3]　　بزَّ تفى[4] الفَانِتِ

فَاتِلى　　اين ذمَا　　من فد غدا　　ملحَدَا
وَاصِلى　　كنتَ فمَا　　عمَّا بَدَا　　فد عَدَا
سَائِلى　　مسْتَفهمَا　　جيْش الرَّدَا　　مَن عدَا
لَا سُؤال　　عَن مبْتَلَا　　يبحثُ[5] فى صَامِت
لَا ينَال　　مَا املَا　　وَالحُكْمُ للشَّامتِ

كَم يَتيهْ　　وَكَمْ وَكَم　　يَابَى الجَوَى　　انْ يحُول
ارْتضِيهِ　　وَان حَكَمْ　　حُكْمُ الهَوَى　　فى العُفُول
فلتُ فِيهِ　　وَالحَقُّ لَمْ　　يرْض سِوَى　　مَا افُول
الجمَال　　وَففٌ عَلَى　　ظبْى بنِى ثابتِ
لَا زوَال　　فى الحُبِّ لَا　　عَن عَهدِهِ الثَّابتِ

١ لاحظ أنّ عنوان هذه الموشّحة «موشحة لعبَادة ايضا» وعنوان الموشّحة السابقة «لمحمد بن عبادة المَالفى موشحة».

الموشّحة موجودة فى جيش التوشيح بين موشّحات ابن بقىّ (فصل ١.، موشّحة ٣) وفى دار الطراز (موشّحة ١٨) بدون إشارة إلى المؤلّف، وأغصان الدور الثالث موجودة فى عدّة مراجع [المقتطف لابن سعيد (١٥٠ظ) والمقدّمة لابن خلدون (١١٣٩) وازهار الرياض (٢، ٢٨٠) ونفح الطيب (٧، ٦) للمقرىّ] منسوبة إلى عبادة. ويدلّ ذكر «بنى ثابت» على أنّ عبادة هو المؤلّف. [ارجع إلى خرجة الموشّحة ٢١٤].

٢ يعنى «وُجْدَ»، و«وَجْد» و«وُجْد» بمعنى واحد – ٣ ع «بدلًا» – ٤ ع بعد «تفَى» «فد عدا»، مع رموز تشير إلى خطإ – ٥ ع «يبحُث»

٢٤

موشحة لابن عمران

مَـالَتْ بعَـيْـنِـى عن السِّـنات الحَـاظُ غِيدٍ مُـهَـمهَـبَـاتِ كالمرْهَـفَـاتِ

عَـلفتُـهُ سَـاحِرِ الجُـبُـونِ
فِـى روْض دِيبَـاجِهِ المصُونِ
تنفل السِّـحْـرَ فِى فِنُـونِ

فِزهرهُ اليَـانِع النبَـاتِ كمَـا اشتَـهَـتْ انفُسُ الجُـنـاتِ[1] فِـى الوَجَـنَـاتِ

يا فَـلبَ صَخْرٍ وجسْمَ مَـاء
اللَّـهَ رِفِفًـا عَـلَـى ذمَـاء
مَـا رَأىُ عَـينيْكَ فِـى فَـنَـاءِ

اوْدَتْ بِنفْسِـى الَى المـَمـاتِ فِيَـا لَـهَـا مِن معَـذِّبَـاتِ مُـسـتَـعْـذَبَـاتِ

خذوا بثَـارِى انَـا الفتِيل
اوْدَى بىَ الشَّـادِن الكحِيل
وَفَـدْ ارَى فهوة تجُـول

بيْن ثنَايَاهُ وَاللِّثاتِ تعِيد فِى الانفُس الرُّفَاتِ رُوح الحيَاتِ

لَمَّا اعَاد[2] العُلَى وجَدَّدْ

ءَاثار مجْد عَادَت[3] وَسُودَد

فطبُ المعَالِى ابُو محمَّد

البَاضِح الشمْس فِى الاناتِ وَالبَاسِط الكَفِّ بالهبَاتِ لكلِّ ءَاتِ

يَا مشرفًا شرف المدِيحَا

ارْسَلتَ غيْث الندَا سَفُوحَا

فَامتدَّ بَاع الثنَا فَسِيحَا

الَيْكَ يا سَامِىَ السِّمَاتِ فمن فوَافٍ مُذهَّباتِ[4] وَمُذْهبَاتِ

وَغَادَةٍ شبَّهَا سفامَا

وَمِثلها[5] يَحفَظ الذِّمَامَا

غنَّتْ وَفَدْ افْشتِ الغرَامَا

بحُرْمَةِ الحبِّ يَا حَيَاةِ لَا تنسَ ودى ولَا وَفَاتِ الى الممَاتِ

١ كذا قرأتُ، ع «الجنَّاتِ» – ٢ كذا قرأتُ، ع «اعدَا» – ٣ كذا ع، ولعلّ الصواب هو «عَدَت» –
٤ ع «مُذَهَّباتٍ» – ٥ كذا قرأتُ، ع «وَمِثلُهُ»

٢٥

موشّحة

فَدْ بدَا مَا كنتُ اُخفِيهِ عَن العَاذِل

فِى هوَى من زَادَ فِى السِّحْر عَلَى بَابل

فَافصِرِى عن لوْم صَب دنف نَاحِل

لَـوْ مَشَـا بَـوْق حبَاب صارَ بى لجَّة
لمْ يُـر يَـغرق بى المَـاء مِنَ الخفَّـةِ

شبَّنِى حبٌّ غزَال ليْسَ بالمنصِفِ
لحْظهُ امْضَى عَلَى فلبِ مِنَ المرْهف
ريفه كالشهْـدِ وَالمسْكِ مَعَ الفرفف

مُـذ نشَـا لَـمْ تسْـتَفِق من حبّـهِ سَكرتِ
وَهو لَا يعْـلَم مَـا أُضمِرَ[1] من لوعتِ

يَـا هِلالاً لَمْ يَـزل يَطلعُ بالاسْـعُـدِ
ليْسَ بى حبّكَ غيْـر الحيْن مِن مسعِدِ
ذبتُ[2] حتَّى رقَّ لِى من رحمَـةٍ عُـوَّدى

بَـالوُشَـا[3] لمَّـا رَاَوْا دَمعِىَ مِن مقْـلتِى
فدْ جَـرَى يخبرُ عَنَ وَجْـدِى وَعَن زفرَتِى

لَمْ ترَ عينى[4] كمَن اهوَاهُ بيْن الوَرى
بى الحِسَـان الخرَّدِ العيْن وَمَـا انْ يرَى
ليتهُ لوْ جَـادَ بالوَصل وَلوْ بى الكرَى

بَـالحَشَـا فدْ كادَ ينضجُ مِنَ الوَحْشَـةِ
مُـذْ نئا يَـا عَـاذِلِى مَن وَجهُـهُ فبْـلَـتِى

فُـلتُ لمَّـا انْ بَـدَا كالشمْس بى المنظرِ
مَـائسًـا بى حُـلةٍ مِن سندُسٍ اخضَرِ
ابفَـا[5] مِن عِند رضوَان ولم يشعرِ

يَـا رَشـا		يَخْتَـال فِى ثوْبٍ مِنَ البهجَـةِ
فُل متى		افبَـلتَ يا حبى مِنَ الجَنَّـةِ

١ ع «اضمـَرَ» – ٢ ع «دبَّتْ» – ٣ كذا ع، ولعلّ الصواب «وَالوُشَـا»
٤ ع «عينىَّ» – ٥ يعنى «آبِفًـا»

٢٦

موشحة

بِى سِهَـام صوَائبُ		من لحَـاظٍ ابَـاحَتِ
مَـيتَـتِى فِى الهَـوى فِمَـا		تترَجَّى افَـالتِ

شغَّنِى حبٌّ مَن عَلا		فِى الوَرى بجمَـالِهِ
فمَـر لَاحَ فَـانجلَا		عَن بهَـاء كمَـالِهِ
شذَّ فِى حسنِهِ فَلَا		احَـدٌ كمثالِهِ
النجُـوم الثوَافِبُ		لوْ رَاتْـه لفَـالتِ
لَـوْ رَات ذَا شمْس الضحَـا		فِضَّلتهُ وَغَـابتِ

يَـا هلالاً متـمَّـمَـا		وَفضِيبًـا منعَّـمَـا
انتَ عذَّبتنى كمَـا		انتَ ابْكيتَـنِى دَمَـا
مُـذ رايتُ بدرًا نما		مِنك بالدجن عممَـا
وَالظلَام ذَوَائِبُ		كالارَافِم مَـالَتِ
فِـوْق غصْن اذَا انثَـنا		يستَبِى كل فامَـةِ

حَارَ ذهنِى وَخَاطِرِى   بِى فضِيبٍ من لطفِهِ
مَاسَ كالغصْنِ ناظِرٍ[1]   ينثنِى بِوْق حِفبِهِ
من مُجيرِى وَعَاذِرِى   من سهَام بطرفه
مصميَات نواهِب   مَا تعدَّت اصَابَت
بِانا مِن كلومهَا   فَد يئستُ[2] اوَافتِ

بابى مَن وصَالُهُ   جَل بِى الفرْب عَن لَّحَاق[3]
ليتَ انِّى انَالهُ   وَارَى بِى يد السيَاق
بِعَذِيرى جمالهُ   ان امتْ مِن جَوَى الْفِرَاق
بِالدُّمُوع سَوَاكِبُ   موفدَات صبَابَتِ
بِى فضِيب مُنَعَّمْ   جَلَّ عَن نعْتِ ناعِتِ

وَعزيز ببعدِهِ   اَصْبَحَ اللبُّ زاهفَا
فدْ بَرانِى بصدِّهِ   مُذ رَءَانِى عَاشِفَا
وَبُتِنتُ بفدِّهِ   وتغَنّيْتُ شَائفَا
انا وَاللّهِ ذَاهِبُ   لِيْسَ ترجَى سَلَامَةِ
اوْ ارَى الفَامَةَ التِى   فَدْ افامت فيامَةِ

١ كذا قرأتُ، ع «ناضِر» – ٢ ع «يئسَت» – ٣ ع «لحَّاق»

٢٧

موشّحَة

صَدُّهُ   انحَلنِى   ورَافنِى   ذَا الفمَرْ
خدُّهُ   تيَّمَنِى   وشفَّنِى   بالخبَرْ

فدهُ   كالغُصُنِ[1]   اذ يثَنِى   ذُو نَضَرْ
ڢى اعتِدَال   فدْ بسَفَا   يَرْفُل ڢى برْدَةِ
من دلَال   عَن ذِى شَفَا   يَعرُضُ مِن نخْوَةِ

اوْطفُ   فدْ كحَلَتْ   مُفْلتُهُ[2]   بالفُتُون
اَهيَفُ   فَدْ اطلَعَتْ   وَجنَتُهُ   يَاسَمِينْ
تعْطفُ   مُذْ بَهرتْ   بَهجتُه   للعيُون
ڢَالنِّصال   مِنْهُ تُفَا   مِن حَذَرِ الفِتنَةِ
وَالنبَال   ان رمَفَا   ترشوُ باللَّحظَةِ

لَا يَلِى   غيْرَ علِى   ڢى العفَرِ   ءَامرِى
مَوْئلِى   ذُو كحَلِ   كالفمَرِ   زاهِرِ
بَابلِى   بالجذَل[3]   والنَّظرِ   سَاحرِ
فَدْ احَال   مُذْ ارفَّا   جسْمِىَ مِن صحتِى
هَل يُبَال   مَن عَشِفَا[4]   غرفه[5] بغمْرَةِ

صَاحِ لا   اسْطِيعُ[6] اَن   اكتُم مَا   فَدْ عَلَنْ
تعْذِلا[7]   حِلْفَ شجَن   فَدْ علمَا   ما يكِن
تجهَلا[7]   لو تَعْلَمَنْ   مَا علما   لَم تكن
عنْهُ سَال   بَل غرفَا   حران ذَا زفرَةِ
ذَا خبَال[8]   †لَا يَفِفَا†   مِثْلِىَ عَن لَوْعَةِ

فَدْ اباح   دَمْعٌ[9] هَمَا   مَا اكتتَمَا   للعَذُول
حِينَ لَاحْ   منسَجمَا   مِنهُ دمَا   همُول[10]
لَا جنَاح   ان اغرمَا   ڢَاصْغ لما   فَدْ افُول

ذَا الغَـزال   فَـد ابفا   تيها مِنَ الجَنَّـة
بالجمَـال   مسْتبفا   جَاءَ عَـلَى فِترَةِ

١ ع «غُصْنِ» – ٢ ع «مَفْلتُهُ» – ٣ ع «بالحدَل» – ٤ ع «عَشَقَـا» – ٥ كذا قرأتُ، وفى المخطوطة ما يماثل «عرمفَرِّ» أو «عن مفرِّ» – ٦ كذا قرأتُ، ع «استَطِيعُ» – ٧ كذا ع – ٨ ع «خَبَل» – ٩ ع «دَمْعُ» – ١٠ كذا ع، ولعلّ الصواب هو «كالهمُول»

٢٨

مُوشحة[1]

فَضَتْ بافتنَاصِ الاسْدِ   الحَـاظ المهَـاتِ
فِيَـا فوْمِ مَـا ذا يجْدِ   حَمْل المرْهفَـاتِ

دَمِـى فَـدْ ارَاقَ السحْرُ   بطَـرف كحِيلِ
وَبَـانَ العَـزَا وَالصَّبْرُ   عن صَبٍّ عَـلِيلِ
ابْكَى مُفْلتَيْـهِ الْـهجْرُ   غَـدَاة الرحِيل
فَكَـيْف بِكتم الوَجْـدِ   بعْدَ العبَـرَاتِ
وَدَمْعِـى فِوْقَ الخدِّ   مِن بعْضِ الوُشَـاة

من لِـى بلَـيال غرِّ   تولَّتْ سِرَاعَـا
بخمصَانَـةٍ كالبَـدْرِ   دَانيتُ وِدَاعَـا
الَـيْهَـا بأُفِق الشَّـعْرِ   فحَطَّتْ فِنَاعَـا
عَن خدٍّ كَـلَوْنِ الوَرْد   رَوضِـى الصِّبَـاتِ
وثِغرٍ كنَظمِ العِفْـدِ   معْسُـول اللّثَـاتِ

انَـا بِالمحَلِّ[2] السَّـامِ   فِى مجدِ الامِير
محمَّـدٍ[3] المفدَام   ذِى السَّيْف الشهِير
فَفد لَاح لِلافوام   كالبدْر المنِير
اسْرى بالعِتَـاق الجرْد[4]   تحتَ الخافِقَـاتِ
فغنتْ رفَـاق الهِندِ   فِى هَـام الكمَـاتِ

اَمِير لسَبْق الفخْرِ   عَـليْه لِوَاء
ترَاءَ لَـهُ فِى الدَّهرِ   سنًا وَسـنَـاءُ
ومدَّ يدًا كالبَحْـر   تغنِى مَن تشَـاءُ
رَاتْ انَّ فرْضَ الحـمْدِ   كفرض الصلاةِ
فَمن اجْل هذَا تهْدِى   ضرُوب الصِّلاةِ

وَلمَّـا بدَا فِى العَـرْضِ   انسُ مهْـرجَـان[5]
بكل شدِيد الركضِ   جرّار[6] العنان
شدَوت امِير الارْضِ   وبدر الزمان
لَش بُـد ان ترَانِـى جُـندِ   نجرّ فنَـاتِ
وَنَطْـعَن[7] امَـامَك وَحْـدِ   مَـا دَامَتْ حيَـاتِ

١ الجزء الأوّل من مطلع هذه الموشّحة مذكور بين موشّحات ابن شرف فى جيش التوشيح (فصل ٧، بعد خرجة موشّحة ٧) بدون سائر النصّ – ٢ كذا قرأتُ، ع «والمحَلّ» – ٣ ع «محمَّـدِ» – ٤ كذا قرأتُ، ع «والرجْـد» – ٥ كذا ع، ولعلّ الصواب هو «المهْرجان» – ٦ ع «حرار» – ٧ كذا قرأتُ، ع ما يماثل «وَفطَعَن»

٢٩

موشحة لابى العبّاس الاعمى

حَشا يذُوب وَهَبْك انّى عُذِلتُ
افُول حَسْبِى دَعَا الهَوَى فَاجَبْتُ

يَا مَا اُدَارِى من الجوَى وَادِيرُ
وَلّى اصْطِبَارِى ممَّا اُرَاه يجُورُ
انِّىَ دَارِى انَّ اللَّيالِى تدُورُ
فهَل يئُوب زَمَانُ انسٍ عَهدتُّ
اوْ هَل يُلَبى عَصْرُ الصبَا ان دَعَوْتُ

ءَاهٌ وَءَاهَا اعِيدُهَا لوْ تريحُ
نفْسِى ارَاهَا تدْنِى الرَّدَى وَتتيحُ
لئن تَناهَا جَوًى فَقَلبى فرِيحُ
ايْن الكثيبُ وَمَنْ به فَد الفْتُ
يَا طول كربى نيْل الامَانِى حُرِمتُ

كم اُستضَامُ وَكمْ عَلَا[1] لى فدْرُ
هَل الغرَامُ الا اشتيَاقٌ وَذِكرُ
جنَّ الظلَامُ [2]فَاطلعْ يا بدْرُ[2]
طال المغِيبُ وَكمْ ليَال سَرَيتُ
فضَلَّ رَكْبِى وَبسَنَاكَ اهتدَيْتُ

هَل للزَّمَان وَفَد توَلَّى رُجُوع
مَن بالامَانِ[3] لِلصبِّ وَهو مروعُ
وَمَن يعَانِى ذَماء نفْسٍ تضِيعُ

بَـانَ الْحبِيب وَوطَرِى مَا فضَيْتُ
فضَيْتُ نَحْبِى وَوَعْـدهُ مَا افتَضَيْتُ

يَـا للعبَـاد هَل لانفِضَائك وَعْـد
وَيَـا فُؤادِى كمْ ذَا يدَانِيك وَجْـدُ
وَكمْ انادِى لبعد دَارى واشدو
انَـا الغرِيبُ وَمن بلادى بَـعُـدتُّ
يَـا وَيْحَ فَـلْبِى عَلَى حَبِيب فِـفدتُّ

١ ع «عَلّا» – ٢ الظاهر أنّ لفظا سقط ، ولعلّ الأصل كان «فاطلع لنا يا بدر» – ٣ ع «بالامَـانِى»

٣٠

موشحة لهُ ايضا[١]

يَطْغَى وَجِيبِى وَخلَـدِى ينبتُّ
سَـرّح حِبِّى لَـوْ انَّـنِى سَـرَّحْتُ

مَن لِى باهْـيَفْ يَـلعَبُ بالعُـفول
رَنَـا باوْطَفْ كالصَّارِم المصْفول
وَهزَّ معْطَفْ كالغصْنِ المطْـلُول
غبَّ الْجنُـوب اذَا تثَنَّى فُـلتُ
لَـوْ بعْتُ فَـلبى بوَصْلِهِ لفزْتُ

نزّه جُفُـونِى فِى رَوْض وَجْـنَتَـيْكا
هذِى دُيُـونِى فَـد بَـلِيَتْ لدَيْكا

اهوَى منونِى   ان كان فِى يديْكا

يَا كُل طِيب   لهُ الجمَال نَعْتُ
مَا كانَ ذَنبِى   فِى حبِّ من احْببْتُ

يَا مَن تجنَّى   لَوْ ذقتَ مَا اذُوقُ
فَلْبى معَنَّى   وَمدْمعِى طلِيقُ
افديكَ غصنَا[2]   وَجدى بهِ خَلِيق
غصْن كثِيب   لَدن التثِنِّى شختُ
فضيْت نحبِى   مذْ بَانَ او مُذ بنتُ

[3]الحُسنُ يَعلمْ   أَنّك منه احسَنْ[3]
[3]وأَنتَ أكرمْ   والموت فِيك اهوَنْ[3]
[3]يفديك مُغرَمْ   أسَرَّ حتّى أعلَنْ[3]
[3]أنتَ نَصيبِى   مِن كلِّ ما افترحتُ[3]
[3]حَسبِىَ حسبِى   ما شِئتَ لا ما شِئْتُ[3]

انا وَانتَا[4]   اِسْوَة هذَا الهجْرِ
بالصَّبْر بنتَا   مَعَ انصدَاع الفِجْرِ
ومذ رَحلتَا   غنَّى الجوى فِى صدْرِ
رحل حَبِيبِى   سَحَرْ[5] فِمَا وَدَّعْتُ
يَا وَحْش فَلبِى   باليْل[6] اذَا افتكرْتُ

١ هذه الموشّحة موجودة فى دار الطراز (موشّحة ٢٢) منسوبة إلى ابن بقىّ – ٢ كذا فى دار الطراز، ع «مضنَا» – ٣ نقلتُ هذا الدور من نصّ دار الطراز، فإنّه غير موجود فى المخطوطة – ٤ ع «وَانت» – ٥ كذا فى دار الطراز، ع «سحرا» – ٦ يعنى «بِاللَّيْل»

٣١
مَوَشَّحَة

مَن لِى بِرَشًا[1] فِى رَوْض خدَّيْهِ
ورْد زَانهُ صَوْلجُ لَاميْهِ
لئن سَاءَنِى تفتيرُ عَينيْهِ
فَالخلخَال وَالمهتَضَمُ الشخْتُ   سُرُورى لوْ سَاعَدَنِى البختُ

وَضَعْتُ لَهُ خدِّى اذْلالَا
فَاستعْظَمَ اعزَازًا وَاجلَالا
وَقَال وَدَمْعُ العيْن قد سَالَا
مِن[2] اين تعَلَّمتَ الهَوى قُلتُ   من تفْتِيرِ عينَيْكَ تعَلَّمْتُ

وقَال وَقدْ صَيَّرَنِى ارْضَا
برحتَ بشكوَى المقَل المَرْضَى
وَقُلتُ لَهُ ان كنتَ لا ترْضَى
وَحقّك يَا مَولاى لَا عدتُّ   قَدْ كنتُ مجُوسيا فَاسْلمتُ

يَا مَن قتَل الريم بتفْتيره
وَمَن فتَن الحورَ بتصْويره
وَمن زَاغتِ الابصَارُ مِن نوره[3]
هواكَ هوَ التشريق مَا عِشتُ   لَا بحتُ به دَهرِىَ لَا بحتُ

يَا املَحَ خَلق اللّهِ ارْكانَا
مذْ بنتَ فؤاد الصَّبِّ قَدْ بَانَا
يبكِى اسفًا للبيْن حَيْرَانَا

غار كن لبرى ذَا الغيبَة نون تنت   يَا †وَلنيش†[4] ذَا العَاشو شتّتُ[5]

١ ع «برشَا» – ٢ ع «مَن» – ٣ ع «نورهِ» – ٤ أو «ولينش» – ٥ ع «شننتَ» أو «شتتَ»

٣٢

موشحة

يَا مَن رَنَا باحْوَرْ   ليتَ السَّفام ليتْ   اوْليتْ
جسمِى فَكنتُ صابِر   ارْضِى بما فضيتْ

ما السرُّ فِى اعتِلَال   الا مِنَ النظَر
حسْبى مِنَ الحجَال   اغرُّ ذُو حَوَر[1]
يَا شادِنًا بدَا لِى   فِى طلعَة الفمَر
وَالصبْح منك اسفَر   وَالغصن مَا انثنيت   حَكيت
فَكيْف حَال سَاهِر   منَامه نبيت

مرءَاكَ يسْتمِيل   ذا النسُكِ[2] وَالتفَى
عَهْدك مُستحِيل   مَا ان لهُ بفِى
لماك سَلسَبيل   يطفِى التشوفَا
لوْ جدتَّ لِى بسُكَّرْ   منهُ وَكنتُ ميْت   احيَيْت
من اعْظُم دَوَاثِر   سُفمِى بما نويت

يَا مُفلَةً تزيدُ   عَلَى المَوَاطِرِ
سُحّى انَا العَمِيد   بكلِّ سَاحِرِ
وَانتَ يا وَليدُ   منْ ءَال طَاهِرِ

بنيتَ كل مفْخَـر   فَفيل اذ بنيْت   يَـا بَـيْت
لِلهِ كم مئاثِر   وَعقبَّـةٍ حَـوَيْت

حَـوَيْت كل سُـودَدْ   سَبفا وَمنزلَـهْ
اعطَيْتَ كُلَّ مُـنْشِـدْ[3]   مِن غيْـر مسْئلَـهْ
فَـاهْنَ ابَـا محمَّـد   لما خلفت لَـهْ
يَـا مَن نداهُ كوْثَـر   لَـوْ شئتَ اذ[4] سَفيْت   ارْويت
لَاكِن على مفادِر[5]   هذَا الوَرى وَنيت[6]

لِلهِ يوم رَاحَـا   مسْتمطِيًا حصَان
يسَابق الريَـاحَـا   وَالبَرق بى عنَـان
فَفلتُ حِين لَاحَـا   بى حلبَـة الرهان
يَـا رَاكِب المضمّـر   العَـالى الكمَـيْت   اجْـرَيت[7]
طرفكَ كنتَ ظَـافِر   بالسبْق اذ جَـريت

١ ع «حُـوَر» – ٢ ع «النسْكِ» – ٣ ع «مُـنشِدِ» – ٤ ع «اذَ» – ٥ ع «مقدَار» – ٦ كذا ع، ولعلّ الصواب هو «وقّيت» – ع «اجْرَيتَ»

٣٣

موشحة لابى الفاسم العطار

هَـاتِ ابنةَ الكرْم   تحيى ذَمَـا[1] الصبِّ   بيمن فَد احْـيَيتْ
فَـان للخمرِ   عَلى الجوى فدرهْ   يحيى[2] بهَـا الميْت

فالنفس وَسْوَاس عَسَاكَ تسْلِيهَا
بفهْوة سَاس[٣] بالسّكرِ مَا فِيهَا
كمْ فلتُ وَالكاسُ بكف سَافيهَا
ككَوْكَب الرجْم يَا مهْدِى الشهْبِ لفَد تهدَّيْت[٤]
لغايَة السّكرِ اذ زدتنِى نظرهْ لما فد اهديت

معَذِّبى رحمَا فَدْ خاننِى صبْرِى
وَشفَّتِ الجسْمَا لوَاعِج الذِّكرِ
سَل ادْمعِى عمَّا يكنُّهُ صَدْرِى
وَكيْف بالكتمِ وَادْمعِى تنبِ بمَا فَد اخفيْت
امْ كيْف بالصَّبْر وَفِى الحشا جمْرهْ مِما فد اذْكيْت

ابا الحسَيْن افعَل مَا شئت بالصبِّ
الصَّبْر بى اجْمل وَان فضَى نحبِ
وَيا غَوِهْ يعذُل فِى حبهِ حسْبى
رضيتُ بالسُّفْم فِى طَاعَةِ الحبِّ وفد تحلَّيْت
بحليَة الهجْر مستعْذَبا هجرهْ وما تخليْت

مولاىَ ابرَهِيم رفِفا بمَن يهوَاكْ
وَفلبُه مَكلُوم بمَا جَنَت عينَاكْ
لَا تمنعِ التسْنِيم من فِيك عَن مضنَاكْ
يَا عَاطِرِ الظلْمِ بَرِّدْ جَوى فلبى[٦] بما تمنَّيْت
مِن سَلسَل الثغرِ ايحرَم العُمْرَهْ مَن طاف بالبيْت[٧]

لمَّا سَطَا حَربَا فِى عزِّ سُلطَانِه[٨]
وَفامَر الفلبَا بجيْشِ اجفَانِه[٨]

اضمَرْتهُ حُبًّا[9] وَفلتُ بِى شَانِهْ[10]

مغلُوب بَعُدْ[11] نرمِ فَد انفمَر فَلْبِى وَريْت ما رَيت

بُوَيْدَفًا صدْرِ اوْفَفْنِ[12] بَالسُّفْره[13] شهْمتْ[14] بلَا بيْتْ[7]

١ كذا قرأتُ، ع «دِماء» – ٢ ع «يحبى» – ٣ كذا ع، ولعلّ الصواب هو «تَاسُ» [مخفّفة من «تَأْسُو»] – ٤ كذا ع، ولعلّ الصواب هو «تردّيت» – ٥ كذا قرأتُ، ع «غرٍ» – ٦ ع «فلبِ ى» – ٧ ع بكسر التاء، ولكنّ الوزن يقتضى تسكينها – ٨ ع بكسر الهاء، ولكنّ الوزن يقتضى تسكينها – ٩ ع «حُبًّا» – ١٠ ع «شَأنِهِ» – ١١ ع «بَعَد» – ١٢ ع «اوْفِفَن» – ١٣ ع «السُّفْرة» – ١٤ يعنى «شاهْ ماتْ»

حرف الثاء

٣٤

موشحة للمؤلف

بِأَبِى بَدْرٌ عَلَى غُصُنِ[1] حبُّهْ فِى الفَلبِ فَد مَكثا

لَيسَ لِى بالهجْرِ من فبَل
اكثَرَ العُذّال مِنْ عَذَلِ
فِى حَبِيبٍ وَصْلُهُ امَلِ

فَدْ نفَا نوْمِى وَارَّفنِى مَن بسحْرِ العَيْنِ فَدْ نَفَثا

يَا شفِيقَ البَدر اَنتَ دَوَا
هَائمٍ يَشكُوا ضنًى وَنوَا
بفؤادِى مِنك برْحُ[2] جَوا

لحْظُكَ الوَسْنَانُ امْرضنِى وَسطَا بمهْجَتِى[3] وَعَثا

بِابِی مَن لسْتُ اذْكرهُ
فِی الحَشَا مَا زِلْتُ اضمِرُهُ
خَوْفَ وَاشٍ كادَ يُظهِرُهُ
صَدَّنِی خلّی وَانحَلنِی   وَفضَی ان اسْكُنَ الجدَثا

يَا مُذيبَ النَّفْسِ والجسَدِ[4]
كمْ كذَا تسْطُو عَلَی خَلَدِی
خُذ فُؤادِی ثمّ ذَر جَسَدِی
لِلضنَا وَالبَيْن وَالمحَنِ   فدْ بَّكا لِی عَاذِلِی وَرَثا

[5]مَن لِمشتَاقٍ[5] بهِ شغَفُ
مِن هَوَی ظَبْی بهِ وَطَفُ
فشدا اذْ نالَهُ كلَفُ
فدْ ابی وَصْلِی وَعذَّبَنِی   رَشَأ[6] للعَهْدِ فدْ نكَثا

١ ع «غُصْنٍ» – ٢ ع «برْجُ» – ٣ ع «بمهْجَتِی» – ٤ ع «والجسَدِی» – ٥ كذا قرأتُ، ع «من لِی بِمشتاقٍ» – ٦ ع «رَشَأ»

٣٥

موشحة لهُ ايضا

غزال اِنسٍ[1] بقَلبی عبَثا   ظُلْمًا وَعَاثَا[2]   بالفؤادِ فَدْ مَكثا

بَدْر منيرٌ غزال نَافِر
لهُ محيًّا كصُبْحٍ سَافِر

لِلهِ ظبى بعقلِى سَاحِرْ
وَطَرْفُهُ للانَامِ سَاحِرْ

اذَا رَنَا نحوَهُم اوْ نفثا مَاتوا حثاثا وَتبوَّوا الجدَثا

بخدِّهِ سوسن فِى وَرْدِ
وَثغرهُ لؤلؤ[3] فِى عقدِ
يَجرى عَلَيْهِ مذاب الشهْدِ
لِصبِّهِ فِيهِ برْء الوَجدِ[4]

حرُّ الوَجيب بصَدْرى لبثَا ارْجُوا الغيَاثا من اليم مَا بعَثا

دَمعِى تصعِدهُ[5] نيرَان
يشبُّهَا شادِن فِتَّان
رَشا لهُ ناظِر وسنَان
افلُّ افعَالِهِ الهجرَان

اضحى وَامسَى غزالاً دمثا صَادَ اللياثا[6] وَالعقُول قدْ وَرثَا

سَهْمٌ اصَابَ فَاصْمَى قَلبى
مِن لحْظِ احْمدَ هَل مِن طِبِّ
ظبىٌ رَخيمٌ ثوى فِى لبِّ
خوط قوِيمٌ[7] باعلَى كثبِ

سَطَا بعقلِى جوْرًا وَعثَا فَلَوْ اغاثا صبّه لمَا[8] اكترثا

وَرب خوْدٍ سَبَاهَا بالدَّل
من حُسنِهِ احْمد بن الفسْطَل
فانشدَت اُمَّهَا اذْ اقبَل
كانهُ البدر لا بل اكمَل

حبُّ الحبيب بفلبى مَكثا[9]　　　خبتُ انتكَـاثا　　　عَـهْـدِهِ[10] وَفدْ نكَـثا

١ ع «انسٍ» – ٢ ع «وَعَشَا» – ٣ ع «لؤلؤا» – ٤ ع «الوَجُدِ» – ٥ يعنى «يُصَعِّدُهُ» – ٦ لا بدّ من هذه القراءة على ما يبدو، ع «الليثا» – ٧ ع «فويمّ» – ٨ ع «لمَّا» – ٩ ع «فَد مَكثا» – ١٠ ع «عَـهْـدُهُ»

٣٦

موشحة

دِنْ بخمرِ الدِّنان　　　صفـْرَاء من عهدِ شيثٍ[1]
ثم بالغَـانيَـاتِ　　　ذوى اللُّـهَى والعرُوثِ

مُـذْ نبذتُّ وفَـارِى　　　لمَّـا هُجرتُ وَانِّـى
لخليعُ العِذَارِ　　　فِى حسنهنَّ فِزدنِـى
أطِيقُ اصْطبارى　　　وَفَـد تبيَّن منِّـى
فَـافصِرًا مَن لحَـانِـى　　　فَـان للمكتَـريث
فِى هوى الغَـانجَـاتِ　　　من تالِدٍ وَتليثِ

يَـا خليلى هبِّ[2]　　　وَسَـافِهَـا لِـى خمرَا
بيْن ءَاسٍ وَفُضبِ　　　وَلتنشُرِ[3] الوِرْدَ نثرَا
فِى حدَائق غلبِ　　　وَالرَّوْض يبسم زهرا
بيْن عطف الفِيَـان　　　وَحُسْن صَوْتٍ انيثِ
خرَّدٍ سَـادِلاتِ[4]　　　عِذار فِرْعٍ[5] اثيثِ

رُبَّ يوم نعمنَا وَعُـودنا يترَنَّمْ
فِى سُرُور تثنّا ويَـومنَا يتبسَّمْ
وَاستدَارَت عَليْنَا مِنَ الرحيق المختَّمْ
فهوة مِن جمَان وَالزَّهرُ غيْر نكيثِ
لَا ارى الزَّاهِرَاتِ الا بوَصْلٍ ملوثِ

فلحَى الله لاحِ رَنا بعَيْن حَسُودِ
اذْ غدَوت اصطبَاحِ بيْن الحسَان الفدُود
وَجَنيْتُ افتراحِ مِن ورد تِلك الخدُود
فِى الذِّ امَانِ بوَصْل كل خَنيثِ
البدُور اللَواتِ[6] يصدْن اُسْدَ اللُّيُوثِ

فلتُ يَا صَاحبيا[7] لمّا انتشَيْت مفِيلا
حث كاسَ الحميَّا لاعصِينَّ العَذُولَا
وادِرْها عليًّا من صَافيَات شمولَا
عِند خفِق العيدَان نادَيْت كالمسْتَغيث
بابِى النّاعماتِ المُحْيِيَاتِ[8] الكريث

١ ع «شيتِ» – ٢ يعنى «هَبْ بِى» – ٣ ع «ولتَنثُرِ» – ٤ ع «سَادِلاتِ» – ٥ كذا قرأتُ، ع «رفع» – ٦ ع «اللوَاث» – ٧ الظاهر أنّ المقصود «صاحِبى يَا» – ٨ كذا قرأتُ، وفى المخطوطة ما يماثل «المجبيات»

موشحة

خُذْهَا عَلَى نِغْمةِ[1] المَثَالِث   ثَانٍ لهَا وَالحَبِيبُ ثَالِث

مُدامَةٌ تُطرِبُ[2] النفُوسَا
وَتَسْتمِيل الفتَى الرَّءِيسَا
اضَاءَ لَأْلَاؤُهَا الكئُوسَا

فَالْانسُ مِنهَا انَارَ حَادِث   فَدْ سَامَتهَا[3] يَدُ الحَوَادِث

وَيَومنَا مُشرِقُ الحُميَّا
وَالرَّوْضُ من زهْرِهِ[4] تزيَّا
وَفَد سرى مَن   هُ[5] رَيَّا

انفَاسُ ظَبْى لِفَلْبِ[6] وَارث   لِلسِّحْرِ فِى مُفلتَيْهِ نَافِثْ

يلحِظُنِى عَن لحَاظِ رِيمِ
بوَجهه نظرَة النَّعِيمِ
عَرَفْتهَا[7] فِيهِ يَا نَدِيمِ

وَفَدْ غدَا فِى الفُؤادِ عَابث[8]   احْوَر بمفلتَين عَابِثْ

ءَاهٌ مِنَ الحبِّ لَوْ تريحُ
وَفلَّمَا الفَلبُ يسْتَرِيحُ
وَهْوَ عَلَى صَبْرِهِ فرِيحُ

خُطوبُهُ بالجَوى كَوارث   مَا زَال فِيهِ الْغَرام لَابِث

لَمَّا تمَادَى عَلَى النِّفَارِ
وَخَانَنى فِى الهَوى اصْطِبَارِى

شَدَوْتهُ شَدو ذِى ادكارِ

يَا بَدْر للنيرَيْن ثَالِث   افْسمُ بالحُبِّ غَيْرَ[9] حَانِث

١ كذا ع – ٢ ع «تَطِربُ» – ٣ يعنى «سَئمَتهَا» – ٤ كذا قرأتُ، ع «زهْرة» – ٥ كذا ع، ولعلّ النصّ الأصلىّ مثل «مِن سناهُ» – ٦ كذا قرأتُ (يعنى «لِقَلْبِى»)، ع «لِلقَلْب» – ٧ ع «عَرُفتهَا» – ٨ كذا ع، ولعلّ الصواب هو «عائِثْ» – ٩ ع «غَيْرُ»

٣٨

موشحة[1]

شَوْقٌ بقَلبى عَاثْ   بنَوْم جفْنِى حَثَاثْ   بَالغِيَاث   من مثَاث   حر[2] نبَاث

بى مهجَة اثلاث   كالضَّيْغمِ الدِّلْهَاث   لَا اكترَاث   لانتثاثْ   هَذِى الاحْدَاث

كفُّوا عَن العَذْل   بى الشادِن الاحْوى

بَغَايَة الجهْلِ   عَذْل لذى بلْوى

فدْ مَاتَ من فبْلِى   اهْل الهَوى شجْوَا

بيْن العَرَا وَالكبَاث   وَالشِّثِّ وَالجثجَاث   كالبغَاث   بموَاث   لَهُمْ اجْدَاثْ

شجتنِى الارْبَاث   مِن كل ندْب ملاث   ذِى انتثاث   وَوكاث   لذِى الاثلَاث

بنفْسِى افْدِيهِ   وَالمَال والاهْلِ

من ليْسَ يرضِيهِ   شئْ سِوى فتْلِى

فَدْ جَلَّ[3] بى التِّيهِ   وَالحُسْنِ عَن مثلِى

فسَّمَ فَلبى ثلَاث   تفسُّمَ الميرَاث   بى رعَاث   وَغرَاث   لهُ ايعَاث

بغاث اى بغَاث   وَللمنَايَا دلاث[4]   وَانبعَاث   لاحتراث   ذوى الانكاث

يَا مَن بَدَا صبْحَا　ڢى ڤرعهِ[٥] الڢَاحم
رڢقًا بمَن اضحَى　ڢى دمعهِ عَائم
لَا يحسن السّبحَا　ڤكُن لَهُ رَاحِم
دمعُهُ حَثحَاث　لشجْوه بحّاث　ڢى العباث　هَل يعَاث　شج ملثَاث
لامُهُ اضغَاث　مضطرِم الجباث　ڢى اعتلَاث　وَاللّهَاث　لَهَا نبَّاث

هَلَّا ابَا الڢَاسم　مننتَ بالوَصْلِ
لمن غدَا هَائمْ　مدلّه[٦] العَڢْل
مَا ضرَّ يَا ظَالمْ　لو دنت بالعَدْلِ
ك[٧] النوَى مَغّاث　وَصَربهَا حثّاث　كالغثَاث　ڢى رثاث　مِن الارْمات
تنجث استنجَاث　تصدّى الهيّاث　لَانَاث　ڢى تراث　اذَا مَا هَاث

يَا ڢمرًا يبْدُوا　ڢى ليْله الاليل[٨]
رضابُكَ الشهْدُ　ڢَدْ شَابَهَ السَّلْسَل
صيَّرتِنِى اشدُو　ما ڢلتُ ڢى الاوَّل
وْڢ بڢلبى عَاث　وڢنوْم جڢْنى حثَاث　ڢالغيَاث　من مثاث　حر نڢّاث
مهجَتى اثلاث　كالضَّيْغمِ الدلْهَاث　لَا اكترَاث　لانتشَاث　هذِى الاحدَاث

١ أسماط هذه الموشّحة غريبة وغامضة للغاية – ٢ ع «حرْ» – ٣ كذا قرأتُ، ع «حَل» – ٤ ع «دلات» – ٥ كذا قرأتُ، ع «ڢرعُ» – ٦ ع «مدَّلهُ» – ٧ كذا قرأتُ، ع «وَشكٌ» – ٨ كذا قرأتُ، ع «ليْلَةِ الاليل»

حرف الجيم

٣٩

موشحة

فِفْ بالمطيّ وَبالرَّكبِ وَعَرِّجِ
عَلَى فُؤادٍ مِنَ الوَجْدِ فِى وَهَجِ

بِاللَّهِ يَا حَادِى الرَّكبِ رِفقًا بِهِم
كَىْ تنطَفِى النَّارُ من قَلبِى بقربهِم
وِهذِهِ ادمُعِى تنبِ عَن حُبِّهِم
مَا بَالُهُم[١] حَملُوا قَلْبِ فِى هَوْدَجِ
وَاشعَلُوا مِن لظَى البعْدِ قلبِ الشجِ

يَا شَادِنًا يَطلُعُ البَدْر فِى خدِّهِ
وَينثنِى الغصُنُ[٢] النضْرُ من قدِّهِ
منْ اينَ وَكيْفَ[٣] لِى صَبْرُ من بعدِهِ
رِيم مِنَ السَّادةِ العُرْبِ[٤] متَوَّجِ[٥]
عينَاهُ كالصَّارِمِ الهندِ فِى المهَجِ

بى[٦] اغيدٌ قدْ سَبَا لبِّى وَجرَّدَا
من مُقلتيهِ الَى حَرْبِى مهَنَّدا
لَمْ يبْقِ بالهجْرِ للصبِّ تجلدَا
فَاجْعَل سَبيلا الى القرْب وَفرج
وَاكتب امَانًا من الصَّدِّ وابهجِ

لَوْ سَاعَدَ السَّعْد احيَانى　　　بوَصلِهِ

وردَّ رُوحِى وَحيَّانِى　　　بلثمِهِ

ونعَّمَ البدْرُ جثمانى　　　بضمّـِهِ

وَنلتُ من مَّكرَع عَذْبِ　　　مُبَلَّجِ

مَا شِئت مِن ذَالِكَ الشهْدِ　　　لَمْ يُمزجِ[7]

بى[8] اغيَدٌ قد حَوى الحسْنَا　　　متمَّمَا

عَانَقتهُ غُصْنًا[9] لدنا　　　منعَّمَا

لمَّا دَنَا سفَرى غنَّا　　　متيَّمَا

عجل بحَو النَّبى حِبّى　　　سَافِرْ[10] وجِ

وَخَلِّ قلبك رهين[11] عندى　　　حتَّى تَجِ

١ ع «بَالَـهُم» – ٢ ع «الغصْنُ» – ٣ كذا ع، ومن الممكن أن يكون الصواب «أو كيف» – ٤ ع «العَرْبِ» – ٥ كذا ع – ٦ ع «بىَ»، وعسى أن يكون الصواب «لِى» [انظر الغصن الأوّل للدورالخامس] – ٧ ع «يُمْزِج» – ٨ ع «مى» [انظر الغصن الأوّل للدور الثالث]
٩ ع «غَصْنَ» – ١٠ ع «سَافَرْ» – ١١ ع «رهِينً»

٤٠
موشّحة

يَا صَاحِ هَل فى الهَوى مِن حَرجِ　　لِذِى افتخَارِ　　هَامَ فيهِ مُذْ حججِ

يَا لَابسًا فى الهَوَى اثوَابَا

حَمَّلتنِى السُّقمَ والاوْصَابَا

كم ذَا ارَى مِنكَ لِى اغبَابَا[1]

انتَ الخلىُّ وَانِّى لشجٍ	من الاوَارِ	اننِى لَفِى لُجَجِ

يَا زَاريا بالظِّباءِ الغِيدِ

هَلا رَضيْتَ عَن المعْمُودِ

يفطعُ[2] اليْل[3] بالتَّسْهيدِ

وَصَوْب دَمْعٍ[4] جَرى ممتزِجِ	لَدَيْك نارِ	فَاطَّرحْ مِن الحِجَجِ[5]

لِلهِ يوْم بهِ الفَاكَا

وَالبَدْرُ يَطلعُ مِن مرءَاكَا

وَالندُّ يعبَقُ من ريَّاكَا

مَا زلتُ اذ[6] زرْت كالمبتهِجِ	وَالمِسْكُ جَارِ	بيْن ذَلكَ[7] الفَلَجِ

يَا مُصْمِيًا بسِهَام الحَوَر

عطفًا عَلىَّ شَفِيوَ الفمَرِ

فَالصَّبْرُ عِندِى مثل الصَّبِرِ

يَا عَاذِلِى فِى الغزَال الغنجِ	مَا بالخَيَارِ	حبٌّ كل ذى غنَجِ

يَا غَايَةَ الحُسْنِ صِل هيمَانَا

فدْ حَالفَ الهَمَّ وَالاشجَانَا

ينَادِى مِن حُرَق اعلاَنَا

اذَا مَررتَ بدَيْر فَعُجِ	عَلَى العفَارِ	مَا عَلَيْك مِن حَرَجِ

١ كذا قرأتُ، ع «اغيَابَا» – ٢ يعنى «يُفَطِّعُ» – ٣ يعنى «اللّيْل» – ٤ كذا قرأتُ، ع «دَمْعِى» –
٥ ع «الحَجَجِ» – ٦ كذا قرأتُ، وفى المخطوطة ما يشبه «ان» – ٧ ع «ذاك»

٤١

موشحة

كمْ جَدَّلَت مرهفَاتُ الغَنَج مِن اسْدِ ترْج وبرَتْ مِنَ المُهَج

اصمَى الفُؤادَ رَشًا ذُو حَوَر
فَد رَاقَ مرءَاهُ كل البَشرِ
فكيْفَ اصْرف عَنهُ بصَرِى

وَفَد تبَلَّجَ صُبْحُ البَلَجِ مِن بيْن دعْجِ تحتَ طُرَّة السَّبَجِ

للهِ ليلَتنَا بالْابرَفيْن[1]
وَالجَوُّ ازهَرُ زَاهِى الافُفيْن
فطَعتُها بارْتشَافِ الاطْيَبيْن

خمر الزَّجَاجِ وَمَاءِ[2] الفَلجِ مزجًا بمزجِ فى حمَا ظبَا الدَّعَجِ

وَربَّ يوْم كَريم العَهْدِ
اهدَت بهِ الشمسُ بدْر السَّعْدِ
فى روْضَةٍ كعِذَار الخدِّ[3]

تزْهى بنور كنَارِ السُّرُج وَالرِّيح تزْجِ طِيب عَرْفِهِ[4] الارِجِ

فانشط لكاسٍ كمَاء المزنِ[5]
وَاسحبْ زمَانَك جرَّ الرَّسَنِ
فَانْ اهمَّك صَرْف الزَّمَنِ

وَايفظتكَ خطُوب الحجج لُذ بِابْن جُرْجِ فهْوَ غَايَة المرْتجِ

حَسْبى ابَا جَعْفَر العَليَاء
مَا حِزْتَ مِن كرَمِ الابَاءِ[6]

ومَا بكفيْك من انْدَاءِ

لقَد غَرفتَ بهَا فِى لجَج		فهَل فِى حج		بذُرَاك مِن حَرَجِ

وَغَادَةٍ لَمْ تزَل تهْواهُ

لمجدِهِ وَسَنَا مرءَاهُ

فَانشدَتْ تَرتجِى لفيَاهُ

مولَاى زرْنِى فنَظرك فَرَج		كمْ ذَا ترَج[7]		جينِى يا منَا نَفْسِ جِى

١ ع «بالْابرَفبْن» – ٢ ع «وَمَاءُ» – ٣ الكلمة غير واضحة بسبب ثقب فى المخطوطة – ٤ ع «عُربهِ»
٥ «المزْنِ» – ٦ يعنى «الآباء» – ٧ يعنى «تُرَجّ»

٤٢

موشحة لابى بكر بن الصيرفى[1]

انزِلُوا فَلبىَ الشجِ		رَاكِبًا لَمْ يعَرِّجِ

انزِلوا كل معْلمِ

من فؤادٍ متيَّمِ

بغَزال كضَيْغمِ

وَعِذارٍ كارْفَمِ

دَبَّ فِى شَكْلِ[2] صَوْلجِ		حَوْل خدٍّ مضَرَّجِ

يَا نديمى لَا تبْخَلِ

بارتشَافِ المفبَّل

فِى رحِيق مُسَلسَلِ

وَاصْرِف الكاسَ انَّ لِى

فِى الافَاحِ المفَلَّج صِرْف رَاحٍ لَمْ تمْزَج

وَاسْقِ بالرَّاحِ مَن شكَى[3]

بى[4] مِنَ الوَجْدِ مَا بكَا

فبُكَا الغيْمِ اضحكَا

زَاهِر الرَّوضِ مُذْ بَكَا

حليُهُ لمْ يُدَحْرَج وَحُلاَهُ لَم تنسَجِ

مَا لقلبِى مِنَ الوَجيب

وَلعينِى مِنَ النحِيبْ

من هوى شادِن ربِيب

ناعم القدِّ كالقضِيب

اهيَف الخصْرِ مدْمجِ فوْق ردْف مرجْرَجِ

البسُوا جسمَهُ اليَقق

بنسِيجٍ مِنَ الغَسَق

تحتهُ حُمرة الشفَق

فشدَا صبُّهُ فلَق

سيدى صحبَ البنَفْسَجِ ج لعمَّك حبِيبى ج [5]

١ ع «الصيرافى» – ٢ ع «شكلٍ» – ٣ يعنى «شكَا» – ٤ ع «بىَ» – ٥ هذه الخرجة موجودة فى موشّحة للخبّاز (جيش التوشيح، فصل ١٠، موشّحة ٧)

٤٣

مُوَشَّحَة[١]

رَوْض نضِير وَشادِن وَطلا[٢]
فدْ نمىَ الزَّهر بيه ايَّ حُلا
وَالنهْرُ ينسَابُ وَالغديرُ مَلا
فَاشربْ عَلى ذا الغدِير مَعَ الغزَال الغَرير رَيَّشَ نبْل[٣] الفُتور
بالغُنْجِ وَالدَّعجِ لفتلِ صب شجِ

يَا رَوضَ حُسْن وَاللحْظ يحرسُهُ
فدْ شبَّنِى ورْده وَنرْجسُهُ
وَيَا غزالاً بى الفلبِ مَكنِسُهُ
كَمْ ذَا ينادِى الكئيبُ ولَا يَراكَ تجيبُ مَولَاىَ انتَ الطَّبِيبُ
برَشفِ ذِى فَلجِ [٤]مِن مبْسمٍ أَرِجِ[٤]

تِهْ كيفمَا شِئتَ ايّها الفمَرُ
لَمْ يبْق لِى بى هَواكَ مصْطَبَر
فَد ذبتُ سُفمًا وَليْسَ لِى وزَرُ
بما حكى لَىَّ[٥] فدك مَوْلَاى رِففًا بعبْدك ولَا تدِنهُ بصدِّك
فَد ذُبتُ مِن وهَجِ وعمتُ بى لجَجِ

يَا بَدْر سَعْدٍ وَالجيْب مَطلعُهُ
ويَا غزالاً بى الفَلبِ مَرتعُهُ
تبَارَكَ اللَّهُ جل مبْدعُه
ظبىٌ من الانسِ اغيَد مثْوَاهُ بى الفَلبِ سَرْمَدْ [٦]حىِّ بِمولَاى[٦] احْمد
مهفهف غنجِ ذى منظر بهجِ

يَا فسْطل ارْفِق عَلى حَلِيف اسَا
يبغِى[7] الرِّضَا مِنك يَا منَاىَ[8] عَسَى
انّ الرِّضَا ردّ مَاتمِى عُرُسَا

يَا فَاتلِى بالغرَام اذَبتنِى بالسفَام زرْنِى وَلَوْ فِى المنَامِ
فِى جنحِ ليْل دَجِ ان كنتَ مِمَّن[9] تجِ

١ توجد فى المخطوطة فوق كلمة «موشحة» عبارة «من بحر المنسرح»، وهى جديرة بالاهتمام – ٢ هذا الغصن هو الجزء الأوّل لموشّحة من موشّحات ابن سهل (موشّحة ١٣) – ٣ كذا قرأتُ، وفى المخطوطة ما يماثل «فبل» – ٤ كذا قرأتُ، ع «مِنْ جسْمٍ ارجٍ» – ٥ كذا قرأتُ، ع «لى» – ٦ كذا قرأتُ، ع «حى مولاى» – ٧ كذا قرأتُ، ع «ببغى» – ٨ ع «منَاءِى» – ٩ كذا فى المخطوطة على ما يبدو، ولعلّ الأصل كان «مُفْمِرْ» أو مثل ذلك

٤٤

موشحة لابى بكر بن بفى

عَلِّلَانِى بابنةِ الْعِنبِ انهَا بالنَّفْسِ تمتَزِجُ

فهْوة ترميكَ بالشَّرَر
شجَّها السَّافِى فَلَمْ تَطِرِ
هِىَ مِن شمْسٍ وَمن فمَرِ
كلجَيْن سَال فِى ذهَبِ بعْضهُ فِى بعْضِهِ يَلِجُ

بابِى وَاللّه بدْرٌ سَمَا
حَرسَتهُ الشهبُ فهوَ حمَا
مَا عَلَيْهِ انْ يَّريو دمَا

مِن مُحبٍّ دَائم الوَصَبِ[1] بسُيُوف سَلهَا الدَّعجُ

انتَ فِى فتلِى وَسَفْك دَمِ
ضِدُّ يحيى فَاتِل العَدَمِ
نوَّر الآفَاقَ بالكرَم

وظلام البخل فى حجُبِ وَصبَاح الجُودِ منبَلج

يَا فتَى العَليَاء يَا ابْن عَلِى
يَا وَلى السُّول وَالاملِ
وَعَدوَّ اللَّوم والبخَلِ

لَكَ تعنُوا اوْجُهُ النّوَبِ وَبكَ الامَال تَبتهِجُ

اعْذِرُونَا فِى هَوى الخرَّدِ
وَارتشاف الرِّيو مِن برَدِ
يَا بنِى البغضَاءِ وَالحَسَدِ

نحنُ اهْل الظرفِ وَالادَبِ مَا عَلَيْنَا فِى الهَوَى حَرَجُ[2]

١ ع «الوَصْبِ» – ٢ انظر خرجة موشّحة ٤٧

٤٥

موشحة لابن زهر

روضَة من بنفسج ونسيم مورَّجُ

فرِّبَا الكاسَ[1] فرِبَا

مَرحبًا ثمَّ مَرحبَا
لَا سقَى اللّـهُ من ابَى
انَّ همَّ الفِتَى الشج　　　بالحُميَّا يفَـرَّجُ

خلِّهَا عَن مزَاجهَا
وَابتهج لابتهَاجهَا
انهَا فِى زجَاجهَا
شعْلةٌ فِى توَهُّج　　　كيْف بالمَاء تمزَجُ[٢]

يا اخَا اللَّـهْو والطَّـرَب[٣]
فِى حَديثِى هوَ العَجَبْ
وَالهَـوَى　　　سَبَبْ[٤]
انا للوَصْل مرْتجِ　　　[٥]وَبَـابُ الوَصْل مُـرتَجُ[٥]

بى حَبِيبٌ اذَا خطر
اشغَل السَّـمْعَ والبَصر
اشبَـه النَّـاسِ بالقمَـر
مرَّ بى لم يُـعرجِ　　　ليتهُ لوْ يُـعَـرِّجُ

انشدَتهُ ذَات الوشاح
يَـا حَبِيبى بلا جُنَـاح
ونصِيبى مِنَ الملَاح
ج حَبِيبى ذى اليله[٦] ج　　　اخوتى غاب[٧] لم يجُ

١ ع «الكاسا» — ٢ ع «تمتزج» — ٣ ع «والرطب» — ٤ كذا ع، ولعلّ الأصل كان «الهوى للنوى سبب» — ٥ كذا ع — ٦ ع «الیلة» — ٧ ع «غابوا»

٤٦

موشحة

فى يَانِعَاتِ الثمَر غَنَّت لَنَا حَاجُ
فى غصنٍ[١] يُهتَصَر نفَاهُ رجْرَاجُ

بِى مَن حَكَى الغُصُنَا مجَالُ هميَانِه
بيَاض صُبْح المنَا سَوَاد خيلانه
اهلاً وَان فِتنَا بسِحْر اجفَانِهِ
وَالسِّحْر فيمَا اشتَهَرْ للصُّنع مِحتَاجُ
وَسحْر ذَاكَ الحَوَر طبْع وميزَاجُ[٢]

مولَاىَ يَا ذَا العُلا فولاً بافصَاحِ
بخلتَ حتَّى عَلا ليْلى باصبَاحِ
انِّس[٣] مشوفًا سَلا عن فوْلةِ اللَّاحِ
شكَا اليْكَ الضَّرَر وَالشوْق يهْتَاجُ
بفَلبِهِ مسْتَعَر وَالدَّمْعُ ثجَّاجُ

تَاللَّهِ مَا للْفلُوب سِوَاكَ يَا حَمُّ
ان بنتَ خوف الرَّفِيب وَصَدَّك الظلمُ[٤]
فَارْدُدْ منَام الكئيب وحسْبهُ السفم
ففَدْ توَالَى السَّهَر وَطَال ادلَاجُ
وَحَال بيْن الفمَر بَابٌ وَحجَّاجُ

فضَى لنَا الحَوَرُ بغيْر مَا يَجب
وَبأَبِى فمَر خيلانهُ شُهُبُ[٥]
باليْل مُعْتجِرُ بالصُّبح منتَفِبُ

احْلَاكُ ذَاكَ[٦] الشَّعَر   كانهَا السَّاجُ
وَبيض تِلكَ الطرَر   كانهَا العَاجُ

يَا عَاذِلِى ذَرْنِى   فَالوَجدُ بى احْرى
وَبُح[٧] ولَا تكنِى   بمَن بهِ اَغْرَا
وان تشَا غَنّ   وبين[٨] العُذرَا
يَا كعْبَة للنَّظر   وَافَاكِ[٩] حجَّاجُ
من يلثمنّ[٢] الحجَر   واللحظُ حجَّاجُ

١ ع «غصنِ» – ٢ كذا ع – ٣ كذا ع، ولعلّ الصواب هو «آنِسْ» – ٤ ع «الظلمِ» – ٥ ع «شُهْب» – ٦ ع «ذَلكَ» – ٧ أو «لُح»، فإنّ المخطوطة غير واضحة – ٨ يعنى «بيِّن» – ٩ ع «وَافَاكَ»

٤٧

موشحة

عَلِّل الاحزَانَ بالطَّرَبِ   كلُّ هَمٍ بَعْدَهُ فَرَجُ
هَاتهَا صَفْرَاءَ كالذَّهَبِ
تخطفُ الابصَارَ باللَّهَبِ
عَجبًا مَا شِئتَ مِن عَجبِ
انهَا مِن جَوْهَرِ العِنبِ   وَهىَ بالاروَاحِ تمتَزِجُ

عذلُوا فِى الرَّاحِ وَاحتفَلُوا
حَكمُوا فِيهَا وَمَا عَدلُوا

عيَّبُوهَا بئسَ مَا فَعَلُوا

اكـثَرُوا فيهَا مِنَ الكذِب　　　لهجُوا بالسُّوء لَا لَـهِج[1]

ايُّـهَا المصْغِى الَى خبَرِ

لَا تسْلنِى كيْف مصْطبَر

انَـا مِن جفْنِى عَلَى غَـرَرِ

فى بحَارِ الدَّمْع تلعَبُ[2] بِى　　　لجَج[3] فى اثرِهَا لجَجُ

بأَبِى ابهَى مِنَ الفمَرِ

منظر يَـدعُوا الَى النَّظرِ

وَمن الايَـاتِ وَالعبَرِ

مِيزَرٌ يَجرى عَلَى كثُب[4]　　　غيْر ان الخصرَ مندمجُ

ايُّـهَا العُشَّاقُ[5] وَيْحكُمُ

انَّ اهْل الارْضِ كلهُم

زَعَـمُوا لِلهِ مَـا زَعَـمُوا

انَّ اهْل الظرْف والادَبِ　　　مَـا عَلَيْـهِم فى الهَـوَى حَـرجُ[6]

١ يعنى «لَهجُوا» – ٢ ع «نلعب» – ٣ ع «لحَجْ» – ٤ ع «كتب» – ٥ ع «العَشَّاقُ» – ٦ انظر خرجة موشّحة ٤٤

٤٨

موشحة

مَـا لِى وَللنوَاظِر　　　اثّـرنَ فى المهَجْ

وَمَـا لهَـا وَمَـا لِى　　　سُلَّتْ مِنَ الدَّعَجْ

نضَى الهَوى حُسَامَا   فدْ فدَّ مهجتِى
اهدَى لى السَّفَامَا   من ايِّ مفلتِ
وسَهل الحمامَا   وبزَّ نخوتِى
ڢمَا مَعَ المفَادِر   تصحُّ لِى حجَجْ
وَكيْف وَالعَوَالِى   من لحظِ ذِى غنجْ

بدْر حمَاهُ ارْفَم   مِن تحتِ دُؤدُء[1]
هوَاهُ فَد تَحَكمْ   ڢِى فلبِ جؤجوء[1]
يڢتر ان تبسَّم   عن نظم لؤلوِ[1]
وَالرِّيڢُ مسْكٌ عَاطِر   يَعُوم ڢى لجَج[2]
فد لجَّ ڢى الخيَال   وَهَامَ مُذ حجَج

عُلِّفته غزالا   فَد غازَل الفُلوب
ولَاحَ لِى هلالَا   لَاكِن عَلَى فضِيب
اميل حيْثُ مَالا   وفربه فريب[3]
يَا فوْم من بحَائر[4]   فدْ عَادَ ڢى هرَج
وَظل ڢى اختبَال   وَمَا بهِ حَرَج

يَا يُوسف وعبدك   فد ضَاق درعهُ
دَنا اليْهِ بعْدُكْ[5]   ڢسَال دمعُهُ
ڢَايْن منهُ رڢدك   والحبُّ شرعُه[6]

ولَا يزَال صَابر   وَان ابَى وَلجْ
نفْسِى ڢدَاء سَال   ثوْب الهَوى نسَجْ

للحسْنِ ڢيه معْنَى   للفَلبِ يسْتبين
يَا وَحْلة المعَنى   ڢيهِ ولا معِين

فقلتُ حِينَ غَنَّا فى مدْمعِى معِين
يَا مَعْشَرَ الجئاذِر طُوعُوا فَلا حَرجْ
لمَالك الجمَال يُوسُف بِنْ[7] فَرَج

١ كذا ع – ٢ ع «لحَج» – ٣ ع «فريبِ» – ٤ كذا ع، ومن الممكن أن يكون الصواب «لِحَائِر» –
٥ ع «بعْدَكْ» – ٦ الكلمة غير واضحة بسبب ثقب فى المخطوطة – ٧ ع «بْن»

٤٩

موشحة لابى الحسَن الحُصَرِى[1]

الرّاحُ وَالرضَاب مَا فيهمَا حَرج
الا لكلِّ بَدْعِ عَن دينِنَا خَرَجْ

طُوبَى لمَن تروَّا من ذَا وَهذهِ
مهْمَا يميسُ زهْوَا فى ثوْب لاذهِ
وَالفلبُ منّى يهْوَا سرَّ التِذَاذهِ
مرَاشِف عِذَاب[2] مِن ثِغرِ[3] ذِى فَلجْ
بهَا دَمِى وَدمعِى هذا بذَا مُزِجْ

يَا حُسْن كل حسْنِ اليَاسُ بِى اسَا
يَا جَنّتِى وَعَدْنِى عِدْنى وَفُل عَسَى
ان تلتقى[4] بجفْنِ وردًا ونرجسَا
تحمِيهمَا عِضَاب سُلَّتْ[5] مِنَ الدَّعَجْ
وَعفرب للَسْعِ دَبَّت مِنَ السَّبَجْ

فَدْ حَارَت الرِّياض　　　فِى رَوْض خدهِ
اجفَانهُ مرَاضُ　　　بامْر اسدِهِ
صعْبٌ فِما يرَاضُ　　　لطول صدهِ
مَا طاعَتِ الصعَاب　　　الا عَصَى وَلج
فِى عزةٍ وَمنْعِ　　　ليتلفَ المهَجْ

كم فلْت للعذُول　　　لوْ كانَ يسْمع
حسْبى مِنَ الملُول　　　مَا شَاء يصْنَعُ
انِّى بحسْنِ سُول　　　ارْضَى وَافنَعُ
اكهِف كم العتَاب　　　عَاتبتنى حججْ
انَّ الهَوى لشَرعِ　　　فِى ذَا الهوَى حجَجْ

ان الرضَا لغالِى[6]　　　مَا لِلرضَا ثمَنْ
من سَيد المَوالِى　　　وَخيْرِ[7] مؤتَمَن
تُزْهَى[8] بهِ المعَالِى　　　وَالملك وَالزمن
للرِّزق مِنهُ بَاب　　　مَن امَّه وَلَجْ
اوْ فَال ضاق ذَرْعِ　　　لبَّاهُ بالفَرج

مَا يوسُف بن هُود　　　الا كيُوسفَا
فِى اليُمن وَالسعُود　　　وَالحسْنِ وَالوفَا
فِكم وَفا بجُود　　　كمْ جَادَ كم شفَا
كانه السَّحَاب　　　وَالرَّوضُ ذُو ارَج
من شمهُ بسَمعِ　　　وَابصَرَ ابتهَج[9]°

١ هذه الموشّحة موجودة فى جيش التوشيح (فصل ٥، موشّحة ٤) بين موشّحات ابن الرابع راسه، مضافًا إليها هناك دور سابع ذو خرجة إسبانيّة – ٢ ع «عَذْبُ» – ٣ كذا بكسر الثاء، وهذا التشكيل

غير نادر فى المخطوطة – ٤ كذا فى جيش التوشيح، ع «يلتقى» – ٥ ع «سَلتْ» – ٦ ع «للغالى» – ٧ ع «وَخبْرُ» – ٨ ع «تزْهِى» – ٩ فى جيش التوشيح الدور السابع كما يلى:

لَا انسى اذ تغنت　　هَيْفَاء فِى السمَر
بشدوهَا وَحَنت　　لعزة الوترِ
تشكُوا الذى تشكت　　من هجر من هجر
يا مم تنت لاب　　ذَا الوعْد ذَا الحجج
دَع هجْر مم فطع　　فَالفطع لى سمج

حرف الحاء

٥٠

موشحة لابى بكر بن بقى[١]

مَا لقلْبى فرَارُ　　وَالاحبَّةُ سَارُوا　　رَوَاحَا

يَا فُؤادِى عزاءَ
كانَ ما اللَّهُ[٢] شَاءَ
هَل تردُّ الفَضاءَ
فلتُوال الدُّعَاءَ

ان يُردَّ الفطَارُ　　فيعُود المَزارُ　　سَرَاحا

لا اسَمِّى حَبيبِ
خَوْفَ وَاشٍ رَفِيب
يَا عَلِيمَ الغيُوبِ
انتَ تدْرِى الذِى بِ

فلبىَ المسْتَطَارُ　　خَانَهُ الاصطبَارُ　　فَبَاحَا

كَـتَـمُـوا الارتحَـالَا

عَن كَـئيب نكَـالَا

ثمَّ زمُّـوا الجِمَـالَا[3]

وَعَـلَوْهَـا الجَـمَـالَا

حَـيْث سَارُوا انَـارُوا والليَالِى اصَارُوا صبَـاحَـا

تَـركُـوا بالمغَـانِى

مُـدْنِفَ[4] القَـلبِ عَـانِى

مغرمًا بالامَـانى[5]

نادِبًا[6] للحِسَـانِ

مُفرَدًا لَا يُـزَارُ اوْحَشتهُ الدِّيَـارُ فَنَـاحا

ان نَـاَوْا بفُـؤادِى

وَتوَخّـوا بعَـادِى

وَازَاحُـوا رَفَـادِى[7]

يَـا الَاهَ العِبَـادِ

لفَّـهِم حيْثُ سَـارُوا انجَـدُوا امْ اغارُوا نجَـاحَـا

١ هذه الموشّحة موجودة فى جيش التوشيح (فصل ١٥، موشّحة ٢) بين موشّحات ابن زهر – ٢ كذا فى جيش التوشيح، ع «لله» – ٣ كذا فى جيش التوشيح، وفى المخطوطة ما يماثل «الخجالا» – ٤ ع «مُـدْنِفُ» – ٥ ع «بالامَـان ى» – ٦ كذا فى جيش التوشيح، ع «نادِيًا» – ٧ كذا ع

٥١
مُوَشَّحَةٌ لِابْنِ زُهْرٍ[١]

يَا صَاحِبيَّ نِدَاءَ[٢] مغتبطٍ بصَاحِب
لِلهِ مَا الفَاهُ مِن فِقدِ الحَبَايبْ
فَلبٌ احَاطَ بِهِ الهوَى من كل جَانِب
اى فِلبٍ هَائمْ لَا يسْتَرِيحُ مِن النوَاحِ[٣]

انحَى عَلَى[٤] رُشدِى وَافِقدَنِى صَلَاحِ
ثغر ثنَى الابصَارَ عَن نور الافَاحِ
يَسفى بمختلطَيْن من مسْكٍ وَراح
كالحبَاب العَائم فِى صبحَةِ المَاء الفرَاح

مَن لِّى بِهِ بدر تجَلَّى عَن ظلَامِ
ابصَرتُ مِن وجنَاتِهِ بدرَ التمَامِ
وَعلفت مِن اعطافِهِ لدن الفوَامِ
كالفضِيب النَّاعِم لَمْ يسْتَطِع حمل الوشاحِ

يَا مَن اعَانفُه[٥] باحنَاء الضلوع
وَافيمُه بدلاً مِنَ الفلبِ الصَّديعِ
انا للغرامِ وَانتَ للحُسْن البَديعِ
وَكلَام اللَّائم[٦] شىء يمرُّ مَعَ الريَاحِ

حملتَنِى فِى الحبِّ مَا لا يستَطَاعُ
شَوفًا[٧] يرَاعُ لِذكره من لا يرَاعُ
فِلانت[٨] اظلَم من لهُ[٩] الامر المطَاع
وَمعَ انك ظَالِم ءَات[١٠] هوَ منَاءى وَافْتِراح

١ هذه الموشّحة موجودة فى جيش التوشيح (فصل ١٥، موشّحة ٦) وفى المُغرب (١، ٢٦٨) وفى عيون الأنباء لابن أبى أصيبعة (٢، ٧٢) – ٢ ع «ندا» – ٣ كذا ع، وفى سائر المراجع «اللوَاحِ» – ٤ ع «عَلَىَ» – ٥ كذا فى سائر المراجع، ع «اعنافه» – ٦ ع «اللّائمِ» – ٧ ع «سَوفًا» – ٨ يعنى «فَلأَنْتَ» – ٩ الكلمة غير واضحة بسبب ثقب فى المخطوطة – ١٠ كذا ع، وفى خرجة الموشّحة التالية «ات»، وفى غيرها من المراجع «أنت»

٥٢

موشحة

امْـر العذُول عَـلَى الهَـوَى امرٌ مُطَـاع
يَـا عَـاذِلِى تابَى عَـلَى النفل الطبَـاعُ
كلَّفتنِى امرًا يضيقُ به الذِّرَاعُ
أَأُطِيعُ[١] اللّائم   فيمَن بهِ فَـازَتْ قِدَاحِ

نفسِى اصَاب الحبُّ مَـقتَلهَـا فوَاهَـا
فيمن تَوَشَّحَ بالمحَـاسِنِ وَارْتدَاهَـا
يَـرْنُوا اليْكَ بمقلَـةٍ يصمِى شباهَـا
ليْسَ مِنهَـا عَـاصِم   وَلَـيْسَ عَـنْهَـا مِن برَاحِ

انَّ ابْن احْـمَـد فى الجمَـال غدَا فـريدا
فمرا أعَـارَتهُ المَـهَى لحظًا وَجيدَا
يفتَرُّ عَن بَـردٍ حَـوى عَـذْبا برودَا
انْ يردهُ الحَـائم[٢]   فتذوده سمْـر الرمَـاحِ

يَـا ضَارِبًا فى الحسْنِ بالقدحِ ٣
لَا ارْتجِى مِنهُ مَـدَا الايَّـامِ نيْلا[٤]

ابْدَت لنَـا ازرَارهُ صبحًا وليْلا

فوْق خوطٍ نَـاعِم		يهْتزُّ اثنَـاء الريَـاحِ

مَـا بَـال طَرْفِى لَا يَـميل كرى الَيْـهِ

اسْـهَـرْتهُ وَجْـدا فحسْبـى مَـا لديْـهِ

يَـا ظالمِى وَالظلم لا ينبغى عليْـهِ

ومعَ انك ظَـالِم		ات[5] هُـوَ منَـاءِى وَافتِرَاح

١ ع «اَاَطِيعُ» – ٢ فى المخطوطة ما يماثل ؤالحمَـائم» – ٣ سقط لفظ ، وأميل إلى الرأى بأنّـه «المُـعَـلَّى»
– ٤ كذا قرأتُ، ع «نبْلا» – ٥ انظر خرجة الموشّحة السابقة

٥٣

موشحة[1]

مَن شَـاءَ انْ يقُـول فَـانّـِى لسْتُ اسْـمَع

خلعْت فى هوَاكَ وَمَـا كنت لاخلعْ

ابديكَ من شفيع الى قلبى مشفَّع

نشوَان صَاحِ		بيْن ارتبَـاعٍ وَارتيَـاح

يَـا مَن يطيل عَـذْلِى ولا يخْلُوا بطَـائل

ايْن الشمُـول باللّـهِ مِن تِلك الشمَـائل

حبَـائل العفول فدتها من حبائل

فمسْتبَـاح		من سره غيْـر مبَـاحِ

امَـا انَـا فلَـمْ يبْق فى فَلبى بقيَّـه

مِن طُول مَـا اتفيْت بهِ عنِّى تفيَّـهْ

امنيةٌ فلا بدَّ مِنها او منيه

هل من جناح عمدًا اليْهَا مِن جُنَاحِ

حبُّ المِلَاحِ فَرْضٌ وَبَاقِى الظرْفِ سنَّهْ
وَالحسْن فتنَة[2] وَكفى بالحُسْنِ فتنَهْ
من ايْن ذَا التصابِى فانِّى اوْ فانَّـهْ

على انفسَاحِ مِن عُـذُر[3] فيهِ فسَاحِ

من منصبِى افترَابًا الى اللّـهِ وَحسْبَهْ
من معجبٍ يَقول اذا استحسَنتُ عجبَهْ
بيْنِى وبيْن بعض[4] الرفَاق البيض نسبَهْ

وَفى الرِّمَاحِ بعض اختيَالِى وَمرَاحِ

غيْرى اذَا احبّ يدَاجِى اوْ يداهِن
امَا كفَى الضنَى ظاهِرًا وَالشوْق بَاطِن
قَد كنتُ ناسِكا اوْ كما كنتُ ولاكن

حبُّ المَلَاحِ اذْهَب نسكِى وَصَلَاحِى

١ هذه الموشّحة موجودة فى دار الطراز (موشّحة ٣٢)، ولها هناك يوجد مطلع وهو
أنت افتراحى لا قرّب اللّه اللواحى

٢ ع «مِن فتنَةٍ» – ٣ ع «عُـذْر» – ٤ من نصّ دار الطراز، ع «وبيْن الرفَاق»

٥٤

موشحة[١]

هزَّ ارْتَياحِ　　　رَاحُ بَرَاحِ
عِطرِيَّـة[٢] الانفَـاسْ　　　شخْت الوِشاحِ

مَـا لذَّة الدُّنيَا　　　الا الكئوسُ
سُلافَـة[٣] تحيَى　　　بهَـا النفُـوسُ
يُـدِيرُهَـا سُفيَـا　　　فتًى[٤] يَـميسُ

فِى روْض رَاحِ　　　غض النَّـواحِ
يهدِيك عرْف الاسْ　　　مَعَ الرِّيَـاحِ[٥]

يَـا شادِنًـا احْـوى　　　ربعْتُ امْـرِى
اليْك وَالشكوَى　　　عنوَان صبْـرى
لَا تخشَ ان اهْـوى　　　سوَاك عمْـرِى

انتَ افترَاحِ　　　[٦]من المِلَاح[٦]
اغنَى عَن النبرَاس　　　ضوْء الصبَاحِ

اهوَاكَ لِلفَضلِ　　　وَللعلاء
وَذَاكَ للنبْل　　　وَللسناء
وَالمفَل النجْلِ　　　وَهنَّ دَاءِ

مرضـى صحَـاحِ　　　نشوى صوَاحِ
لَا تنسَنِى[٧] يَـا نَـاسْ　　　ورش جنَـاحِ

خِلِ يَـا خِلِ　　　اخشَى انتِلَافِ[٨]
فَـالمؤت فِى الوَصلِ　　　مَعَ العفَـافِ
وَليْسَ فِى فبْل　　　وَلَا ارْتشَـافِ[٩]

ثغر[10] الافاحِ   عَلَى السَّمَاحِ
لدَى العُلَا مِن بَاسْ   ولَا جُنَاحِ

لَا انسَ مَا عِشت   يَومًا شربت
مَع من بهِ همتُ   حبًّا وبهتُ[11]
لمَّا انتشَا قُلت   وَقَد طَربتُ

صَاحِ يَا صَاحِ   الى الصبَاحِ
وَدَع كلَام النَّاس   مَعَ الرِّيَاحِ

١ هذه الموشّحة موجودة فى جيش التوشيح (فصل ١٣، موشّحة ٣) بين موشّحات ابن رحيم – ٢ ع «عَطرِيَّـة» – ٣ ع «سَلافَة» – ٤ ع «فتَى» – ٥ فى جيش التوشيح «الرواح» – ٦ الجزء ناقص فى المخطوطة، وأخذتُ النصّ من جيش التوشيح – ٧ ع «تنسَ نِى» – ٨ فى جيش التوشيح «ايتلافى» – ٩ كذا فى جيش التوشيح، ع «وارْتشَافِ» – ١٠ ع «تغر» – ١١ كذا ع

٥٥

موشحة

يَا طَائر البَانَةِ كَم ذَا النيَاحْ   البُك رَاحْ   امْ هزَّ عِطفيْك نسِيمُ الصبَاح

نحتَ خَليا وسجعت ارْتيَاح
وبهجت [1]اشوَاقَ شَجٍ[1] ذى انتزاح
مَا هَاجَ وَجْدِى غيْر ذَاتِ الوِشَاح

اغرَاكَ بالصُّبْح ضيَاء ألاح[2]   مَا الصبْحُ لَاحْ   لَاكنهَا ضَاءَت وُجُوه صبَاحْ

لَمْ يَبْق لِى ايْد ولَا لِى يَدُ

مُذ نصلَتْ عينَاكَ يَا احْمدُ

ارْمَاحَ[3] لحْظٍ اضلعى تفصِدُ[4]

ڢبين جفنيك وَفَلبى كفَاحْ   تِلك الرمَاحْ   فَد اثرت ڢَارْمٍ فُلوبًا صحَاحْ

انتَ المبدًّا بسَوَادِ الفُلُوب

يَا كوْكب السَّعدِ وَبدر الجيُوب

عَرڢك مَا فَد نمَّ اوْ ذَاك طِيب

وَرِيفك الشّـهْدُ مشوبٌ برَاحْ   وَالمِسْك ڢَاحْ   مِن ڢيك ام ذلكَ عَرڢ[5] الافاحْ

اهوَاكَ يَا بَدرُ وَان يحجب[6]

شخصُك[6] لِى ڢَالذِّكر لَا يحجبُ

كمْ عَذَلُوا ڢيكَ وَكَمْ انبُوا

وَلسْتُ مَن يثنيه عَذل اللوَاح   هَل من جنَاحْ   يَا فوْم ڢى حُب الوجوه الملاحْ

فَد حَلتِ الخمرُ ڢسَوَ[7] الندَام

وَحَل ڢى حب الحبِيبِ المدَام

ڢَاشرَب[8] جهَارًا ودَع الاكتِتَامْ

يَا سَافِىَ الخمْر ادِرْهَا صُرَاحْ   ڢَالافتِضَاح   ڢى وُدِّ مَن اهوَى مباحٌ مباحْ

١ كذا قرأتُ، ع «اشوَافِى شج» – ٢ كذا قرأتُ، ع «لاح» – ٣ ع «ارْماحُ» – ٤ ع «تفصُدُ» – ٥ ع «عُـرف» – ٦ يقتضى اللفظ «شخصُك» فى الغصن التالى أن نقرأ «يُحْجَبُ»، ولٰكن أميل إلى الرأى بأنّ الأصل كان «يَحْجُبُوا . . . سخصَك لى ڢالذِّكْرُ لا يُحْجَبُ» – ٧ يعنى «ڢسَوِّ» – ٨ ع «ڢاشرُب» [بالعامّيّة]

موشحة[١]

هل ينفعَ الوَجْد اوْ يفيدُ   اوْ هَل علَى مَن بَكا جنَاح
يَا شفةَ القلبِ غبتَ عنِّى   فَاليْل عندِى بلا صبَاحْ

اقدِيك من مُعْرضٍ توَلَّى   لَا عيْن منهُ ولَا اثـرْ
عذَّبتنِى فِى هوَاك كلَّا   لم يبق منِّى ولم يَذَر
يَـا عيْن عنِّى فليْس الا   صَبْـر على الدَّمْعِ والسَّـهَر
ويفعل الشوْقُ مَا يُـريدُ   فِى كبدٍ ردَّهَا جرَاحْ
يَـا مخجل البدْرِ لَا تسَلنِى   عَن جوْر الحاظِك الملَاحْ

زَادَت عَلى بهجَـةِ النهَـارِ   مِن حُسنِهَـا الدَّهرُ فِى ازدِيَـادْ
لحظ لهُ صوْلة العقَار   يفعَل فِى القلبِ مَا ارَاد
وخدهُ الورْدُ فِى البهار   يُكلم باللحظِ اوْ يَكَـادْ[٢]
وَذَلكَ[٣] المبْسَم البَرود   حصبَاء درّ وصِرف رَاح
او مثل مَا قلتَ ماءَ مزْن   يسْق بِهِ يَانِع الاقَاحْ

يَـا مَن لهَـا ابدَع الصفَاتِ   يَـا غصنُ يا دعص يا قمر
غبتِ وَلم يَات مِنكِ ءَاتِ   فاستوْحش السَّمع وَالبصَر
لولَا صَبا تِلكم[٤] الجهَات   هبَّت[٥] علينَا مِن السَّحر
يَـايهَـا النَّازح البعِيد   جَاءَت بانبَائكَ الريَـاحْ
ان الصبَا عَنك اخبَرتنِى   فَاهتز روْض الربَـا وفَـاحْ

يَـا سَاحِرًا فَاق كلّ سَاحرْ   وَاهًـا لِمَن باسمِهِ وُصِفْ
خدٌّ كروض الجنَان زَاهِرْ   يقطف باللحظِ ان قُطِف
كالرَّوض منتسِق الازاهِر   اردية الروض يلتحف[٦]

كالبَـدْر حفَّت بهِ السُّعُود   اشرق لَألاؤهُ وَفَـاحْ
كالغصنِ اللدْن فِى التثـنِّ   يعْطفهُ الجدُّ[7] والمزاح

مَن لِى بمخضوبَـةِ البنَـانِ   ممشوفَـة الدِّلّ والدلَال
من هجرهَـا فسْمة الزمَـان   مَـاض وَمستفبل وَحَـال
لفد رَثا عَـاذِلِى لشَـانِى[8]   ثم انثنَـا ضاحِكا وَفال
عَـاشو مسكين[9] اللَّـه يزيدُ   ارْض لمن يعشق الملاحْ
خليه تهجرن او تصلن   مَـا لِى عَلَى سَـاحِر افتِرَاحْ

١ هذه الموشّحة موجودة فى عيون الانباء لابن أبى أصيبعة (٢، ٧٣) منسوبة إلى ابن زهر – ٢ ع «يكادُ» – ٣ ع «وَذَاك» – ٤ كذا فى عيون الأنباء، ع «تلك» – ٥ كذا قرأتُ، ع «هبّ»، وفى عيون الأنباء «لذاب قلبى من الفكر» – ٦ كذا فى عيون الأنباء، والكلمة غير واضحة فى المخطوطة – ٧ كذا قرأتُ، ع «الخدّ» – ٨ ع «لشان ى» – ٩ كذا ع، وفى عيون الأنباء «ومسكين»

٥٧

جَـرِرْ معَ الصبَـابَـةِ وَالخمْـرِ   اذْيَـال ذى ارتيَـاح
فمَـا عَلَى المتيَّم مِن عَـارِ   فِى الرَّاحِ وَالمِلَاح[1]

يَـا صَاحِبَيَّ مَـا لِى وَللائم   فِى الخمْـر والهَـوى
وَفَـدْ اضرَّنِى عَـذله الدَّائم   وَلَيْس لِى سِوى
عِصيَـانه فِما يستوى الهائم   طَوَاهُ مَـا طوَى
وَفَـارغ الجوَانح وَالصَّدْرِ   مملَّاُ السَّـراحْ
مَـا فِى الملَامِ حَظ لمختَـارِ   لهَـائم صراح

شَـاءَ الهَـوى بان انبذَ[2] العمرَا   فِى اللهْـو وَالتَّصَاب[3]
شَـاءَ الهَـوَا بان اخلعَ العُـذْرَا   فكيْف لِى متَـاب

فيَا نديم فم سقِها جمرا تنِير كالشهَاب[٤][٥]

فى وُدِّ ذى فتُون مِن السِّحْرِ مُهفهَف الوِشَاح

فى حُسنِهِ احَادِيث اسْمَارِ حتفى به متَاح

عبْد الالهِ هَل مِنك اينَاسُ لموحشٍ هَلوعْ

ويَا نديم مَا تحمل الكاسُ اخمْر ام دمُوع

هذَا الهوَى [٥]أمَانٍ ووسواسُ[٥] وَكل[٦] ذِى وُلُوع[٧]

متَى اتيح فرْبُك[٨] يسْتَشرِ وَحين لَا يتاح

مَا شِيْتَ مِن غرام وَتذكارِ وَلوْعَةِ انتزَاح[٩]

منَاى[١٠] يَا بْن يَحيَى بان احيَا ملكا لرَاحتَيك

تجمَّع[١١] المنيَّة وَالمحيا[١٢] فى سِحْر مُفلتيْك

فَان دنوت دنت[١٣] لِى الدنيا فَالسَّعْدُ[١٤] مَا لَديْك

وَكلّمَا اشرت الى امْرِ فَطَوْعهُ النجَاحْ

مَلكتَ بيْن نفْعِى وَاضرارِى رفّى فلَا برَاح

قَد برَّحَ الغرام وَقد ءَانَا للقَلبِ انْ يذُوب

وَاهًا لعَاشِق قربه كانَا لقلبه الحبيب

شداهُ وَهوَ يندب ما بَانَا مِن وصْلِهِ العجيب

رَايْتُ ذَاك الحمَام الذِى تدْرِى بالعينن الملاح

طيَّار رجَع وَكان مر بى[١٥] بدَارِ مفصص الجناح

١ ع . «وَالمِلَاج» – ٢ ع «انفذ» – ٣ ع «اتصاب» – ٤ ع «كالشهَابِ» – ٥ ع «امان وسواس» – ٦ كذا ع، ولعلّ الصواب هو «لِكُلّ» – ٧ ع «وَلُوع» – ٨ ع «فربَك» – ٩ ع «انتِزَاحِ» – ١٠ ع «مناءِى» – ١١ ع «تجمَع» – ١٢ ع «والمحيَّا» – ١٣ كذا ع، ولعلّ الصواب هو «دانت» – ١٤ ع «فَلسَّعُدُ» – ١٥ ع «بى»

٥٨

موشحة لابن زهر

نبَّهَ الصُّبْح رفدة النَّائم   فَانتبه لِلصبُوح
وَادِر فهْوة لهَا شَانُ   ذَات عرف يفوح[٢]

يَا حميًّا[٣] الكئوس لَا جفَّت   مِنك ارْض الكرِيم
وَلكِ[٤] الخيْر كُلَّمَا[٥] التفَّتْ   ورفات الكرُوم
فَلعَمْرِى لنِعم[٦] مَا حثَّتْ   ببنَان الندِيم[٧]
هَاتِهَا فبْل بكرة اللَّائم   وَروَاح النّصِيح
وَادر ان العذول شيطَان   يَغتدِى او يرُوح

يَا اخِى فَد نبَذت سلوَانِى   وَخلعْت العِذَار
انا مِن اضلعى وَاجْفَانِى   بيْن مَاء وَنَار
رب ان الهوى فد اعيانى   رَب ايْن الفرَار
جُملَة الامْر اننِى هَائم   فِى غزَال مَليح
وَادَّعَى العَاذِلونَ لا كانُوا   ان رَايِى فبيح[٢]

لا وَشوْفِى اليْك يَا محيَا[٩]   لَا اخاف الملَام
[١٠]ولفَد تَاتَا[١٠] بدَائع الاشيَا   ثم بَدر التمَام
وَالى مَن تشير بالسفيا   مفلةٌ لَا تنَام
انا فِى مَوْجِهَا[١١] كذا عَائم   اى دمُوعِى[١٢] سفُوح
ربمَا كانَ منهُ طُوفَان   مِثل طُوفَان نوح[١٣]

ان يحيى وهبت[٦] رُوحى لَه[١٤]   فبْل ان ابصره[١٥]
ثم لَا حَوْل لِى ولَا حِيلَه   الا ان لا اذكره[١٥]
[١٦] فاستمع لوضعى[١٧] لَه   [١٨]

لمّـَة تحتَ فرعهَا الفَاحِم   بدر تم[19] يلُـوح
فى فضِيب كانهُ البَـان   ينثنى دون ريح

ذَاكَ مَـوْلى الملاح مكتـُوم   ١٨
١٨   ١٨
١٨   المرفوم   بالجمال البديع
يَـا بْن لولَا نبَـارك الدَّائم   ١٨
١٨   كم فدرت ان تفُـوح

١ المطلع موجود فى المُـغرب لابن سعيد (١، ٢٧٤). فى مخطوطتنا النصّ ناقص جدًّا فى الدورين الرابع والخامس وفى الموشّحات الثلاث التالية، وبلا شكّ هذا بسبب بياض فى المخطوطة الّتى كانت أصل مخطوطتنا – ٢ ع بضمّ الحاء، ولكنّ الوزن يقتضى تسكينها – ٣ ع «حمىَّ» – ٤ ع «وَلكَ» – ٥ ع «كلّـمًّا» – ٦ الكلمة غير واضحة بسبب ثقب – ٧ ع «النديِم» – ٨ ع «سَلوَان» – ٩ ع محيًّا» ١٠ كذا ع، ومن الممكن أن يكون الصواب «فد تـأنّى» – ١١ ع «ماجها» – ١٢ كذا ع، والأرجح أنّ الصواب هو « «دَمْع» – ١٣ ع «نوحِ» – ١٤ ع «لَـهُ» – ١٥ ع بضمّ الهاء – ١٦ سقط لفظ – ١٧ كذا ع، ولعلّ الصواب هو «وصبى» – ١٨ فى المخطوطة بياض – ١٩ كذا قرأتُ، ع «تمام»

٥٩

موشحة

ظبَـا الاحْـدَاقِ   عَـلَى دمِـى ازكى شُـهُـود[1]
هَل فِى العشّـَاقِ   مثلِىَ مِن ميتٍ شهيدِ[1]
سَـفَـاهُ السَّـاقِ   كاسَ الرَّدَى عِندَ الوِرُود

فراح   غيْـر صَاحْ   نشوَان رَاحْ   ثغر فُـراح   يَحكى اتضَاحْ
برق الَاحْ[2]   لِلالتماحْ   يلتَـاح   لِلَّماحْ[3]

خلعْت عذرِى　　فيهِ اصطبَاحًا واغتبَافا[4]
وظلت اجْرى　　فى حلبَة الهَوى استبَافا
نشوَان سُكرِى　　لم يستفِق ولا افَافا

وَلاح[5]　وَاستمَاح　　سحرٌ[6] مبَاح　　ريم اتَاح　　حِينَ المتَاح
بدر لياح　　فى الافق لاح　　وصَاح　　كالمصبَاح

بهى الوَصْف　　مَا ان يحد فى عُلاه
سِحرى الطرفِ　　يسْحر كل مَن رءاهُ
مسكى العَرف　　فد طيب الشذا　٧

نفاح　كالتفاحْ　　بالمسْكِ فَاحْ　　اذَا الرِّيَاح　　اذكت صبَاحْ
روض البطَاح　　فيه الافاح　　لفاح　　٧

قل للغوى　　در على مَلامِى　٧
حسبى رايى　　كم بيْن سَال　٧
ومعنى بعينى[8]　　بظبى　٧

وَبَاح　ذَا اطراح　　مَا فال لَاح　　اهْدى انتِصَاح ٧
وَمَا الَاحْ　　لذى انتِزَاح　　٧　　٧

كمْ ذَا وَاليتُ[9]　　شرْب الغدَاة وَالاصَائل
وَمَا باليت　　فطع الليَالِى كالمراحل[10]

٧　　٧

يَا صَاح[11] انّى صَاح　　فم لاصطبَاح　　ان الصبَاح　　بدَا[12] صراح
لذِى افتضَاح　　وَهَل جنَاح　　فى الراح[11]　　والمِلاح[13]

١ ع بإسكان الدال – ٢ ع «الَّاح» – ٣ ع «لِلِمَّاحْ» – ٤ ع اعتبَافا – ٥ ع «لاح» – ٦ الحرف الثانى والحرف الثالث غير واضحين فى المخطوطة – ٧ فى المخطوطة بياض – ٨ كذا ع، ولعلّ الصواب هو

«يُعْيِى» - ٩ ع وَليتُ - ١٠ كذا قرأتُ، ع «كالمر» - ١١ ع بكسر الحاء - ١٢ ع «بذا» - ١٣ ع «والملّاح»

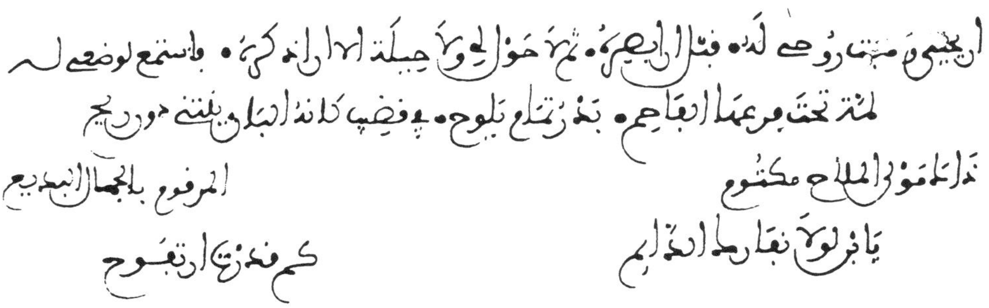

ان يحيى من بت روحى لذة فتك الابصر ثم حول الحور جبلة الا انه كرى واسمع لوصفى له
لمة تحت فرعها الفاحم بدر تمام يلوح في قضيب كانه البان يلثنى دون ريح
ذات الموتى الملاح مكتوم المرفوع بالجمال البديع
يا بدر لولا نفار ما ادلهم كم قد ترى ان تبوح

البياض فى نصّ موشحّة ٥٨

نفاح كالتفاح بالمسك فاح اذ الريح اذ كنت صباح روض السماح فيه الافلاح تفلاح
فذ اللغو من على ملاميه حسبى واليه كم بى سال ومعنى يعنى بعنبى
وملاح ذا الجراح ما قال لاح انه من انتصاح وما لاح لى انتزاح
كم ذا وليت شرب الغداة والاصائل وما باليت فقع البلابل كالمر
يا طالع اين طالع قمر مصباح الصباح بدا اصاح لمن ابتطاح ومثل جناح في الراح والملاح

البياض فى نصّ موشحّة ٥٩

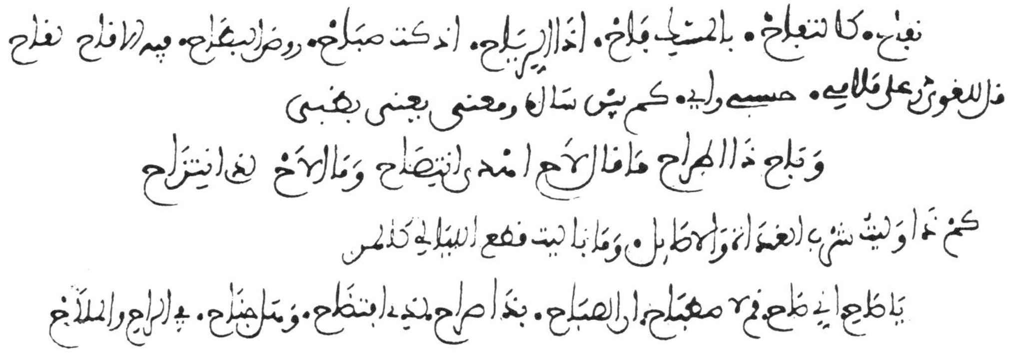

فى جهاد انا من العشق ذات الحو وسط ذاك الكفاح
ليت شعري وقلما تنفع ليت الهلال من يطمع في المحال عنا
عزة العاشقين في للمح الرياح
انا مغري بمليح التناسر
فيه يلقى محاسن الخلق مثل ضوء الصباح
شغفني بامحو الحسن حبكم لو شغلا ابن يعقوب في الاسم فيا انه يكنى بو سفلا

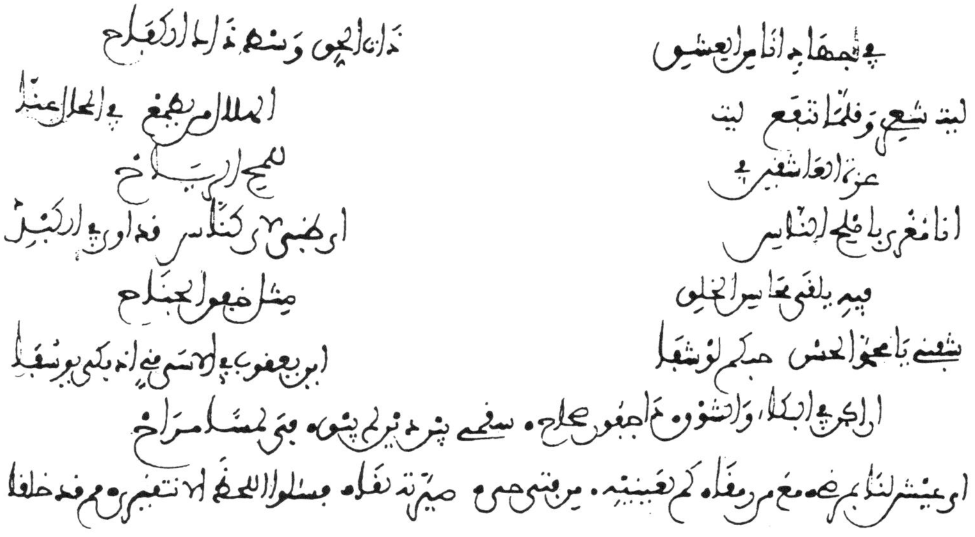

البياض فى نصّ موشحّة ٦٠

٦٠

موشحة

فى جهَادٍ انَا مِن العِشقِ ١

١ ذَات الحوّ وَسْط ذَاك الكفَاح

ليت شعرِى وَقلَّمَا تنفَع ليت ١

١ الهلال من يطمعْ فى المحال عنّا

١ ١

عزة العَاشفين فى ١ ١

١ ١ للمحِ الريَاحْ

انا مُغرى بامْلحِ النّاسِ ١

١ ١

اى ظبى لاى كنّاس   قد اوى فى الكبدْ[2]

فيهِ يلقى محَاسِنَ الخلقِ ١

١ مِثل خفق الجنَاح

شفنى يَا محمَّد الحسْن   حبكم لوْ شفَا

١ ١

اين يعقوب فى الاسَى منّى   اذ بكى يوسُفَا

ان اكن فى البكاء وَالشوْق   ذَا جفُون صحاح

سقمى بيْن ذيْن لم يبْق   فى[3] لمسًا مرَاحْ

اى عيْش لنَا بمرضى   معَ من رمقَا

كم لعَينيْهِ مِن فتى حى   صيَّرته لقَا[4]

فسئلوا اللحظَ الانتفيرى   مم قد خلقا

فهوَ غيْر السيُوف فى الخلقِ   وَهوَ غيْر الرمَاح

هل رَايتُم جوَارحًا تلقِ   فى القلوب جرَاحْ

انظروْ[5] البدْر منهُ فى سعدِه   طالعًا قد كمَل

وَسنَا البَرق لاحَ فى خدّه   حلة بالخجل

طرّزت بالصبَاح فليفده   من شدًا وارتَجَل

طلعَ البدْر من دُجَا الافقِ   فاكتسَى حين لَاحْ

خده حلة من البَرق   طُرّزت بالصبَاح

١ فى المخطوطة بياض – ٢ ع «الكبْدِ» – ٣ يعنى «فِيَّ» – ٤ كذا ع، يعنى «لُقى» – ٥ كذا ع

موَشحة

دَعِ الكرَا فقد نمَّ بالزَّهْرِ[١] نواسِم الصبَاح
وَغنَّت الحمائم لِلشرب تدْعُوا للِاصْطبَاحْ

٢ الخمر للَّوم لائم
فالارْض فدْ كسَتهَا يَد الفطرِ اثوَاب رَافم
وَفد غدَت مذانبهَا تجرِى مِثل الارَافم

٢ الخضر يلاعب الريَاح
حتَّى انبَرَى يبدد فى الرُّب ءلالِى[٣] الافَاحْ

٢ ٢

٤ اعياهُ[٤] عَلى الجيدِ وَالنحْرِ من حلية نظيم
يُريك وَصلهُ ليْلَة الفدْر وجنَّة النعيم
طَاوِى الحشا يميل بِلا[٥] سكْر كالغصْنِ ذى ارتيَاح
كانهُ يضجُّ مِنَ العجْب لنعمةِ الوشَاح

كمْ همتُ فيهِ مِن سَاحِرِ الطرف حلوِ المرَاشِف
يثنِى ذَوائب الشَّعَر الوحف على المعَاطِف
منعم[٦] يميس على حفف من الروادف
ان رَاحَ بيْن اترَابهِ الزُّهْر لَمْ يستطِع برَاح
يشكوا الونى عَلَى عفب السِّرب مِن ردفِهِ الردَاحْ

يَا فلبِ فُزْ بعَافبَةِ[٧] الصَّبْر عَلَى الكوَاعِب
فَربمَا يدَال مِن الهجْر وَصل الحبَائب
حتَّى يبيت معتنِق[٨] البدْر بيْن الترائب

تراهُ خَالِع العُذر من عذرِ لَا يتفى جنَاح
[9]وكلُّ مَا[9] افتَرحْت[10] عَلَى الحبِّ مِن وصلِهِ مبَاحْ

لِلهِ مَا اعيدُ وَمَا ابْدِى مِن زفِرة الضلُوع
وَكم اطُوف بالرَّبع كى يحْدِى تعمد الرُّبُوع
افُول وَالفِؤادُ مِن الوَجْد كالطائر المرُوعْ
ليس[11] ندرى اش خبْر فَلبى فِى صَدْرى يطير بلا جنَاح
لَا شك بالسماط هُ حَبيب فَلبِ جَالس مَع الملاح

١ ع «بالزَّهَر» – ٢ فى المخطوطة بياض – ٣ يعنى «لآلِى» – ٤ كذا ع، ولعلّ الأصل «مَا اعياهُ» أو «اعياهُ مَا» – ٥ كذا قرأتُ، ع «فلا» – ٦ ع «منعِم» – ٧ كذا قرأتُ، ع «بعَافبه» – ٨ كذا قرأتُ، ع «معتِق» – ٩ كذا قرأتُ، ع «وبكلّمَا» – ١٠ ع «افتَرحَت» – ١١ ع «لِيْسَ»، ولكنّ الأرجح أنّ الأصل هو «لِسْ»

٦٢

موشحة لابى عبد اللّهِ بن غالب الرصافى

هم ببَارفين وَارْتشِف ريفين من لمَا وَراح
مَا عَلَيْك بَاسْ فِى الهَوَى وَالكاسْ لَا ولَا جنَاحْ

لَا وَاوْطف سَهمُه سُدِّدْ[1] نحو مفتلِى
لَا اطعت فِى حبِّهِ المُرشِد غىَّ عذَّلِى
اى مرشف مشتهى المَوْرد عنَّ مِنهُ لِى
بيْن مرْهفيْن من ظبَا[2] الطرفيْن يَانع فراح
رِفِرف الفيَاس بالرجَا وَاليَاسْ فِوْفهُ جنَاح

شفنِى غَنج جفنه الادْعَج لَوْ شفَى فَمُه
ايمَا فَلجْ وَاضح ابْلج عزَّ ملثمُهْ
خَاتِم ارج باللمَا مدْمجْ شوّ مبسَمُه
عن موشرَيْن[3] اشرَفَا نُورَيْن كلَّمَا الَاحْ
برْفهُ اختِلَاسْ سمِّى العبَّاس ضَاحِك[4] الافَاح

خذ دَمِى وَذر مُفلَتِى تنفُث[5] يَا ابَا الحكم
فهْو ذُو بَصَر كالذى تحدث[6] اعيُن الامَم
انتَ يا قَمر عندمَا حَدث عنك بَل اتم[7]
نور كل عيْن خف عَليْك العَيْن لَا تلح سراح
وابد فى احتراس من عيُون الناس[8] غيْر ذى انتزَاحْ

بعت الاعتِزاز فيكَ بالهُون بيع غَابن
لَا ارى البزاز فَالتبت[9] دون غير طَاعِن
فوْق ذِى اهتِزاز بذ[10] فى اللين كل مازن
بمخصَّرين[11] يَا لهَا خصْرَين ان هفَا ارتيَاح
فُلت خوط اس عَاطِر الانفَاس لَاعبَ الرِّيَاح

لَا اعدِّد كل ما يَجنِيه فهو المنَا
اتجلدُ وَاشتكاء التِّيه فى الهوَى عنا[12]
ان دنَا غَد اتغنَّى فيه لَك معلنَا
الاسيمرين غبتَ عنِّى اين يَا ضيَا الصبَاح
حيَّر النعاس وَاللعَب[13] بالكاسْ عينيك الملاح

١ كذا قرأتُ، ع «سَدَّدْ» – ٢ ع «ظباء» – ٣ يعنى «مؤشّرين» – ٤ ع «صاحك» – ٥ ع «تنفث» – ٦ ع «تحدَّث» – ٧ ع «اثم» – ٨ ع «الناسِ» – ٩ ع «فَالتفت» – ١٠ ع «بد» – ١١ ع «سمخصَّرين» – ١٢ ع «عنَّا» – ١٣ ع «اللعْب»

٦٣

موشحة

اطلعْتُ[١] سهدى　　فَاطلع فَانك الصبَاحْ
لَمْ ارْع نجْم　　لو صبْح وَجْنتيْك لَاحْ

عِندِى غليل　　كمثلِ مَا شَاءَ الظَّمَا
ولَا سَبيلُ　　لىَ الى مَاء السَّمَا
وَالسَّلسَبيل　　اصبَحَ فِى حِمَا اللَّمَا

شَيبَ بشهْدِ　　اصفَى مِنَ المَاء الفرَاحْ
مَا بيْنَ نظْمِ　　كانَّهُ نور الافَاح

امَّا لمَاهُ　　فمَا لنيلهِ يَدَان
وَفدْ حماه　　فدٌّ كصعدةِ السِّنَان
وَمفلتَاهُ　　لَمْ اعْطَ مِنهمَا[٢] الامَانْ

انّى بورْدِ　　مَا فِى اسِنَّة الرِّمَاحْ
وَاللحْظ يَحْم　　وَمَا حَمَا لَا يستبَاحْ

رُحمَاكَ[٣] رحمَا　　فِى مُدنفٍ بَادِى الخبَال
كمْ رمتُ لثمَا　　فِى بَارِد عَذبِ زلَال
فَجئتُ اثمَا　　وَعثرة لا تسْتفَال

فَلا تعدِّ　　كمثلِ مَن الفَى السِّلاحْ
بَاءَ باثمِ　　تِلكَ اللوَاحِظِ المِلَاحْ

اوْدَت بصَبْرى　　وَعَرَّضتْ[٤] بِى للفتُون
جفُون غِر　　هِىَ الحتُوف لَا الجفُون
مِن كلِّ امْرِ　　تسْلك فِى سُبل المنون

بمحضِ جدِّ   الجدُّ مِنهَا وَالمزَاحْ
وَكل سَلمِ   مِنهَا فِطيُّهُ كفَاح

ان تسْئلُونِى   مَا اشتكى اوْ اجِدُ
هذِى جُفُونِى   بمَا اكنّ تشهَدُ
وَفى انينِى   بيَانهُ اذْ أُنشِدُ
عبْد اللّه وَجْدِى   عبْد اللّه يجنى ذَا الجَراحْ
عبْد اللّه هَمّ   لو كانْ[6] نَراهُ لْنستراح[7]

١ كذا ع، ولعلّ الصواب هو «أطلت» – ٢ كذا قرأتُ، ع «مِنهَا» – ٣ ع «رَحمَاكَ» – ٤ كذا قرأتُ، ع «وَعَرضتَّ» – ٥ ع «عبْد اللّهِ»، ولكنّ النطق عامّىّ «عَبْدَلَّ» – ٦ ع «كانَ» – ٧ يقتضى الوزن تسكين اللّام

٦٤

موشحة

ظَبى الاجفَان   امضَى مِن شبَا الخرْصان
فَلا لمحَهْ   الّا وَلَهَا جُرْحَهْ

ايَا بَدْر   عَلَى غصُن نَاعِم
جفَا الصَّبْر[1]   وَخَان ولا رَاحِم
لك الامْرُ   فَاعدِل ايهَا الحَاكِمْ
فشَا العدْوَان   فى سِر وَفى اعْلَان
فَلا رَوْحَهْ   الّا حَشوُهَا تَرحَه[2]

بمكنَاسَهْ   روْض للصبَا معْلُوم

سقَى ءاسَه   صوْب العَارضِ المرْكوم

لفَد سَاسَهْ   صوْب بالجوى موسُوم

فَمِن بسْتَان   يبْدِى الرَّوحَ والرَّيحَان

ومِنْ[3] دَوحَهْ   تهدِى نحوَنا نفْحَهْ

لفَدْ اغرى   سمى بن رَاحِيل

بِىَ الهجرَا   ظلمًا بالافَاوِيل

فَلا صبْرَا   لابِك[4] الاباطِيل

وللانسَان   صوْلَات عَلَى الانسَان

ثنتْ فَدْحَهْ   كمَا فَصَبَتْ رُمحَهْ

نهَى النَّاهِ   عَن عتبَاهُ او عتبه

ولِله   ما الفاهُ مِن حِبهْ

وَيَا سَاهِ   عمَّا جَل مِن خطبهْ

طَوى الهِيمَان   مَا زَوَّرتَهْ مِن بهتَانْ

أبِنْ[6] صبحَهْ   او دعْهُ ولَا تَلْحَهْ

دَعَا حيْنِى   من حتْبِى بكَفَّيْه

سفى عيْنِى   من خمرَة عينِيْهِ

فضَى دِينِى   وقبَّلتُ خدَّيْهِ

مولَا الغِزلان   حبِيب فَلبى يا سوْسَان

ابن طلحَهْ   تمتْ وَالنبِى البَرحَهْ

---

١ ع الصَّبَر – ٢ ع تَرحَهْ – ٣ كذا قرأتُ، ع «مِن» (بدون واو) – ٤ يعنى «لِإِبْكِ» – ٥ ع «زَوَّرَت» – ٦ كذا قرأتُ، ع «اين»

٦٥

موشحة

هل يسمعَن الامَـام　　خليبة اللّـهِ العَظِيم　　صُراخِ
وفدْ بَكتْ كالحمَـام　　بى ظلمةِ اليْل[١] البهِيم　　افِرَاخِ

بكيْتُ شجْو الهَـدِيل　　وَفدْ بكتْ حَـوْلى المهَجْ
مِن كل خدٍّ اسِيل　　وَمُفلةٍ بيهَـا دَعَج
بنىَ صبْرًا جميل　　لعَل يَـاتـى بالبَـرَج
ربٌّ رءُوفٌ[٢] كَبِيل　　بخلفهِ بلا حَـرَجْ

لعَل محيى[٣] العِظام　　يعِيدُ بىٖ عظمى الرَّمِيم　　مخَاخِ
بالاخذِ مِن ذى اجترام　　[٤]صِل باحوَار الهشِيمْ[٤]　　نبَّـاخ

جَـاءَت بِى البدْبدَا　　وَكل حزن[٥] طَـامِس
عيس لهُن اهتدَى　　جنحُ الظلام[٦] الدَّامِسِ[٧]
الى مفام الهدى　　الى الامام الخامِس
وَفبل ان ابعدَا　　عَن خردٍ اوَانِسِ[٧]

اسبَلتُ[٨] دَمعِى سجَام　　بهمًّ بى بعضِ همُوم　　اشيَـاخ
بفلتُ كفُّوا المَلام　　بفد برَا هذَا الظلُوم　　شمرَاخِ

لمْ يستمِع لضمِير[٩]　　الطاهِر المفدَّسِ
ولا اطاع المشِير　　بى حبظِ هذى الانبسِ
كان عهْد امير　　المومنين فدْ نسِ
يَـا مَن رَءَانِى اسِير　　بى ربفةِ ابْن يُونسِ

صَبْرى بذَاكَ المفَـام　　شدَّت بهِ للمستفِيم　　اواخ
بَلا يَـرعكَ انتِفَـام　　فدْ حَل بى دَارِ النعيم　　منَـاخ

اسلمنى[10] للفِنَا بيْن عبيد ارْبعَهْ
شيْخ كانَّ الغنَا اطغَاهُ لَا تفوى مَعَهْ
وَلستُ مِمَّن جنَا ذنبًا ولست موضعه
ولا رَضِيت الخنَا يوْمًا ولَا ان اسْمَعَهْ

وَلم افل للندَام مَا لِى وَاعطَاء العمِيم[4] فخَاخ
اذَا سَللتُ حُسَام ظلمى اتفت خيل الكرِيم رخَاخ

بغَى عَلىَّ وفَد وَصَّى بى الامرُ العَزِيز
وَما رَزَات احَدْ فى درْهم ولَا ففِيزْ
يَا مَن طغَى وَرَفد من الملاهِى فى هزِيز
خيلت ان النفد فَد اهْمِلتْ ولا حَرِيز

هيهَاتَ شد الحزَام فمَا عَلى ظلمِ الشكيِم تراخِ
خيَّلتَ ظلمَ الانَام كئوس راحٍ وَنديِم تَواخِ

لا جَادَ صوْب الدّيَم ولَا ارْتوت[11] مِن سكبهِ
†بحريط دَار اضم† عَن لومهِ اوْ عتبهِ
كانَّ بغى الامَم مجتمِعٌ بفلبهِ
يخال فَارُون لمْ يَمت وَلمْ يخسف بهِ

ذكرْتهُ مَا استنَام فَفَال كالصَّخر الصَّمِيم صمَاخ
هَل تطلبنَّ الغمَام اوْ ينثنِى الريح العفيم صبَاخِ

١ يعنى «اللّيْل» — ٢ ع «رءُوفُ» — ٣ فى المخطوطة ما يماثل «محى» — ٤ كذا ع — ٥ كذا فى المخطوطة على ما يبدو — ٦ ع «الظلام» — ٧ ع بتسكين السين — ٨ ع «اسبَلتَ» — ٩ فى المخطوطة ما يماثل «لظهير» — ١٠ كذا قرأتُ، ع «اسلمى» — ١١ كذا قرأتُ، ع «ارْتزّت»

٦٦

موشحة

مِنْ[1] اينَ للقضِيب   عطفٌ تاَوَّدَا
يشكُوا بكلِّ نَـهْدِ   صدْرًا منهَّـدا

مَنْ[2] انبت العذَارا   فِى غيْـر ذى عذَار
وَاشرب العقَـارَا   مَن ينكر العقار
كلَّا وَمَن اعَـارَا   وَقلَّـمَا يُـعَارْ
لشادِنٍ ربيب   خدًّا مُـورَّدَا
يندى بمَـاء وَرْد   مِن عبرة النَّـدَا[3]

يَـا صَاحبىَّ هبَّـا   قَـدْ هبَّتِ الصَّبَـا
وَقد دَّهَـانِى قَـلبَـا   مقلِّدُ[4] الظُّبَـا
عَـاقَ الطِّلا وعَبَّـا   فِى قهوة الصبَـا
وعَـاث فِى القُـلوب   تيهًـا وَعرْبدَا
بمشرفِى هندِ   لمَّـا تقلدَا

كمْ قهْوة تطِيبُ   نازعتهَـا القمَـر
وَاللَّيْل مسْترِيبُ   مِن خشيَـةِ النَّظَـر
وَللرُّبَـا رَقيبُ   مِن عنبَـر الزَّهَـر[5]
وَالبَـرقُ كالطبيب   يَحمل مروَدَا
معَـلِّلاً[6] بسُـهْـد   فِى جَفْنِ ارْمدَا

يَـا جنَّـةَ النعيم   يَـا بهجَـةَ النفُـوس
يَـا رَوْضَـةَ النديمِ   فِى نزهَـةِ الجَلِيس
يَـا ريم كل ريم   اقضى به الانيس

[7]يا طِيب كل طِيب[7]　　يا بردَ كل دا[8]
يَا بَدر كل سعْدِ　　يا كوْكبَ الهدَى

كمْ غادةٍ[9] سَبَاهَا　　مِن هوْدَجِ الضُّلُوع
وَالحُسْن قدْ زهَاهَا　　عَن سِترة الولُوع
غنتْهُ اذ اتاهَا　　وهم للرجوع
محمَّد احَبيب　　نفْسى لَكَ الفدَا
ذى الليله تمَّ[10] وَعْدِى　　وَامْطلن من غدَا

١ ع «مَن» – ٢ ع «مِن» – ٣ كذا قرأتُ، ع «الرَّدَا» – ٤ كذا قرأتُ، ع «مفلِّدَا» – ٥ الكلمة غير واضحة بسبب ثقب فى المخطوطة – ٦ ع «معَلَّلا» – ٧ ع «طبيب كل طبيب» – ٨ ع «ذا» – ٩ ع «غَادةِ» – ١٠ كذا قرأتُ، ع «ذا الليلة ثمَّ»

٦٧

موشحة

ادِر عَلىَّ كئوسَ رَاح　　وَحثهَا صِرفًا زلَالَا
وَصل غبُوقك باصطبَاح　　مَعْ شادِن يحكِى الهلَالَا
وَاعصِ[1] العَوَاذِل وَاللوَاحْ　　وَقل لمَنْ يلحَاكَ لَا لَا
يَا عَاذِلِى اقصر امَا كفَاكَ اللَّوْم　　وَاللَّوْم لَا يشفِى الْعَميدَا

ان كنتَ مِنْ اهْل الهوَى　　فَكن لمن تهْوى ذَليلا
اخضَعْ لَهُ مهمَا انزوَا　　وَقل لهُ قولاً جَميلا
وَاصْل بنيرَان الجَوَى　　وَكابِد الليْل الطَّويلَا
انَّ المحبّ المستَهَام مَا مِن يوْم　　الَّا يَرى ذلاًّ[2] جدِيدَا

محمَّد لَو زرْتنِى وَلَو بطَيْفك فِى المَنَام
لكنتَ قدْ احْييْتنى ممَّا اعَالِجُ مِن سقَام
رفقًا عَلىَّ فَانَّنِى غرقتُ فِى بحرِ الغرَام
وَليْسَ فِى لجج الهَوى اطِيق العَوْم يَا حبَّذَا مَوْتِى شهِيدَا

بمهجَتِى احْوى رَبيب هوَاهُ اورَثنِى شجُونَا
اذَا تَثنَّى كالقَضِيب يَكادُ[3] ان ينقدَّ لينَا
كغصنٍ بَان فِى كثِيب يسْبِى قلُوب العَاشِقِينَا
انسَى الصَّلاة بذكرهِ وَانسَى الصَّوْم وَلمْ اجِدْ عَنْهُ محِيدَا[4]

مَا كانَ عَهْدِى انْ يخون عهدًا وَفيتُ لَهُ زمَانَا[5]
حتَّى تعرض لِى المنُون عَلمتُ انَّ الحيْن حَانَا
مَا زِلتُ انشد كل حِينٍ[6] فِيمَن وَفيْتُ لَه فخَانا
نقض العُهُود وَخَاننِى عَلش يَا قوْم وَمَا نَقضتُّ لَهُ عُهُودَا

١ ع «وَاعصَ» – ٢ الكلمة غير واضحة بسبب ثقب فى المخطوطة – ٣ ع «يَكادَ» – ٤ كذا قرأتُ، ع «مجيدًا» – ٥ ع «زمَانًا» – ٦ ع «حَيْن»

٦٨

موشحة

لقدْ اخجَرَ العَهْدَا رَشًا ءَاثرَ الصَّدَّا

حَشَا بالحشَا جَمرَا
مِنَ الحُسْنِ قدْ اجْرَا
بمبسَمِهِ خمرَا

وَفلدهُ عفدَا   مِنَ البَـرَدِ الاندَا

مَشى ثانيا عطفَـا
وَابْدَا لنَـا طَـرفَـا
وَاهدَى لنَـا عرفَـا
فيَـا حُسْن مَـا ابدَا   ويَـا طِيب مَـا اهْدَا

جُفُـون ابى يَحيَـى
بهَـا المَـوتُ والمحيَـا
وسُـفيًـا لَـهَـا سُـفيَـا
لقَـد احرزت عبدَا   ومَـا وزنت نفدَا

اتَتْ عجبًـا امرَا
بان عبَّـدت حرا
وَان ذللت نسرا
فتًى جَـاوَزَ الحدَا   وَبَـذَّ[1] الوَرى مجدَا

وَمرهفة طفْـلَـه
ترى وجهَـه فِبْـلَـهْ
وتشدوهُ فِى فُـبْـلَـهْ
عسَى ترْغم الاعدَا   بفبْل لِمَن فدَّا[2]

١ ع «بدَّ» – ٢ كذا ع، والظاهر أنّ النصّ غير صحيح

٦٩

موشحة[١]

بَـارِق سرَى[٢] فـاوْمَض	مثل مَـا قدحت زندَا
ترك الظّلام ابقع[٣]	وَحواشى[٤] الافق وردَا

لَمْ ينم حتّى الصبَاح	خَافقا خفوق قلبى
وَالحيَا ضافى[٥] الجناح	فوق غض النّبْت رطب
هَـاج من بعد ارتيَـاح	فسَقيتُ الكاس صَحْبِ
وَاذَا الغرار غمض	رعته بالشرْبِ قصْدَا
وَنَسيم الفجْر يَـدفع	عنهُ ذَيلهُ المندا

هاتها صفرَاء[٦] صِرفَـا	مِثل لوْنِى وَاعتِقَـادِى
عَطفت[٧] للسَّاق عطفَـا	فى وشاح[٨] او نجادِ
كلمَا ثقل خفَّـا	فى معَـاطَـاتِ الوِدَادِ
اخلص الهَـوى وَامحض	وَصفَـا ودًّا وَعهدًا
فـاذَا حيَّاكَ اطمَعْ	وَاذا سَقَّـاك قدًّا

انا هدْى من زمَـانِى	لابى بكر بْن نوح[٩]
قصَّرْت عَنهُ الامَـانِى	لهَـوى فيه طمُـوحِ
غصنٌ حَـوى المجَـانِى	رَاحَ فى عطفَيْهِ رُوحِ
فوقهُ القلُـوب تنبض	سَـوْسنًـا غضا ووردَا
ثمر الغرام اينَع	لَـوْعَـةً فيهِ وَوَجدَا

رَافَ خَـلقًـا رَاق خُـلقَـا[١٠]	فهوَ معدُوم الشبيهِ
ليتنى لَـوْ كنت نطقا[١١]	كارعًـا فى عَـذب فيهِ
فـارى الكوثر[١٢] حقًّـا[١٢]	سَـاعَـةً واصْطفِيهِ

جنَّة المشتَاق تعرض [13]مفلةً وسنا وَخدًّا[13]
غيْر انَّ الخلدَ تمنع لَا ينال الصبُّ[14] خُلدَا

العَس اللّثَات[15] المَى لوْ رشفت من نمِيره
فُكَّ [16]عن فلبى المعَمَّى[16] وَارى[17] مَا فِى ضمِيره
فلتُ للرَّفيب لمَّا حثهُ الَى مَسيره
يَا رَفيب نفْسك تبغّض[18] وَتريد ان تكسب[19] اعدَا
لَش تَكن يَابْن مطرَّع[20] لس تخليه سَاع يهدا

١ هذه الموشّحة موجودة فى جيش التوشيح (فصل ١٤، موشّحة ٦) بين موشّحات ابن ينّق – ٢ ع «سوَى» – ٣ ع «ايفع» – ٤ كذا فى جيش التوشيح، ع «وَحراس» – ٥ كذا قرأتُ، ع «وَالحَاض فِى»، وفى جيش التوشيح «والهوى صافِى» – ٦ ع «صفِرا» – ٧ ع «عَطفتُ» ٨ ع «وَشاح» ٩ ع «ندح» – ١٠ ع «خُلفًا» – ١١ كذا فى المخطوطة وفى جيش التوشيح – ١٢ الكلمة غير واضحة بسبب ثقب فى المخطوطة – ١٣ كذا قرأتُ، ع «مفلةٌ سنّا وَحدًّا» – ١٤ ع «الصبَّ» ١٥ ع «اللثَاث» – ١٦ كذا فى جيش التوشيح، ع «فُكَّ مِن فيدِ المعَمَّا» – ١٧ كذا ع، وفى جيش التوشيح «درى» – ١٨ ع «تبغَّض» – ١٩ ع «تسكب» – ٢٠ كذا ع، وفى جيش التوشيح «مصرع»

٧٠

موشحة

لحْظُه رَنَا فِحرَّض حَسبه[1] حتَّى تردَّا
مَا لهُ للصدِّ يجزَعْ وَهوَ للرَّدَا تصَدَّى

ءَاه للفلبِ الشجِى من غزَال بَابلى
ان رَمَى فلب الخلى لمْ يجز عَن الرمى
فَابتد فِعل الابى وَتعرض للكمى

ان سَطا ولَا تعَرض　　لِلمليح ان تبدًّا
فتَكات اللحْظِ اسْرع　　لقلُوبنَا وَاعْدَا

نَبِّهِ الندمَان وَاهنَا　　فَاطِّرَاح الهَمِّ فَرضُ
زمن كمَا تمنّى[2]　　قَدْ تحلتْ فيهِ الارضُ[3]
تملأُ العيُون حُسنَا　　وَاديم السَّهل غض
مذهَب الحُلا[4] مُفضَّضْ　　وَاعَالِى الحزن[5] تندَا
هوَ تاجهُ المرَصَّع　　وَهىَ العَروس تهدَا

بىَ من هَوى ابن نوحِ　　مَا يسُوم المَوْت سَومَا
كلَّمَا ظللتُ اوْحِى[6]　　وَالرَدَى يحُوم حَوْمَا
ان غدَا الى[7] رُوحِ　　ظل مغرما وَاومى
متبسّمًا فَاوْمَض　　بَارق بدَا فَابدَا
لؤلؤا رطبًا تضوَّعْ　　نشرهُ مسكًا وَندا

نلتَ[8] مَا طلبتَ[9] ابدَا　　وتمرنا وَدربه
وَلئن ضرَبتَ زيدَا　　فَلقد نصَرت حِزبَه
يَا ابَا بكر رُوَيدَا　　ففت ضَاربيه[10] رتبه
رقدُوا[11] وَلَمْ تغمِّض　　حَيْثُ كانَ السّهْدُ اعدَا[12]
سَلكُوا للمجدِ مهيَعْ　　فَاهتدوا[13] وَكنت اهدَى

حَبَّذا مرَاح طَربه　　ووفَاره عَلَيْهِ
يَلتَفِى طَربى بطَربِهْ　　فيغضُّ ناظِريْهِ
فَافول عِندَ صَربِهِ　　رَايهُ عن حَالتيهِ
صَاحِب البَرْنس الابيَض　　رَاكِب الفَرس الاسدَا
ففت كسْرى ففتَ تبَّع　　فَاستزد برا وسعدَا

١ كذا ع، ومن الممكن أنّ الصواب هو «حُبّه» – ٢ يعنى «تتمنَّى» – ٣ كذا ع، ولعلّ الصواب هو «أَرْضُ» – ٤ كذا قرأتُ، ع «المُلا» – ٥ يعنى «الحَزن» – ٦ يعنى «أُوحِى» – ٧ يعنى «إلىَّ» – ٨ ع «نلتُ» – ٩ ع «طلبتُ» – ١٠ ع «صَاربيه» – ١١ كذا قرأتُ، ع «ربدُوا» – ١٢ كذا ع، ولعلّ الصواب هو «أجدى» – ١٣ كذا قرأتُ، ع «اهتدا»

٧١

موشحة لابى بكر الابيض[١]

مَا لذَّ لِى شَرْب رَاحِ
علَى ريَاض الافاحِ
لولا هضيم الوشاحِ
اذَا انتشى فى الصبَاحِ

اوْ فِى الاصِيل | اضحَى يَفول | مَا للشمُول | لطمتْ[٢] خدّ
وَللشمال | هبَّتْ فمَال | غصن اعتدَال | ضمهُ برْدِ

لَمَّا ابَادَ الفلوبَا
بدَا لنَا مسْترِيبَا
يَا لحْظهُ زد ذُنوبَا[٣]
وَيَا لمَاهُ الشنيبَا

بردُ[٤] غلِيل | صَب عَليل | لَا يسْتَحِيل | فيكَ عَن عَهدِ
ولا يزَال | يرجُوا الوصَال | فى كلِّ حَال | وهوَ فى الصَّدِّ

فسَّمتَ فلبَ الشَّجى
بيْنَ المنَا والنعِى
تفسُّم الحضرَمىِّ
بيْن الندَا والنَّدِى

ليث يصُول	غيْث يسِيل	سيْف صفِيل	بين[5] المجدِ
حلو حَلال	لَـهُ خلال	مِثل الزلَال	شيبَ بالشهدِ

دَع من سما بالممَـالك
فتًى وَليْسَ كمالك
كمْ فدْ رَءَا من رجَـالك
[6]فكَم وَهبتَ مِن مَـالك[6]

فَـوق الجزيل	لـمسْتنيل	اضحى فتيل	بظَبَى الرفِدِ
بحر النوَال	ليْسَ ينال	مِنهُ اللال[7]	بسوى الحمدِ

احبب بخود شموع
دَست رَسُول الهجُـوع
الى الغزال المُروع
فَـانشدت عَن خُضُوع

[8] باللّـه رسول[9]	فل للخلِيل	كيف السَّبيل	وَتبيت[10] عِندِى
نعطِيه[11] دلَال	خلفَ الحجَـال	على[12] النكال	ونزيد نَـهدِى

١ يوجد الدور الأوّل والدور الثانى فى المقتطف لابن سعيد (١٥١ظ) وفى المقدّمة لابن خلدون (١١٤١) ٢ ع «لطمتُ» – ٣ ع «ذَنوبَـا» – ٤ ع «بردُ»، وقرأ سيّد غازى «بَـرِّد» – ٥ يعنى «بيّن» – ٦ كذا ع ٧ يعنى «اللآل» – ٨ هذه الخرجة موجودة أيضا فى موشّحتين عبرانيّـتين، ألّف إحداهما **משה בן יעקב אבן עזרא** [ديوان، ٢٥٨]، وألّف الأخرى **יהודה הלוי** [موشّحة ٣٢] – ٩ ع «باللّـهِ يا رسول» – ١٠ كذا ع، وقرأ Stern «ويبيت» من الموشحّات العبرانيّـة – ١١ ع «نعطِيهِ» – ١٢ كذا قرأ Stern من الموشّحتين العبرانيّـتين، ع «عاد للنكال». وأميل إلى قراءة أخرى وهى «عمد النكال» [انظر خرجة موشّحة ١٧٤].

موشحة

سحر الانام وَحَارَت الاوْهَام فِى سنَا الخدود معَ المفل السُّودِ

لمْ ار سَليمَا[١] مِن الحبِّ فِى الخلوِ
هكذا فدِيمَا يمَات مِنَ العشوِ
فد عَلفتُ رِيمَا [٢]ولم[٢] يرع لِى حَوِّ

ريفهُ مدَام وَوصلهُ انعَام جنَّة الخلُود لاكن غير مرْدُودِ

ايهَا الحبِيبُ السَّاكن فِى الفلبِ
كيْف لا تنيبُ وَمَا لِى مِن ذنبِ
يظلم الكئيب[٣] وَيسلم فِى الحبِّ

ليْس ذَا فوام هل يصلح اسْلَام عَاشِو عميدِ فِى حبكَ معمُودِ

شادِن مليح تفرَّد بالحسْنِ
وجههُ يلوحُ كبَدرٍ عَلى دجْن
عرفهُ يفُوحُ مسْك هب من عَدن[٤]

ان يكن كلَام فنفض وَابرَامُ يزدَرِى عهُود[٥] وَيخلفُ مَوْعُودِ

ما حوى[٦] هِشَامُ الا ابدَعَ الملكِ
لحظهُ حُسَام وثغرهُ[٧] من سلكِ
خطهُ التمَامُ بصدْغ مِن المسْكِ

خُطَّ[٨] فِيهِ لامْ[٩] وَفِى الخطِ احكَام طالِع السعُود باجمَل مَوْلودِ

جاء بالجمَال فِى احْسَن تفوِيم
فَال بارْتجال فِى احْسَن تنظِيم

من يرد وصَال		فليقنع بتسليم
فلتُ يَا هِشام		وصَالك انعَامُ		يَا ابَا الوَليدِ		عسَى فبلة العِيدِ

١ ع «سُليمَا» – ٢ كذا قرأتُ، ع «لم» – ٣ ع «الكيب» – ٤ الكلمة غير واضحة بسبب ثقب فى المخطوطة – ٥ كذا قرأتُ، ع «عمُود» – ٦ هذه الكلمة من الحاشية – ٧ ع «تغرهُ» – ٨ ع «خطَّ» – ٩ ع «لامُ»

٧٣

موشحة

غنَّت الحمَام		حَيْث الروْض بسَّام
عَن در نضِيد		عَلى كل امْلودِ

وَجَرى النَّسِيم		عَلى فضب الاسِ
وبهبت حُلوم		من مرءا وَانفَاسِ
ايهَا النديِم		اطلع زهر الكاس
انهَا كمَام		عنهَا المسْك نمَّام
وَهى للخدود		مِثل الحلى للجيدِ

فَاسْو ودَّ اغيَد		احوى احوَر الطرف
خده المورَّد		يجل عَن الوصْف
منك يَا محمَّد		ما ابدى[1] وما اخف
ادمعٌ سجَام		وَبِى الصَّدْر ءالامُ
ءاه من وفود		وَدَمعِى وَتسْهيدِ

زَاد يَا بْن خالص   غرامِى وَالصَّبْر
فِى هوَاك نَافِص   لقَد مسنِى الضر
كَم ابيت شاخِص   حتى يطلع الْفَجْر
يشرد المنَام   وَتحشر اوْهَام
لَا تزال تود   باحشاء معمُودِ

زَهرَة الجمَال   وَرَيحَانَة الحُسْن
مَطلع الهلَال   فِى بَدر عَلَى غصْن
حَامَتِ العَوَالِى   عَلى ذلِك الجفن
فد دَرى[2] الانام   انَّ اللَّحظَ ظلَامُ[3]
وَاطرح حسُود   للوْمِى وتفنيد

ايهَا الوَسِيمُ   لَا حُسْنٌ[4] يضَاهيكَا
ان مَن يَلومُ   ليحسدنِى فِيكَا
حَسبُهُ حَمِيم   ودِّى اذ اغنيكَا
انت وَالسَّلام   لِى حسْن وانعَام
ان للاسُودِ   ان تخضع للغيدِ

١ كذا قرأتُ، ع «اندى» – ٢ ع «دوى» – ٣ يعنى «ظَلَّامُ» – ٤ ع «حَسنَ»

٧٤

موشحة[1]

يَا لَيْلَةَ الوَصل وَالسُعُودِ   باللَّهِ عُودِ
كَم بتُّ يَا لَيْلةَ التمنِّى

لَا اعرِفُ الهجْرَ والتجنِّى
الثمُ ثغر المنَى وَاجنى
مِن فوْق [2]رمَّانة النهُودِ[2]   ورْد الخدود

يَا لائمِى وَاطَّرح مَلامِى
فَمَا شفَاءِى مِنَ الغرَامِ
الا اعتكافِى عَلَى مدَامِ
وَسمع[3] صوت وَنفر عُودِ   من كفِّ خود

ذكر الامِير الْاجَل اوْلَى
السَّيد المَاجد الْمعَلَّى
تَاج المُلوك السنى الاعْلَى
افضل مَن سَار بالجنُود   تحتَ البنُودِ

اكرم بعليَاهُ مِن همَام
[4]امير عَدْلٍ وَابن اِمَامِ[4]
مبَدِّد الرُوم بالحُسَامِ
يغمد فِى هَامَةِ الاسُودِ   بيض الهنودِ

لِلهِ يوْم اغرُّ زَاهِر
يَحل بالاندلسِ ءَامِرْ
افولُ اذ وَافَتِ البَشَائرْ
بدَوْلةِ السَّيد السَّعِيد   ابِى سَعِيد

١ هذه الموشّحة موجودة فى المُغرب لابن سعيد (٢، ٢١٥) منسوبة لابن هردوس – ٢ كذا ع، وفى المُغرب «رمَّانَتَى نهُودِ» – ٣ كذا فى المغرب، ع «وَاسمع» – ٤ كذا ع، وفى المغرب «امِير هديٍ وَابن الإمام»

٧٥

موشحة

عذَارِكَ امْ ورد عَلى ياسَمِين　　　تنمْنَمَ فِى الخدِّ

رَشًا شغَّفنِى لَاكن[١] اهوَاهُ[٢]

لَقَد[٣] فتكتْ بالاسْد عينَاه

فلَا ذَنبَ اذ لمْ تعدُ[٤] كفّاهُ

وَايْضًا فَانِّى اتَمنَّى المُنونْ　　　وَاجزَعُ لِلصَّدِّ

ايَا رَشَأً[٥] يَلتَاح مِن نور

وَمَا حفَّهُ[٦] مِن وصْفِ ديْجُور

لقَد اطلعَ البدْر بخيْزُورِ[٧]

فمن غصْن بَان بتثنِّيه لِين　　　فَيمرَحُ فِى البُرْدِ

كَلِفْتُ[٨] وَحسْبى اننِى هَائم

بتفتيرِ اجفَانِ ابى القاسِم

فَان خلتَهُ يُوسُف فلْ حَاتِمْ

تجد نيل مَا املْت[٩] سكبًا معِين　　　من العيشة الرَّغدِ

لحَاظ بدَت ترنُوا باجفَانِهْ

لقَد عَبثت فِى قلبِ هيمَانِهْ

فيَايهَا المغرَى[١٠] باحزَانِه

حِذَارك ممَّا تجنِى نجلُ العيُوْن　　　بين[١١] الهزْل والجدِّ[١٢]

ولمّا[١٣] غدَا[١٤] يرغبُ ابعَادى

ويسْعد من يمنَعُ اسعَادِى

شدَوْتُ وَفد اشمتُّ حُسَّادِ

الا تستحى تمشِى مَعَ الحَاسِدِين   وتتركنِى وَحْدِى

١ يعنى « لكنِّ» – ٢ ع «اهوَاهْ» – ٣ كذا قرأتُ، ع «فَد» – ٤ كذا قرأتُ، ع «تعُدْ» – ٥ كذا قرأتُ، ع «رَشَا» – ٦ ع «حفَّهُ» – ٧ كذا ع – ٨ ع «كلّفتُ» – ٩ ع «املتْ» – ١٠ ع «المُغرِى» – ١١ كذا ع، ولعلّ الصواب هو «مِنْ» – ١٢ ع «والجدِّ» – ١٣ ع «لمَّا» – ١٤ ع «غدَ»

٧٦

موشحة[١]

بسَيفِكَ ام لَحظِك[٢] الفَاتِرِ   سفَكت دَم الاسدِ

[٣]امَا لفتيل الحبِّ مَطلولَا[٣]

اظنُّك سَيْفَ[٤] اللَّه مسْلولَا

ليفضى امرًا كانَ مفعُولَا

امِير لَهُ مفلتَا سَاحِرِ   يطَاعُ بلَا جُنْدِ

تعَالَوا تروا مَا صَنعَ اللَّه

امِير الهَوى سيفَاهُ عينَاهُ

يفُول وفد لَاحَتْ عذاراه[٥]

جَرى المسْك فى السّوسن النَّاضِرِ   فنَمَّ عَلَى الوَرْدِ

الَمَّ بنَا فى جنحِ دَيجُور

فَاغنَى عَن المصبَاحِ بالنُّور

وَفلتُ لَهُ يَا فَائد الحُورِ

مَتَى لَاحَ فِى خدِّكَ الزَّاهِرِ　　　سنَا قمَر السَّعدِ

كتَمتُ الهَوى فِى مَضمَرِ القَلبِ
ولاكن جرت سَكبًا عَلَى سَكبِ
دُمُوعِى مِثل اللُّؤلؤِ الرَّطبِ

فدَلَّ[٦] عَلَى بَاطِنِى ظاهِرْ　　　وَان لم اكن ابْدِ

امَا وَعلَى الحَاجب مَولَانَا
لقَد عمنَا فَضلا وَاحْسَانا
وَعَادَ لَنَا روْحًا وريحَانَا

فَذفنَاهُ بالسَّمعِ وَالنَّاظِرِ　　　الذَّ[٧] مِنَ الشهْدِ

١ هذه الموشّحة موجودة فى جيش التوشيح (فصل ٥، موشّحة ٧) بين موشّحات ابن الرافع رأسه – ٢ كذا فى جيش التوشيح، ع «بلَحظِك» – ٣ كذا ع، وفى جيش التوشيح «اما لقتيل الحبِّ مَقتُولَا». وتوجد مشكلة نحويّة فى نصب «مَطلُولَا» أو «مَقتُولَا» – ٤ ع «سَيْفُ» – ٥ ع «عذاره» – ٦ كذا فى جيش التوشيح، ع «فدَلَّت» – ٧ ع «الذُّ»

٧٧

موشحة

يَا مهديًا للملام　　　غيْر مقبُول لدَى[١] العَذَل
احْظَى لدَى[١] الغرَام　　　[٢]. ينحُوا عَليْهِ الغزَل
دَعْ جسدِى وَالسقَام　　　يعطِهِ[٣] محتكمًا مَا يسْئَل

من يكن متع جفنًا بالمنَام　　　فانِنِى وَالذَّنبُ للصَّدِّ　　　متعب بالسُّهدِ

مَن لِي بنَأى الرضَا ناء[٤] فَلبي بِي الهَوى عَن سلوته

علفتهُ بَارْتَضى بِرط ذلِّي بِيه عظم نخوته[٥]

†يجورهمَا فضا† لَيسَ ينجُوا محسن مِن سَطوتِه[٥]

بَاذَا ابصَرني رَهن الحمَام مِن هجره افضى عَلى عمدِ وَلجَّ بِي البعدِ

هجْر بلَا امَدِ وَمنَايَا قَاطِعَات للمنَا

اتَى عَلَى خلدِي وَنهى عَن مفلَتيّ[٦] الوسَنَا

مستفصِر كمدى عَاتَبتُ[٧] اذْ لمْ امُتْ بِيهِ ضنَا

قَدْ كسَا جسْمِي اثوَاب السَّقَام وَانَّسَ الاحْشاء بالوَجْدِ وَالدَّمعَ بالخدِّ

يَا غَايتي كلَّمَا اوْغلتْ بى[٨] بِي الامَانِي البكرْ

ابقيت عنّي[٩] ذمَا[١٠] ليتهُ ابقى عَلى[١١] الحور

لم ترم لَكن رَما ذَلكَ[١٢] الذل وَذاكَ الخبَرْ

يَا ابَا بَكر دَعَاك[١٣] المسْتهَام وَان تكن شكوَاى لَا تجدِ اخلَدتُّ للحدِّ

يَا لَوعَة مَا درت كيْف تسْتعْصِم مِنهَا الاڢئده[١٤]

بِي وَجنتيْهِ برَت[١٥] بِفضَت[١٦] للبَدر ان يستعبده

وَغادَةٍ ابصَرت حسْن مَن اهْوى بَظلَّت مُنشدهْ

وَالنَّبى انكَ مَلِيح يَا ذَا الغُلام وش كيْكون لو بِزت[١٧] بك سعدِ وَكتبت عِندِ

١ يعنى «لدىَّ» – ٢ سقط لفظ مثل «ليته» – ٣ كذا قرأتُ، ع «يعطيه» – ٤ كذا قرأتُ، ع «نثا» – ٥ ع بكسر الهاء – ٦ ع «ملتى» – ٧ كذا ع، ولعلّ الصواب هو «عَاتِبٌ» – ٨ ع «بىَ» – ٩ كذا ع، ولعلّ الصواب هو «مِنّى» – ١٠ ع «دَمَا» – ١١ يعنى «علىَّ» – ١٢ ع «ذَاكَ» – ١٣ كذا قرأتُ، ع «دَعَا» – ١٤ ع «الاڢئدة» – ١٥ كذا ع، ولعلّ الصواب هو «انبرتْ» – ١٦ كذا قرأتُ، ع «ڢضَت» – ١٧ ع «ڢرت»

حيَّ وصلا فِرط　　مَا لهُ من رَدِّ　　مَلَّنَا فشحَط　　كزمَانِ الوَرْد

حَي روْض الامَل　　خضل الازهَار
وَصباح جذل　　نير الاسفَار
رب ليْل وَصَل　　١بمنا اوطارى١

وَالدُّجَا فَدْ بسَط　　بنجُوم السَّعْدِ　　فِى السَّمَاء نمط　　والهِلال عندِى

عَاذِلِى فِى غزَال　　دينهُ الهجرَان
ان سرَّ الخبَال　　وَالضنَا برْهَان
صفِحَة للجمَال　　وسطهَا خيْلان

خلتهنَّ نفط　　فِى رياض الخدِّ　　من رذاذٍ سَفَط　　مِن سحَاب الندِّ

فِى ضلُوع الحَشَا　　زفِرة للثُّكلِ
عَن عذول وشَا　　فَاستحل فتلِى
عَادلا بالرَّشا　　عن سَبيل الوصل

كانَ منِّى غلَطْ　　ان بذلت٢ وُدِّى　　بحبيب خَلطْ　　حمَّةً بشهْدِ

فَال من صَمتَا　　اذْ رَءَانِى مكمَدْ٣
رحمةٌ للفِتَى　　ذَاق بعْض السّودَد
دعنِى مهمَى٤ اتَى　　نور عينى احمد

حسبُه لَم يحط　　بنجَاز الوَعدِ　　انّ اعلَى الخطط　　حبٌّ اهْل المجْدِ

عشت مُذ بالخيَال　　سمح المحبُوب
سَوْف ابكى الوصَال　　مَا بَكى يعفوب
فَاسْتمع كيف فَال　　عاشق مكذوب

٥　　٥　　٥　　٥

١ كذا قرأتُ، ع «بالمنا لوطار» – ٢ ع «بدلت» – ٣ ع «مكمدِ» – ٤ يعنى «مَهْمَا» – ٥ الخرجة ناقصة فى المخطوطة

٧٩

موشحة لابى بكر بن بنى[١]

ادِر لنَا اكوَاب		ينسَى بهَا الوَجد
وَاستحضرِ[٢] الجلَّاسْ		كمَا افتضَى الْوُدُّ

دِن بالهوَى شرعَا		مَا عِشتَ يَا صَاحِ
وَنزِّه السَّمعَا		عَن منطِقِ اللَّاحِ
فَالحكمُ ان تسْعَى		اليكَ بالَّراحِ
انَامِلِ العُنَّاب		وَنفلكَ[٣] الورْدُ
حبَّ بصُدغَى ءاسْ		يَلوِيهمَا الْخَدُّ

لِلهِ ايَّام		دَارَت بهَا الخمْر
وَالروْض بسَّام		بَاكره الفطْر
وَصْل وَالمَام		وَاوْجُهُ زهْرُ
فنَحْنُ بالاحبَاب		فَد ضمنَا عَفْدُ
وَافرَط الاينَاس		فمَا لَهُ حَدُّ

خلِيفَة مِنكَا		فِينَا ابَا بكرِ
ناب لنَا عنكَا		فِى النهْى[٤] وَالامْرِ
لَا تبغِنِى ضَنكَا		مِن نوب[٥] الدَّهرِ
فَانتُم اربَاب		مَا شيِّد المجْد
وَان بَلوْنَا النَاسْ		فَهُمْ لكُم ضدُّ

حليتِ[6] الدُّنيَا مِن بعْدِ تعْطِيل
وَجَاءَنا يَحيَى بيْن[7] البهَاليل
اغَر بالعليَا مِن بعْدِ تحْجِيلِ
يختَال فِى اثواب طِرَازهَا الحمدُ
وَيَا ابَا العبَّاس[8] لَا خَانَك الجَدُّ

بينَا انَا شارب للفهْوة الصِّربِ
وَبيننَا تَايبْ لَاكن عَلَى حرْب
اذ فَال لِى صاحِب مِن حَلبَةِ الظرْبِ
نديمنَا فَد تَابْ غَنِّ له وَاشدُ
وَاعْرض عَليْه الكاس عَسَاه يَرْتدُّ

١ هذه الموشّحة موجودة فى جيش التوشيح (فصل ٢، موشّحة ١٠) بين موشّحات الأعمى وفى دار الطراز (موشّحة ٥) – ٢ ع «وَاستحضَر» – ٣ يعنى «وَنُفلُكَ» – ٤ ع «النهَى» – ٥ كذا فى جيش التوشيح ودار الطراز، وفى المخطوطة ما يماثل «نوه» – ٦ يعنى «حُلِّيَتِ» – ٧ كذا فى جيش التوشيح ودار الطراز، ع «بْن» – ٨ ع «العبَّاسُ»

٨٠

موشحة[1]

بنرجسِ الاحدَاق وَسُوسن الاجيَادْ
نبت الهَوى مَغرُوسْ بيْن الفنَا المنئاد[2]

وَفِى نفَا الكافُور وَالعنبَر الرطب
وَالهَوْدَج المزْرُور[3] بالوشى وَالعَصْب

فضب[٤] من البلّور   يحمين[٥] بالفضبِ
نادَى بها[٦] المذْعُورْ   مِن لَوْعَةِ الحبِّ
اذَابَتِ الاشوَاق   رُوحًا[٧] عَلَى اجْسَادْ[٨]
اعَارَهَا الطاوُوس   مِن حُسنِهِ ابرَادْ

كوَاعِب اترَاب   تشَابَهتْ فدًّا
عَضَّتْ عَلَى العنَّاب   بالبرَدِ الاندَا
اوْصَتْ بِىَ الاوصاب   واغرت الوجدَا
وَاكثر الاحبَاب   اعدَا مِن الاعدَا
تفترُّ عَن اعلاق   لئالِى ابرَاد
بيهَا اللَّمَى محْرُوس   بالسُنِ الاغمَاد

مِن جَوْهرِ الذِّكرَى   [٩]عَطِّلْ نحُور[٩] الحُور
وَاخجَل البدْرَا   سلَالَة المنصُور
[١٠]جَاوز بهِ البحرَا   واخرق حجَاب النور[١٠]
وَفل لهُ بخرا   بحُسْنِك المشهُورْ
جمعْت بى الابَاق   تنَابُس الاضدَاد
بَانتَ ليث الخِيس   وَانتَ بَدْر النَّادْ[١١]

يَا من رجَا الطلا   وَءَامَر[١٢] التعْرِيسْ
ان شِئتَ ان تحلَى   بطَائل التَّانِيس
لَا تعْتَمِد الَّا   عَلى علا[١٣] بَاديس[١٤]
من فدرهُ اعلَى   فدرًا مِنَ البرْجِيسْ
مَوَاطِن الارزَاق   اوْلئك الامجَادْ[١٥]
بَاحْطط رحَال العِيسْ   وَانبض بفَايَا الزَّادْ

خرجْتُ محتَالَا	ابغى يَـدَ[16] الرِّزْق
مُـومِّلا حَـالا	تكونُ مِن ومو[17]
افطعُ اميَـالَا	غرْبًـا الَى شرْق
بِفَـال مَن فالَا	مَفَـال ذى صدْقِ

دَع فَطعَك الافَـاق	يَـايُّـهَـا المفتَـادْ
وَاركن الى بَـادِيس	خيْـر بنِـى حَـمَّـادْ

١ هذه الموشّحة موجودة فى جيش التوشيح (فصل ٤، موشّحة ٣) وفى فوات الوفيات للكُتُبىِّ (٢، ٥١٥) منسوبة إلى ابن اللَّبَّانة – ٢ ع «المتئاد»، وفى جيش التوشيح وفوات الوفيات «ميّـاد» – ٣ كذا فى جيش التوشيح وفوات الوفيات، ع «المدْرور» – ٤ كذا فى جيش التوشيح وفوات الوفيات، ع «غصن» – ٥ ع «يحسن» – ٦ ع «به» – ٧ فى جيش التوشيح وفوات الوفيات «رُوحى» – ٨ كذا فى فوات الوفيات، ع وجيش التوشيح «الاجساد» – ٩ كذا فى فوات الوفيات. ع «عَطلنَ حُـور»، وفى جيش التوشيح «اعطى نحور». ومن الممكن أن يكون الأصل «غَطّى نحور» – ١٠ كذا فى جيش التوشيح وفوات الوفيات، ع «جَـاز بِهِ البحرَا | خرق حجاب النور» – ١١ ع «النّـادِ» – ١٢ كذا ع، وفى جيش التوشيح وفوات الوفيات «أمَّل» – ١٣ كذا فى جيش التوشيح وفوات الوفيات. ع «بنى» – ١٤ ع «بادس» – ١٥ كذا ع وفوات الوفيات، وفى جيش التوشيح «الأنجاد» – ١٦ ع «يَـدَا» – ١٧ كذا ع، وفى جيش التوشيح وفوات الوفيات «وفى»

٨١

موشحَـة

ادِرْ كئوس الطِّلَا	وَهم بظبـى[1] رَبْـرَب	مسَـاعدْ[2]
يسفيكهَـا سَـلسَلا	من ريفهِ العذْبِ النمير	البَـارد

صِل بالغَبُوق[3] الصَّبُوح   فى روْضَةٍ تسْبِى العُقُول
وَعَد نصحَ النصِيح   فى الظبْى وَالرَّاحِ الشمُول
وَاسْمَعْ لقوْل صدُوح   اربَى عَلَى غصْنٍ يَمِيل
يثنِى الاسا جذلَا   بحسْن صَوْت مُطرِب   بسَاعِد
للوَصْل ان سَالَا[4]   يا حبَّذَا الظبْى[5] الْغرِيرْ   الشارِدْ

يَا صَاحِ كيْف الوُلُوعْ   فى عتب خل عَتبَا
وَقد ثوَى[6] فى الضلُوع   ظبْى مِن ارْءَام الظِّبَا
مِن كلِّ ظبْى مروعْ   الحَاظهُ حدُّ الظُّبَا
ان جَارَ اوْ عَدَلَا   مستحسِن فى مَذْهبِ   فبَاعدْ
مَهمَا صبَا عدلا   فقط باَيَّام السُّرور   للحَاسِدْ

وَبابِى اوْطَف   اصْلَى الحَشَا مِنهُ اوَارْ
لَوْ انهُ ينصفُ   مَا ظلتُ ذَا قلب مطَارْ
عِندِى لهُ يُوسُفُ   خيْر بنِى ءَال خيَار
فتًى تحَلَّا حُلا   للمجْدِ اعْلَى مَرقبِ   اناشد
ان ام او قبلا[7]   فمَا الَى العَذْب الدُّرُور   مِن وَارِدْ

يَا حَادِيًا بالرِّكَاب   اَم سَلا خيْر البقَاعْ
تلقَى الرحِيبَ الجَناب   وَالسَّيد القرْم المطَاعْ
قطْبُ الندَا ليْثُ غَابْ   صنوُ الحسَام وَاليَرَاعْ
وَمَن اذَا اعمَلا   رمحا بصدْر مَوْكبِ   مجَاهد
يفرى الحسَام الطلَا   وَيتخذ طعْن الصُّدُور   عوَائدْ

سَلِّ ببنتِ الدِّنَان   نفْسِى فقد نلتُ المرَادْ
مَا ان اخاف الزَّمَان   اذَا ابُو يعقُوب[8] جَادْ

فَاطرب لصَوت الفيَان   وَاذْكرْ لَنَا بخر الْبِلَادْ
لِمْ لَا تتِيهُ سَلا   عَلَى بلَاد الْمغرِبِ   بالمَاجد
سَلِيل فطب العُلا   وَنخبَة الامر الْكبير   العَائدْ

١ ع «بظبىٍ» – ٢ ع بكسر الدال – ٣ ع «بالغُبُوق» – ٤ يعنى «سَأَلَا» – ٥ ع «حبَّذَالظبْى» –
٦ ع «توى» – ٧ ع «ان ام او فبلا ان ام»، ولعلّ الصواب هو «إنْ أُمَّ أو أَقْبلا» – ٨ ع «يعْفوبْ»

٨٢

موشحة

فَد مدَّتِ الارْض للدُّوَّارِ[١]   بسْط الزَّبَرْجَدْ[٢]
وفوْق سَالفَة النُّوَارِ   در منَضَّدْ

نَبِّهْ نديمك فبْل الفَلقِ
وَهَاتهَا فهْوة كالشّفَقِ
فى فبَّةٍ[٣] سندست بالوَرق
وَالطيْرُ فوْق ذُرَا الاشجَار   سجعًا تغرد
ردَّ المثَانِى عَلى الازَار[٤]   مِن كف معبَدْ[٢]

بمهجَتِى لو كفتْ اهدِيهِ[٥]
وسنَان اغنَى عَن التَّشبيهِ
فى حُلَّةٍ مِن طِرَازِ التِّيهِ
يَلُوحُ مِنهُ الى الابصَار   صبْحٌ مجسَّدْ
ناهيك من ملكٍ جبَّار   بتَاجٍ[٦] عسْجد

يَايهَا الرَّشا المليَانى
تفَاسمَ الحسْن سُلطَانان

ابو الوَليد وَانتَ الثّانِى

ان يبد الملك للاقمَارِ   تخر سُجّدْ

وَانتَ الويَة[7] الاشعَار   عَلَيْك تعقد

تايّد البَدر بالغَزال

فَاستحكمَت دَوْلة الجمَال

كلَاهُمَا لِلقُلُوب وَال

من جَارَ عندِى بالنِفَار   وَالهجر وَالصَّدْ

وَبالشِّقَار من الاشقَار   حتّى يقَدَّدْ

مِنَ العَجيب هَوَى مَن يَهوى

كم مرَّ بى يتثَنّى زهوَى

وَقلت يَكشف لِى عَن بَلوى

ابَا الوَليدِ بحَقّ البَارِ   تهوى محمّد

فذْ قِقتُمَا هوَ بَدْر سَار   وَانتَ فرْقد

١ ع «للدُّوارِ»، و«الدُّوّار» جمع «الدَّوّار» – ٢ ع بكسر الدال – ٣ ع «قبَّةِ» – ٤ يعنى «الآزار» وهى جمع «زئير» [انظر موشّحة ١٠٩، السمط الأوّل «مِن حنين بَمّ | وزَءِيرِ أَوتار»] – ٥ كذا ع، ولعلّ الصواب هو «أقديهِ» – ٦ ع «بتَاجٍ» – ٧ كذا قرأتُ، ع «اولِيَة»

٨٣

موشحة لابى بكر بن الابيض[1]

غصْنٌ يميسُ عَلَى كُثبَان   ريّان امْلَد

بيْن القوَام وَبيْن اللِّين   يَكادُ يعْقَد

بمهجَتِى شَادِن تياه
مُهفهَفٌ تنثنِى عطفَاهُ
بالاسْدِ فدْ فتكتْ عينَاهُ
سَطَا فسَلَّ مِن الاجفَانِ[2]   سيفًا مهنَّدْ
انا الْفتِيل بهِ فى الحيْن   دَمِى تفلَّد

رَامُوا مَرَامَهُم[3] عذالِى
ان يسْل فَلبى وَمَا بالسَّالِى
عنْهُ وَذَاكَ مِنَ المحَال
وكيْف للصَّب بالسُّلوان   عن حِب اغيدْ
لوْ بعتُ نفْسى به ودينى[4]   لكنت ارشَدْ

[5] صل مستهامَكَ يا با بَكْرْ
ففد بلغت المدا فى هجر
وكم طوتك صروف الدهر
فالشوق اوصح لى كتمان   والدمع يشهد
وفد حرمت الكرى جفون   اراها تسهد

فد[6] يميل كغصن ناعم
يهتز مثل اهتزاز الصارم
بدر بدا تحت شعر فاحم
فد اينع الورد بالسوسان   منه على الخد
[7]وشارب عرفه دارين[7]   يحكى الزبرجد

يا حسنها من فتاة رود
زارته يوم سلام العيد

غنت على راسه فى العود

خل سوارى وخذ هميان[8]   صدرى منهد
واطلع معى للسرير حيون[9]   ترفد مجرد

١ هذه الموشّحة موجودة فى المُغرب لابن سعيد (٢، ٤٥٥) بين موشّحات الأعمى – ٢ ع «الاجفَانْ» – ٣ كذا فى المغرب، ع «زمَنهُم» – ٤ ع «دينني» – ٥ كذا فى المغرب، ع «صل مستْهامًا يا ابا بَكْر» – ٦ يعنى «فَدٌّ» – ٧ كذا ع، وفى المغرب «ونفحه عن سَذَا دارِينِ» – ٨ ع «هميان» – ٩ كذا فى المخطوطة وفى المُغرب

٨٤

اردها اراد   بنت غمام   شفت كمام   زهر المدام   عن زهر †الحراد†

من لى باهيف   كالغصن اللدن المطلول
رنا بأوطف   افنى الورى عن التفليل
وسل مرهف   كالصارم العضب[1] المصفول

فصاد الاساد   له حسام   يفد[2][3] هام   لدى هيام   وهو فى الاخماد[3]

جديب خصيب   من ردفه ومن خصره
عدو حبيب   من وصله ومن هجره
معل طبيب   من ريفه[4] ومن ثغره

محل الاضداد   رى اوام   برء سقام   سهد منام   ضلال ارشاد

ابا بكر من   كنى محمدا ببكر
الدال احسن   من كافه فاكن ببدر
وحدثه عن   حُبى تحدثه عن بحر

خرفت المعتاد   انا امام   كل امام   فى ذا الغرام   مضل او هاد

لام العذار   خطته افلام للحسن

فى جلنار   لاما مداده من جفن

فافرا يا فار   ارويته بدمع المزن

ومن للمدّاد   بخط لام   مثل اللجام   على كرام   خدود الاجواد

حمام الفضب   عنى بها اليك عنى

رب يا رب   فتنت بحمام الغصن

وحسبى حسب   ان باعها الصياد منى

صياد يا صياد   بع الحمام   من الكرام   تسو المدام   تربح ما تصطاد

١ ع «الفضب» – ٢ كذا قرأتُ، ع «بفد» – ٣ كذا ع، ولعلّ الصواب هو «الاغماد» – ٤ ع «رفه»

٨٥

مُوَشحَةٌ

مفرد   اصبحت فى المجون[1]   كما غار فى الملاح   خدينى   وانجد

٢   يطيب فى الجمال

عذلى   لست به أُبالى

من لى   بِالغُصن[3] المهال

ينفد   من نعمة ولين   تمكّن من صلاح   ودينى   فافسد

ويْلاه   من اهيف الوشاح

عيْناه   امْضى من الرّمَاح

عطڢاهْ   تميلُ دون راحٍ

والخدْ   يرْعفُ كل حين   بكلِّ دمٍ مبَاح   مصون   مورَّد

أُحْسـد   ڢى ليْلة التَّلاڢى

برَّد   ڢيها لظى اشتياڢِى

احْـمد[4]   باللَّثم والعناق

حسَّـدْ   موتوا ڢى الدُّجون   حَبيبى إلى الصَّباح   يمينى[5]   توَسَّـدْ

يكڢى   لوْمى ڢكَم تَضلُّ

الڢِى   للبرمكىّ نجلُ

حتڢِى   ڢى الحب يستحلُّ

جرَّدْ   مهنّد الجڢون   ونادى لدى الكڢَاحِ   منون   تزوَّدْ

لمَّـا   تبسَّم الحبيب

اظْـمَا   رضَابه الشَّـنيب

خُـذ مَـا   ادَّى لك الكئيب[6]

احمد   برِّدْ لظى شجون   بذاك[7] اللَّمـا الفراح   بدين   محمَّـد

١ ع «المجنون» – ٢ سقط لفظ مثل «وصلى» – ٣ كذا قرأتُ، ع «ڢَالغُصن» – ٤ المخطوطة غير واضحة، وعسى أن تكون الكلمة «اخمد»، ولكن انظر الخرجة – ٥ ع «يمين ى» – ٦ كذا ع، ولعلّ الصواب هو «الطبيب» – ٧ ع «ذلك»

٨٦

مُوشحةٌ للاردِى

بيْن زُهر الْحدايق   ادرت ڢى الكاس عسجد

وتغنّى الحمـام   ڢفلتُ بعْدًا لمبْعد[1]

فد خلعتُ[٢] العذارا   فِى حبّ العس أَلْـمَـا
وحثثت العفارا   فِنلت رشفا ولثمَـا
واهنت الوفارا   فِى طاعة الحسن فدما
وسفيتُ الكبارا   فِاستضحك الرَّوض لمَّـا

سال دمع الابَـارق   عن نَّـيّـر يتوفَّـد
ما علاه فِدام   الا الحباب المنضَّدْ

بابى ظبى[٣] سرْب   لمفلتيْـه منون
جرَّدت اىَّ عضْب   له العزيز يهون
فِل[٤] من غرب فلب   لم تخل منه الشجُون
حَسْبىَ الله حسْبِ   ممَّـا جنتْهُ العيُـون

عاث فِى فلب عاشقْ   لدْن المعاطف اغْـيدْ
فد سفتْـه مدامُ   عينيْـه خمرًا[٥] فِعرْبَـدْ

عُجْ على الخندريْسِ   فِناظر الافِق يبْكى
وحميًّا الكئُـوس   تفِترُّ عن نظم سلك
بمعال الرئيس   الماجد بن همُشْكْ
فِهو ليث الخَـميس   وباسلٌ[٦] يوْمَ مُـلكِ

سترت[٧] فِى المفِارق   يمناكَ كلَّ مهنَّـد
حيث يعلواْ الفْـتَـامُ   ويطلع الرُّمحُ فِرفد[٨]

اسد فِى عرين   من الفنا المناد[٩]
طرد حِلمٍ رصين[١٠]   على متُـون الجياد
بحر جود معينِ[١١]   فِيا له من جواد
كل علق ثمينِ[١١]   اهدتْ اليْـه الايادى

مُـنجز الوعد صادق		يعطى المَواهب عن يَّـدْ
فام فيه[12] الحسامُ		فخرَّتِ الهامُ سجدْ

ربَّ يوم احتيالِ		للصَّيد[13] بالصَّافنات
فى أُسود النِّـزال		وفى صيود الفلات
تارة بالعوالِى		وتارةً بُـالبزاةِ
فلت لمّـا بدا لى		ما بينَ ماضٍ وءَات

يَـا جَمال الشُّـذانو		على شمال المؤيدْ
والسَّلالو امام		تسوف الارْنب الى اليَـدْ

١ كذا ع، ولعلّ الصواب هو «معبد» – ٢ كذا قرأتُ، وفى المخطوطة ما يماثل «خلفتُ» – ٣ ع «ضبيى» – ٤ يعنى «فلّ» – ٥ ع «خمرَا» – ٦ ع «باسلُ» – ٧ كذا ع – ٨ ع «فارفد» – ٩ يعنى «مُنْـآد» – ١٠ فى النصّ «رمين» وفوقه «رصين» – ١١ ع بالتنوين – ١٢ كذا ع، ولعلّ الصواب هو «مِنْه» – ١٣ ع «للصَّبد»

حرف الذَّال

٨٧
مُوَشَّحَةٌ لِّلْمُؤَلِّفِ

سهمُ الجفون غَـدا منتفِذا		منه استعاذا		من فؤاده أُخذا

سهمُ الجفُـون فما امْضاه
على الفواد وما اذْكاه
وفِى رَشًـا معْـوزٌ عتباه[1]

وبيسَ[2] ما فوَّفتْ عيناهُ

نصْلا ولاكِن بحينى شُحذا   يبغِى نفاذا   مفتلى وفد نفذَا

ظبىٌ رخيم بفلب كانسْ
رشا وسيم بطرف ناعس
له فوام كغصنٍ مائس
واللَّحظ منه ظلوم عابسْ

وذكْره للشَّجى صار غِذا   فحين لاذَا   باحَ باسمه وهذى[3]

يا ثاويًا[4] فى سواد الفلْب
ومونس[5] حبه من كرْب
حسبك من ذا الجوا لا حسْب
فَاعْطف وجدْ بِالرِّضا يا حبّ

عبدك صبٌّ غَدا منتبذا   ترى لماذَا   بالعراء فد نبذا

يا احْمد اعلم بأنّى اهواك
وانت فى باطنى لا انساك
عتْبك جنِّب وهب لى عتْباك
يا غايتى[6] فى الورا ما احْلاكْ[7]

رشفك اذْكى من المسْك شذَا   يا حبَّ[8] هذا   لو برَشْفك التذَ[9] ذَا

للفسْطل بْنٌ حكاهُ البدْرُ
على محيَّاه حام السِّحرُ
وغادة فد كواهَا الهجر
فاعْلنت والدُّموع غَمْرُ

حبِّى نئا بعْد ما فَدْ اخذا   فلبى لوَاذَا   لم يُبال ما اخَذا

١ كذا ع – ٢ يعنى «بئس» – ٣ ع «هذاى»، وفوق الياء إشارة إلى خطإ – ٤ ع «ثوايًا» – ٥ كذا ع، والظاهر أنّ الصواب هو «مؤنسا» – ٦ ع «غيتى» – ٧ كذا ع، ولعلّ الصواب هو «أحلاك» – ٨ كذا قرأتُ، ع «جبًّ» – ٩ يعنى «ٱلتَذَّ»

٨٨

مُوَشّحَة لابى الهلو[1] البلنسِى

اراد تسنيما ‌‌ فى در رضراض
جلت به الاموَاهْ ‌ فى ازرق ماذ

ظبىٌ برت خدَّاه ‌ مفاتلى ظلما[2]
فٱستل للحيْن ‌ من لحظه[3] عَضبا
ثم دعا لمَّا ‌ ارادنى ضربا
لا سلّم اللّه ‌ من لَّحظه[4] الصَّبَّا
فبتُّ مكلومًا[5] ‌ واللحظ لِى ماض
لَوْ كُنتُ من اعداه ‌ ابكتْه افلاذِى

فاحمرَّ واستحيى ‌ من خجل حبى
وجعلتْ تندَا ‌ بالعرق السّكب
يافوت خديْه ‌ كاللُّؤلؤِ الرَّطْب
فقلتُ[6] ما هذا[6] لى ‌ فقَالَ لى حَسْبِ
خدًّا اذا شيمَا ‌ قطعة رياض
وهو كما ترءاه ‌ رشَّ برذاذِ

يا غايَة[7] الحُسْن ‌ اسْرفْت فى حتْف
يا دُرَّة صيغت ‌ من جوهر الظَّرف

باللّـه لا يخلوا عبْـدك من ضعف
حصرْت بالبين ڡِى غايَـة[8] الْـوجْف[9]
فدُّك[10] تنعيمَـا يعدوا[11] بايماض
فلبك ما افساه يا ظرڡ بغْـداذِ

ڡيا لهُ ظلمـا اسرف ڡِى وجْـد
مِن ثغْـره يزْهُـواْ كالزّهر[12] ڡِى الْـعفد
لمَّـا حكى الشُّـهدا فَـدْ شيب بالنّـدِّ
لما بدا منْـه مجرَّع الشُّـهْـد
أَرَاد تنظيمَـا ڡِى حسْن بيَـاض
وتزدهى خدّاهْ بحمرة الذّاذ

أَشْكُـواْ إِلَى اللّـه وارْڡع الشَّكْـوى
ڡصحت[13] يا فلْبى ڡَفَلّ لِى دعْـوى
وفد ذّوى مِمَّـا[14] عندى من البلوَى
من حَـاله حالِى ڡفل لى شجْـوا[15]
[16] من كان مظْـلوما وخصْمه راض[17]
كَـيْڡ يَـنْـتصڡْ باللّـهْ منْ حَـاله هاذى

١ كذا فى المخطوطة على ما يبدو – **٢** كذا ع، والظاهر أنّ النّصّ غير صحيح – **٣** ع «لحده» – **٤** كذا ع، ولعلّ الصواب هو «لحظِىَ» – **٥** ع «مكلومًا» – **٦** كذا ع، ولعلّ الصواب هو «هذا» – **٧** ع «غيَـة» – **٨** ع «غايَثَ» – **٩** كذا فى المخطوطة على ما يبدو – **١٠** ع «فدَّك» – **١١** ع «بعدوا» – **١٢** ع «الزّهد» – **١٣** ع «بضحت» – **١٤** كذا قرأتُ، ع «ما» – **١٥** ع «سجْوا» – **١٦** هذه الخرجة موجودة فى موشّحة عبرانيّة ألّفها **משה בן יעקב אבן עזרא** [ديوان، **٢٥٢**] – **١٧** فى الموشّحة العبرانيّة «فاضى»

٨٩

مُوَشَّحَةٌ

انا الاستاذ   بحق وما لوّاذ
ولا اخّاذْ   لكل العِدا بذّاذْ

أَصخ سمْعا   اسمعْك[١] ما يُرْد
لمنْ يّسعى   لحتفى او يُرْد
اهًا[٢] نزعًا   من الكلم المرْدى
لذى استحواذْ   افطعه افذاذْ
ومن فد عاذْ   بطود العلى فد لاذْ

فمن يفخر   كفخْر ابى العبّاس
ومنْ يّعذر   من ذمّ جميع النّاس
ففد انذرْ   مفالى وما من بَاسْ
لمن كالذّاذْ[٣]   حياء وكالرّذَاذْ[٤]
لروْض شاذ   حوى ظرفه بغْداذ

انَا النّدْب   انا النّدس المصْفع
لى الفلب   ولى الحجا اجمع
وما الذنب   للصارم اذ يفطَعْ
وما هذّاذْ   لسهم الرّدى اشحاذ
يفطُّ الحاذْ   لمن للحشا نبّاذ

ابت نفْسى   الّا الْجُود والْمجْدا
على الانس   ما كان السها بعدًا
وما أَنس   الّا أَن أُرى فرْدا

ولى اڢخاذْ　　عشائر ذو اِغْذاذ
الى اللّواذْ　　وذوه مفوَل حذّاذْ

الا خلّ　　ما ضفت به ذرعَا
وفُم فل لّى　　مَفالة منْ يّنْعَا
ڢبالذُّل[6]　　فَمعْت به فَمْعَا
وكم من هاذْ　　فدْ صيّرتُه اجذاذ
ڢكن جذّاذْ　　للفْلفة[7] الرّبّاذْ

۱ يعنى «أسَمِّعْكَ» – ۲ كذا ع – ۳ ع «الدّاذِ» – ٤ يعنى «والرّذّاذْ» – ٥ كذا قرأتُ، ع «ذو» – ٦ ع «ڢبالذِلّ» – ۷ ع «للفْلفه»

۹۰

مُوَشَّحَةٌ

فد وضح النّجوى[1]　　حين جلا　　سرّه الإعْلانُ[2]
مَن كتم الشّكْوى　　عَادَ علا[3]　　فلبه الكتْمانُ[4]
والغاية الفصْوى　　أَن لّوْ تلا　　حسْنه إحْسانُه[5]
يا ڢتنة الڢاتِنْ[6]　　انت العياذْ　　لو أَجرت الْعَائِذ

يا صايدًا يخْتلْ　　وصَيْده　　سانح[7] وبارحْ
ومضرمًا يُشْعِل[8]　　وزندهُ　　ڢى الڢؤاد فَادحْ
ظبىٌ يرى أَعزلْ　　وخدُّه*　　تحْت لحْظٍ رّامحْ
بيْن الحَشا طَاعن　　ڢهو جذَاذْ　　بشڢَار[9] ناڢذْ

كَأَنَّما جفْنى حين يرود فى المحيَّا النّاعم
فى رَوضة يجْنى[10] روضا[11] نضيدْ تحتَ ليل عاتم[12]
يا غاية[13] الحسن ما ذا تريدْ[14] والحمام حَايم
من ذى جوى كَامن رامَ انتباذْ وهو غير نابذْ

رأى[15] وما عرَّج فى الحرم [16]عن دماء يسبك[16]
ذو ناظرٍ ادْعج لم يرم ساعيًا فى حتْفِك[17]
وبك فَدْ ضرَّج أَجْرى دم بنصال سَيْفِكْ
ما للشَّجى[18] الْحاين عنه ملاذ لو اجدّ لايذْ

وليلةٍ[19] ادنتْ خيْل السُّرا [20]من مطايَا الرَّكْبِ[20]
فى طرفةٍ[21] أَفْنَتْ طعْم الكرَا للمرَام الصَّعْب
وغادة غَنَّت حينَ تَـرا رهْفة لّلْحَرْب
يَا فَاتن أَفَاتن وش ينتراذ †كنذر خالش† كاردْ

١ كذا قرأتُ. فى المخطوطة ما يماثل «السَّجوى»، وقرأ سيّد غازى «الشجوا» – ٢ كذا قرأ Garcia Gomez، ع «سرُّه فى الاعْلان» – ٣ يعنى «على» – ٤ ع «الاعْلانْ» – ٥ كذا قرأ Garcia Gomez، ع «حسنه أحْسَانْ» – ٦ ع «الفاتَن» – ٧ ع «صانح» – ٨ ع «يَشْعَل» – ٩ كذا قرأ Garcia Gomez، ع «شبا» – ١٠ ع «تجنى» – ١١ كذا ع، والأرجح أنّ الصواب هو «وَرْدًا» – ١٢ ع «عتم» – ١٣ ع «غية» – ١٤ ع «تردْ» – ١٥ كذا ع، ومن الممكن أن يكون الصواب «رنا» – ١٦ كذا قرأ Garcia Gomez، ع «عن دم يسبك» – ١٧ ع «حتْفَك» – ١٨ ع «للشَّجىّ» – ١٩ ع «وليلةٌ»، ولكنّ الواو واو رُبَّ – ٢٠ كذا قرأتُ، ع «مطايَا» (بدون «مِنْ») – ٢١ كذا ع، ولعلّ الصواب هو «فى طَرفِهِ»

٩١

مُوَشَّحَةٌ

فد عزَّنى الصَّبْر مذْ فطع الخلُّ حَبل الْوصال
وشفَّنى الضُّرُّ مُذ أَفْسَم الْوَصْلُ الَّا ينال
واستعر الْجمرُ بالجسْمُ مُعْتلُّ فَدْ حَالَ[١] ءَالْ
فللرَّجَا احْبَابْ وللضَّنَا اسْبَاب فى اذْ ومذ

عَلفتُه غِرًّا[٢] حالى الطلى والجيد والمبسمِ
يسْبى الورى طُرًّا بِيانع املودْ منعَّم
لله ما اجْرى سهْم لَّهُ التَّسْدِيد فى الاعظُم
بسهمه فَدْ صاب وانتظم الحجَّابْ حتَّى نفذْ

يا طاير الحسْن فلبى لك الْوكن رهنا[٣] لديك
من لى بالامن وفد رَمى الجفن منْك اليْك
جد بالرِّضَىٰ عنى فمنك يا خِدن اشكوا اليْك
وردَّ بالاغبابْ سهما من الاهْداب اليك شذْ

يا فلب ما اسْطا حكْم الذى صارا فيك الحكم
فَد مال واشتطَّا وحاز اوزارا فيمَا حكم[٤]
لَاكن ذا الشَّحطا مِنْهُ وإن جَارا وَان ظلم[٥]
فى طَيه استغراب وفى[٦] الهوى اعذاب فد استلذْ

كَمْ رمت أَن ينشب ذا الطاير الغريد فى مخلب
فلم يزل يهْرب ويحتمى بالبيْد عن مطلب
ففلتُ اذ عذَّبْ مَن لِّى بان أَصيدْ معذِّبِ

ذا الطائر الهرّاب   ننصب له المحناب   ويتّخذ[7]

١ كذا قرأتُ، ع «عـالَ» – ٢ ع «غـرًّا» – ٣ ع «وهنا» – ٤ ع «حكمُ» – ٥ ع «ظَـلِم» – ٦ كذا قرأتُ، ع «وذى» – ٧ يعنى «ويُتَّخَذْ»

حَرْف الرَّاء

٩٢

موشحة[1]

من علَّق الفرطا   بى[2] اذن الشعْـرا
والْبس المرطَـا   الغصُن النَّضرا

الحسن مرجوم[3]   عندى وماثوم
والطَّـرف ظلُـوم   والفلب مظلُـوم
وبدمى[4] ريم   يعشفه الرّيم
لم ياكل الخمْطا   ولا رعى السدرا
ولا درى الارطا   مذ سكن الفصرا

بمهجتى تيّـاه   رضابُـه معسول
الهجر هجّيراه   وذنبه محمول
يدرى الذى يهواهْ   بانَّـه مفتول
اماتنى عبطا[5]   اما اتفى الوترا
لم اعرف الشَّـرطا[6]   وبتّ مغترًّا

علىّ ما اعدا   سيُـوف عينيْكا[7]

فد امَّل الاعدَا   بالهجر عليْكا
والحسْن فَد أَبْدا   عذرا بخدَّيْكا
بأَحرفٍ خطًّا   لم تدر مَا الحبْرا
ابدعها نفطا   بالمسْك كيْ تفرا

وبابى[8] وسْنان   [9]اسد الشرى[9] يسْب
بلحظه الفتَّان   فى معرك الحبِّ
على الظبا سلطان[10]   بفدرة الرَّب
سبحان من اعطا   جفونك النَّصْرا
والفبض والبسْطا   والنَّهْى والامْرا

ضنّ باسعاد   فالشَّمْس تحْكيه
ابعد[11] ميعاد   ادنا الرّضا فِيه
فهذا انشادى   شدو تجنّيه
[12] محْبُوب فد ابْطَا   من حبس البدرا
عنِّى لفد أَخْطا   واشغَل السِرّا

١ هذه الموشّحة موجودة فى جيش التوشيح (فصل ٥، موشّحة ٢) بين موشّحات ابن الرافع رأسه وفى توشيح التوشيح (موشّحة ٤٨) منسوبة إلى الحصرىّ – ٢ كذا فى توشيع التوشيح وجيش التوشيح، ع «من» – ٣ كذا فى توشيع التوشيح، ع وجيش التوشيح «مرحوم» – ٤ كذا ع، وفى جيش التوشيح وتوشيع التوشيح «بأبى» – ٥ كذا ع وفى توشيع التوشيح، وفى جيش التوشيح «غبطا» – ٦ ع «الشُرطا» – ٧ ع «عينيْك» – ٨ ع «ويابى» – ٩ كذا فى جيش التوشيح وتوشيع التوشيح، ع «اسدى السرى» – ١٠ ع «سلطن» – ١١ ع «ابعدْ» – ١٢ هذه الخرجة موجودة أيضا فى موشّحة لابن الصيرفىّ (جيش التوشيح، فصل ٩، موشّحة ٩) وفى موشّحة عبرانيّة للشاعر יהודה הלוי [موشّحة ٢٢]

٩٣

مُوَشَّحَةٌ

ثوب الضَّنا معْلم　　باسْطر تفرَا
يفهمها المغرم　　فيخلع العذرا

من لى بسلْوان　　عن معجز الْوَصْف
غصن من الْبَان　　يهتزُّ فى حقف
ما ان لَّه ثان　　فى الشَّكل والظَّرْف

حُلوٌ اذا كلمْ　　انفاسه درًّا
من درر تلْثَم　　فتكشف الضُّرَّا

قد مزجَ الشُّهْدا　　ببارد العسْ
واصْبغ الوردا　　فى صفرة النَّرجسْ
فمن رءا العقْدا　　بثغره انفس

برشف[1] ذاك الفم[2]　　يبرا الضنا قسرا
وطيْب[3] ذاك الشَّمْ　　يعطِّر الْعطْرا

كوكب ديجورِ　　طاوِ[4] الْحشا اغيد
جسم من النُّور[5]　　يكاد ان يّعْقَد[6]
حَبّة[7] كافُور　　جماله يشْهدْ

يا قاتلى وارحَم　　ولتهْجر الْهجرا
اخاف ان تندمْ　　ان لمْ تطِقْ صبْرا

اسْم الذى اهوى　　تسع واثنان
باحرف تفرا　　بعيدها[8] ثان
باللَّفظ والمعْنَا　　بثِّى واشجان[9]

الى متى اسْـفمْ　　　　ولا ارى ابْـرا
فد ءان ان يَّفْـهم　　　　ان أطلب[١٠] الاجْـرا

لما[١١] بدا[١١] باسِم[١٢]　　　　عن دُرر الثّـغْـر
ناديتُ ابْـراهيم[١٣]　　　　ڢى لجج البحْـر
وفلتُ يا ظَـالم　　　　أَلَا تَـرى عُـذْرى

لا بد لى [١٤]من نجم[١٤]　　　　ونمكن الذّڢْـرا
يعجبنى لوْن الدّم　　　　ڢى شبة حمْـرَا

١ فى المخطوطة ما يماثل «ڢرشڢ» – ٢ ع «البمّ» – ٣ يعنى «طِيب» – ٤ كذا قرأتُ (يعنى «طاوى»)، ع «طوا» – ٥ ع «النُّورْ» – ٦ ع «يَّـعْـفَـد» – ٧ كذا قرأتُ، ع «احبة» – ٨ كذا ع، ولعلّ الصواب هو «يعيدها» – ٩ ع «اشجان ى» – ١٠ كذا قرأتُ، ع «طلب» – ١١ الكلمة غير واضحة بسبب ثقب فى المخطوطة – ١٢ ع «باسْم» – ١٣ انظر موشّحة ١٤١، دور ٣، لحذف ياء إبراهيم – ١٤ كذا قرأتُ، ع «نجمٌ»

٩٤

مُـوَشَّحَـة

نفض العهد الذى فد عهدا　　　　ونوا غَـدْرا
وابى فلبى الَّا كمدا　　　　ڢبم اغترَّا

ايّـها الظالم وجدى حكَّـمك　　　　ڢهْـو لى اظلم
شدّ ما ڢوق[١] نحوى[٢] اسْـهمك　　　　لم يخْف ما ثم
واصلى كنت ڢمن ذا علّـمك　　　　هجرة المغْـرم

ليت شعريِ ما عدا ممّا[3] بدا　　　عفل الهجرا
بمحال منك لا يشبهى صدا　　　كونه عذرا

جد بما خفّ وصحح اربِ　　　بعض تصحيح
لا اشاحيك[4] وفد برحْتَ بى　　　اى تبريح
ملئت راحة صبّ متعب　　　بك من ريحِ
مطلب ملْفًى[5] وءامَال سدًا　　　وهوًى يترا
فاعد[6] رأْيك فى وشك الردا　　　فهْو بى احْرا

وهب السُّلْوان [7]فى ال[7] الْهَوى　　　رشاً احْوا
واتى يسل[8] عن سرِّ الجوا　　　فلب مسْتهْوى
بَاخلٌ بالْفرب سمْح بالنَّوى　　　ضدٌّ ما اهْوى
يبعد اليوْم ولا يدرى[9] مدا　　　املى صبْرا
من غدا[10] فيه كئيبا مكمدا　　　او شج مغرا

لمْ افف الا بباب مُّرتج　　　فى هوا يحْيَا
غلب الْياس ولاكِن أرْتج　　　منه ما اعيا
وعلى الْجملة يا نفْسَ شج　　　لم تنل شيًّا
كلَّما سوَّغك السمحَ بَدَا　　　يفتضى شكرا
عاق صرف الدَّهر عنْها وعدًا[11]　　　فَاعتبى[12] الزّهرا

شفّ نور الحسن فى اثنايه　　　فهْوَ بدر التم
لم يرق فط سوى لألايه[13]　　　لحظ من تيَّم
ان بدا فلت مفال تائه　　　حار فاسْتفْهَم
اصبيح[14] شيم ام برق بدا　　　فهما فطرا
ام سنا المحبوب اورى زندا　　　فالتظَى جمرا

١ يعنى «فوق» – ٢ ع «نحرى» – ٣ كذا قرأتُ، ع «عمّا» – ٤ كذا ع – ٥ ع «ملقى» – ٦ فى المخطوطة ما يماثل «باعدْ» – ٧ كذا قرأتُ، ع «فى الى» – ٨ يعنى «يسئل» – ٩ ع «بدرى» – ١٠ ع «عدا» – ١١ ع «وغدا» – ١٢ كذا قرأتُ، ولكنّ الياء غير واضحة فى المخطوطة – ١٣ ع «ءلالايه» – ١٤ ع «اصبيح»

٩٥

مُوَشَّحَة لابى بكر بن بقى

اذا ما انثنى عن خصر زنبُور   ينقدُّ عليه قد خيزُور

تثنيك يا موْلاى يثنين

الى لوعةٍ ذات افانين

وبعض الذى بى منك يكفين

فاقسمُ باللّه وجبْرين

لقد زدتَّ فى الحسْن على الحور   واخجلت ربّات المقَاصير

شربتُ على وُدك اقداحا

وما كنت ممّن يشربُ الرَّاحا

واشرق لى خدك مصباحا

فلولا تقا الرّحمن اذ[١] لاحا

خررْت لما[٢] لاح من النُّور   كما خرَّ موسى جانب الطُّور

فيا روضة تنثرُ ديباجَا[٣]

سَأسْقيك[٤] ماء[٥] الْعيْن ثجّاجا

واجعل دين الحبّ منْهاجا

فكم لمتمونى فيه افواجا

وقد جئتمونى بالاساطير　　فما زدتمونى غيْر تخسير

هويتك اصدَارًا وايرادًا[٦]

فجازيتنى هجرا وايعادا[٧]

واشمتّ اعداء وحسادا

فليت زمان الوصْل لو عادا

واقطع فيه كل ديجور　　بذيل من السرّاء مجرور

هو الظّبى لا ينكره خلق

تشابهت الاشياء[٨] لا فرق

وحسبك ما يورده النطق

وهذا من الاخر مشتقّ

لين[٩] زيدت الياءُ ليعفور　　لقد ضمّت الفاء لعفّور

١ ع «لذ» – ٢ ع «لمَّا» – ٣ ع «ديباجًا» – ٤ كذا قرأتُ، ع «سافيك» – ٥ ع «ما» – ٦ ع «وايرادَ» – ٧ كذا ع، ولعلّ الصواب هو «وابعادا» – ٨ ع «الاشيا» – ٩ يعنى «لَئِنْ»

٩٦

مُوَشَّحَة

ليْس لى مصطبر　　بان عنى صبْر

فى حبيب هجر　　ساء حال الهجر

نال منى الهوى　　فوْق كل نيل

واطال الجوا سهرى بالليل
وغزال اللِّوا ساحب للذَّيل
مسْتريح الفكر مترف ذو كبر
نابل[1] بالحَورْ رامح بالصَّدر

عاطرته[2] الظِّبا بالعيون النّجل
ولديها ظبا طبعت للفتل
يا محبّا صبا بذوات الدّلِّ[3]
أَتديم[4] النَّظر والهوى ما تذْر
لوعة وسهر ودموع تجر

ان نظمتُ المديح فلعبْد اللّٰه
الكريم الصريح ذى العلا والجاهِ
واللسان الفصيح مخرس الافْواهِ
ماجد ان فخر فهو اهل الفخر
لفديم[5] بهر كَضياء الفجر[6]

كم لنال[7] مغيث من على[8] لم تجهل
وطلاب حثيث للفعال الاجزل
واتصال حديث مجْدهم بالاوَّل
هم فضات[5] السير لولاة الامر
وتلاة السور والنجوم الزّهْر

فد انار سناك يا ابا محمَّدْ
شرف فى السِّماك ومناط الفرفد
سرنى ان اراكْ حاملا للسُّودد

كالحسام الذَّكر   ڢى يمين †ذمر†
هزه ڢانتصر   ڢى مجال الكرِّ

سمحَ الدهر لى   بحبيب واصل
كان من املى   ڢترانى ڢايل
فول ذى جذل   والرَّفيب غاڢل
حان فطف الزهر   من خدود زُهر
واعتناف الفمر   ڢى ليال فمْر

١ كذا قرأتُ، وفى المخطوطة ما يماثل «فابل» – ٢ كذا ع، ولعلّ الصواب هو «شاطرته» – ٣ ع «الذّلِّ» – ٤ كذا قرأتُ، ع «أَنديم» – ٥ كذا ع – ٦ كذا قرأتُ، ع «البحر» – ٧ يعنى «لِآل»، ع «ءالال» – ٨ يعنى «علا»

٩٧

مُوَشَّحة لابى العبَّاس الاعمى[١]

ضاحك عن جمـان   ساڢر عن بدرِ
ضاق عنه[٢] الزَّمان   وحَـواه صدرِ

ءاه ممّـا اجد   شفَّـنى ما اجد
فام بى وفعدْ   باطش متَّـئِـد
كلمـا فلتُ فد   فال لى اين فَـدُ
وانثنى خوط بَـان   ذا مهزّ نّضر
عطفتْـه يدان   للصَّبَـا والْـفطر

ڢى جوا مضمر   ليت جهدى وڢفه

كلما يظهر ببؤادى اففه
ذلك المنظر لا يداوى عِشفه[3]
بابى كيف كَان فلكىٌّ درِّ
راق حتّى اسْتبان عذره وعُذْرْ

ليْسَ لى بك يَدْ خذْ فُؤادى عن يّد
لم يدع لى جلدْ غير انى اجهدْ[4]
مكرع كالشهد واشتيافى يشهد
ما لبنت الدنانْ ولذاك الثغر
ما محيّا[5] الامان من حميا الخمر

هل اليْك سبيل والى أن ايْئسا
ذبت عمّا فليل عَبرة او نفسا
ما عسى ان افول ساء ظنى بعسى
وانفضى كل شانْ وانا اسْتَتشْر
خالعا من عنانْ جزعِى او صبْر

ما على منْ يّلوم لو تناهى عنّى
هلْ سوى حبِّ ريم دينه التجنى
انا فيه اهيم وهْو لى يغنّى
فد رايْتك عيان ليس عليك ستدْر
سيطول الزمان وتجرب غيْر

١ هذه الموشّحة موجودة فى جيش التوشيح (فصل ٢، موشّحة ١) وفى دار الطراز (موشّحة ١) وفى المُغرب لابن سعيد (٢، ٤٥٣) – ٢ ع «عنَ٠» – ٣ ع «عَشفه» – ٤ ع «اجهدُ» – ٥ كذا فى المراجع الأخرى، ع «حميًا»

مُوَشحَةٌ

صاح هلْ من مجير　　من الهوى او نصيرِ
لشجيّ كئيب[١]　　يشكوا بما[٢] فى الضَّمير

شفّنِى ما الاقِى　　وعيل فى الحب صبْرى
لم ابح باشْتياقى　　الا لشدة امرى
وسقى الخمر ساقى　　فبحت من اجل سُكر
ان صرف الخمور　　تبيح سر الصُّدور
فاسو سر الحبيب　　ففيه كل السُّرور

سقنيها عقارا　　شعاعها يتوقَّد
واهدها لِى نُضارا　　فلونها لون عسْجد
ولتدرها كبارا　　على وداد محمَّدْ
واسقنى بالكبير　　على وداد الوزير
قهوة كالشّنيب　　من كف ظبى غرير

ما لعينيْك مرضا　　تميت[٣] بالاحورار
قد حمت منها[٤] روْضا　　يزرى بشمس النَّهار
فترى الورد غضًّا　　على رياض بهَار
اشرفت كالبدور　　من تحت ليل[٥] الشُّعور
فوق عطف الجيوب　　وحسن تلك النّحور

سرنى يا غزال　　بانّنى لك عبد
حبذا يا هلال　　لو نالنى منك سعد
كيف يرجَا الْوصال　　ولحظ عينيْك يعد

كم[٦] لها من اسير بالغنْج والتَّبتير
طرف لحظ مريب يذيبنى بالفتور

ربَّ عذراء حنَّتْ الى لقاء[٧] الحبيب
اذ راتـه تمنَّت زوال خوف الرَّفيب
أَنْشَـدَت حين غنَّتْ بحسن[٨] صوت عجيب
الب فد مر فعور المى ذى مو ذلذور
بستند للرَّفيب اشت[٩] نوخت أَمير

١ كذا ع، ولكنّ الظاهر أنّ الوزن يقتضى كسر الباء – ٢ كذا قرأتُ، ع «ما» – ٣ كذا ع، يعنى «تُـمِيتُ» – ٤ كذا ع، ولعلّ الصواب «مِنْك»، كما قرأ Garcia Gomez – ٥ كذا قرأتُ، وكذا قرأ Garcia Gomez [بدون إشارة إلى مشكلة فى النصّ]، ع «ليال» – ٦ ع «وكم» – ٧ ع «لفا» – ٨ ع «لحسن» – ٩ سقط مقطع على ما يبدو، ولعلّ الصواب هو «أنتْ اشت»

٩٩

مُـوَشَّحَـة

نسيم الصَّبا مخْبر بفسل عن ءاثار عَـهدها بالأَزْهَـار
وان امكن السُّكر لعلّك تسْفين
على الْعهد[١] بالْعمر متاع الى حين
فما انا يا عمر[٢] باول مفتون
أَيصْبر من يُّبصر طواف الافمار بشموس الْعفار
هى الخمر ما احلا مذافا وما اسنا

وما احدٌ اولا بنايلها منّا
ولا تسفنى الّا اذا محْسن غنّا
على انّى لا أُنكر[3] ركوب الاوزار بى تفاضى الاوطار

وغير مهيو بواد فتّى صبِّ
وشرب[4] الرَّحيو تامل بالْفرب
بى[5] ابن الرَّفيو ابى الفاسم النّدب
بباح بما اضمر وحب الاحوار[6] فربة الى البارى

اباحت[7] معاليه ورافت مساعيه
وعز مواليه وذل معَاديه
وبرَّح راجيه بشكر اياديه
ببالحو ان يشكر كشكر النوار لأيادى الامطار

منحت له الحبا على نايه منى
ولم اسئل الركبا بغداته[8] عنى
†استمنحته† الفربا لذا ظلت اغنِّى
بذا كل لم تفدر تسال[9] عن اخبار يا ملول[10] يا غدَّار

١ كذا قرأتُ، ع «الْعهود» – ٢ يعنى «عمرو» – ٣ ع «أنكر» – ٤ كذا ع، ومن الممكن أنّ الصواب هو «بشرب» – ٥ كذا ع، ولعلّ الصواب هو «من» – ٦ كذا ع – ٧ كذا ع، ولعلّ الصواب هو «أراحت» – ٨ كذا ع، ولعلّ الصواب هو «غدواته» – ٩ ع «تسأل» – ١٠ كذا فى المخطوطة هنا، وفى خرجة الموشّحة التالية «ملوم»

١٠٠

مُوَشَّحَة

سطتْ مفل الجُؤذر　　على الاسد الضَّار　　بشِفار الاشفار

الفَّ وللحسن　　على صحنه نارُ
وما للصِّبا[١] يثنى　　غصنا فيه اثمارُ
نظرت ولم اجن　　وللحسْن اسرار
فسبْحان من صوَّر　　من الماء والنَّار　　فتنة للابصار

لك الله يَا فلب　　ففد شفَّك الوجْد
ومزحك[٢] بالحبّ　　تكنَّفك الْجدُّ
ولا عيش للصَّبّ　　اذا احْتكم الْجهْد
فحتَّى متى أَصْبرْ　　وفى دَمْعى الحار[٣]　　سر شوفى وتذْكار

اموتُ بأَوْجالى　　ولى كبد مضنى
ويكثر عذَّالى　　وما فهمُواْ الْمعنى
سأَصْرفُ ءامالى　　الى السيد الاسنا
الى بن ابى جعْفر　　وان فل انصار[٤]　　فَهْو ياخذ لى ثار

فتًى حاز من دنياه　　ما شاء من المجْد
كما فد حوَا[٥] عُلياه　　عن الاب والجدّ
ومن مثل عبد اللَّه[٦]　　وفَد حَازَ فى الْمهْد
فضايل لَّا تنكَر　　وكيف بإنْكار　　وزناد[٧] العلا وار

وعذراء[٨] كالبدر　　تراع[٩] بسلْوَانه
وترميه بالغدر　　وما الغدر من شانه

شدته لكىْ تدْرِ   حفيفة هجْرانه

فذا كل لم تفدر   تسال[10] عن اخبار   يا ملوم[11] يا غدّار

١ ع «الصبا» – ٢ كذا ع – ٣ كذا ع، ومن الممكن أنّ الصواب هو «جار» – ٤ ع «انصارا» – ٥ ع «جوَا» – ٦ ع «اللّـهِ» – ٧ كذا قرأتُ، ع «وزند» – ٨ ع «عذرا» – ٩ ع «تـراع» – ١٠ ع «تسْئل» – ١١ انظر خرجة الموشّحة السابقة

١٠١

مُوَشَّحَة لابى الوليد المرْسى[1]

يا من عدا وتعدّا   لو كنت املك صبْرى

كتمتُ عنك الذى بى   وانت تدرى وتُـزر

هيْـهات كتم الغرام   صعب على[2] من يرومهْ

وهبك أَنَّ ملامى   يديمه من يديمه

ما ذا على الْـمُسْتَـهام   فى الْحبِّ ممّن يَّـلومه

كفاه انْ ذاب وجدا   وان يهيم بذكر

ففى الضَّنا والنَّحيب   للصبّ اوضح عذْر

ءاه من الوجد ءاها   لو انّ ءاها تريح

بلَّـغت نفسى مناها   لعلها تسترِيح

دع الاسا يتناها   فان فلبى جَـريح

وانثر من الدمع عفدا   ودع جفونك تجرى

وربما عن فريب   ابْـدَال[3] عسر بيسر

يا فاسى الفلب ما لى   اطلت لهفى وما لك

هذى صروف اللّيالى	فد نازعتنى وصالك
ولا يطيب الكرى لى	حتّى أُلَافى خيالك
السُّـهد لا شك اعدا	على من كل هجر
فاردد منام الكئيب	عسى خيالك يسرِ

يا بغية المتمنّى	شوفى اليك عظيم
فد ذاق حرَّ التجنّى	من فى هواك يهيم
كن كيْف شئت فانّى	على الوفَـاء مفيم
ادنوا وان[4] زدتُّ بعدا	فلست انساك دهر[5]
فالشمس بعد[6] الغروب	تجلوا الدّياج بفجر

لم تطعم العين نوما[7]	مذ علمت بالفراق
غداة اوما من اوما	منهم الى الافتراق
ففلت لعلّ يوْما[8]	يفْضى لنا بالتّلاق
نذرت لله عهدا	صِيام شهر وعشر
يوما اراك حبيب	ما بين صدرى ونَحر

١ يعنى للخبّاز. هذه الموشّحة موجودة فى جيش التوشيح (فصل ١٠، موشّحة ٢) بين موشّحات الخبّـاز. المطلع خرجة موشّحة لابن غنىّ [ديوان، ١٨٧]، والخرجة خرجة موشّحة أخرى له [ديوان، ١٨٨].

٢ كذا فى جيش التوشيح، ع «عن» – ٣ كذا فى جيش التوشيح، ع «يبدل» – ٤ كذا فى جيش التوشيح، ع «واذ» – ٥ ع «دهرا» – ٦ كذا فى جيش التوشيح، ع «عند» – ٧ ع «نومًا» – ٨ ع «يومًـا»

١٠٢

مُـوَشَّحَة لابى العباس الاعمى

وليل طرفنا ديْـر خمَّـار بمن بيْن حرَّاس وسمَّار

باتت[1] لنا الخمر بتعجيل
وفامت بترحيب وتبجيل
وفد افسمت[2] بما فى الانجيل

ما لبّستُـها[3] ثوبًـا سوى الفار وما عرضت يوما على النَّـار

بفلتُ لها يا املح النَّـاس
بمـا عندكم فى الشّـرب بالكاس
فالت ما علينا فيه من باس

كذا فد رويناهُ فى الاخبار عن جملة رهبان واحبار

افرّ لكُمْ يا فوْم لا اجْحد
انـى مستهام فى هوى احْـمد
له مفل[4] تفْـتلنى بالصد

كتمتُ الهوى سرّا بمضمار لاكن ادمعى باحت باسرار

باحت ادمع العاشق بالعشق
بيمن وجهه كالبدر فى الافق
له مفل تفْـتك فى الخلق

بكم فتلت من اسد ضار وما لفتيل الحب من ثار

وربَّ فتاةٍ فتنت فيه
تعلّـله بالصد والتّـيه

ڢقد انشدت وهى تغنيه

امان امان يالمليح غار　　　برڢى تو[5] ڢرش يااللّـه[6] متّـار

١ يعنى «ڢآتت» – ٢ ع «اسمت» – ٣ ع «لبّستها» – ٤ كذا ع، ولكن انظر الغصن الثالث للدور التالى – ٥ ع «نو» – ٦ كذا ع، والأرجح أنّ الصواب هو «باللهِ»

١٠٣

مُوَشحَة لابن شڢيع

يا سبّـاك　　بلحظه الڢتّـاك　　من ولّاك　　حتّى على الْاملاك　　ذوى الامر

الحسن　　ولاك يا حاكم

ڢلترنُ　　بلحظك الصّارم

هل تدْن　　من عاشق هايمْ

ڢى مرّاك　　شعاره ذكراك　　ڢى الاحلاك　　ڢد اشبه النسّـاك　　بلا اجْـر

لو تطعم　　حلاوة[1] الوصل

او تكلم[2]　　بالاعين النُّجل

او تعْـلم　　ما جاءَ ڢى البُخل

ما ولاك　　[3]ذُو رڢية[3] اڢّـاك　　عن جدْواك　　بالبخل ڢد اڢتاك　　ولم يدر

خضوعى　　بكا له الصُّحب

دموعى　　اڢلها السُّحب

ضلوعى　　محلك الرَّحبُ

محيّـاك　　صيّـرها ماواك　　ومثواك　　ڢهن كالاڢْلاك　　مع البدْر

محبوب وصاله بالطَّيْف
مرهوب من مفلتيه السَّيف
منسوب الى نفيض الصَّيف
ان حيَّاك بزورة احياك او عاداك هداك بل اهداك الى الفبر

الاذان[4] تحار فى سمْعك
والاذهان تهيم فى سجْعك
والهيْمان يفول فى طبْعك
ما احلاك على ما[5] اعْلاكْ[6] كم اهواك وفلب ما ينساك الى الحشر

١ ع «حُلاوة» – ٢ ع «تكلَّم» – ٣ كذا قرأتُ، فى المخطوطة ما يماثل «دُوربفة» – ٤ يعنى «الآذان» –
٥ كتب الناسخ «وما»، وصحّحه غيره – ٦ كذا ع، ولعلّ الصواب هو «اغْلاكْ»

١٠٤

مُوَشحة لابى مروان بن زهر[1]

عبرةٌ تسيل ودم على الاثَرِ
فد صبرت حتَّى لات حين مصطبر

لا اطيق كتما ضفت بالاسا ذرعا
[2]زايرا لَـمَّا[2] يلبس الدجا دِرعا
حجبوه لمَّا كان صورة بدعا
وكذا الافول من عوايد الفمر
فلَّمـا تأتَّـا املٌ بلا كدر

ذهبت بصبرى عبثًا وتعنيتَـا

لحظات سحر تستخفُّ هاروتا

باقتضاح سرّ قد بلغت ما شيْتا

ما عسى اقول ساء بى عسى نظر

لا حسام اعتا من مهنَّد الحَور

٣ من صبات تياه

خمرة الشّبِاه[4] تحت خدّه الزّاه

انا غير لاه كيف انت بالله

٣ ٣

ولينْ[5] حجبْتَا ما خرجتَ عن بكر

٣ ٣

٣ من لهيب انفاس

لو رءا انتكاس رقَّ قلبه القاس

٣ ٣

والخطوب شتَّا ليتنى على حذرِ

انَّ من ابا ٣ ٣ التَّناهى[6]

٣ يغنّى ٣ له الناهى

ثمّ ان واهى[7] حبه لأوَّاهِ

وجهك الجميل فيه نحلة الصُّوَر

فلقد جلَلتا ان تكونَ من بشَر

١ يوجد المطلع والدور الأوّل من هذه الموشّحة فى المُغرب لابن سعيد (١، ٢٧٢)، وفى مخطوطة عُدّة الجليس نصّ الموشّحة ناقص جدًّا – ٢ كذا فى المخطوطة على ما يبدو – ٣ فى المخطوطة بياض – ٤ ع «الشّفاه» – ٥ يعنى «لئن» – ٦ ع «التّناهى» – ٧ كذا ع

١٠٥

مُوشَّحَة للصَّابونى[١]

فسمًى[٢] بالهَوى لذى حجر   ما لليْل المشوق من فَجْر

حبَّذا الهجر ليس يطَّرد

ما لليلى[٣] فيما[٤] اظنُّ غَدُ

صحَّ يا ليل انَّك الابدُ

اوقصَّت قوادم النَّسر[٥]   او نجوم السَّماء لا تسْر

لا تعدنى[٥] يا ليلة الشّجن

بِتُّها دون وجهك الحسن

ذا جفون عتت على الوسَن

مهتدى الدَّمع حاير الْفكر   لا تبت مثلها أَبا بَكْر

اين منها اضدادها الأُخَر[٦]

اذ سميرى من وجهك القمرُ

وتناهى من طيبك السَّحَرُ

هى فى الدهر ليلة القدر   جاز منها على المنا قدر

يا طبيبىَّ ان اجفانَك

قتلتْ بالفتور هيْمانك

انا واللّه ارضا[٧] عدْوانك

رب هب لى من كان من وّزر[٨]   فى دمى ثمَّ هب له ازرى

فى عذاريْك عذر من شغفا

كلّفا كل من سلا كلفا

حسب فلبى كما هَوى وكما

وَشْ نفلَّك وربَّما تَدْرِ   يخفى   ٩

١ كذا ع، يعنى ابن الصابونىّ. المطلع موجود فى نفح الطيب (٧، ١٠) وفى المقدّمة لابن خلدون (١١٤٦) – ٢ يعنى «فسمًا» – ٣ كذا قرأتُ، ع «ليلى» – ٤ كذا ع، ولعلّ الصواب هو «بما» – ٥ كذا ع – ٦ ع «الأَخَر» – ٧ كذا ع، ولعلّ الصواب هو «راضٍ» – ٨ ع «وُّزر» – ٩ فى المخطوطة بياض

١٠٦

مُوشَّحَةٌ لابن باجة[1]

جرّر الذَّيل ايَّما جر   وصل السكر منك بالسكر

واخضب الزَّند منك باللّهب

من لجين[2] فد حُبَّ[3] بالذهب

تحت سلك من جوهر الحبب

مع احوى اغر ذى[4] شنب

اودعت كاسه من الخمْر   جامد الماء ذايب الجمر

هاك ضوء الصباح فد لاحا[5]

ونسيم الرياض فد باحا

لا تفد[6] بى[7] الظلام مصباحا

خلّ[8] عنك وشعشع الراحا[9]

حيْث تنهل ادمعُ الفطر   وترى الروض باسم الزَّهر

نظمت جوهر العلا سلكا

كفٌّ ملك[10] يزين الملكا
ما برى الله مثله ملكا
لاح بدرا او فاح لى مسْكا
كالحيا كالصَّباح كالبحر   كعلى الحروب او عمْرو

ایٌّ لیث وایٌّ ضرْغام
ای رمح وایٌّ[11] صمْصام
طاعن الصدر ضارب الهام
بين كر وبين إقدَام
يلحف البيض بالحلا[12] الحمر   ويروى القناة فى النَّحر

كلَّما لاح وهو ملْتثم
كهلال تحفُّه ديم
خافق فوق راسه علَم
غنت العرب فيهِ وَالعجم
عقد الله راية النَّصر   لامير العلا ابى بكر

١ هذه الموشّحة موجودة فى جيش التوشيح (فصل ٩، موشّحة ٣) بين موشّحات ابن الصيرفىّ، ويوجد المطلع والخرجة فى المقدّمة لابن خلدون (١١٤٠) وفى نفح الطيب للمقرى (٧، ٨). للموشّحة عدّة معارضات عربيّة، أشهرها موشّحة مكفّرة لابن العربى (الديوان الأكبر، ٤١٣). المطلع أيضا خرجة لموشّحة عبرانيّة للشاعر יהודה אבן גיאת . أمّا المعارضة العبرانيّة فانظر

Stern, *Hispano-Arabic Strophic Poetry*, pp.105 & 120 & 181

٢ كذا فى جيش التوشيح، ع «تجين» — ٣ ع «حبٌّ» — ٤ كذا فى جيش التوشيح، ع «ذا» — ٥ ع «لاح» — ٦ كذا ع وجيش التوشيح، وعسى أن يكون الأصل «تنزْ» — ٧ كذا فى جيش التوشيح، ع «لى» — ٨ كذا فى جيش التوشيح، ع «خلى» — ٩ كذا فى جيش التوشيح، ع «للرحا» — ١٠ كذا فى جيش التوشيح، فى المخطوطة ما يماثل «سلك» — ١١ ع «ایٌّ» — ١٢ كذا ع وجيش التوشيح، وقرأ سيّد غازى «الطُّلا»

مُوَشَّحةٌ

احومُ ولو غلَّت غُلَّت[١] لما كنت بالصَّادر السَّادر

وبى من لواحظه تسحر
غرير غرارته تُحذر
اجدُّ له وهو بى يسخر
يفولُ وغرَّته تُسجِرُ

تامَّل على غِرَّت غرَّت وحدث عن السَّاحر السَّاخر

حكى عطفه هزَّة السَّمهَرى
فاين السِّنان من المحجر
فلله ما راق من منظر
حنانيك[٢] يا فتنة المُبْصر

لفد اتلفت فتنت فطنت وعطف الفنا الخاطر خاطر

الى كم اكافيك ابا[٣] الوليد
افلبك من حجر ام حديد[٤]
لعلّ زمانا تولّى يعود
وأينك[٥] يا فلب ممَّا تريد

فتلك الليالى اللَّت[٦] ولَّت اعادتك كالطَّاير الطَّاير

ابعد التانى رايت الجفا
فهلَّا صفيت لمن فد صفا
وغادرت غدر محب وفَا
كفانى وان لَّم تفدنى كفَا

فلو بالرضى مدّت مدَّت لما كنت يا غادرى غادر

تجاوز فى الحسن حدَّ المدا
وصيَّر عشافه أَعْبُدا[7]
وسهد[8] جفنى لما سهَّدا
فأَشدُواْ وغيرى فبلى[9] شدا

تملكت يا مهجتى مهجت واسهرت يا ناظرى ناظر

١ كذا قرأتُ، ع «علّت» – ٢ النون الثانية غير واضحة فى المخطوطة – ٣ كذا ع، والأرجح أنّ الصواب هو «يابا» – ٤ ع «جديد» – ٥ كذا قرأتُ، ع «وانيك» – ٦ يعنى «الّتى» – ٧ كذا قرأتُ، ع «أعْفُردا» – ٨ ع «وشهد» – ٩ كذا قرأتُ، ع «فلبى»

١٠٨
مُوَشَّحَةٌ لابن خلف الجزايرى[1]

يد الاصباح فدحت زناد الانوار فى مجامر الزهر

هان اختلاعى[2] فى رشا وصهباء
لدى البفاع حكم وشى صنعاء[3]
وللشعاع لهب[4] على الماء

وللرياح فى متون تلك الانهار شبك[5] من التِّبْر

دهر جذْلان واغتنام ريعان
فما الاظعان[6] عن طلى وغزلان
راق الزّمان فشدت[7] على البان

ذات الجناح　　ڢانثنت فدود[8] الاشجار　　ڢى غَلائل خُضْر

لها اجسادُ　　للسرور تنجذب

كما تنفاد　　لربيعةَ العَربُ

حتّى الجمادُ　　لا يڢوتُـهُ الطَّربُ

طوڢا[9] بالراح　　حببا بسكر النوار　　من سلاڢة الفطر

وغصن ذابل　　الهلال اعلاه

اتى من بابل　　ڢى النڢوس مثواه

سيف الحمايل　　جفنه عِذَارَاهُ

طوع الجماح　　ان يكن كثير النڢار　　ڢهى عادة العُڢْرِ

وظبى لما　　بات ضمّـه صدر

كبدر[10] تمَّا　　عند منصب الشَّـهر

شدوت لمَّا　　راعه سنا الڢجْر

فل للصّباح[11]　　ان يدن بطرد الافمار　　ڢمع الدجا تسر

١ هذه الموشّحة موجودة فى نهاية الأرب للنُّويرىّ (٢، ٢٨٧) – ٢ ع «اختلاع ى» – ٣ ع «صنعا» – ٤ كذا فى نهاية الأرب، ع «هب» – ٥ ع «شباك» – ٦ ع «الاذعان» – ٧ ع «ڢسدّت» – ٨ كذا فى نهاية الأرب، والظاهر أنّ فى مخطوطة عُـدّة الجليس اضطرابا. فى النصّ «غدائن» وفى الحاشية «ثر». وعسى أن يشير هذا إلى «غدير» بمعنى «غديرات»، ولكنّ الشكّ كثير – ٩ كذا قرأتُ، وفى المخطوطة ما يماثل «طرڢا»، وفى نهاية الأرب «طابت» – ١٠ ع «كبر» – ١١ ع «للصَّبَّاح»

١٠٩

مُوَشحَةٌ لابْن عبَّاد[١]

هِمْ[٢] بكاس جريال　　وسماع اوتار
لا تفل بهمّ　　كان مَا فَضَى البَارِ

واطَّرح مجانينا
خالفوا لنا الدينا
ولتكن تغنينا[٣]

فبلوغ ءامالى　　انْ انال اوطار
[٤]مِن[٤] حنين بَمّ[٥]　　وزَءِ يرِ[٦] أَوتار

خصَّ وابل الفطر
منزلاً على النَّهر
لم يزل[٧] له شكر

إذْ أَجُرُّ اذْيالى　　فيه بين اقمار
واعِزُّ حلم　　واذِل دينار

واذا الندى[٨] هامر
بالمؤَيَّد الظَّافر
وثناوه العاطر

بُكَرِى وءَاصَالِى[٩]　　سجع طير[١٠] اشعَار
فوق دوح علم　　وفروع اذكار[١١]

ملك لقد جلَّا
كلّ حادث حلَّا
شمل الورا عدلا

[12]انْ يَّعم ليالى[12] اظلمت للابصار
بهو بدر تم يهتدى به السَّارِ

كم شدت به الحرب
ومرامها صعب
شدْو من به نصب

السام من حال مو ذ[13] حالى فرْ بار
كبرى يم بانو[14] بد لبار

١١٠

مُوَشحَةٌ لابْن المعلّم[1]

ارجوا الافصَارا ثمَّ استميل[2] بتهتير بيخيب تفدير

يرتاد[3] الكتم كيف يوضح السُّبلا
اما ونجم لوعتى يلوح بلا
لم يبق السُّقم غير خاطر وجلا[4]

وقلبٍ[5] طارا هل رايتَ لوعة مذعور وانتفاض عصفور

يحمى التّلافى حين ينشأُ الطمع
ما لاشتيافى لا ينى[6] ولا يدعُ

للّـه ساف　　　لمفاتلى جشعُ[7]

حثَّ العفارا　　　†وحل بفلب مذعور†　　　ورمى بمطرور

تزهى المعَـالى　　　بعلَى[8] أَبـى عمرو

معنى الكمَـال　　　وخبيَّـة[9] الفخْـر

محيا امالى　　　بسماحة الغَـمْـر

نفضى الاوطارا　　　بسماحة من اسارير[10]　　　خلفت من النُّـور

زان الاصْباحا　　　بشر خلفه الخبر

واذكى الرَّاحا　　　عرف خلفه العطر

شهاب لاحا　　　ارتفت له الغير

وليث ثارا　　　فانتحت صروف المفادير　　　خشية بمحذور[11]

اما ودنيا　　　حسنت بمرءاه

ما المجد حيّـا　　　كسنا محيَّـاه

فلتشد عليا[12]　　　سحرت سجايَـاهُ

بى يا سحَّـارا　　　الب فشت كن بالفغور　　　كن بنا بذى بور

١ ع «المعلَّم» – ٢ كذا ع، ولعلّ الصواب هو «أُستمالُ» – ٣ يعنى «يُـرْتادُ» – ٤ يعنى «وَجِلَا» – ٥ كذا قرأتُ، ع «فلبا» – ٦ كذا قرأ سيّد غازى، ع «ينا» – ٧ ع «جشْعُ» – ٨ ع «بعَلَى» – ٩ يعنى «خبيئة» – ١٠ ع «اسارر» – ١١ كذا ع، ولعلّ الصواب هو «لمحذور» – ١٢ ع «علما»

١١١

مُـوَشّحَـة

دع الاعذارا[1]　　　انت رشت سهم الفتور　　　من لحاظ يعفور

اما والحسن وكبى به فسما

ما اغنى عنّ مفلة تبيض دما

وحسبى انّى احمل الضَّنا كرما

وفد اشارا حكم حمله بالتفدير لاحتمال معذور

يوم اغرُّ مثل وجهه غرًّا

فد سال الفجرُ بى اديمه نهْرا

وساق غمرٌ² لا يشعشع الخمْرا

يسفى العفارا بالكبير لا بِالصَّغير من جبونه الحور

ايا غزال والنبار من خلفه

ويا هلال يستنير³ بى غسفه

مالَ⁴ الدلال بالفضيب بى ورفه

فاجن الثِّمارا تزدرى بنور ونور من فضيب خيزور

عندى ضلوع فد افامها الكمد

وبى ولوعُ لا يطيفه الجلدُ

ولى دموع ٥بى جبونها٥ تفد

كأنَّ النَّارا اضرمت بريح الزَّبير بى بواد مهجور

السَّحْر حقُّ وانا به أشْهد

اذلّ⁶ العشو مهجتى ولا تنبد

واينَ الصِّدق من خريدة⁷ تُنشد

بى يا سحارا الب فشت كن بالبعور⁸ كن بنا بذى بور

---

١ ع «الاعذار» – ٢ كذاع – ٣ كذاع ، ولعلّ الصواب هو «نستنير» – ٤ كذا قرأ Garcia Gomez

– ٥ كذا قرأ سيّد غازى، ع «وبى جونها» – ٦ ع «واذلّ»، وبوق الواو خـ (خطأ) – ٧ ع «خريدُه» – ٨ كذا بالعين فى المخطوطة

١١٢
مُوَشَّحَة

زجرت عينى بلم تزدجرِ[١] والحسن بتّان والحتوب بى النَّظر

يا هند جوْرك عندى عدل
لك البؤاد الذى لا يسْل
وليْس لى بيك الاَ الخبل
يا غصْن بان ثناه َالدَّلُّ

لين[٢] حرمت جنا المنتظر ببعادة البان ان يضنَّ بالثَّمر

تمِّم جمالك بالاجمال
لم اجن شيئًا سوى الاوجال
من غصن معطبك الميَّال
لو جاز حكمى بى الامال

بازت يدى بجناك العطر وبتّ ريان من رضابك الخصِرِ

وليلة من ليالى[٣] الدهر
نعمت بيها باخت البدر
وصوتها مع صوت النفر
كالماء ممتزج بالخمر

بلو [٤]تساعدنى بى وطر[٤] كنا كما كان صوتها مع الوتَرِ

ما مثلْ[5] حالنَا[6] فِى عدْن
امٌّ العلاء[7] وبنت الدَّن
ووجنة هى روض الحسن
ونعمة [8]فِى الغنا والامن[8]
والعين تسرح بين الزَّهر　　والسمع ملأن[9]　　من نفايس الدُّرر

انا الذى نال منه الوجد
لا خير فِى الحب ما لم يبد
فد ضاع سر الهوى يا هند
وليس اكتمه بل أَشـدُ[10]
دُرِى[11] حديثى وفد شاع خبَـر　　درى وفد كانْ　　وشْ علىَّ ان كان دُرِ[12]

١ ع «تزدجرْ» — **٢** يعنى «لئن» — **٣** ع «ليال ى» — **٤** كذا قرأتُ، ع «تساعدنى وطر» — **٥** كذا ع، والأرجح أن الصواب هو «مثلها» — ٦ ع «حالًا» — ٧ ع «العلا» — ٨ ع «الغنا والحسن والامن» مع إشارة إلى خطإ فوق «والحسن» — **٩** يعنى «ملآن» — ١٠ ع «أُشدُ» — ١١ ع «درَى» — **١٢** توجد خرجة مماثلة فى موشّحة عبرانيّة ألّفها الشاعر **טדרוס אבולעפיה** [موشّحة ٢٩]، نصّها كما يلى:

سرى حديثى وفد شاع خبر | سرى وفد كان | وش علىّ ان كان سرى

١١٣
موشَّحَةٌ لابى بكر بن بفى

احبَّـة أَمْ أَعاد　　لم يكشبوا ضرّى
بل منعونى الرُّفاد　　ليالى الهجْـر

فل كيف برء[1] السَّـفيم　　من لوعة الحبّ

وفد تعلّو ريم   الحاظه تسْبى
واين ليل السّـليم   من ليلة الصّب
بتّ كان الفؤاد   على لظى الجمْـر
لا يلتفى بالسُّـهاد   شفْرى مع الشُّفْـر

ما ذا جنيت على   فلبى من الوجد
لمّـا نظرت الى   ممشوفة الفدّ
زانت بياض الطُّلى   بحمرة الخدّ
فالحبُّ وارى الزناد   فى اضلع الصَّدر
والفلب من كلّ واد   مع الهوى يجر

نكب عن الخرّدِ[2]   كم عذّب[3] المنظر
وانشر على احمد   فمثلها ينشر
وكم له من يد   بيضاء ما اشهر
للّـه منه جواد   انْـدى من الفطر
يرى سبيل الرشاد   تكسب[4] الفخر

فتًى اطاع الكرم   فليس يعصيه
ترى حسان الشّيم   مجموعة فيه
وعاليات الهمم   تدنى امانيه
اولاك برًّا وزادْ   فزد من ٱلشُّكر
انّ الكريم يصاد   فى شرك البرِ

ابدى فَتاة لعوب   باحت بشكواها
وفد دَّعتْـه الحروب   يوما فلبّـاها
فالت وطوْل[5] المغيب   فد هاج بلواها[6]

الفى مضى للجهاد وغاب فى الثِّغر
تراه ينسى الوداد او شافه ذكرِ

١ كذا قرأتُ، ع «بين» – ٢ ع «الخرّدْ» – ٣ كذا قرأتُ، فى المخطوطة ما يماثل «عزَّ بالمنظر» – ٤ يعنى «تكسّب» – ٥ يعنى «وَطُول» – ٦ ع «بلوها»

١١٤
موشَّحَة

خيط الصباح همام جيوشه تسر
على جيوش[1] الظَّلام والانجم الزهر

لمّـا تبدَّا الصَّباح وابيضَّ فى الشَّـرق
اخفى الظَّلام وصَاحْ بانجم الافق
فَـاشْرب فذا الرَّوْض فَاحْ يحكى سنَـا البرْق
وظلّ[2،3] صوْب الغمام فى صفحة النَّور
كالدُّر فى الانتظام فى لبة الصَّدْر

الرَّاح محيا الفلوب وراحة الارْواح
تريك لونًـا عجيبْ كحمرة التُّفَّـاح
من كف ظبى ربيب ينير كالْـمصباح
وفد تغنَّى الحمام بربَّـة الزّهر
يُحْـيِى شجىّ الغرام بنغمة الوتر

من لى بظبى كحيل من جنة الخلد

والخدُّ منه اسيل   فد حفَّ بالورد
والريو كالسَّلْسبيل   احلى من الشُّهد
عيناه ترمى سهام   لم تخطِ[3] فى السَّير
من فلبى المسْتهامْ   مهمى رمتْ نحر

يا نفْس كم ذا الْعتاب[4]   نمت[5] عن السُّفم
من حب عالى الحجابْ   اعلى من النَّجْم
فد عدتُّ مثل السراب   رسم بلا جسْم
يكفيك هذا الغرام   من كثرة الصَّبر
فالصَّب[6] صعب[7] المرام   يطيب بالصَّبر

[8]لمّا بدا[8] كالْهلال   ابن البلنسىّ
وفد كساه الجمال   من احسن الزىِّ
ثوبًا ففلت مفال   حيران مزرىِّ[9]
افسم بربّ الانام   والانجم الزهر
لو كان فى الَّيْل عام   ما نمت من فكر

١ كذا قرأتُ، ع «حيوش» – ٢ ع «ضل» – ٣ كذا قرأتُ، ع «تخطَّ» – ٤ كذا ع، ولعلّ الصواب هو «الْعذاب» – ٥ كذا ع – ٦ كذا فى المخطوطة على ما يبدو، ولكنّ الكتابة غير واضحة لأنّ الناسخ حاول أن يصحّح ما كتبه والتغييرات غامضة – ٧ ع «صُعب» – ٨ فى المخطوطة ما يماثل «له ابدا» – ٩ ع «موزىِّ»

١١٥

مُوَشَّحَةٌ[١] لابى مرْوان بن زهر[٢]

مد الخليج ورفَّ الشجرُ   لفد[٣] تناها   منظر ومختبرُ

هذى الظلال وهذا الرِّىّ
وروضة نوءها[٤] وسمىٌّ
الورد والاس والخيرىٌّ

هب النّسيمُ وفَاح الزَّهر   فهل جَناها[٥]   من ثنايه[٦] عمرُ

ملك تفيض يداه كرما
اذا[٧] راته الْـملوك العظما
صاروا عبيدًا وصاروا خدما

فما يضاهيه منهم بشر   وهل يضاها   بالكواكب الفمر

يدٌ [٨]لها فى المعالى[٨] شيم
الباس منها ومنها الكرم
يا من له راحة تستلم

حجُّوا لتفبيلها واعتمرُ   لو لا نداها   فلت انها الحجر

كم وفبة لك فى الهيجاء
مويّـد العزم والاراء
جذلان يبطش[٩] بالاعْـداءِ

والحرْب نيرانها تستعر   شبت لظاها   وتهافت البشر

وذا الزمان بكم معتدل
الشمس انت وحمص الحمل

وعبد نعمتكم يرتجلُ

اشبلىٌّ[10] هى من قديم تنتظر اللّه عطاها اى نهار لمن حضر

١ مطلع هذه الموشّحة موجود فى المُغرب لابن سعيد (١، ٢٦٦) – ٢ ع «زهيْر» – ٣ كذا فى المغرب، ع «لو» – ٤ ع «نوْء» – ٥ كذا قرأتُ، ع «جاناها» – ٦ يعنى «ثنائه» – ٧ ع «اذ» – ٨ كذا قرأتُ، ع «لها المعالى» – ٩ كذا ع، ولعلّ الصواب «تبطش» – ١٠ كذا ع

١١٦

مُوَشحَة لهُ ايْضا

تجنى العيون ولا تعتذر فاصبر عساها ترعوى وتزْدجرُ

من لى بظبْى عليْه الحُجُبُ

اذا انثنى[1] حسدته القُضُب

وفى محياه مرءا[2] عجب

حسن تحيَّر فيه البصر لمَّا تناها لم يحط به بصَر

تركت ذكر غزال الإنس

لذكر ليث شديد الباس

له من الشَّمْس معنى الشَّمس

اسد الشرى عنده تحتقرُ اذا رءاهَا فدماوها هَدرُ

يابن الخليفة نعم النَّسب

يا من له من سناه حجُب

يا من يهاب الندى ما يهِب

قد اشبهتْك النجوم الزُّهر ونيراها والبحار والمطر

دنت[3] لهيبتك الدهماء
وفرجت باسمك الغمّاء
وان دجت ليلةٌ[4] ظلماء
فانت أنتَ لها يا عُمرُ تجلوا دُجاها[5] ثم بعدك القَمَرُ

غبتم وان لم يغب ظلُّكم
بحظْوة الملْك من بعْدكم
حنت[6] اليكم[7] فغنَّتْ بكم
مولاى سافر وابطا خبر يا قلب واها[8] كم لى الان ننتظرُ

١ ع «انتنى» – ٢ كذا قرأتُ [يعنى «مَرْأًى»]، ع «مرءاى» [يعنى «مَرْآىَ»] – ٣ كذا ع، والأرجح أنّ الصواب هو «دانت» – ٤ ع «ليلةُ» – ٥ ع «دُّجاها» – ٦ كذا قرأتُ، ع «جنت» – ٧ كذا ع، ولعلّ الصواب هو «لكم» – ٨ ع «داها»

١١٧
موشحة

ابدى الغرام عليْك الخبرُ والسُّقم يشهدْ بصحيح ما ذَكَرُ

ألوى[1] بصبرى ذاك الجيدُ
والخدُّ يجرحه التَّوْريدُ
والحسن حيث الظِّبَاءُ[2] الغيدُ
فاين من لومك التَّفنيد[3]
والحبُّ يبْعَد[4] فيه النظر لوم مردَّد لا جنا ولا ثمرُ

ابديه من جوهر مكنون
عززْت بى حبِّه بالهُون
سر الحياة وسر الدين
غصنٌ يميسُ٥ بريح اللّينِ[٦]
فد[٧] تحير بيه البصر	متى تاود	للفضيب مختصَرُ

هويته كبلوغ الاملِ
شغلى به من اجل الشُّغُلِ
هوى الفلوب وفِيدُ المُفَلِ
يا حسنَهُ بى الْحلى وَالْحلل
اذا تلفَّع فلت الفمرُ	وان تجرَّد	بذكاء تحتَفَرُ

يليت[٨] شعرِى متا يَلْفاكَا
صب مشُوقٌ الى مرْءَاكَا
فد مدَّ كفّا[٩] الى جدْواكا
مسْتمطِرًا لِّلنَّدا عسَاكَا
تعْدُوا[١٠] عَلَيْه بما ينتظر	والعود احمد	والمحبُّ مفتفرُ

فم هاتفًا كارْتشاف الرِّيق
عذراء[١١] ترفصُ بى الابْريق
وغنّنى عن غزال السُّوق
بصوتك الغنج[١٢] المعشُوق
اللّهُ اكبر لاح الفمر	من وجه احْمد	وتبسّم الزَّهرُ

١ كذا قرأتُ، ع «لو» — ٢ ع «الظِّبباء» — ٣ كذا قرأتُ، ع «التّنفيد» — ٤ كذا ع، والظاهر أنّ

النصّ غير صحيح – ٥ قبل هذه الكلمة فى المخطوطة كلمة «يصيح»، وفوقها إشارتان إلى خطإ – ٦ ع «اللّينْ» – ٧ يعنى «فَدٌّ» – ٨ يعنى «يا لَيْتَ» – ٩ ع «كفّ» – ١٠ ع «تَعْدُوا» – ١١ كذا قرأتُ، ع «عُذرا» – ١٢ ع «العنج»

١١٨

موشحة

انّ الهوى بى الحشا يستعرُ[١] والنّوم ذاده عن جفونى السّهرُ

يفوم[٢] هذا الذى اهواهُ
يطيب لِى بى الهوى ذكراهُ
المسكُ والندُّ من ريّاه

وَالوَرْد بى خدّه والزّهرُ زهى بزادهْ ضعف حُسنهِ الحور[٣]

كم من عزيز عظيم النّخْوه
ما زال يحذر منه سطْوه
هبتْ به بى هوَاه هَبْوَه

بذاب سفها بما ينتصرُ[٤] ولا افادهْ نخوَةٌ ولا حذر

محمّد بذمام الحبِّ
الله بى مسْتهام صبِّ
حسبى من الْوَجْد ما بى حسْب

فلبى على الوَجْد لَا يَصطَبرُ للحيْن فادهْ من جُفونِك النَّظَرُ

اسْرفت بى الْهَجر يا مَحْبُوب
بَعدت عَن مذنب° مّكْروب

مَـا كان اوْلَاه بالتَّـفريب

هُـو المُـنَـا مِنك وهْـو الوَطرُ[٦]　　وهو الاراده　　لو يساعد الفدرُ

لمَّـا ارتديت ببدْر الدَّجنِ

وحار بيك فَـوَام الْـغصْنِ[٧]

غنَّيْت بيك لأَهْل الحسْنِ

اهل الجمال كلُّـهم ان نَّظروا　　لابن سُـعَـاده　　بى جمال[٨] يعتبرُ

١ ع «تستعرُ» – ٢ يعنى «يا فومُ» – ٣ ع «الحوُر» – ٤ ع «ينتصُرُ» – ٥ كذا قرأتُ، ع «ذنب» – ٦ ع «الوَطرْ» – ٧ فى المخطوطة ما يماثل «الْـهغصْنِ» – ٨ يعنى «جَـمَـالُ»، بمعنى «جَـمَـالِهِ»

١١٩

موشحة

فل يا غدَّار　　كيْفَ للشَّجىِّ انتصارُ　　والشبارُ اشبَـارُ

انـى المعنَّى　　ما لى بى الهَـوى ءاس

ان متّ مضْنَى　　ما علىَّ من باس

بكم فَـدْ أَبْـنـى　　لحْظُـه من النَّاس

لحظ سحَّـار　　للمنون بيه عفَـارُ　　لا تزال تُـدَارُ

للَّـه احْـمد　　الرشا بن محْـمُـوده

لفد تعمَّـد　　بالْـبعاد معْـمُـوده

بَكم فدْ أَسْـعَـدْ　　وأَنال سُـعُـوده

ما لى اصْطبارُ　　منذُ شطَّ عنه المزار　　ونأت به الدَّارُ

يا أَبَا الْفاسم   جُدَّ[1] بى الذى أَجدُ
من دمع ساجِمِ   لا يزَال يطَّرد
وحرّ[2] لازمْ   بى الضّلوع يتّفدُ
بتلك النَّار   للبروف مِنْها شرَارُ   والدُّموع امْطَار

ولمَّا زارا   بى غلائل التّيه
وفد انارا   الدُّجَا بما بيه
فلت جهَارا   الغزالُ أَعنيه
اما النَّهَارُ   عفدت عليْه ازرارُ   بالانَام فَدْ حارُ

ولمَّا ولَّا   بالبعاد مُرْتحلَا
وفد تحلَّا   بالجمال اىّ[3] حلَا[4]
شدوت الكلّا   شدو من به عُذِلا
لسْ نَدْرِ دارُ   لا ولا خبر من أَخْبارُ   فَدْ فَتَلْنِى نبَارُ

١ كذا ع – ٢ ع «حرِّ» – ٣ ع «اىُّ» – ٤ ع «حلَّا»

١٢٠

موشحة

عندى ءاثارُ   †ولى مدمع مدْرَارُ†   ما بهنّ إِضْمَارُ[1]

بشا الكتمانُ[2]   لهبىَ مَا اُلَافيه
الهى وسنانُ   مخجلُ[3] لرائيه[4]
احوى بتّانُ   لَمْ أَزل اداريه

ظبى غرارُ صَاغه العزيزُ الجبَّارُ للظِّباء سَحَّار

عذّالِى مَهْلا ما الْعتاب للصَّبِّ
أُلَامُ جهْلا بافصرُواْ عن العَتْب
اهْلاً وَسَهْلَا بالْغرامِ والْحُبِّ

ما لى تذْكَارُ غير من حوتْه الافْكَار وَالأنَامُ اطْوَارُ

حَينى اتاحا من بفلبى مَثْوَاه
سَبَى[5] الارْوَاحا غصنٌ باعْلاهُ
بدرٌ ان لَّاحَا للجفُون مرْءَاهُ

تعمى الابْصارُ منه ثمَّ تاتى[6] الافْدَارُ والعيُون نظَّارُ

يا من تخلَّدْ بفؤاد منْ يَّهْوى
رقَّ للمكْمَدْ[7] لا تزيدُنى بَلْوَىٰ
مولاى احْمَدْ انت جنَّة المأْوى

صلنى بالنَّار ما لها بفَلبى[8] فرارُ والنُّحول مضْمار

ولمَّا سالا عن حبيب سآئِل
وفدْ أَحَالا عنه فِى الْهَوى حآيل
فلت إذْلَالا فَوْلَ منشدٍ[9] فَايلْ

لسْ نَدْر دار لا ولا خَبَرْ من اخْبَارُ فد فَتَلْنِى نَبار

١ كذا قرأتُ، ع «أَضمَارُ» – ٢ ع «الكُتمانُ» – ٣ ع «مخجَلٌ» – ٤ ع «رابيه» – ٥ ع «سبِى»
٦ ع «تات» – ٧ ع «مَكْمَدْ» – ٨ ع «بفَلب ى» – ٩ ع «فَوْلٌ منشدٌ»

مَوَشّحَة لابى بكر بن بقى[١]

يا ويح[٢] صبٍّ[٣] الى البَرق   له نظرُ
وفِى البكاء مع الورق   له وطر

شوقى احقُّ بترْدَاد   وان كثرا
ان المعظَّم فِى النَّاد   نَوى سَفرا
أَقُول حين حدا[٤] الحاد   بهمْ سحَرا
امْسك عَلى الفلب بالرِّفو   اذا خطَرُ
انّى أَخَافُ من الخفْق   سينفطرُ

منْ أَجْل بعْدى عن الصّحب[٥]   بكيت دمَا
كَمْ لِى هُنَالك من شُرب   ووصل دُمَا
وعسْكَرُ الشُّهب فِى[٦] الْغرب[٧]   فد انْهزَمَا
والصُّبح فَدْ فاض فِى الشَّرق   لَه نَهر
وسَال من انْجُم الأُفْق   دم همِرُ

بأَرْض غرْناطة بَدر   فَد اكْتملَا
يطيعه النَّظم والنَّثر   اذا ارْتجَلَا
أَفلُّ حليته الشِّعْرُ   واىُّ حُلا[٨]
كم رامهنَّ من الخلْقِ   فما فدر
هذى حجُولٌ من السَّبق   وذِى غررُ

يروى ذوى الخُمص[٩] من خمْس   أَنامله
وتعجب الشَّمْس من شَمْس   فضائِلِهْ
يأَكرم الانس فِى الأُنس   ءَلامله[١٠]

بالبشر منْ وّجهك الطّلو دری البشرُ
انَّ يمينك[11] بالرِّزق ستنهمرْ

لما وُلعْت بذكْراهُ[12] فبرَّحَ بِی
كتبت ما الشَّوْق امْلاهُ[13] علی كتب
وصحت وا حَرَّ قلْبَاه من الوَصَبِ

بِالبيْن يَا عابد[14] الحو جری القَدَرُ
بالشَّوق عندی لا يبقی وَلَا يَذر

١ هذه الموشّحة موجودة فی جيش التوشيح (فصل ١٧ ، موشّحة ٥) وفی دار الطراز (موشّحة ٢٩) – ٢ كذا فی جيش التوشيح ودار الطراز، ع «ريح» – ٣ ع «صبٍّ» – ٤ كذا فی جيش التوشيح ودار الطراز، ع «حدَّ» – ٥ ع «الصُّحب» – ٦ ع «وبی» – ٧ ع «الغُرب» – ٨ ع «حُلَّا» – ٩ كذا ع، وفی جيش التوشيح ودار الطراز «الخمس» – ١٠ يعنی «لآملِه» – ١١ ع «يمّينك» – ١٢ ع «بذكْراهْ» – ١٣ ع «ما امْلاهُ» – ١٤ كذا فی جيش التوشيح ودار الطراز، ع «عبد»

١٢٢

مُوَشحَة

باكر الی شرْب رَاحِ[1] فَالدَّهْر وسْنان الْجفُون
وللرِّيَاض افْتِتَاح زها بأَنْوار الغُصون
وهم بخودٍ رداحِ[2] وَاتْركْ مقَالَ الْعاذِلين
لها نَهْدٌ نبِر وَوَجْهٌ[3] كالقَمَر

يا عاذِلی فی غَرامی مَهْلاً علی صَبٍّ عليلْ

لمْ يبْقَ منِّى سفَامِى   شيئا سوى صَبْرٍ جَمِيل
وإِن احانَتْ حمَامِى   فكَم لهَا مِثْلِى فتِيل
بأَسْياف الحوَر   ومحمرّ[4] الخَفَرْ

انا فَتيل العيون   باسهم السِّحْر الحلال
كم جَرعتْ[5] من منون   وكَمْ أَذافتْ من نَّكال[6]
يا فوْم لَا تعْذلون   فانَّ عَفْلى فى خَبال
وطَرْفِى فى سَهر   ودَمعى منْهمرْ

[7]لم تدْر ما فى اكْتئاب[7]   يا عَاذلى ما احْسَنَا
لِلَّه درُّ كعابِ[8]   اذا هززن الاغصنا
مستعذبات عذَاب   وذَاك منْهنَّ المنَا
فيَا فَلبِ اصْطبرْ   ويا دَمْعى انتظر[9]

وذات حسْن بديعِ[10]   تدير كاسات الشَّراب
كالبدر عند الطُّلوعِ[10]   وفى يمينهَا شهاب[11]
غنَّتْه[12] عنْد الهجُوع   والَّيل [13]مرْتَحل الشّهاب [13]
ما امْلح يا فمرْ   عنافك فالسَّحَرْ

١ ع «رَّاحْ» – ٢ ع «رداحْ» – ٣ كذا قرأتُ، ع «وَوَجْهُهُ» – ٤ ع «ومحمَّر» – ٥ ع «جَرعْت»
٦ ع «منَّ نكال» – ٧ كذا قرأتُ، ع «لم ندْر ما اكْتئاب» – ٨ ع «كئاب» – ٩ ع «انتضر»
١٠ ع بتسكين العين – ١١ كذا قرأتُ، فالمخطوطة غير واضحة – ١٢ ع «عنَّتْه» – ١٣ كذا ع، والظاهر أنّ النصّ غير صحيح

من لِّى بظبْى ربيب   يختالُ ڡى برْد الشَّباب
يرْنُواْ بلحظٍ مُّصيبِ[١]   أَعَاد جسْمى كَالسَّراب
يحظى[٢] بعيش خَصِيبِ[١]   والفلْبُ منِّى ڡى عذابْ
ڡيا لحظ استْمرْ   ويا فلب اصْطبرْ

يا من يرا الحب غيَّا   كڡاكَ من ڡرط المَلام
[٣]افْصر بشرْب الحميَّا   رشدٌ[٣] وحبّى للرِّئَام[٤]
كلٌّ حَبيبٌ[٥] اليَّا   اذْ ذاك من ڡعْل الكرام
ڡما العيش النَّضر   سوَاهُ ڡازْدجر

ما بغية[٦] الفلْب إلَّا   محمَّدٌ بيْن الانَامْ
حكَى لَنا إذْ تجلَّى   بوجْهِهِ بدْرُ التَّمامْ
أَكْرمْ بهِ إذْ تَحلَّى   بوصْله لِلمسْتَهام
بوجْهه[٧] كالفمر   وجود منْهمر

انسَى مكارم حَاتم   وذكْر كعب ذكره
ابدا لنا الدُّرَّ[٨] باسم   كَنظْم عفدٍ ثغره
اهدى لنا الغُصن ناعم   والمسك طيبا نشره
وانّي للزَّهر   بمسْكٍ فد نشر

لمَّا انثنى ڡى الوشاح   واڡترَّ عن نظْم اللّئال[٩]
بغرة كالصَّباح   من تحت شعر كالَّيال
شدوْته ڡى الملاح   وصحت[١٠] من ڡرط الْخبال
حبيب[١١] ڡى الْبَشَر   محمَّد بن عمرْ

١ ع بتسكين الباء – ٢ كذا قرأتُ، ع «الحظِى» – ٣ كذا ع، يعنى «افْصر، بشرب الحميَّا رشدٌ،» – ٤ كذا قرأتُ، ع ما يماثل «الرّمَام» – ٥ ع «حبيبٍ» – ٦ ع «بغيث» – ٧ ع «بوجهه» – ٨ ع «الدُّرّ» – ٩ ع «اللُّوْل» – ١٠ ع «وضحت» – ١١ ع «حَبيبٌ»، ولعلّ الصواب هو «حُبَيِّبْ»

١٢٤

مُوشحَة لابى العبَّاس الاعمى[١]

دمع سفوح[٢] وضلُوع حرار ماء ونار ما التفيا الَّا لامر كبار

بيس[٣] لعمرى ما اراد العذول
عمر فصير وعناء طويل
يا زفرات[٤] نطفت عنْ غليل
ويا دُموعا فد اصابت مسيل

امتنع الوصل وشط المزار اين الفرار طرْت ولاكنْ لَّم أُصادفْ مطار[٥]

يا كَعْبة حجَّت إليْها الفلوب
بَيْن هَوًا[٦] داع وَشوقٍ مُّجيب
وكل اواه اليْها منيب
لبَّيك لبَّيْك وفل لّلرفيب

خُذنى لحجٍّ عندهَا وَاعْتمَار ولا اعتذار فلبى هدىٌ ودموعى جمَار

اهْلاً وَإنْ عَرَّضَنى للْمنون
من مايس الاعْطاف سَاج الْجفُون
يا فسوة يحسبها الصب لين
علَّمتنى كيْف أُسىءُ[٧] الظّنون

مذ عاق عن تلك اللَّيالى الْفصار نومى غرارْ كأنَّه بين جفونى غرارْ

حكّمت مولًى جار[8] بى حُكمه
اكنى به لا مفْصحًا باسْمه
فَاعْجب لانْصافى على ظُلمه
وسْئله عن حَالى وعن صرمه
[9]الوى بحظّى عن[9] هوَا واختيارْ   طوْع النفار   فكل انس بعده بالخيار

لا بدَّ لى منه على كلّ حالْ[10]
مولى تجنا[11] وجفا وَاسْتَطال
غادَرنى رهن اسًا وخبال
ثم شدا بين الصَّحَا والدَّلَالْ
مو الحبيب انفرم ذى مو امار   كان[12] ذا شنار[13]   ينفيس ام بين[14] كشاد مو لغار[15]

١ هذه الموشّحة موجودة فى جيش التوشيح (فصل ٢ موشّحة ٦) وفى توشيع التوشيح (موشّحة ٣٠) — ٢ كذا فى جيش التوشيح وتوشيع التوشيح، ع «مسْفوح» — ٣ يعنى «بِئْسَ» — ٤ ع «زافرات» — ٥ الكلمة غير واضحة بسبب ثقب فى المخطوطة — ٦ ع «هَوَا» — ٧ ع «اسىٓ» — ٨ ع «جرا» — ٩ كذا فى جيش التوشيح وتوشيع التوشيح، ع «الورى تحظى» — ١٠ ع «حالٍ» — ١١ يعنى «تجنّى» — ١٢ ع «كانّ» — ١٣ ع «شنرا» على ما يبدو — ١٤ كذا ع، ومن الممكن أنّ الصواب هو «ا ميب» — ١٥ النصّ فى المخطوطات الأخرى كما يلى
ت — مر الحبنب انفرم د مو ار| كان دشتار| بنفس اميب كشاد مو اتار
ج[1] — مو الحبيب د مو صار| بادر شنار| بنفس امنت كساد مو لعار
ج[2] — ما والحبيب د مو صار| فادر شنار| بنفس امنت كساد مو لعار
ج[3] — ما والحبيب د مو اصار| بادر شنار| بنفس امنت كما مو لعار

انى بالانتصاف　　وظالم[١] النظر　　فكم　　اغالى بالقدر

عذلى　　على الهوا عنَا
خلِّى[٢]　　مستعذب الجنا
مثلى　　يستحسن الضَّنَا

حسبى بالاعتراف　　عذرا لمن نَّظر　　فلم　　استشعر الحذرْ

اهوى　　من ليس ينصف
الوا　　بالمطْل يوصفُ
احوى　　لماهُ قرقف

لو امكن ارتشاف　　لما تلك الدُّرر　　لَتَمَّ　　للهايم الوطر

نفسى　　فِدا معذِّبى
شمسى　　فى كلّ غيهب
انسى　　مناى مطْلب

روض دنى القطاف　　اجنيه بالنَّظر　　ان لم　　يعق سهْم الْحور[٣]

يحيا　　هل للرِّضَا سبيل
يحيا　　به صب عليل[٣]
يعيا　　بِحمله القَليل

يا كعبة الطواف　　والخال كالحجر　　يلثم　　بلمحة البصر

لمَّا　　جاء معلمه
اوْمَا　　اليه يلطمه
ظلما　　فقال مغرمه

يجاف[4] لم تخاف[5]   يدك يصير[6] حجر   تلطم   فى دارةِ الفمر

١ كذا ع، والظاهر أنّ المقصود هو «ظالمى» – ٢ كذا قرأتُ، ع «خبلى» – ٣ كذا ع – ٤ يعنى «يا جافى» – ٥ ع «يخف» – ٦ كذا ع ههنا وفى خرجة الموشّحة التالية

١٢٦

مُوشحة

هل منه منتصف   وصارم الحور   من دم   عشافه فَطَرْ[1]

بطبع خدّه   منهُ
اذ ما لحده   كنْهُ
ما نصل ورده   صُنهُ

باللحظ ان فطف   اخشى على البصر   يسهمْ   باسهُم الحَوَر[2]

اذ كان ذا الهوَا   ذنبى
فدْ فتّت النوَا   فلبى
حسبى من الجوا   حَسْبى

انا الذى اعترف   بالذنب واعتذر   فارحم   مولاى ذا ضَررْ

سمّيت يوسفُ[3]   يوسفْ[4]
فما التأسُّف   يوصفْ
والكل مذنبُ   ياسَفْ

من كل فد حَلفْ   ان لست من بشرْ   افسمْ   بانّك الفمرْ[6]

يا فمرًا علا   غصنَا[7]

بوجهه جلَا الدَّجنا [8]
وجهك[9] مثَّلا عدْنا
اللّه فد وصَفْ حسْنك فى السُّور فاعلم يأَحسن الصُّورْ

ففل لّمن لَّطم خدَّهْ
اذ كان فد عدم ودَّه[10]
من بعد ما لزم صده[11]
يا جاف لم تخف يدك يصير[12] حجر[13] تلطم فى دارة الفَمرْ

١ ع «الفطر» مع خ (خطأ) فوق الألف واللام – ٢ ع «الحُور» – ٣ ع «يوسفْ» – ٤ كذا قرأتُ، فالكلمة غير موجودة فى المخطوطة – ٥ كذا ع، ولعلّ الصواب هو «مِن كلِّ مَن حَلفْ» – ٦ كذا قرأتُ، ع «فمرْ» – ٧ ع «غصنًا» – ٨ كذا ع – ٩ ع «ووجهك» – ١٠ ع «ودُّه» – ١١ كذا قرأتُ، ع «ضدهده» – ١٢ انظر خرجة الموشّحة السابقة – ١٣ ع «حجار»

١٢٧

مُوَشحَة لابراهيم بن سهل الاسراءيلى[1]

اهدى[2] نسيم الصباحِ مسكا ذكيا وعنبرْ
فحثها خَندريسا من خد سَافيها تُعصَر

اليوم يوم اغرُّ كما تراه طليق
زهر وظل ونهر وشادن ورحيق
وذيل سكر يجرُّ ومنتشٍ لَّا يفيق
زمانه[3] فى اصطباح اذا افاق تذكر
ففال هات الكئوسَا واشرب ودع من تعذَّر

كم ذا اكتم وجدا   اذاب فلبى زفيره
بشادن لو تبدّا   للبدر اظلم نوره
من بالنُّفوس يفَـدّا[4]   انَـا المعَنّـا أسيرُه
يفرى[5] الحشا بالْتماح[6]   من طرف وسنان احْـور
نهيك علفا نفيسا   فى مثله الصب يعْـذر

منعم الفدِّ لدنُ[7]   كالغصْن فى علوايهْ
زهرُ الكواكب تعنُ   لحسنه[8] وبهايهْ
وكلُّ فلبٍ يحنُّ   اليه شوفَ[9] لفآيه
مطاوعٌ ذُو جمـاح   يهوى الوصال ويَحذَرْ[10]
فى ذاك عرضا دنيسَـا   وليس يهْـوا لمنكر

موسَى حويت الجمَـالا   وعفّـة فى طباعك
لم ترْضَ الّا الْحلَالا   غُـذِيتَـه[11] فى رضاعكْ
وَفَـدْ مَـلَكْت الرِّجَـالا   نباهَـةً باصْطناعكْ
فالبس ردَاء امتداح   وجَـرِّر الذيل وافخَـرْ
فلن يزَال حَـبيسَـا   يطْـوَا عليْك ويُـنشرْ

لما استفام فضيبَـا   وكاد ينفدُّ ميْلا
ومرَّ خشفًـا رَّبيبَـا   وزادَ حسنا وطوْلَا
ما شَـآء فمتُ خَطيبَـا   ففلتُ والحقُّ أَوْلَا
يمن[12] زهـا فى الْـمِلاح   على الورا فتبختر[13]
فَـد فدّم الْحسن مُـوسَى   بحسنه فتأَخَّـرْ

١ هذه الموشّحة موجودة فى ديوان ابن سهل (موشّحة ٢١) بدون الخرجة – ٢ كذا فى ديوان ابن سهل،

ع «اهوا» – ٣ كذا فى ديوان ابن سهل، ع «زادَ منه» – ٤ كذا فى ديوان ابن سهل، ع «يعَدًّا» – ٥ كذا فى ديوان ابن سهل، ع «يغرى» – ٦ ع «بلتماح» – ٧ كذا فى ديوان ابن سهل، ع «لونُ» – ٨ كذا فى ديوان ابن سهل، ع «بحسنه» – ٩ ع «شوقُ» – ١٠ ع «ويُحذرْ» – ١١ ع «غذَيْته» – ١٢ يعنى «يا مَن» – ١٣ كذا قرأتُ، ع «فختر»

١٢٨

موشحة[١]

أَوفد[٢] عفاركْ   واطف السراج الازهرْ
وارفع كبارك   وهاك سرًّا[٣] مضْمرْ

اليل ولَّا   وانبلج الصّباحُ
فاشرب[٤] وَامْلَا   فد نمت البطاحُ
وليْس الَّا   [٥] كاس وافتراحُ[٥]

خل اعتذاركْ   عنا فليس تعْذر
ان ابتكارك   اولا بها فبكّر

لا راى عندى   لتارك الصبوح
فى روض ورد   مع شادن مليح
كبدر سعد   فى غصن فروح

فاخلع عذَارك   كما اشتهيت[٦] واجْهر[٧]
[٨]وانف وفاركْ[٨]   فالْخَمْر لا توفَّر

يا من أهيم[٩]   به ولا يلين
كم ذا احومُ   عليك يا ضنينُ
صل يا ظلومُ   من فَلبه رهينُ

فد اسْتجارك		وفَـدْ جفاك فاغْفر
وبات جارك		وَدمْعه لا يفترْ

يا غصن تبر		يثنيه لين عطفه
يرمى[10] ويَـبْـرى		بلحظه ورشفه[11]
فَصَّرت شعرى		عن كنْـهه ووَصْفه
فلْ من اعَـاركْ		لحظ الغزال الاحْـوَر
هل لَّا ازاركْ		من بات فيكَ يسهَـر[12]

بدا عذاره		فى خدِّه سيَـالا
وجلنارهْ		زها به جمالا
لولَا ازوِرَاره		شدوْته ارتجَـالا
ما املح عذَاركْ		حبيبى يالاسْـمَـرْ
فل اين دارك		عجل ولا تفكَّـر

١ هذه موشّحة موجودة فى جيش التوشيح (فصل ٦، موشّحة ٧) بين موشّحات الكميت – ٢ ع «أَفْـد» – ٣ كذا فى جيش التوشيح، ع «سر» – ٤ كذا ع، وفى جيش التوشيح «فاسو» – ٥ كذا ع، وفى جيش التوشيح «كؤوسنا افتراح» – ٦ ع «اشهيت» – ٧ ع «وجهر» – ٨ كذا ع، وفى جيش التوشيح «واترك وفارك» – ٩ كذا فى جيش التوشيح، ع «يهيم» – ١٠ كذا فى جيش التوشيح، ع «يدمس» – ١١ ع «وبرشفه» – ١٢ كذا فى جيش التوشيح، ع «سهَـر»

١٢٩

موشحة للمرسى

ريمك يا رامه		والى النِّفار

هيهات لا اسْتئناس[١] مع الحذارْ

مر بنا خاطِرْ وفد رمقْ
فلم يدع خاطر ولا رمقْ
من لى به نافِرْ غرٌّ خرف
صعب لمن رّامه وذو[٢] اغترارْ[٣]
فللرجا[٤] واليَاسْ فيه مدارْ[٥]

لله كم ظلما خضت[٦] وكمْ
اجْتنب اللّـثْما الّا اللّـمَم
وصَاحبى الْـما حلو الشّيمْ
ادارها جامهْ فيما ادارْ
اغنى عن النّبراس ضوء العفار[٧]

مهْ ايّـها اللّائم كمْ تجهد
وبأَبِى ناعم متّـئِدُ
بدْر بَنِى عَاصم محمَّدُ
تفلُّه فَـامَـهْ مهْمَا اسْتدارْ
فلنا اغصْن الاسْ جمُّ[٨] الثِّمار

ظبىٌ[٩] وفل شبلُ اذا عدَا
الحاظه النُّجل[١٠] هنَّ الرَّدا
مناله بسلُ الّا الجدا
ان فيس اكرامهْ بعد اختبارْ
فالبحرُ لا تنفاس به البحارْ

كم هاج باسْتَرْسال لى من شجون

من فال والافْوال		على فنون
اذ اعْجمتْ بالخال		للصُّدغ[11] نُون
يا صاحب الشامةْ		عَلى العذار
تفطعْ فلوب النَّاس		بِذا النِّفار

١ ع «استناس» – ٢ ع «وذوا» – ٣ ع «اعترازْ» – ٤ ع «فَللرجال» مع خـ (خطأ) فوق اللام – ٥ ع «مدابر» – ٦ كذا ع، والأرجح أنّ الصواب هو «ذفت» – ٧ ع «العفَّار» – ٨ ع «جمَّ» – ٩ ع «ضبىٌّ» – ١٠ ع «النَّحل» – ١١ ع «للصُّدُغ»

١٣٠

مُـوَشَّحَـة

حسْب الهوى ان خلعت عذر		لله ما شاءه الفدرْ
ملَّتْ بسمع الملام اذنُ		سَيَّـان من لَّام أَوْ عذرْ

فنّـدنـى[1] فى هوَا الحسان		من لستُ اصغى لِعذله[2]
ما لى بحمل الجوَا يدان		فد ضفت ذرعًـا بحمْـله
لو نِلْت من ظالمى أَمَـانـى		ما سوت[3] ظنا ببُخله
فد كنت مستمتعا بعُـمْرِ		لولا سهام من الحور
فوَّفها للمنون جفنُ		فليسَ تُـبفـى ولا تذر

نجل العيون المراض تفضى		نَحبى ففل كيف بانتصار
اهاكذا المستهام يمضى		صَريعَـها دون اخذ ثارْ
تالله ما ذفت طعم غمض		واى غمض مَّعَ الحذار

يا عجبا والقضاء يجرى　　بِالصَّفْـو حينا وبالكدرْ
انت مناى وانت أَمنُ　　فلِمْ[4] اسْتَشعِرِ الْحذرْ

وجهك ام غرة الصَّباح　　بل انت أسْنا وأشرقُ
لله نور من الاَقَـاح　　فى خمرة الرِّيق يعبق
لستُ أُبالى[5] عن افتضاح　　وهل يبالى من يعشق[6]
ان كنت لم تدر كُنْهَ سرى　　وهو بدمعى قد اشتهرْ
هذا فؤادى لديك رهنُ　　فلتسْئلنْه عن الخبرْ

نفسى فداء لكل نفْس　　حق لأَمثاله الفِدَا
ظبية إِنسٍ تعيد[7] أُنسِ　　فى كلِّ حين مجدَّدَا
معطفُـها اذ تميس[8] ينس　　غصنا من البان املدَا
يا روضة الحسن اىّ زهر　　لا يجتنيه[9] سوى النظر
اطْلعه للعيُون غصن　　منعم فوْقه قمر

هٰأنا فى قبضة الحمام　　مذ ازفت وقفة الوداعْ
يا ليت شعرِى وهل ذِمام　　يحفظُ فى الغيب أَو يضاع
فلبى وقد لجَّ فى الغرامِ[10]　　والقلب يهفوا به النِّزاع
اصبر اقلبى واين صبرِى　　وقدْ مضى حب للسّفر
لاكن لسْ بدَّ والله منٌّ　　ترانى نمضى على الاثَـر

١ ع «قدّنى» – ٢ «لِعْدله» – ٣ يعنى «سؤتُ» – ٤ يعنى «فَلِمَ» – ٥ ع «أُبال ى» – ٦ كذا ع –
٧ كذا قرأتُ، ع «نعود» – ٨ ع «ميس» – ٩ كذا قرأتُ، ع «تجتنيه» – ١٠ ع «الغرامْ»

١٣١

موشحة لابن زهر[١]

صادنى ولم يَـدْر ما صَادَا
شادن سبا اللّيث ڢانفادا
واستخفَّ بالشَّـمس أَوْ كَـادا
يا له[٢] لفد ضم بالْبدْر ازراره   وبالحفڢ زنّـاره

لو اجاز حكمى عليْـه
لافْترحْت تفبيل نعْليْـه
واكون الثم خدَّيْـه
انا من اُعظّم[٣] واللّـه مفْـداره   وأَلزم[٤] اكبارَه[٥]

عرض الڢؤاد لاشجانه
وفضى على حكم سُلطانه
ڢانبريْت ڢى بعض أوْطانه
تَـارة افبل ڢى الترب[٦] ءاثارهْ   واندبُـه تارَهْ

يا سمـاك حسبك ام حسب
فد فضيت ڢى حبِّكم نحب
واخترعت[٧] نڢْسى لذا الحبِّ
انها نڢس[٨] لذا الحُبّ مُخْتاره   وبالسُّـوء امّـاره

ايُّـها المذلُّ بأَجڢانه
كم وڢيت والفدرُ من شَانه
واصيح من طول هجْـرانه
وعلشْ حبيب فطعت الزيارهْ   وعينيْك سحّـاره

١ هذه الموشّحة موجودة فى جيش التوشيح (فصل ١٥، موشّحة ١٠) وفى المُغرب (١، ٢٧٢) – ٢ ع «يالله» – ٣ كذا فى المخطوطة وجيش التوشيح، وفى المُغرب «يعظّم» – ٤ كذا ع، وفى جيش التوشيح «وألتزم»، وفى المُغرب «ويلزم» – ٥ كذا فى جيش التوشيح والمُغرب، ع «اكياره» – ٦ ع «التراب» – ٧ كذا ع، وفى جيش التوشيح والمُغرب «احتسبت»، ولعلّه كان فى الأصل «اخترمت» – ٨ كذا فى جيش التوشيح والمُغرب وفى المخطوطة، ومع ذلك أميل إلى الظنّ أنّ الصواب هو «لَنَفْسٌ»

١٣٢

موشحة

هجرت كما حكم التّيه

فاعْترى الْـمتيَّم تدْليه

رَامَ وَعْدَها وَهْو تَـمْويه

كلَّـمـا يحمله[1] العذل اوزارهْ ابدى الحسْن اعْذاره

ما أكنُّ من لوعة الحبِّ

ناظرى جناه على قَلب

بوساطة[2] المنظرِ المصْبى

فَبالَّذى أَسَال من الْجفْن مدْراره أَذْكى فى الحشا نَارَهْ

هيَّجت على الصب ذكْراه

من اعارت البدرَ مرءاه

فهو فيْسها وهْىَ ليْلَاهُ

ءاثر الغرام على العذل فاختارهْ ولمْ يرَ إقْصاره

حملى وان كنت لا افوى

فلبى الصبابة والشَّجوى
ما افل حيلة من يهْوى
صيَّر الدموع على الخدِّ انصاره بلم يدركوا ثارهْ

شد ما هويت هوًى فيها
عندما عَدمت تاتِّيها
ونأَتْ فظلْت أُغنِّيها
وعلش[3] حبيبى قطعت الزياره وعيْنيْك سحَّاره

١٣٣
مُوَشحة لابن حزمون

امضى الهَوى فى ذا الورى[1] امره كانَّ له امره

فيا فُؤاد المشوف ما لك لا تسل[2]
لفد هداك الغرام والوجد والخَبلُ
وفى العُيون الْـملاح شغل هو الشغل
ما تركت منِّى سوى عبره تترجَم عن عبْره

وفى كئوس الرَّحيق برءٌ من الْـوجْد[3]
فهاتها[4] كالعفيق احلْا من الشُّهد
يُديرها بيننا على مفتضَى الودِّ
مهفهف فد افتنى[5] نظره مثل الخوطة النَّضره

شربت منه[٦] التفافَ فضب الرياحين
وكل غصْن عليه طير يغنينى
بذاك دابى وداب بنْت الزراجين
يافوتة فد اودعت درَّه   تدار لنا درَّه

راش جَناح السُّرور مَن فاه بالسِّحر
يَا فتيةً يرفلون فى حلل السُّكر
سفها[٧] لى كالزُّلال عَاطرة النَّشر
وفّادة فى الكَاس كَالجمره   من بن ابى جمره

لو نال افق السَّماء ذو شيم برَّه[٨]
لنلتها يا محمَّد بن ابى جمره
وغادة كالهلال فيك شدت[٩] جَهْرَهْ
نعشق مليح احلا من التَّمره   يميل الى السُّمره

١ كذا قرأتُ، ع «الوى» – ٢ ع «تسئل» – ٣ ع «الوجب» – ٤ ع «فهاتنها» – ٥ فى المخطوطة ما يماثل «انتنى» – ٦ كذا قرأتُ، ع «من» – ٧ كذا فى المخطوطة على ما يبدو، ولعلّ الصواب هو «سَقُّوهَا» – ٨ كذا ع، ولعلّ الصواب هو «مَرّه» – ٩ ع «شدّت»

١٣٤

موشحة للمولف

غرامى غدا[١] معجزا   وصبرى غَدا معْوزا
وبِى شادن أَهيف

له ناظر اوْطف
وريفته فرفَف[2]
وللرَّشْف[3] قدْ اعْوَزا   وَلِلْحتْف قد انْجزا

بمراكشٍ جوذرُ
رضابٌ له كوثرُ
وانفاسه عنبرُ
وبالحُسْن قدْ طرّزا   وحاز السَّهى مركزا

تعلقته احورا
رشا[4] يغلب القسورا[5]
ويسْبى عقول الورا
لقتْلِى قَدْ برّزا   نبارا[6] وما اجْهزا

رشا من بنى القسطل
اصَاب ولم يمهل
بالحاظه مقتل
بجيش التجنى غزى   فؤَادى وبرَّ العزا

غرامى لا يجحدُ
ودمعى كذَا يشهدُ
بحبِّكَ يا أحمدُ
وكن بالرضَا منجزَا   بحتفى غدَا مجهزا

١ ع «عدا» – ٢ ع «فرفُف» – ٣ كذا قرأتُ، ع «بالرَّشف» – ٤ ع «وشا» – ٥ ع «القصورا» –
٦ ع «نبازا»

١٣٥

موشحة لابن الخطيب

زمن الانس كلّما ولّى رده معوِز ‏ ‏ ‏ ڢاغتنم مِنك رَيْقَ العمر ڢهْو مُسْتَوْڢِز

أُطْرِدِ[١] الْهمَّ بِاْبنة[٢] العنب ‏ ‏ ‏ واجل غيم الثّرى
عن شموسٍ عكڢْن ڢى حجب ‏ ‏ ‏ عن عيون الورى
ڢهى كنزٌ من خالص الذّهب ‏ ‏ ‏ حل عنه العرى
كم[٣] ڢقير اتى على وعد ڢيه يستنجز ‏ ‏ ‏ والوعيد الشديد معْرُوفٌ للذِى يكنزُ

اضحك الڢجر مبسم[٤] الشّرْق ‏ ‏ ‏ ڢَاسترابَ الظّلام
وانتضى المزْن صارم البرْق ‏ ‏ ‏ من ڢُرابِ[٥] الْغمام
وتحلّت ترايب الورق ‏ ‏ ‏ در زهْر الكمام
ولجيش الصّباح ڢى الاڢق راية تركزُ ‏ ‏ ‏ وخيول السّحاب بالبرق ابدًا[٦] تهمز

وڢدود الغُصون[٧] ترتاحُ ‏ ‏ ‏ للڢآء النّسيم
وشميم الرياح نڢّاح ‏ ‏ ‏ كَثنَاء الْكَريم
ومحيّا الصّباح يلْتَاح ‏ ‏ ‏ ڢى الجمال الوسيم
وخطيب الحمام ڢى الغصن موهب[٨] موجز ‏ ‏ ‏ [٩]ينكر النَوْم[٩] ڢهو ڢى العتب مڢصح ملغِزُ

للهوى ڢدوة من النّاس ‏ ‏ ‏ ذات نهج ڢوِيم
لا ترا ڢى المدام من بَاس ‏ ‏ ‏ وارتشاف النّديم
بحديث الغرام[١٠] والْكَاس ‏ ‏ ‏ ڢى الزّمان الڢديم
طرّزوا[١١] صڢح كلّ ديوان وبه طُرّز[١٢] ‏ ‏ ‏ لا تجز ڢى شريعَة الظّرڢ غير ما جوّزوا

ڢڢ ركاب مدايح الغرِّ ‏ ‏ ‏ بامام الهدى
يوسڢ[١٣] الملك نخبة الامر ‏ ‏ ‏ غيث اڢق النّدَا[١٤]

من لأسلافه بنى نصرِ — فى جهاد العدَا

سُوَرٌ من صحايف الحمد كلها معجزُ — كلما انزلت على صُفْعٍ اشرق الحيِّز

اللُّيوث الضَّراغم الصِّيد[15] — المُلوك الاولى

صيروا الملك رايق الجيد — مونق المجتلا

وغدا المجْدُ مورق العود — †مرنق المجتلى†[16]

صفوة الخلْق اسرة الحق طالما برَّز — والمعالى فى كل ميدان سبقه احرزُ

اىّ مجد واىّ علياء — دونها الفرقد

وصفات جلَّت واسماء — فوق ما يعهَد[17]

عن اب ماجد لابناء — فهْى لا تنفد

فلك داير من المجد والعلا مركَزُ — من لاحراز[18] مفخر يسمُوا هكذا يحرز[18]

يا سرَاجا يلوح فى سرج — ليس بالمختفى

يا مزيد[19] العباد فى الهرج — كلٌّ لطف خفِ

هٰكَها مثل فول شَطرنج — حاذق منصف

انا نوفى ببيْدفًا[20] ونُطيق نحرز — ارم مانع ولا تشعّبْنى قبل ان نّفرز

١ ع «أطْرد» — ٢ كذا قرأتُ، ع «يابنت» — ٣ ع «اكم» — ٤ ع «مبتسم» — ٥ من الحاشية، وفى النصّ «فلوب» — ٦ كذا ع، ولعلّ الصواب هو «ما بدا» — ٧ كذا قرأتُ، ع «الغصْن» — ٨ كذا ع، والأرجح أنّ الصواب هو «مسهب» — ٩ كذا ع، ولعلّ الصواب هو «يكثر اللوم» — ١٠ ع «الغُرام» — ١١ ع «طرروا» — ١٢ ع «طرّز» — ١٣ ع «يوسّف» — ١٤ ع «النّدَا» — ١٥ ع «الصَّيد» — ١٦ الظاهر أنّ هذا اللفظ منقول من الغصن السابق — ١٧ ع «يعهُد» — ١٨ كذا قرأتُ، ع «لاحذار ... يحذر» — ١٩ كذا ع، ولعلّ الصواب هو «مريد» — ٢٠ كذا ع

١٣٦

موشحة

من عَـزْ فباالهوى يهون بذا تحكم الطُّلى والعيونْ فلا عزْ

حالى كما ترى تحول

بالى فى ذا الهوى شغيل

ما لى فى ذا العزا سَبيل

وانحز فيه على غصون تراها تسيل مما تلين وتهتز

اهوى ظبيًا يصيب صبرى

حلوا به ملأت صدرى

يلوا حتى نكرت امرى

مَيِّز يايّـها الخدين[1] بما صارت النفوس تدين وتبْـتَـزْ

شعْـره دجًا على هلال

ثغْـره يعزا الى اللّـئال

نشره اذكى من الغـَوَالْ

فد بزْ دينى فلا ادين [2]وحسبى انِّى لديْـه رهين[2] بذا البزْ

احْـمَـدْ السفمُ فيك يُحمدْ

فاشهد انِّى الغداة افقد

من جدْ فى الحبِّ كيف يُوجد

تعجز عن فعْـله المنون اذا[3] كحلت [2]بالغنْج العيُـون[2] وتغمز

رمتُ تفريج ما الافِى[4]

خفتُ عليْـه الاشتياف[5]

فلتُ   والنَّفس فى السِّياق
انجز   وعدى فكمْ تَخون   وكم ذا تفول سوف يكون   وتُلْغز

١ ع «الخدَّين» – ٢ كذا ع – ٣ ع «اذ» – ٤ كذا ع، والظاهر أنّ الصواب هو «أُلَاقْ» – ٥ كذا ع

حرف الطاء

١٣٧

مُوَشحَة للمؤلف

هذا الهوى ردّ امرى فرطا   مما احاطا   فى يدىَّ فد سَفطَا[1]

ياء الهوى بدلت بالنّون
فصبرى[2] مِن اجله فى هون
فمن لصب شج مسْكين
يرا العنا راحةً[3] فى الحِين[4]

امّا الحبيب فَممَّا فطا   ابدا النشاطا   فى صدوده فسطا

يٰايها الظبى صل هيمانَا
تركته مفردًا حيرانا
مُذ حالف الذّل والاشجانا
لا يعرف الصَّبر والسُّلْوَانَا

ان المشيب فمودى[5] وخطا   وفدْ احاطا   بالغزال حين خطا

رشا له مقلتا يعفورِ
وايطلا جوذر مذعُـور
ووجنة خلقت من نُّـور
كجلّـنار[6] عَلَى كَـافور

فد نمط الزهر فيها نمطا   للحسن †واطا†   تحت ورده بُسطَـا

للفسْطَل بن[7] غزال اغيْـد
يمِيسُ مثل الْـقضيب الامْـلد
اعنى به نور عينى أحْـمد
ظَبـىٌ غَـدَا بالْجمال مفْـرد

رشا من اعْلا الْجنَـان هبطا   دنا انْحطَـاطا   نحو مهجْتـى سفَطا

يا لهف خد[8] بَـراه[9] البينُ
من وصل ظبى تفرُّ العينُ
بقربه وهواهُ زَيْن
فاعلنت والدُّموع عيْنُ[10]

طيْـرى نَفر بعْـدَما قدْ لفطا   قلبى التفاطَـا[11]   بعد قُرْبه شحطَـا

١ ع «سُـفطَـا» — ٢ كذا ع، ولعلّ الصواب هو «فصرت» — ٣ ع «راحةٌ» — ٤ كذا ع، ومن الممكن أن يكون الصواب «العِين» — ٥ ع «بفؤدى» — ٦ فى المخطوطة الشـّدّة تحت اللّام تشير إلى «جلِّـنار» — ٧ يعنى «بْنٌ» — ٨ ع «خدْ»، ولعلّ الصواب هو «خدنٍ» — ٩ كذا قرأتُ، ع «بَـراها» — ١٠ كذا ع، ولعلّـها «عَـيْن» بمعنى نبع الماء ، وإلّا فمن الممكن أن يكون الصواب «غيْنُ» [بمعنى «غيم»] — ١١ ع «التفطَـا»

مُوَشحَةَ[١] لعبادة المروى[٢]

كمْ فِى قدود الْبان | تحت اللِّمم | من افر | عواط
ذى انمل[٣] وبنان | مثل الْعنم | لم تنبر | للْعَاط

هنّ الظباء[٤] الشُّموس | فنيصهُنَّ[٥] الضَّيْغم
ما ان لَّها من كُنوس | الا الفُلُوب الْهيَّم
الفرب منْها عرُوسْ | والبُعْد عنها مأْتَم
تلك الشِّباه اللُّعُوسْ | يشبى بهنَّ المغرم
لها لحاظٌ نُّعوس | ترنُوا[٦] بها فتسفِمُ

باعين الغزْلان | وتبْسم | عن جوْهر | اسْماط
فضى لهَا الغيران | ان تكتتم | فى مضمر | انياط

اهوى رشا ساحرا | هُوَ الهوا ما افْتله
[٧]فد رسَخ الطَّائرا[٧] | الحاظه فلبى ولهْ
فلم يزلْ صابرَا | فلْبى عَلَى ما علَّله
لمّا غدا فادرا | اضحى فليل المعذله[٨]
يا ظالما جايرَا | فتلت من لا ذنْب له

سَطوت بالْهيْمان | ظلما ولمْ | تستبصِر | يا ساط
خف سطوة الرَّحمان | اذَا حَكَم | بيْن البرى | والْخاطِ

يا ويح من شوِّفا | الى حَبيبٍ فَدْ سلَا
فضى بأن يغْرفَا | فى الدمع من فَد[٩] انْحلَا
ظلما وان يَّخفِفا | منه الفؤَاد المبتَلى
كانَّما علّفا | منْهُ على تلْك الطُّلا

ڢفال مسْتنطفَا　　من ذَا الذى اهْدى[10] إلَى
ڢؤادى الخفقانْ　　ڢفال فم　　ڢلتنظرِ[11]　　ڢى الشّاط
الى بنُود الشّوان　　عادوك ثمْ　　اسْتَخْبر　　افْرَاط

اما ترَاها مثول　　على فناهَا[12] خافِقَه
كالجالبات تجوْل[13]　　حول الجيَاد السّابقه
انشاهنّ[14] النُّحولْ　　مثل السَّحاب الْوادفَه
لها على النَّجم طُول　　منها ڢروع باسقَهْ
ان الثريَّا تقول　　وانّها لصَادِقه

ما بعد هَذَا مكان　　من الهمم[15]　　منه ترِى　　مناط
بان لّها كيْوان　　منه الفِدم　　والمشْترِى　　مُوَاط

ومهرجَانٌ[16] لّه　　يوم أَنيوٌ[17] مَنظره
بحر حكى رمْله[18]　　من كل طيب عَنْبره
والشّاط فد حلّهْ　　محمد وعسكَرُهْ
وراكب رحله　　ركب حكته ضمّره
ڢفال عبدٌ له　　مستحسنا ما يبصره
يا حبّذا المهْرجان　　رمل ينم[19]　　كالْعَنْبر　　للواط
والْڢلك كالعڢبَان　　والْمعْتَصَم[20]　　بِالعَسْكَر　　ڢِى الشّاطِ

١ هذه الموشّحة موجودة فى دار الطراز (موشّحة ١٥) – ٢ كذا ع – ٣ ع «انمّل» – ٤ ع «الظبا» – ٥ ع «فنيصَهُنّ» – ٦ ع «ترنَوا» – ٧ كذا ع، وفى دار الطراز «فد مسخت طائرا» – ٨ ع «المعدله» – ٩ ع «فَدَ» – ١٠ كذا فى دار الطراز، ع «اهْوى» – ١١ ع «ڢلتنظرْ» – ١٢ كذا فى دار الطراز، ع «فَنيهَا» – ١٣ يعنى «تَجُولْ» – ١٤ يعنى «أنشأهنّ»، وفى دار الطراز «إنشاء من ڢى المحول» – ١٥ كذا فى دار الطراز، ع «الهمّ» – ١٦ كذا فى دار الطراز، ع «مرجان» – ١٧ ع «أَنيوُ» – ١٨ ع «رمْلُه» – ١٩ كذا فى دار الطراز، ع «يم» – ٢٠ كذا ع، بالنطق العامىّ

۱۳۹

مُوشحة لابى بكْر بن بقى

فومى حجرتْ محَاجر		تفضى بانحِطَاط
على عزة الاذْهَان[۱]		لظبى الرِّباط

اهوى رايو اللّالاءِ		وضاح المحيَّا
سبَا نظرات الرَّاء		جمالاً وزيَّا
بشنبٍ على الجوْزاء		وفرط الثريَّا
واضحى بثِغرٍ شايِرْ		على النَّجْم واطِ
وخطَّ[۲] لعفْرِ الغزْلان		صُكُوك الْخطاط

غزال هَضيمُ الْكَشح		لهُ الغصن حطَّا
اذا ما انثنَى بى الْوشْح		اذكى الفلبَ[۳] نَفِطا
من شبَّهه بالصُّبح		او بِالْفِجْر أَخْطا
انى للصَّباح الزَّاهر[٤]		بِعشرٍ سَبَاط
وللغُصْن بوف الكُثبان		بوشى رباطِ

هوَ بن على اغْرَا		مذ اودى بنفْسِى
فد فَاوَ[٥] هواه الْعذْرا		عن بَدْرٍ وشمْس
واسْنَى[٦] الْفضيب النضرا		رطوبةَ لعْسِ
وابدى مِن الضَّفَاير		حيَّاتٍ عواط
رشا[۷] بى فؤاد الْهَيْمان		له البطش ساط

يحيا فتنة العشَّاق		وسرّ الْهيام
هلْ فى ذَا الْهوى من رَّاف يبرى من سفَام
لفدْ جَلَّ ما اُلاقى		من فَرْط الْغَرامِ[۸]

فيا بحْر وجدى الزَّاخر[9] أمَا لك شاط
ويا فيض دمعى الهتّان يَكفيك ارْتباط

ابدا حيّة مطويه على بان شَنْفه
لكى تظهر المنيّه لطالب حتْفه
فغنيت والامنيَّه[10] لو فزْت برشْفه

هوى ظبية البرَابر حجّى وربَاطِ
تعجبنِى شنوفِ الاذان[11] جدّا والفطاطِ

١ كذا ع، ولعلّ الصواب هو «للاذهَان» أو «فى الاذهَان» – «٢ ع المخطوطة «وحطَّ» – ٣ ع «الفلبُ» – ٤ ع «الزَّاهد» – ٥ كذا قرأتُ، وفى المخطوطة ما يماثل «بَان» – ٦ كذا ع، ولعلّ الصواب هو «وأنسى» – ٧ كذا قرأتُ، ع «رفشا» – ٨ ع «الْغَرامْ» – ٩ ع «الزَّاحر» – ١٠ كذا قرأتُ، ع «والامانيَّهْ» – ١١ يعنى «الآذان»

١٤٠

مُوَشحَة

جرِّرى فضل ذلك المِرْطِ[1] واسحبى الشرْب[2] ربَّة الْفُرْط

هاتهَا لى صفراء كالتِّبر
فهوة عنبريَّة النَّشر
ضحكت فى الكئوس[3] عن درِّ
لاح فى الثّغر[4] منْك والنَّحْر

فاجتليها عَذراء فى سِمْط وامزجى ريفة بإسفَنْط

هاك بِشْرَ[٥] الصَّباح فد وردا
ينهب الرَّوْض لؤلؤًا بردَا
فدح البرف ىوفه زَنَدا
وتَرى الزَّهر[٦] ىيه متَّفدَا
جلِّيت عن ذَوَايب شمط   وانثنى[٧] ريحُها [٨]عن الْغَبط[٨]

لاح بدر ىى ليله[٩] الدَّاج
كحباب ىى [٨]خضْر أَمْواج[٨]
ىَحكى الافق فبَّة السَّاج
طنَّبوها بناصِعِ الْعَاج
واغْتَدت ىى زخارفِ الْبسْط   تلْفط الطَّلَّ أيَّما لَفط

أسيوف عيْناك[١٠] أمْ نصلُ
اجوَى[١١] [١٢]ما تهديه[١٢] أَمْ أَجلُ
ىى هوى ما ىى نيلهِ امل
خاصمتْنى ىيه الفنا الذُّبُلُ[١٣]
دمية الفَصْر ظبية الخمطِ   [١٤]خَطَّت الرَّوْضَ سَاعَةَ الخطِّ[١٤]

فلت زورى افْديكِ[١٥] مُكْتَئِبَا
بات يلفى من الهَوَى نَصَبَا[١٦]
ىشَدت ثمَّ اعْرضتْ لعبا
عجبًا مّن مّفاها[١٧] عجَبا
نن[١٨] †تمترای† إلّا كن الشرط   ان تجمع خلخالى معْ فرط

١ ع «مَرطِ» – ٢ فى المخطوطة ما يماثل «الشوب» – ٣ ع «الكوس» – ٤ الشَّدَّة مكتوبة تحت الثاء

تشير إلى التشكيل المعتاد لناسخ هذا الجزء من المخطوطة، يعنى «الثِّغْر» – ٥ ع «بَشَرَ» – ٦ ع «الزُّهد» – ٧ كذا قرأتُ، ع «انثنى» – ٨ كذا ع – ٩ كذا قرأتُ، ع «ليلة» – ١٠ ع «عيْنيْك» – ١١ ع «اجرًى» – ١٢ كذا قرأتُ، ع «تهديه» (بدون «ما») – ١٣ ع «الذُّبَل» – ١٤ كذا قرأتُ، ع «خطَّط الرَّوض ساعة الخطِّ» – ١٥ ع «افْديكَ» – ١٦ ع نَصِبًا – ١٧ ع «مفاليها» – ١٨ ع «تُن» أو «تنُ»

١٤١

موشحة لابن الصَّابونى

بحر الهوى بى حَاطْ وما له من شاطْ واحطُطُ[1]
[2]وللاسى افْرَاط[2] والحبُّ ذو افسَاط لَا يفْسطُ

بى شادن اغْيدْ يهتز فى الْميْزر هزَّ[3] الفنا
اعطافُه تنفد من خَصْره الْمضمر لما انثنا
نار الحشا اوقدْ بلحْظه الاسْحر لمَّا رنا
كالمرهف الفطَّاطْ ظُباه فى الارْهَاط ٤
بين الحَشا خطَّاط فيا له من ساطْ[5] اذْ يفرط

كم تيَّمت عيْناه وكم سبا مرءَاه من الأُمَم
وكم زهت خدَّاه جَلَّت عن الاشباه من بدْر تم
بالشُّهْد من ذكْراه ٤ طِيبًا وشَم
محاسن الاسْباط تضمها[6] اسْماطْ مفسَّط[7]
من حُسنه الافْرَاط وحلْيه الانْمَاطْ تُستَنبط

فد جلّ عن نّدِ جمال ابراهيم[8] وعن نُّدود
مهفهف الفدّ طاو[9] الحشا ناعِم بين البُرود

يڢتر عن عَفْد   من لؤلؤ باسمْ   عذب برود

للّه من اسماط   رضابه الارْساط[10]   لو يرْهطُ[11]

انڢاسُهم لوْ ساط   تَلت[12] لها احْطاط[10]   اذْ يبسُط

لواعج الحبّ   فد اكملت فلبى   من الاسا

وأَنتَ يا حبى   تدين بِالعتبِ   وڢما عسا

لمغرم صبِّ   ولحظك المصبى   فد ايْئسا

وداخل الڢسْطاط   ڢى الشّرب من دمْياط   مسَڢْسطُ

كم أَعْيا من بفراط   كَمْ أَظْمَا من سفراط   وَأَرسط[13]

لما برى[14] الوجدُ   ڢؤادى الهايم   ولم[15] يڢ

وشبَّنى البعد   ولم يكن رَّاحم   لمذنب

ظلت به اشد   وڢى الحشا جاحم   لا يَنطڢِ[16]

نادَيت ڢى الأسْماط   نعشو صبىْ خيَّاط   ام[17] اخيطُ

ممَّا يخيط انْماط   †عتنون بالڢرَّاط†   منفَّطُ[18]

١ ع «فاحطُطْ» – ٢ كذا قرأتُ، ع «وللابسى أَفْرَاط» – ٣ ع «هزُّ» – ٤ سقط جزء – ٥ ع «شاط» – ٦ كذا قرأتُ، ع «نظْمه» – ٧ ع «مفسَّطْ»، ولعلّ الصواب هو «تسمّط» – ٨ لحذف ياء إبراهيم انظر موشّحة ٩٣، دور ٥ – ٩ يعنى «طاوى»، ع «طار» – ١٠ كذا ع – ١١ ع «يرْمطُ» – ١٢ يعنى «تلّت»، والظّاهر أنّ الناسخ كتب «تلِى» ثمّ غيّر ما كتب إلى «تلِت» – ١٣ يعنى «أرسطو» – ١٤ كذا قرأتُ، ع «يرى» – ١٥ كذا قرأتُ، ع «ولو» – ١٦ يعنى «ينطفى»، ع «يَنطِفُ» – ١٧ ع «امَ» – ١٨ ع «منقَّطْ»

موشحة

فم بنا[١] بالغَيْم ينثر　　درّه والرَّوض يلفظ
وعلام الفجر يرفل　　فى رداء اليل[٢] الاشْمَطْ

وضحت سبل التَّصابى　　للأَديب اللوْذعى
وجلت ايدى السَّحاب　　منظر الورد البهى
ولوى[٣] سكر الشّباب　　معطف الظَّبى السَّرى
فاتن حلوُ الرُّضاب　　يوسفىّ بابلِى
فاتك الاجفان أَحْور　　فى الهوى يطْغى ويفرط
حبَّذا لو كان يعْدل　　منه[٤] سلْطان مسَلَّط

خير لذَّات الزَّمان　　راحة تسعى بَراحِ
والثريا كَبنَانِ[٥]　　او †تجام† او وِّشَاحِ
فارتشف بنت الدِّنان　　واعْص[٦] فيها كل لاح
مع رشا حلو المَعَانى　　نَاعم لدْن الوِشاحِ
ان بدا فالنَّجم الازْهَرْ　　نشر ريَّاه مفرَّط
او مشى فالغصن يحمل　　حلة الوَشْى المخَطَّط

خل وصف الكاس والعِين　　ومعاطاة[٧] النِّدام
واعتلق من ءال حمدُون　　معدن الْفَضْل الهمام
اوْحَد فى الباس[٨] واللِّين[٩]　　يوم سلم او حمَام
وحسام المجد والدِّين　　عِند تجريد الحُسَامْ
ان سطا والخيْلُ اسْطر　　بيد الهيجا تخطَّط
ردّ بيض الهند تَشْكَل　　ورماح الزَّان تنفُط

نعم حشْو الدَّرع انْ طار   وهج الحرب الزَّبون
كم له والنَّفع فَدْ ثار   من مدجَّج طعين
حيث بيض الهِند افرار[10]   تفتضى دين المَنون
موردًا ما عنه اصْدار   مضرمًا نار الفِتُون
ضل منه فيه فسْور   هام بالهيجا فأَفْرطْ[11]
يركض الاعْداء شَمل[12]   ويحد الرمح ان فَطْ

اىُّ بَحْر ليس ينْزِف   والْورى من مُّعْتَفيه
صيّرته الفذَّ الاشرف   من محمَّد أَبِيه
خلق كالروض تَفْصف[10]   يتعالى عن شبيهْ
ذو ندًا ان زادَ اسْرف   كَم وكم فد فُلتُ فيه
يا طرِيد الْمحل[13] الاَعْسر   سر الى يوسُف تغْبط
فحمام[14] الطَّيْر تنزلْ   حيث حب[15] البر تلْفَط

١ كذا قرأتُ، ع «بها» – ٢ يعنى «اللّيْل» – ٣ كذا قرأتُ، ع «ولو» – ٤ ع «مه» – ٥ ع «كَبِنَانِ» – ٦ ع «واعصر» – ٧ كذا قرأتُ، ع «وعاطة» – ٨ ع «للباس» – ٩ ع «اللّين» – ١٠ كذا ع – ١١ ع «بأَفْرطْ» – ١٢ كذا ع، ولعلّ الصواب هو «أشمل» – ١٣ فى المخطوطة توجد شدَّة تحت الحاء على ما يبدو – ١٤ ع «بحمام» – ١٥ ع «حبِّ»

١٤٣
مُوَشحَة

سفط الدموع جار   من مفلتى سفَطْ
كالدر[1] فى انتثار[2]   لوْ كَان يلتفط

يا ناثر اللئالى[3] فى[4] دمعى[5] البريد
يا مُشْبه الغزال فى مقلة وَجِيدْ[6]
يا كعبة الجمالِ يا غيْد[7] كُلّ غيد
يا جنّتى وناري كلّفتني[8] شطط
مذ بتَّ بالنفار منّى على شحطْ

من لى بخضرة الاسْ شيبت بسُوسن
ابصر بها كوسْواس فى قلبِ مومنِ
او قل حروف قرطَاس من كفّ مُحسِنِ
وكاتب العذار بحبره[9] نقط
فى صفحة البهار ما شاء[10] من نُّقط

اشفرُه شفَاره سلَّت من الدَّعج
رضابه عُقَاره تحيَا بِه الْمهج
كأنّما عذَاره فى خدِّه سبَجْ
ليل علَى نهار من غير مخْتلط
والرِّيق بالعقَار[11] هذا بذا خُلطْ

من لى بمن تجلّى فى مجْده الرَّفيع
اضاء حيث حلّا محله المَريع
فَلَا سراج الّا سنا ابى الرَّبيع
احطت الدَّرار لديه حيث حطْ
نور بلا سرار بالبشر مُنْبَسِط

خلفتَ يا سُليمان والسُّحب مجريه[12]
بدْرا فى خَلو انْسَان كفّاه محييه

حتّى شدَاك اعْلان   لسان مرْسيَه[13]
فمر نزل فِى دَار   من السَّما هبَطْ
[14]محبوبِ هُ جَار[14]   نرجَعْ فِى ذا الْغَلط

١ ع «كالدرر» – ٢ من الحاشية، وفى النصّ «انحدار» وفوقه إشارة إلى خطإ – ٣ ع «الّالى» – ٤ أو «من»، فإنّ الكتابة غير واضحة – ٥ كذا ع، ولعلّ الصواب هو «دمعه» – ٦ كذا قرأتُ، ع «وَحِيدْ» – ٧ يعنى «غِيد» – ٨ فى الحاشية «حملتنى» – ٩ كذا قرأتُ، فى النصّ «فحبره» وفوقه إشارة إلى خطإ، وفى الحاشية «فى خدّه» – ١٠ ع «شا» – ١١ ع «العِقار» – ١٢ كذا فى الحاشية، وفى المخطوطة ما يماثل «منزيه» – ١٣ ع «مَرْسيَه» – ١٤ كذا ع، والظاهر أنّ النصّ ناقص

حرف الظاء

١٤٤

موشحة لابى الحسن بن نزار

ما لى بخلى فبلْ   بمختلس   عَفل الغزل   باللّفظ
نفسى بنَار الْوَجل   وبالعنت   مهْمَى[1] شتَتْ   فِى فيظ

يا نفس كم تَسْتطيع[2]   حمْل الغرام والْوَجيب
علقت ظبيًا مروع   يرعى سوَيداء[3] الفلوب
خياله فِى الضُّلوع   وشخصه عنى يغيب
ما لك الا العذَل   فِى مفتَرسْ   نفس البَطل   من حظِّ
وادمع تنهمل   فدْمًا ابت   اذا همتْ   عن وَّعْظ

لاكن يوْم النَّوا   عَن جاير عَلى الكَئيب

يَا قَوْم برَح الْجوا   البسنى ثوب شحُوب
ما لى منه دَوى   اعْيَا الهوى كل طَبيب
[4]لم تبق لى[4] فِى العللْ[5] الا نفس   رهن غللْ   †ورعَظ†
قَدْ كسَّرته مثل[6] تحكمت   وشاكَهتْ   للمظ[7]

ابا الحسَيْن الهمام   كلّفتنى ما لَا أُطيقْ
عويص[8] نظم حِزام   لمثل ذا الفوْل رفيقْ
لَولَا المَعالى الوِسَام   لكُنت عن هذا اضيقْ
جدواك مزن هطلْ اذا انبجَسْ   ما ان يَّزل   ذا لظِّ
مدحِى سوَاك خطَل لَمْ يلتفِت   ولا ثبت   فِى حفظِ

ملك كريم الخلال   اذا سطا فلا مجير
ان جاد يوم النوال   فلا الحيَا ولا البحور
او كرَّ يوم النِّزال   تخاله ليثا[9] هصُور
سيوفه والاسل يا من تّعَس   تدنى الاجَل   فِى نكظ
اعْلتْه[10] فوق زحل[11] نفس سَهت[12]   وما شكَت   من بَهْظ

وشادن يستَبى   بحسنه كل النُّفوس
يفترّ عن أَشنب   شفِى بريّاه النّسيس
شَدَوْت اذ مرَّ بى   كانّه خوطٌ يميسْ
اغمض سيوف المقَلْ يا من حرسْ   ورد الخجل   باللّحظ
كم من فتيل بطلْ اذا بدتْ   وكم سبتْ   من وظِّ

١ «يعنى» مَهْمَا – ٢ ع «تَسْطع»، والظاهر أنّ كلمة «نفس» مذكّرة من حين إلى حين فى الموشّحات كأنّها «قلب»: انظر مثلا موشّحة ١٦٠، الغصن الأوّل للدور الثّانى – ٣ ع «سوَيد» – ٤ كذا قرأتُ،

ع «لم تبن» – ٥ ع «العلال» – ٦ كذا ع، ولعلّ الصواب هو «مفل» – ٧ ع «للمظا» – ٨ كذا فى المخطوطة على ما يبدو، ولعلّ الصواب هو «عريض» – ٩ ع «ليث» – ١٠ كذا قرأتُ، وفى المخطوطة ما يماثل «اغـتلته» – ١١ ع «زحال»، وفوق الألف خـ (خطأ) – ١٢ كذا ع، ولعلّ الصواب هو «سَمَتْ»

١٤٥

موشحة لابن سهْل[1]

عفارب الاصْداغ فِى السُّوسن الغضِّ
تسبى تفا من عاذْ بالنُّسك والوَعْظ

من فبل انْ يَّعدوا علىّ[2] لمْ أَحْسبْ
ان تخضع الاسْد لجوذر رّبرب
وبدمى[3] خدُّ مفضض مُّذْهب
من شادنٍ يبدُ فِى صُدْغه عفرب
رفّـة زهر الباغ فِى جِسمه الفضّ[4]
وفَسْوةُ الفوْلاذْ[5] فِى فلبه الفظّ

مهفهف بدع اصبحت مغرًا به
فلبى لَـهُ ربْعُ لو كنت فِى فلْبه
اصابنى صدْع مذْ لج فِى عتْبه
السُّهد والدَّمْع حظى[6] من فُرْبه
فالعَين لا يَنْسَاغْ لها جنا الغمض
والدَّمع ذو اغذاذ ناهيك من حظّ

محمّد جد لى بالمبسم العذب

تطفى لَظَا[7] خَبْل[8]   اصليتَه[9] فلبى
كَم ذا ترا فتلى   من غير ما ذَنْب
تروغ عن وَّصلى   مُناهِرًا فُرب[10]
يا نافِرًا روَّاغ   فد كدتُّ أَن افض
ما ضرَّنى انفاذ   وصْلى[11] بِاللَّفظ

فد كنت فى أَمنِ   حتى سَبَا دينى
بدر على غُصنِ   فى كثب[12] يَبْرين
له الرضَا منّى   وليس يرْضين
يا مُعرضًا عنّى   ابلغت[13] فى هُون
حتى متى الإبلاغْ[14]   تَرضى ولا ترضى
يا ناسيًا لوَّاذ   عهدك فى حِفظِ

جالسته[15] كيْما   الحظُ عَينيه
فافتَرَّ عن الْما   حسبى بسمطيْه
واللحظ فَد أَدْمى[16]   سُوسن خدَّيه
ففلت اذ اصْما   فلبى بسَهْمَيْه
محمّد الصَّباغ   يا فمر الارْض
خدَّك مثل الذّاذ   تدْمى[17] من الّحْظ[18]

١ الظاهر أنّ هذا خطأ. الموشّحة موجودة فى جيش التوشيح (فصل ٧، موشّحة ٣) بين موشّحات ابن شرف، ويوجد المطلع والدور الأوّل والدور الثانى فى نفح الطيب (٧، ٨٨) [المجهول] – ٢ ع «عليى» – ٣ كذا ع، وفى جيش التوشيح وفى نفح الطيب «ظبى له» – ٤ كذا ع [يعنى «الفضّى»]، وكذا فى نفح الطيب، وفى جيش التوشيح «البضِّ» – ٥ يعنى «الفُولاذ» – ٦ يعنى «حظِّىَ» – ٧ ع «لَذَا» – ٨ كذا فى جيش التوشيح، ع «خَبْلى» – ٩ ع «اصليَتْه» – ١٠ ع «فَرب» – ١١ فى جيش التوشيح

«وصلت» – ١٢ ع «كتب» – ١٣ كذا ع، ولعلّ الصواب هو «بالغت»، وفى جيش التوشيح «اسرفت» – ١٤ ع «الإيلاغ» – ١٥ ع «حالسته» – ١٦ ع «ادهى» – ١٧ ع «تَدْهِى» – ١٨ يعنى «اللحظِ»

١٤٦

موشحة[١]

فم يا رذاذ　　هذه الربا والرِّياض　　من نداك ايفاظ

طاب الصَّبُوحُ　　بى حدايق الزُّهر
وهبتْ ريح　　عنبرية[٢] النَّشر
واليمن روحُ　　بى مُجَسَّم[٣] البِشرِ[٤]
يا من يّبوح　　فُل لكاَتم السِّر
ما الالتذاذُ　　بى هوا النُّبوس انفبَاضُ　　واللسان لظلاظُ

بى ريم رَامَا　　بتنة محُبيه[٥]
دع المَلاما　　يا مؤنبى بيه
بان الّاما[٦]　　بالجمال يحمِيه
زارَ الماما　　بشدوت[٧] أَعنيه[٨]
هل لى اعْياذُ　　والجبُون منك مراضُ　　والسّهام الحَاظ

امَّا علىّ　　بولينا الْوَالى
بدر مضىٌّ　　بى سمايه عالِى
ندب ابىٌّ[٩]　　مستحوٌّ اجلال
خلٌّ صبىٌّ　　ثابتٌ على حال
لنا ملاذ[١٠]　　للزمان درْعٌ بضباض　　للْعلوم حبَّاظ

يابن الاكَـارم   من ذرى العلا الاسْنَـا
ثغْرك الْبَـاسم   الجنان لوْ يجْنا
وهو للْأَثم[11]   ان ابيحه الحسْنـى
فدُّك النَّـاعم   فدَّ فلْبى المضنا[12]
بهو جذَّاذ   وعباب دمعى فيَّـاض   والخطوب انْكاظ

فام يناد[13]   كلمـا انثنا عطْفه
غصن ميَّـاد   يستفلّـه حفْفُـه
طال البعاد   واردّ بى عطْفه
وما الْـمراد   ان يفولَ لى إلفُـه
مهْ يا استاذُ   لا تريبك هذه[14] الاعْـراض   فَـالحبيب مغْتاظ

١ هذه الموشّحة موجودة فى جيش التوشيح (فصل ٧، موشّحة ٥) بين موشّحات ابن شرف – ٢ ع «عنرية» – ٣ ع «مجْسَم» – ٤ ع «البَشرِ» – ٥ ع «محْبيه» – ٦ يعنى «آللَّامَـا» – ٧ ع «شدوته» – ٨ كذا ع، وفى جيش التوشيح «أغنيه» – ٩ ع «امىُّ» – ١٠ كذا فى جيش التوشيح، ع «ما داذ» – ١١ يعنى «لِلآثِم» – ١٢ ع «المضنَّـا» – ١٣ يعنى «يَـنآد»، فى جيش التوشيح «افبل منآد» – ١٤ كذا ع، ولعلّ الصواب هو «هذى»، وفى جيش التوشيح «لا يربك هذا الإعراض»

حرف الكاف

١٤٧

موشحة

فؤاد الصبِّ ايَّـاكا   بان تهسدَ[1] مَـغْنا كا
وهم فى حبِّ من تَـهْوا   ودع ذا العتْب ينْـهَـاكا

الى من اشتكى وجدى
وما الفى من الصدّ
وانت النَّجم فى البُعد
فته يا كوكب السّعْد

لأن اللّه ولّاكا   وعقد الحُسْنِ حَلّاكا
وابدى †عسَفًا† احْوى   على بَدرِ محيّاكا

ضياء[2] الشَّمس والبدر
ولون الدرة البِكْر[3]
وقدّ[4] الغُصن النَّضر
افديك على خَصرِ

بقلب ليس ينساكا   وفكر ليسَ يسْلاكا
ونفس سُمْتها[5] الْبلْوى   مع الذل وتهواكا

فقال اذ رءا حالى
بزهوٍ[6] معَ ادْلال
كذاك الجَوْهر العالى
هو المكْتسَبُ الغالى

وما ينفع عليَاكا   اذا افْصَاك مولاكا
فلاطف وصِل الشّكوا   لعلّه سيرْضاكا

تجنَّيت على غدر
فما انكرت منْ أَمْر
ولا ردٌّ على البدْر
ولاكن مالَ بى سُكرِى

سفتنى الخمر عيناكَـا　　　على انفاس ريَّـا كا
فمتّع سكْـرى الحلوا　　　برشفٍ من ثنايَـا كا

يرى انّى لهُ عبد
حبيبٌ مَـا له ندٌّ
ولا نيل ولا وعدُ
فان عاتبته يشْـد

انَـا واللّـه اهواكَـا　　　وأَهْـواك وأهواكا
واهوى لك ما اهْـوى　　　لنفسى وكفى ذاكا[7]

١ ع «تفسدْ» – ٢ ع «ضيا» – ٣ ع «البَكْر» – ٤ الشّـدَّة تحت الدّال تشير إلى «فدِّ»، وهذا خطأ – ٥ كذا قرأتُ، ع «سُفْتها» – ٦ كذا قرأتُ، ع «كزهرٍ» – ٧ ع «ذاك»

١٤٨

مُـوشحَـة

ألَا احدٌ يشكِ[1]　　　فأبْكى كمَـا يبْك

فرَرْت من البيْن
وصرت الى الْحين
فما ابْصَرتْ عَـيْـنى

محبا بلا شكِّ　　　ترامى الى الهلكِ

فيا بين لَا كنتا
فكم لوعة هجْـتا

وكم زَفْرة زدتّا[2]

وَكمْ لك من فتك اعان على هتْكِ

غَدَرتَ[3] ولمْ توْب[4]

وملت الى الْخلف

فيا ربة الشّنف

انى غير منفكِّ حياتى من الضَّنك

افسمتُ بمن اهوى

وايفنت[5] بالبَلْوى

فى حب رشا احْوى

له نفحة المسْك اذ يفترُّ عن سلْك

عسى الصَّمد الْفادر

يردُّك[6] يا غادرْ

الى مدنبٍ حايرْ

فلو كنت فى مِلكِ لهنّيت بالمُلكِ

١ يعنى «يُشْكِ» – ٢ الكلمة غير واضحة فى المخطوطة – ٣ ع «عَذَرتَ» – ٤ يعنى «تُوبِ» – ٥ ع «ابفنت» – ٦ كذا قرأتُ، ع «يردُّ»

١٤٩

موشحة

أُنظُر الَى الْبَدْر تحْتَ الْحلك من الازرَّهْ طالعًا عَلَى فلكِ

اجرع على رَغْم اهْل الْعذل

من اللمى واللّحاظ النُّجل
صرْف الحياة وصرْف الْفَتْل
وفلْ لِّمن عذَّبت بالمطل
يَا كعبة الحُسْن للنَّفس بك حجّ[1] وعمره[2] وجَوَارحِي نُسُكِ[3]

ماذا نظمت بذاك الفدِّ
من المحاسن نظْم الْعفد
غصْنٌ وبَدْر وشمس السَّعد
جَاوزت[4] فى الحُسن كل حدِّ[5]
ما انت مِنْ بشَر بل ملك بل انت درَّه اهديت[6] الى مَلك

بدا فأَعْشى عيون الانْس
وجه عليه رداء[7] الشَّمس
صباحُ موْعده لا يمْس
كَم بتُّ منْه شجيَّ النَّفْس
ارعى الكَواكب ذَات الْحبُك رهين حَسْرَهْ كالقطَاة[8] فى الشَّرك

يا من اصبح بها وا حَرَبَا[9]
سَيف الرَّدَا[10] بيد منك نبا
بيَّتنى[11] من خضُوعى عجبَا
اذا شكوت اليك الوَصبَا
ان لم تجيبى[12] بغير الضَّحك ارسلْت عبره نحْوَ برق مبسمك[13]

لمَّا ظفرت بهَا فى الخلوه
ونلت رشف الثَّنايا الْحُلوه
ممزِّقا[14] ثوْبها بِالعَنْوَهْ

فَأَنْشَدَت أُمُّها عن زِهْوه

أَشْت الرَّفيع ممَّا¹⁵ اشْت الحرك   بِى هَمَّ¹⁶ فَهْره   إِن نبيدوْا والْبَلك

١ ع «حجٌّ» – ٢ ع «عمرة» – ٣ كذا قرأ سيّد غازى، ع «نمْسك» – ٤ ع «وجَاوزت» – ٥ ع «جدٍّ» – ٦ يعنى «أُهْدِيَتْ» – ٧ ع «ردا» – ٨ ع «كالفُطاة» – ٩ ع «وا حُرَبا» – ١٠ ع «الرّدَا» – ١١ يعنى «بَيَّتِّنى» – ١٢ ع «تجينى» – ١٣ كذا قرأتُ، ع ما يماثل «جسمك» – ١٤ ع «ممَزّق» – ١٥ ع «ممَّن» – ١٦ كذا قرأ سيّد غازى، ع «حم»

١٥٠

موشحة لابن صفلاب

يا غزال السِّرب مَهْلا   ضاق ذرعًا بِك النُّسك

وثنايا ثغرِ الْمَا   حَارَ بِى نظْمها السلْكُ

حسبُ عذَّالِى¹ وَحَسبِ   ⁺معشوقةٌ حشُومُها السِّحر⁺

فد رمت سوادَ² الْفَلْب   اسْهُمًا³ ريشُهَا الشَّبْرُ

سبكتْ مهْجَة الصبِّ   بعَلَيْهَا لهَا وترُ

ما لهَا لمْ تخش عفلا   مُفْلَةٌ دينها الْبتْك

تَعْرف الحرب لا السِّلمَا   بِلها بِى الْحشا هتْكُ

ايُّها الهاجرُ حسْبك   ليْس لِى بِالهجْرَان يدْ

فد بَرَا جسمِى⁴ حبُّك   ءاه ممَّا برَى الجَسَدْ

رعْتَنِى لا ريع سرْبُك   لا ولَا ذُفْت مَا اجدْ

جلَّ ما الْفاه جلَّا   ليْس بِى لُوعتى شكُّ

لم اخبْ⁵ بِى الحبِّ لُومَا   هو مَولى انا ملكُ

٢٢٨

حثُّها عدلاً وصرْفا　　لا تصخ[٦] فيها للّوم[٧]
من بَناتِ الكرْم صرْفا　　سلسبيلاً عذبةَ[٨] الطُّعم
فَـهْوةٌ تَفغَمُ الانْفا　　فى التَّنفُّس مَعَ الشَّمْ
ما هى يا سَاق الّا　　ذهب جَلاها السَّبْك
فَد حكَاها المسْك شمّا　　لا لَعمْرِى[٩] هِى المِسْكُ

حادِى الرَّكب لَا تجْهَدْ　　كمْ تطيل الخبْط فى البِيدْ
زُرْ ذُرى أَبى محمَّدْ　　ذى[١٠] الْعلا والْبَاس والْجُودْ
حيث طرف الدَّهر ارمدْ　　وظِلال الْعُمر ممْدُود
تلق مولى اىَّ مَوْلَى　　المعالِى له ملك
وذرًى طَاول النَّجما　　فالسِّماك لهُ سمْكُ

يا بنِى الْكَاتب زَهْوَا　　فبه[١١] يزدهى المجدُ
اىُّ غيثٍ اذَا روَّى　　اىُّ ليثٍ إذَا يَعْد
لم تدع نواه سَلْوَا　　فظَللْت فيه[١٢] أَشدُ
يا حبيبى فل لِّى باللّه　　انت تسلوا ويك نشْك[١٣]ُ
الفلب[١٤] بعدك لشْ تُدمَا[١٥]　　العيون بعدك لَشْ يَبْكُ

١ كذا قرأتُ، ع «غزالِى» – ٢ كذا ع، ولعلّ الصواب هو «أسْود» – ٣ كذا ع، ولعلّ الصواب هو «أسهمُ» – ٤ ع «جسْدى» – ٥ ع «لم اخْف» – ٦ كذا قرأتُ، ع «تضح» – ٧ ع «للوَّم» – ٨ كذا قرأتُ، ع «عذَبات» – ٩ ع «لِعمْرِى» – ١٠ ع «ذَى» – ١١ كذا قرأتُ، ع «فيه» – ١٢ كذا ع، ولعلّ الصواب هو «به» – ١٣ ع «نشكُوا»، مع خـ (خطأ) فوق الواو والألف – ١٤ يعنى «القُلُب» – ١٥ كذا قرأتُ، ع «تُحمَا»

١٥١

موشحة

بِاللَّه يَا سقَّاك   اغمد ظُباك

اغمد ظُبَا الْجَفْن

عن مُغْرم تضنِ[١]

يَا كَعبة الحسن

صل مدنفا يهْوَاك   ودعْ جفاكْ

اضرمتَ بِالسُّقم

نارا على جِسمِ

والله ما جُرمِ

يا فتنة النُّسَّاك   الَّا هواكْ

يا شهدُ يا خَمرُ

يا غنج[٢] يا سحرُ

يا شمسُ يا بدرُ

المِسكُ من رَّياك   يُنْبى[٣] بذاكْ

حُبَيِّبى[٤] رفقَا

فَتَلْتِنى عِشْقا

يكفيك ما القَا

تقتلنى عَيْنَاكْ   اما كفَاكْ

نفسى تفادِيكَا

على تجنِّيكَا

فكَم اغنِّيكَا

ما حال منْ يَّـهواكْ ولا يَـراكْ

١ فى المخطوطة فوق هذه الكلمة «مجن» – ٢ ع «عنج» – ٣ ع «يَـنْبى» – ٤ ع «حُـبَـيَّبى»

١٥٢

موشحة

اللّـه فى مضْنَـاك يَشْكُـواْ هواكْ

يا فاتنًـا حُسـنَـا

مهمى انثنا غُصنا

اسيرك المضْنا

فُـؤَاده مثواكْ عَلى نَـواكْ[١]

معَـذِّبى[٢] رفْـفا

يكفيك مَـا ألْـفَـا

فتلتنى عشفَـا

ولحظك السَّفّـاكْ سرُّ الهَلاكْ

لوْلاك[٣] يَـا أَحْـمد

ما بتّ مستعْـبَـدْ

ارافبُ الْفرْفدْ

كانَّ من يَّـهْـوَاكْ فِيهِ يراكْ

ابصَره العاذل
وهو به جاهلْ
فلم يَـزل فَـايلْ
مَـا كنت مَن يَّـلْحَاكْ لوْ كَـان ذَاكْ

لما نئا الصَّبْرُ
وَأَفْـرط الهجر
ناديت يا بدرُ
ما حال من يَّـهواكْ وَلَا يَـرَاكْ

١ النون غير واضحة فى المخطوطة – ٢ ع «معَـذَّبى» – ٣ كذا قرأتُ، ع «لولا»

١٥٣

موشحة

البخل من شان الجـَمَـال فَلا تُـعَـاتِب من جفَـاك
فكلٌّ ذى وجهٍ مَّـليحْ وصَاله حيثُ السِّمـاك

للّـه سرٌّ فى الهَـوى حوت عليْـه الاضُلعُ
فَكلّـمـا اخفى الجـوا دلت عليْـه الادمُعُ
يا ناظرًا شاء الهَـوَى عَـليْـه ألَّا يهجعُ
اصْبر[١] على سمْـرِ[٢] اللَّـيال فَذاك بعضُ[٣] منْ جَـزاك
وكابدِ الدَّمع السَّفُـوحْ فربَّـمـا استَـوْجَـبت ذَاكْ

واهًـا لأَيَّـام الصِّبَـا كأَنَّـهـا رَجْع الْـعيُـونْ

اذ كنت مَا بَيْن الظِّبَا　　اجر أَذْيَال الْمجُونْ
حتى فَضَتْ لى يَابا[4]　　العبَّاسِ عيْناك المنُون
فليس لِى الَّا الميَال　　للصّبر ان طَالت نَواكْ
واىُّ صَبْرٍ دونَ رُوح　　اذ ليْس لِى روحٌ سوَاك

عَلفته سَاجى الجفُون　　فَدْ جَل عنْ حدِّ الشَّبيه
بخده وَرْدٌ مَّصُون　　ينم مسك الخالِ فيه
فيا رَشًا ينفدُّ لين　　نشوَان منْ خمرٍ بفِيه
يا بدرَ[5] تمٍّ[6] بل غزال　　نَفْسى وَان ضَافَتْ فِدَاك
واىّ نفسٍ لَّا تنوح[7]　　بما توارى منْ هَواك

يا من تثنّا فدُّهُ　　ترنّحا[8] من غير راحْ
ومن تبدَّا خدُّه　　فَظلَّ يزْرى بالصّباح
وريفه بلْ شهده　　كالرَّاح بالماء الفراح[9]
ان فلت ريقٌ كالزُّلال　　فعن شَهَادة السِّواك
وذاك عن علمٍ صحيحْ　　من غَيْر ان فبَّلْتُ فاك

يَا شَاهِرَ[10] البرْق لما　　ارَّفتنى ليل التَّمام
الاح مِن شطر الحمَا　　فخلتهُ مِنك ابتسامْ
فبتُّ صبًّا مغرمَا　　مخاطبًا بدْرَ التَّمَامْ
اين مكَانك يَا هلَالْ　　واحْرز نجومَك فى سَمَاك
فمَعْن فى الارضِ مليحْ　　ليل ان بَهِيمْ يجيهْ ضِيَاك

١ ع «أَصْبر» — ٢ كذا ع، ولعلّ الأصل هو «سُهد» — ٣ ع «بعضُ» — ٤ يعنى «يا أبا» — ٥ ع «بدرُ» — ٦ ع «تمَّ» — ٧ كذا ع، والأرجح أنّ الصواب هو «تَبُوحْ» — ٨ يعنى «تَرَنُّحًا» — ٩ فى المخطوطة ما يماثل «الفداحْ» — ١٠ ع «سَاهِرَ»

١٥٤

موشحة

فرغتُ من قيلٍ وقالْ　　وَطال شغلى بهَواكْ[1]
وكَانَ لى قَلبٌ صَحيحْ　　فَاعتلَّ من اجْل نواك

يايُّها النَّاءى[2] الْبعيدْ　　ادعوا فَهَل انْتَ مُجيب
اقرب من حَبْل الوَريد　　مثْواكَ فى الْقَلب الْكئِيبْ
يا قلب عش[3] غير عَميدْ　　فقد دَّنَا منك الحبيبْ
فقالَ قربه خيال　　وَالجِسْمُ لا يحْظى بذاك
فكيف اُلفى مسْتَرِيح　　وبيننا[4] السُّقم اشْتراك

كم قلت بَانَ كَىْ أَفيق　　فكانْ[5] فى البَيْن الحمَامْ
حمّلتنى ما لا أُطيق[6]　　من التَّناء[7] والغَرام
فَهَاك دمعِى كَالْعَقيق　　اجْراه تذْكَار الرِّيَام
هيهات ما لى مِن زَوَال　　عنك الى حبّ سواكْ
تقتادنى غير جمُوح　　ازمّة[8] ضاعتْ هُناك

[9] من غدا مرْتحلَا　　عنى قصىَ المَنزل
قطعت بحرا اوْ فلا　　لهفى عَليك يا على
لا حِمْص تحويك[10] ولَا　　ارَى لَك اللّه ولِى
اقلَّ ما الْقى الْخبالْ[11]　　مذ غاب عن عينى سنَاكْ
ما اخَّر الموتَ الْمريح　　الا التَّرجى ان أَرَاكْ

مولَاى كن كمَا تَشا　　أَنتَ الْمنَا ابا الحَسَن
هواك فى القَلْب نَشا　　فاقَ عَلى مر الزَّمنْ.
يا بدْر تمٍّ[12] يا رشَا　　خلقْت من كل حسَن

لو انَّـهم رامُـوا احْـتِفال	فِى وصْفِهم بعْضَ حُلاك

لقصَّروا عند المَـدِيح	فاين فِى الحُسْن مدَاكْ

من لى بهِ صبْحًا مُّبين	اشرفَت الارْضُ به

وذَا الْـهِلال لوْ يَكُـون	فِى ضوئِه مِن تِرْبه[13]

فضيَّـة غنَّى الحزين	فِيها مِن أَجلِ حبِّـه

اين مكانك يَـا هِلالْ	واحرز نجومك فِى سمَـاكْ

فمَـعْن فِى الارضِ مليح	ليْل ان بهيم يجيه ضيَـاك

١ ع «فَبهَـواك» – ٢ فى المخطوطة ما يماثل «النَّـادى»، وعسى أن يكون الأصل «الدانى» – ٣ كذا قرأتُ، وفى المخطوطة ما يماثل «عشو» – ٤ كذا قرأتُ، وفى المخطوطة ما يماثل «تيننا» – ٥ ع «مكان» – ٦ ع «أَطيو» – ٧ ع «الثَّناء» – ٨ كذا قرأتُ، ع «اذمّـة» – ٩ الظاهر أنّ كلمة مثل «يا» سقطت – ١٠ ع «نحويك» – ١١ ع «الخِبالْ» – ١٢ ع «تمَّ» – ١٣ ع «تِزْبه»

١٥٥

موشحة

يا هوًى يزيدْ	وجدى يرتضيكْ

ليس بى سئامه	ولا اشتَكيكْ

يا رشًـا تجنَّى	علىّ وملْ

خضع المعنَّى	اليك وذلْ

كلما تمنَّـا	لو نال الامَلْ

حسبه ورودْ	فِى سَـلسل فِيك

موفِيا هيامَـهْ	عليه وفِيك

بانَ بانُ فدك عن حد شبيه
والذى بخدِّك من زهر تريهْ
عاف همُّ عبْدِكْ[1] †عمَّن يَّختنِيك†[2]
لحظك الصَّيُود[3] بالموت الوشِيك
حارسا كمامَهْ عمَّنْ يَّجْتنيكْ

منتهى المحَامدْ مجددها
من بنى صنَاند محمَّدها
هادم الشَّدايد مُهَنَّدها
حاز اىَّ جُود من عَبْد المليك
فاحتوى الزَّعامه من غير شَريك

كلٌّ من تعمَّد مدى السُّودد
فيك يا محمَّد يلفى عنْ يَّد
صُل وصِل وجدِّد نعمَى وجُدِ
جلَّ عَن مَّزيدْ علاء يريكْ
ككعب بن مَامَهْ فيمَنْ يَّحْتَذيك

امن الجَزُوع محذور الوَجلْ
ودنا الرُجُوع فتمَّ الامل
وشَدَا الجَميع من حَال الوَجَل
طالِعًا سَعِيدْ وافقت مَجيك
تهنيك السَّلامَهْ وتهنين بيكْ

١ ع «عبْدَكْ» – ٢ كذا ع، ولا شكّ فى أنّه خطأ واللفظ منقول من «يَّجْتنيك» فى السمط التالى – ٣ ع «الصُّيود»

١٥٦

موشحة لابى بكر التّطيلى[١]

كم ليالِ[٢] افنيتُـها[٣] لوعةً فيك
بت مغرَم بصبْحها او تجَلّيك

هل حباؤُك ممَّا اومل خيْره
رفباؤك اهلوك والدَّهْـرُ غيره
واعتداؤُك لو كفَّ لم اشكُ غيْـرهْ
لا ابالِى بالكلّ بل بتعدّيك
انت اظْلَم من الزّمان واهْليك

خفت[٤] بُعدهْ[٥] يا ناظرا فَـد[٦] بَكاه[٧]
لك عنْده ما ذا تشا من نّـواه
فتعدّهْ واكلفْ ببدر سواهُ
ذى كمـالِ يُـرْضى[٨] العَلاء ويرْضيك
هو اكْـرمْ من الحيا ومَـئافِيك

يا محمَّـد ابن[٩] ابى جمرةٍ نَلْ[١٠]
رتبا[١١] فدْ اعْيَتْ فلمْ تَتحَصَّلْ[١٢]
لمهنَّـد من المَكَارم مفصلْ
فى المَعَالى بذلْت كل أَياديك
فتفدَّمْ فمَـا هُـنا من يُجَـارِيك

انت ذخرى ومن عليه اعتمدتُّ
كن بأمرى مستطْلعًا مَّا اردتُّ
لسْت ادرى فرُبَّمـا فَـدْ وعدتُّ

بمحال　　　　　فبِشمِ وصَال[١٣] تأَبيك
ليس يَـلزَم　　　　　امضَاء مَـا لا يُـوَاتيك

بك دامَتْ　　　　　لى المنا وتَسـنَّت
فتسَامَت　　　　　لك الحظوظُ وعنَّت
ثم هامتْ　　　　　بك الحسان فغنَّتْ
يا غِزالى[١]　　　　　ذيك[١٤] الفُـتور مَتَى[١٥] عينيكْ
خلِق هو ثَم　　　　　حبيب فل او نعاسْ بِيك[١٦]

١ كذا قرأتُ [انظر عنوان الموشّحة رقم ٢١]، «التّهلى» — ٢ ع «ليالٍ» — ٣ كذا قرأتُ، ع «امنيتُـها» — ٤ ع «خُفت» — ٥ ع «بْعدْ» — ٦ ع «ناظر أفد» — ٧ ع «بَكاهْ» — ٨ فى المخطوطة ما يماثل «يَـزضى» — ٩ ع «بن» — ١٠ كذا قرأتُ، ع «فُلْ» — ١١ فى المخطوطة ما يماثل «وتبا» — ١٢ كذا قرأتُ، ع «تَـنْخَضِلْ» — ١٣ كذا ع، ومن الممكن أنّ الصواب هو «وواصِل» — ١٤ ع «ديك» — ١٥ كذا ع، ولعلّ الصواب هو «يغشى» — ١٦ ع «بِك»

١٥٧

موشحة

بزَعمهم غَـيّبوك　　　　　وبين الْحَشـا خلّفُوك
فقدتُّ الكرَى مُنْذ نـأَوا
ولاكنهم ما دروا
فيا ليتهم اذ راوا
غرامى وسقمِى رثَـوْا
بسرّهم أَظْـهَـرُوك　　　　　وفى ناظر[١] صَوَّروك

فَضَى[2] بالْـهَـوَى ناظِر
وساعدَنى خاطِرِى
بمَا أَنَا بالصَّابر
عن الرشإ[3] النَّـاٮِر
ٮيا ٯلب انْ حمَّـلوك　　　غرامًا لٯد جمَّـلوك

ايا ٯمرا ٮى كمَـال
ويا غصنًا ٮى اعتِدال
عجبْت لهم ٮى المحالْ
ومن جهْـلهم[4] بالجَمال
بشمس الضّحا شبَّـهوك　　　ٯَأَخطوا ولمْ ينصڡوك

سارعى الهَـوَى ما بٯيت
وان كنتُ ٮيهِ شٯيتْ
ٮيا ٯلب ماذا لٯيتْ
ويا جسمُ[5] مَـا ذَا كسيتْ
بثوب[6] الضَّنا عيَّـروك　　　ولاكنّـهم شرٯُوك

رات غٯلات الرَّٯيب
ٯتاة خلت بالحبيبْ
ٯٯالت بصوْت عجيب
شكارش كم[7] ٮُـون ميب
ٮبجم[8] اذا النَّظم ذوك　　　بكالَـه[9] ذا حبّ[10] الملوك

١ كذا ع، والظاهر أنّ المقصود هو «ناظرى» – ٢ كذا قرأتُ، وفى المخطوطة ما يماثل «فَضَوٰ» – ٣ ع

«الرَشـآء» – ٤ كذا قرأتُ، ع «خجْلهم» – ٥ ع «جسمَ» – ٦ ع «بثوب» أو «شرب»، فالكتابة غير واضحة – ٧ ع «كَمْ»، فالتشكيل غير صحيح – ٨ أو «ببجم» أو «فيحم» أو «بيحم» – ٩ ع «بكالهُ» – ١٠ فى المخطوطة الشدَّة تحت الباء تشير إلى «حبِّ»

١٥٨

موشحة لعبادة المروى[1]

هل يتاح   للارواح   من ظباكْ   يا سبَّـاك
او يُـرَاح   او يرتاحْ   من رضاكْ   فى مرْءاكْ

تورد المسْوَاكا   فى مجاج الشُّـهد
وهو من رَّياكا   والافاح البردِ
عاطرا قَد حَاكَا[2]   فيه نشر النَّـدِّ
والذى يهْـواكَـا   فى الصَّدا والصَّدِّ

يأَفاح   يا قوَّاح   من حمَـاك   عن مضْناك[3]
واباحْ[4]   صرف الَّـراح   من لَّمـاك   لِلْمِسْوَاك

يا نصيحًا يحْمَـد   نصح مثلِى أَفْنُ[5]
ما لحرب الخرَدْ   فى فؤادى جبن
يا رماحًا نهَّـد   قلبى المجنُّ
فعسى اسْتشْـهد   حبَّـذاك الطَّعن

لا براح[6]   يا نصَّاح   عن عراك   من فتاك[7]
برماح   من تفَّاح   فى شكاك   من افْتاك

نحنُ ممنْ يَّجنى   ابدًا حربيْن
بِالحسَام اللَّدْن[8]   وبلحظِ[9] العين

ڢى عدا بْن معنٍ ذى الرياسَتين
والغَوانى الغُنّ جالبَات الْحيْن
ڢجراحْ ڢى اشباحْ من اوْلاك[10] الڢتّاك
واسْتِماحْ ڢى استمِلاحْ واشْترَاك ڢى استهْلاك

يا مليكًا اَعْطى ڢوق ما استعْطِ
ڢد أنلْت البَسْطا بِالبنان[11] البَسْط
وجعلت المعْطا من ندَاك المعْط
ڢاستمعْ ما خطَّا شاعر لم يخطِ
ڢصحاحْ الامْدَاحْ ڢيك حاكْ لا اڢّاك
وامتداحْ المدَّاحْ ڢى سواك الإشْراك

يا سنا ان لّاحا تنجلى الظلماء
لم يزل وضّاحَا وجهك الوضّاء
تظهرُ الْإصْبَاحا ان دجا الامسَآءُ
ڢاترك المصْباحا ڢد شدت ورْڢاءُ
يا صبَاحْ يا مصْباحْ انت ذَاك ڢى الاحْلاكْ
منْك لاحْ للّمَاح يا ملاك الامْلَاكْ

١ كذا ع – ٢ فى المخطوطة ما يماثل «صَاكَـا» – ٣ ع «ڢضناك» – ٤ ع «واباحَ» – ٥ ع «اڢن» – ٦ كذا قرأتُ، فى المخطوطة ما يماثل «لا باح» – ٧ يعنى «ڢتّـاك» – ٨ كذا قرأتُ، ع «اللّـوْن» – ٩ كذا قرأتُ، ع «بلحظِ» (بدون واو) – ١٠ كذا ع، ولعلّ الصواب هو «من لَماك» – ١١ كذا قرأتُ، ع «بِالبان»

١٥٩

مُوشحة للمؤلف

يا لايمى فى التَّصابى كلنى لحَالِى[١] وما بى
فلست اتبع قَصْدك لوْ كُنت تنصح جُهدك

للَّه ظبى غرير اغار منى عليْه
[٢]الوجه بدرٌ منيرُ والسِّحر فى مقلتيه
[٢]والقدُّ غصن نَّضير يميسُ مِن مَّعطفيه[٣]
[٤]يسقى بماء الشَّباب [٥]حتَّى نشا لعذاب[٥]
حرمتِ يا نفس وِرْدك فالزم غرامَك وحْدك

ريم رَمَانى فَاصْمى فَلبى بسَهْم الجفُون
وردى بفيه وأَظْمَا حباب در مصُوْن
ارا الحياة واحْمَا عنها بسيف المنون
ما كان هذا حسابِ ان زدتنى فى كِتابِ
فكيف تترك عبدك والقلب قدْ صَار عندك

يا مخجل الشَّمس مهْلا على [٦]شجٍ فى[٦] هواكَا
ارحم كئيبا ومُبلا[٧] ما زال يبغى رضَاكا
هواك[٨] قولاً وفعْلا ولِلْوصَال دعَاكا
قد جل فيك مصابِ جرعت شُهدا بصاب
قد كنت احفظ عَهْدك فمنْ عن الوصل ردَّك

يا قسْطل ارْفق بصبِّ يبيتُ فيك مسهَّد
شكا اليك بكربِ فارْحَمْ شكايَة مُكمدْ
ملكتَ[٩] عقلى ولبِّى فارْحَمْ خُضُوعِى يا احْمدْ

وعبرتى فى انسكاب		وزفرتى فى التهاب[10]
يكفيك ان زدتَّ بعْدَك		مَنْ يّبتغى منك وُدَّكْ[11]

ورُبّ هيفآءَ رُودِ		تروم منْك الوِصَالَا
تزهُواْ بورد الخدُود		على الرياض جَمَالا
زارتك فى يوم عِيدِ		تشْدواْ لديك مقَالَا
ارشف ثنايا العَذَابِ		مَوْلاى خلف الحجَاب
وضعْ على النّهْد نُهْدَك[8]		وضعْ على الخدِّ خدَّك

١ كذا قرأتُ، ع «بحَالِى» – ٢ هذان الغصنان فى الحاشية – ٣ ع «مَّعطفِه» – ٤ هذا الجزء فى الحاشية – ٥ كذا ع، والظاهر أنّ النصّ غير صحيح – ٦ كتب الناسخ «شجىٍ»، وغيّر مصحّح «شجىٍ» إلى «شجٍ فى» – ٧ ع «مُبلَّا» – ٨ كذا ع – ٩ ع «ملكتْ» – ١٠ ع «الّهابِ» – ١١ ع «ودُّكْ»

١٦٠

موشّحة له ايضًا

بمُهجتِى بدْرُ انسِ		تخاله بدر التَمام
سبا فؤادِى وَنَفْسِ		وذَاد عن جفنى المَنَام
فيا مناءى[1] وأُنْسِ		رفقًا[2] بصبٍّ مُسْتَهام
مروعٌ من نّواكْ		عليل منْ هَوَاكْ

يا نفسِ كَمْ تَسْتَطِيعُ[3]		حمل التجنى والصُّدُود
هداك ظبىٌ مروعُ		جورا وأَرْضَى للحَسُود[4]
وقد حوتْه الضُّلُوع		وشبّ نِيرَان الوَقُود

فيا عينٌ[٥] جَنَاك   أتَى بِى للْهلَاكْ

للفسطل بن[٦] تغَار   عليْه ربَّات الحجال
بمفلتيه احْورَار   اصما فُؤَادى بالنِّبال
ما لى عَليهِ اصْطبَار   وفد فَشا حُزنى وَطَال
بعفْلى فى ارْتباكْ   ولَا أبْغِى انفكاك

يا احْمَد اعلَم بانِّى   حليف حزن ذُو شجون
الى متَى ذَا التَّجنى   رحماك فى صبٍّ حَزِين
مولاىَ ان لَّمْ تَصِلْنى   فانَّنى رهن المُنُونْ
معنَّى[٧] فى هواكْ   اسيرٌ فى رِضَاك

وربَّ خود سباهَا   وشفها منْه الفِرَاق
تروم منه منَاهَا   فبيلة عندَ التَّلاق
فَأَعْلَنَتْ إذ دَّهَاها   منها[٨] الضنا والاشتِيَاقْ
حبيبى لو اراكْ   لم اخش من جفَاك

١ فى المخطوطة ما يماثل «منادى» – ٢ الكلمة غير واضحة بسبب ثقب فى المخطوطة – ٣ كذا ع، انظر الغصن الأوّل لموشّحة ١٤٤ – ٤ ع «للحُسُود» – ٥ النصّ غير صحيح، والصواب إمّا «عينًا» أو «عينى» – ٥ يعنى «بْنٌ» – ٦ يعنى «مُعَنًّى» – ٧ كذا ع، والأرجح أنّ الصواب هو «منه»

حرف اللّام

١٦١

موشحة لِأبى بكر بن بقى[١]

لى فى التَّصابى نظَر   سَلْنى به مِن بعْدِ حين   يا سال

لا نلت منه وطَر   ان لم اجرِّر ڢى المجون   اذْيال

أسْرف ڢى خلعِ العذَارْ   يا حبَّذَا اسْرافه
ڢى شادن ذى احْورَارْ   من ريفه سلَافُه
كم لِى به من نَّهار   مصْفولةٌ أَطْرافه

ومن ليال زُهَرْ   كادت مِن الحُسن تكُونْ   لَألى[2]
لهڢى بِهَا ڢى سَهَر   والدَّهْر وسْنَان الجفون   عنْ حالى

كفاهُ منى كَفَاهْ   عهْدًا الى غيْر انفِطَاعْ
فالوا تسلَّ هوَاهْ   ڢالهجر ما لا يُسْتطَاعْ
واعْشق خَليلاً سِواه   سرْبُك منه لا يُرَاعْ

عندى لَه انْ هَجَر   ما ليس يَجْرى ڢِى ظُنُون   عذَّالِى
انى احْتملْت الضَّرَر   وحدى ڢمَا للْعَاذلين   وَمَا لى

يا طالبا للنَّجَاح   نَبِّهْ ابا[3] حفْصٍ ونَمْ
ڢما يساغ الفرَاحْ   الا اذَا اعطى الذِّمم
ولا تهز الرِّمَاحْ   إلَّا اذا هزَّ الْفَلم

ڢالخطُّ وشىُ الزّهرْ   واللَّفظ من سحْر مُّبين   حلال[4]
يجرى بجرى الفَدَر   بين حياة ومنُون   سجَال

للَّه ما اكرَمَا   وما اتمَّ سُوددَا
جَزل النَّوال كَما   ڢاضَ العُباب مزْبدا[5]
وكلّما انْعَما   شكرته على النَّدا

شكر الثرى للمطَرْ   بما افرَّ من عيُونْ   امَالِى
لكل ورد صدَرْ   وفدْ صدرتُ عن معين[6]   سَلْسَالْ

اطْلَعْ بسعد[7] الفلك   يَأَسْعَد الْكواكب

بكلٌّ من امَّـلك   سَطَـا على النَّـوآئب
حتَّى دعَـا للْـملك   وَبَـعْـده لِلْكاتب[7]

اللَّـه يُـعْطى الظَّفَـر   الى امير الْـمُسْـلمين   الوالِـى
وَلَا يزَال عمرْ   لديه فى عزٍّ مَّكِين   وَعَـالى

١ كذا ع، ولكنّى أميل إلى الرأى أنّ مؤلّفها هو ابن زهر لوجود ألفاظ مثل «ابا حفص» و«امير المسلمين» و«عمر». انظر، مثلا، موشّحة ١٦٥ وموشّحة ١٦٦ وموشّحة ٢٢٦ وغيرها – ٢ يعنى «لآلى» – ٣ ع «ابا» – ٤ كذا قرأتُ، ع «جلال» – ٥ كذا قرأتُ، ع «المزْبدا» – ٦ ع «بعَيْن» – ٧ الكلمة غير واضحة بسبب ثقب فى المخطوطة

١٦٢

مُـوَشحة للقاضى ابى بكر بن حبيب[1]

عسَى لديْك يا ربَّـةَ الْـقُـلب[2]   زَادًا لِّـرَاحِلِ[3]

فودِّعى فدَيتكِ هيمانا
لا يستطِيعُ دُونكِ سلوانا[4]
اذا تذكَّـر البيْن اوْ بانا
بَكى وحنَّ شوْقًـا الى شلْب   حنِينَ ثاكِلِ

هل تذكُـرين ان قَـدُمَ[5] العهْـدُ
وبيننا[6] كما انتظم العِقدُ
تحفُّـنا الصَّبابة والْـوَجْـدُ
ونحنُ تحت ارْديَـة الْـعصْب   بيْنَ الخَمايل[7]

عند الوشاح يشكُـواْ من الرَّدْف

ما بين ذاكَ[8] الغُصْن والحِقفِ
غلايلٌ تُنبى[9] بما تُخْف
ما هيَّجَ الْغليل على الصَّبِّ غير الغلآيل

يا درَّة الْغزالة رحْماك
متى يلوحُ للصَّبِّ مرْءاكْ
اجلٌّ ما لقلبىَ ذكْرَاكْ
†اذا ذكَرتُكِ يا ثمرةَ قَلبِ†[10] هَاجَتْ بَلابلِ

عاطيْتُها [11]من فمٍ تمِّ[13]
مَا شئتُ مِن عِناقٍ ومِن لثْمِ
حتَّى قد انقضت رؤْيةُ النَّجْمِ
فدلَّنا على الصُّبْح فى الْحجْب بردُ الخَلآخِلِ

١ يوجد المطلع والدور الأوّل والسِّمط الثالث والخرجة فى المُغرب لابن سعيد (١، ٣٨٧) واسم المؤلّف فى المغرب ابن أبى حبيب – ٢ ع «الْقُلوبِ» – ٣ ع «لِرَحِلِ» – ٤ ع «سلونا» – ٥ ع «قدِم» – ٦ كذا قرأتُ، ع «بيننا» (بدون واو) – ٧ كذا قرأتُ، ع «الحَمايل» – ٨ كذا ع، والأرجح أنّ الصواب «ذلك» – ٩ يعنى «تُنْبِى»، وهى أقرب قراءة إلى نصّ المخطوطة «تُنِى»، ولكن أميل إلى الظنّ أنّ الصواب هو «تُنَبّى» – ١٠ كذا ع، والظاهر أنّ النصّ غير صحيح. لعلّه كان فى الأصل «إذا ذكَرتُكِ ثمْرةَ القَلبِ» – ١١ كذا ع

١٦٣

موشحة

ما انبساطِى بعارْ لا ولا استرسَالِى[1]
ذهبت بِالوفار خفّة الجرْيال

من ايَـادِى الزَّمان   ان ارَا نَشْـوَانا
وافِضُّ الدّنان   عن يَـدِى جَـذلَانا
كم نَصَبْت الخَوان   وطرَفْت الحانا[2]
ومهرتَ[3] النّضار   لعَـروسٍ حالِ
بنت شمسِ النَّـهار   وحيًا هطَّال

يا علىّ انصِف   مجلس السَّـرَّاءِ
يا رضِيعِىَ[4] فى   درَّة[5] الصَّهباء
لمْ تزل تفتَفِى   اثر العلْيَـاء
ولبست الفخارْ   ضافى السِّـرْبَـال
ورمفْتَ الدُّرار   من مكان عَـالِ

اين تبغى السَّـراح   عن جنان عدنِ
بين اكواس راح[6]   وغوانٍ غنّ
ذاك يوْم اصْطبَـاحْ   فاحمىّ[7] الدَّجن
فصل الابْـتِكَـار   منك بالاصَال
واجعل الخمر نارْ   والنَّـديم الصَّالِ

ما استحقَّ الْكـرَم   غيْـرُ[8] عَـالى الرُّتب
زهىّ[9] الهِمَم   عربىُّ النَّسب
فاذَا ما انتظَم   خطَّه فى الكُـتبِ
كسُطُـور العِذَارْ   طرّزت بالخالِ
هان خلعُ العذارْ   عندهَـا لِلحَـالِ

سل ذوى الادبِ   هل شراءى فَـاسِدِ
ذَايب الذَّهب   باخيه الجَـامد

ذَاك منْ أَرَب ومَفَالِ شاهِد
سفنى بالكِبَارْ يا صبى واملا ل[10]
لم يضع بالعِفار مَا مَضى من مَّال

١ ع «ان سَترسَالِى» – ٢ ع «الخانا» – ٣ ع «مهرَت» – ٤ كذا ع – ٥ ع «ذرَّة» – ٦ ع «اكواسٍ رَّاح» – ٧ الكلمة غير واضحة بسبب ثقب فى المخطوطة – ٨ ع «غيرَ» – ٩ كذا ع، والنصّ غير صحيح على ما يبدو – ١٠ ع «ل ى»

١٦٤

هِم بالصبَا وَدَعِ
مفال ذى ورَعِ
وانَّما الالمَعِ
من بات لم يسْمعِ
فى الحب مِن عَذلِ

وان عذولٌ ابَا
ولجَّ اوْ انَّبَا
فغنِّهِ مطْربَا
من لى بردِّ الصِّبا
واللَّهْو والغَزل

وبأبِى جُؤْذُرُ
مهفهف احورُ
رضابه سكَّر

ووجهه نيّـرُ

كالشَّـمسِ فِى الحَـملِ

وَافِى كفصْل الرَّبيعْ

ريمٌ ثـوَى فِى الضُّلوع

وشبَّ نَـار الْـولُـوعْ

بين الحشا فالهُجوعْ

فد بان عَنْ مُـفل[1]

أَحِبِبْ به من رَّشـا

[2]اهوى هضِيمَ الحَشـا[2]

تخالُـه ان مَّشَـا

كالبَـدْرِ يبدُو عِشا

فِى سُـندسِ الحللِ

كم ذَا اُفَـاسِى الغَـرام

فِى حب بدْر التَّمامْ

وفد الفت السَّـفَـام

وراحَـتى فِى ابْـتِسَـام

محمَّـد بْنُ عَلِ

١ ع «بُفْلِ» – ٢ كذا ع، ومن الممكن أنّ الأصل هو «أحوى هضيمِ الحشا»

موشحة لابن زهر[١]

جَنَت[٢] مُقل الغِزلان   جَنَايا الشَّمولِ[٣]
على عالَم الانْسَان   جيلاً بَعْد جِيل

اهيم بمن يُّطغِيه   عليَّ الجمَالُ
أُدَاريه استرضيه[٤]   فيابى[٥] الدَّلالُ
وكم عَذَلُونى فِيْه   وَقَالوا وقَالُوْا
على حين فدْ[٦] الْهانى   عَن قَالٍ وقيلٍ[٧]
ليل الصدِّ والهجْران   ويومُ الرَّحِيل

الى كَمْ أُدَارى اللُّوَّام[٨]   مثنَى وفُرَادى
وتاللّه امْدُ[٩] الايَّام   لا اعطِى فيَادَا
لهفى صرْت[١٠] بيْن الاَفْوَام   حديثًا معَادَا
وقدْ فعدتْ أَشْجَانِ[١١]   بكل سَبيل
ولا عهد بالسُّلوان   ولا ينبغى لِى

هو الحُسْن لا اخْتَار   مطلوبًا عليْه
وجهٌ[١٢] تشرف الانْوار   على صفْحتيه
وتستبوُ الابْصَار   إليْـه اليْـه
وقدٌّ كغُصن الْبَان   بحفف مَّهيل
فذَاك الذى يَلحَان   عليْـهِ عُذُولى

دعْ وصْفك[١٣] للْغزْلان   بنظْم ونثْرِ
وامدح واحد الازمان   معنى كل دهرِ

من فى كفّه بحْران | من نّفع وضرِّ
فبحر[13] من الاحسان | والفعلِ الجَميل
وللبَاس بحرٌ ثان | من[14] هولٍ مّهول

يابن النّاصر الْمنصور | يابن المَجْد اجْمعْ
أنت الامن للمذعور | ممّا يتوقّع
فكم جذلٍ مّسْرور | يقول ويسمعْ
ابُو حفصٍ[15] هو سلطَانى | اللّه يحرز لِى
هُ[16] امانى هُو اغنانى | اطاعنى[17] سُولِ

١ هذه الموشّحة موجودة فى المُغرب (١، ٢٦٩)، بدون الدور الرّابع – ٢ ع «جنّتْ» – ٣ ع «الشُّمولْ» – ٤ كذا فى المغرب، ع «استدريه» – ٥ كذا فى المغرب، وفى المخطوطة ما يماثل «فياس» ٦ ع «قدَ» – ٧ ع «فالَ قفيلْ» – ٨ كذا فى المغرب، ع «اللُّؤام» – ٩ كذا ع، ولعلّ الأصل هو «أُمضى»، وفى المغرب «أُخرَى» – ١٠ ع «صرتْ» – ١١ ع «أَشْجَانْ» – ١٢ ع «وجهُ» – ١٣ الكلمة غير واضحة بسبب ثقب فى المخطوطة – ١٤ ع «ومن» – ١٥ ع «حفصٍ» – ١٦ فى النصّ «هُو» وفوقه «هُ» – ١٧ كذا ع، ولعلّ الصواب هو «هُ أعطانِ»، وفى المغرب «هُ بلغْن»

١٦٦

موشحة لابن زهر

لكلِّ هم فرجْ | فما لوسْواس الهُموم | وما لى
خشيتُ [1]يوْم البيْن[1] | وبت ليلِى فى فنُون | أَوْجالى

أَهٰكذا كلَّمَا | تظنُّ بالبيْن الظُّنُون
يراع[2] سربِى بمَا | لعلّه الّا يكون
لم [3]يبْقَ الّا[3] ذما | تأهّبت له المنُون

بالدَّمع يجْرى[٤] لجج واضلعى تصْلى جَحيم بَلْبَالِى[٥]
وارفب الفرْقدَيْن يا بُعْدَ حال العاشفين منْ حالى

من مُّنصبى[٦] من غزَال يسُومنى سوءَ العذابْ
مطرز بالجمَال نشوان من خمْر الشَّباب
زرَّت عليْه الحجال ففُل هلال[٧] فى سحابْ

حلوُ اللَّما والفلج يفلٌّ من بنت الكرُوم لالِى[٨]
مسلِّط[٩] المُفْلتين على فُلوب الْعَاشفين مثالى[١٠]

خلِّ الهوى واطَّرحْ تذْكاره اخْرى اللَّيال
وابغ العُلَا وامْتدحْ اغرَّ محْمُود الخِلال
من فخْره[١١] المتَّضحْ جلا الدُّجا حالا فحَال

باس يريك المهجْ ١٢ له زُهر النُّجوم معالِى
وحمص فى الحَالتيْن هلال بدرٍ وَعَرين[١٣] رئْبَال[١٤]

ذلَّت[١٥] صُروفُ الزَّمانْ واذْعَنت من بعدِ حِينْ
لمَّا غدتْ فى ضَمان ابن[١٦] امير المسْلمين
اخذتٌ منْه الامانْ بالاكرم ابْن الاَكْرمين

فحسَّدِى فِى وَهج[١٧] وفد ظفرتٌ بعُمُوم ءامالى
من الامير الحسَيْن ابن[١٦] أَمير الْمُومنين الْوَالى

لمَّا حططتَّ الرِّحال بحمْص فى المرْأى[١٨] البَهيج
وكنت[١٩] بدر الكَمال تلوحُ فى اسْنا البرُوج
غنَّت طيور الدوال عَلى الغرُوس والْخليج

اشبلَى دبْ تبتَهِجْ بمن لهُ الْفضْل الْعَميم مُوَالِى
بمفخر العدوَتين وبالمؤمَّل الْمَكين الْعَالى

١ كذا ع، ولعلّ الصواب هو «أيّامَ بَيْنْ» – ٢ ع «يراعَ» – ٣ كذا قرأتُ، ع «يبقَ لى الّا» – ٤ فى المخطوطة ما يماثل «يجربى» – ٥ فى المخطوطة ما يماثل «بْلِبللِى» – ٦ ع «مَّنصبى» – ٧ ع «هلالْ» – ٨ يعنى «لآلى» – ٩ ع «مسلَّط» – ١٠ كذا ع، ولعلّ الصواب هو «امثالى» – ١١ كذا ع، ومن الممكن أن يكون الصواب «بجره» – ١٢ سقط لفظ مثل «أهدت» – ١٣ ع «عَرَيْن» – ١٤ ع «رئْيَال» – ١٥ كذا قرأتُ، ع «دلّت» – ١٦ ع «بن» – ١٧ كذا ع، ولعلّ الصواب هو «هوجْ» – ١٨ ع «المرْأىِ» – ١٩ ع «كنتُ»

١٦٧

موشحة لابن بقى

أَجْرت لنَا من ديَار الخلّ　　　ريح الصَّبَا عبَرَات الذلِّ

هبت هبوب الضّنا فِى بدنِى
وهيجت ما مَضَى من شَجَنى
تهدِى تحيَّة منْ عذَّبنى

جوًى على كبدى المُعْتَلِّ　　　لا كان يوم النَّوى فِى حلِّ

ما ذا علَى[1] الْهَوَا أَجْنَاه
مذ صدَّ عنى الذى أَهْواه
وليْسَ لى فِى الهَوى الَّاهُ

كيف اصْطبارى أَبَى عن وَّصْلِى[2]　　　او ما احْتيالى[3] عَليْه قُل لِّى

اوبى عليْه أَريح اُوب
وبلغى وطنَ المحبوب
تحية العاشق الْمَكْروب

وقبلِ فِى مكان القَبْل[4]　　　عنِّى وحيِّى بعرف الدَّلِّ[5]

دلٍّ[٦] كفاحم ليلٍ جعْد
فد خطَّ فى صفحة من وَّرْد
كعَطْفةِ النُّون فوْف الْخدِّ
او صولج عاكفٍ او صلِّ   حمت حماه شفارُ النَّصل

ورب خود جفَاها الوجْد
وشفَّها البينُ ثمّ البُعْد
فاعْلنت بالفرَاف تَشْدُ
[٧] بنذ[٨] لبشفه[٩] ايون شنل   †حصرى†[١٠] مو فرجون[١١] برل

١ يعنى «علىَّ» – ٢ ع «وَّصْلِ ى» – ٣ كذا قرأتُ، ع «احتالى» – ٤ ع «الفَبُل» – ٥ ع «الذُّلِّ» – ٦ ع «دلِّ» – ٧ هذه الخرجة موجودة فى موشّحة عبرانيّة للشاعر **יהודה הלוי** [موشّحة ٢١]، ونصّ الموشّحة العبرانيّة موجود فى أربع مخطوطات – ٨ ع ما يماثل «نبذ»، ولكنّ المخطوطات العبرانيّة تشير إلى «بنذ» – ٩ ع «ليشفه»، وتشير المخطوطات العبرانيّة إلى «لپشفه» – ١٠ النصّ غير صحيح، والنصّ فى المخطوطات العبرانيّة غير صحيح أيضا. لعلّها تشير إلى «حصرند»، فإنّنا نجد فيها **כסכנד** «كسكند» (فى مخطوطتين) و**בסרנד** «بسرند»، ولكنّ قراءة ثالثة **כם כנד** «كم كند» تشير إلى «com caned» – ١١ ع «فرحون»، وتشير المخطوطات العبرانيّة إلى «فرجون». انظر
Stern, *Hispano-Arabic Strophic Poetry*, pp.135-6

١٦٨

موشحة

مرحبا   بالفمر الطالع من أُففه
فد سبَا   فلبى فحُسْن النُّطو من نُّطْفه
جنِّبا   يا عاذلى اللَّوم فى عِشفه

ڡالمنا ڡى حبِّ بدْرٍ ليْسَ بالاڡِل[1]
ما سلا[2] عن حبِّه غيْر ڡتًى جاهل

هَكذا اعشق حتَّى انْ أُرا هالكا
هَاكذا[3] من مالكٍ اصْبح لِى مالكَا
ڡاذا لاڡيته لاحظنى ضاحِكَا
وانثنى يهتز كَالغُصن[4] الْمايل
وابْتَلا ڡلبى بحبٍّ ليس بالزَّايل

احمدُ حلَّلْت ڡى حُبِّك سڡْك الدِّما
أُحسدُ ڡى المورد العَذْب وأَخْشَا الظَّمَا
أَشهدُ لو انَّنى نلت ارْتشَاف اللَّمَا
والضَّنا محتكم ڡى جسْمِى النَّاحل
لانجلا ما اشتكى من أَلَمٍ ڡَاتل

ڡى الحَشَا لوعة حب يأَبا جعڡرِ
ڡد ڡشا ما كنت اخڡى منه ڡى مضْمَر
يا رشَا نُزْهَتُنا ڡى وَجْهه الْڡَمر
ما انا ممّن يطيع العَذْل من عاذل
والعُلا تمنعنى من خدعةِ البَاطل

انَّما يتمنّى[5] اليَوْم غزال شرود
ڡد صَمَا بلحْظ عَيْنيْه ووَرْد الخدود
كلَّما غازَلْتُه[6] او ڡلتُ كيف يجُودْ
هل لَنا ڡى[7] اليوْم مِن مَّوعد عاجل[7]
ڡَال لا حتَّى من اليَوم الى ڡابلِ

١ يعنى «بِالْآمِلِ» – ٢ كذا قرأتُ، ع «سالا» – ٣ كذا ع، والظاهر أنّ الكلمة منقولة من الغصن السابق. وعسى أن يكون الصواب مثل «عائذا» – ٤ كذا ع، ولعلّ الصواب هو «مثل الغصن» – ٥ كذا قرأتُ، فى المخطوطة ما يماثل «يتمنّى» – ٦ كذا قرأتُ، ع «عاذلتُه» – ٧ كذا ع

١٦٩

موشحة لابن بقى

ما لِى احِنُّ الى الجَمَال   مَا لِى

يَا قمرًا لاح للْعباد   بَادِ
كم انت بالهجر والبعَادِ   عَاد
اهديت للسقم والسُّهاد   هادِ
أُشْغِفْتُ[1] بِالوَجْد وَالخبَال   بَالِى

لو شِيب بالمرشَفِ الفراح   راحِ
لعدتُّ بعْد الْكرى يا صَاح   صَاحِ
لا يلحنِى فِى هوَى الملاح   لَاحِ
فالصّبّ للفال[2] والمُفالِ   فَالِ

سينقضِى فِى الهَوى لَعَمْرِى[3]   عُمرِى
فِى شادن ردّ لى كصِبر   صبْرى
أَفام لِى عند كُلِّ عذْرِى   عُذْرِى
ظبىٌ على الخرَّد العوَال[4]   وال

محمَّد انت للْأَوارى   وار
تمرّ بى ساحب الإزار[5]   زار

[6]كيْف بما[6] أُدَارى دار

للهجر يا مَانع الوِصَال صَالِ

وغادة روّعتْ بتيه تيه

من هى بى الحبّ تَصطفِيه فيه

غَنَّت سرورًا بفبل فيه فيه

بياضًا[7] فبّل فمى وَخَالِ خالِى

[1] كذا قرأتُ، ع «واشغفْت» – [2] كذا قرأتُ، ع «المَفال» – [3] ع «لَعُمْرى» – [4] ع «العوَّال» [5] ع «الازرار» – [6] النصّ ناقص، ولعلّه كان فى الأصل «وَكَيْفَ تَدْرِى بِمَا أُدَارِى» أو «وَأَنْتَ كَيْفَ بِمَا أُدَارِى» – [7] كذا ع، والظاهر أنّ النصّ غير صحيح

١٧٠

موشحة

هل للرَّجا منْ ءاسْ فيَنجَلى

ما بِى من اوصابى وكيْفَ لى

[1]سعدتِّ كَم[1] أَشْفى يا خلَّتِى

اشْكُوا الذى الَقى من عبْرتى

أَبيتُ لا أرْفى من زَفْرتى

بين الرَّجا والْياس بمَعزل

عن طوْل تعتاب للعُذَّل

واللَّايم الْغادر ما ذا وجا

اذ[2] فوّق السّاحر الادْعجا
واطلع الزّاهِر بدْر الدُّجا
يلوِح فِى ميّاس مدلّل
والدّل اغرى بِى اذْ عنّ لِى

للّه ما علّتْ اكواسه[3]
الْحَاظه سلّت امْ بَاسُه
أَمْ عَاطِرٌ دُلَّتْ أَنْفَاسه
كأَنّها انْفَاس فَرَنفُل
علّت بأَكْواب معلّل

ما الرّاحُ الّا فِى هَوَى الفلوب
بالرّاح يسْتَشْفِى فَلْب الكئيب
منعْت يا لهْفِى وصْل الْحبيب
فذفت فِى أَكْواس السّلْسل
طعما[4] من الصّابِّ والحنْظَل

لا يَنْبغى السّلْوَا[5] لمنْ غدَا[6]
فِى بثِّه الشّكْوا فدْر المَدا
واسْمعْ لمنْ يّهوى اذ انشَدا[7]
لُح بِالهوى للنّاس يَا من بُلى
وفُل لَهم مّا بى[8] الّا عَلِى

١ كذا قرأتُ، ع «سعدتُّكم» – ٢ ع «اذا» – ٣ كذا ع – ٤ كذا قرأتُ، ع «طمعا» – ٥ ع «السُّلْوَا» – ٦ ع «عدا» – ٧ الكلمة غير واضحة بسبب ثقب فى المخطوطة – ٨ ع «ب ى»

موشحة

اعيُن الرِّئَام[١] جلبَتْ[٢] حِمَام من بَابل
فُل لِّمن رَّمَانی انت فِی ضَمَانی یا فاتِلی

بابی غِزال[٣] فد عزَّ وصْله
وجْهُه هِلال يُشْرق[٤] كُلُّه
ما له مثالُ واينَ مِثْلُه

صآیبُ السِّهَام أَحْذرُ الاَنَام من خَاتل
جامِح الْعنان مخلف الامَانِی للْأَمل[٥]

فال لی البَخیل اذ فلتُ صِلنِی
انت مسْتطیل باللّه دَعْنی
ومضَی المَلُول یضحك[٦] منِّی

ضحك ذِی انتِفَامِ مغلظِ[٧] الْكلام للسَّائِل
ویح ذی افْتِتَان خلق الاَمَانِی[٨] بَالباخِل

یَا غِزال[٣] انسِ[٩] ان لَّمْ اُسمِّك
فِی الْهوَی[١٠] ونفْسِی سرَّان فِی اسْمك
بُغْیَتی وَانْسِی مَن لّی بِلثْمك

كم وكمْ تُحَام عَن عداة عَامِ[١١] فِی فابِل
والمحبُّ فِانِ مُولعُ الْجنان بالعَاجِل

ایُّها النَّعیم[١٢] هَاكَ وهَات
والندیم ریم[١٣] حلْو الصِّبات
وانا اشیم برْق اللِّثاتِ

عند الابْتسام والعُفارُ هَامِ كنائِل
حيث للمثَانى رفّة تدَانى شَمَآيلى[14]

اشفِق المَلِيحُ فجاء زايرْ
والهوىٰ صَرِيحُ والودُّ وَافِر
وانا أَصيح وَالكَاسُ دَاير
اسفنى[15] مُدَام واطَّرح ملَام يا عَاذِلِى
عادَ من سبَانى بعْدَ ما جَفَانى مواصلِى

١ كذا قرأتُ، ع «الرِّمَام» – ٢ كذا قرأتُ، ع «جلبنَ» – ٣ كذا ع – ٤ ع «يَشْرق» – ٥ يعنى «للآمِل»، ع «للْأَمَل» – ٦ كذا قرأتُ، ع «بضحكٍ» – ٧ ع «مغلظُ» – ٨ كذا قرأتُ، ع «الأَيَانِى» – ٩ ع «انسٍ» – ١٠ كذا ع، ولعلّ الصواب هو «فالهوى» – ١١ ع «عَامْ» – ١٢ ع «النَّاعم» – ١٣ ع «وريم»، وفوق الواو إشارة إلى خطإ – ١٤ ع «شَمَآيل ى» – ١٥ كذا قرأتُ، ع «اسفى»

١٧٢

موشحة

انا بالهَوَى فَانِ كفيْسٍ وغيْلان
بنفسى رشًا سال يهيِّج بَلْبالى[1]

رشا شفَّنى وجْدَا وابْعَدَنى تيها
له وجْنَةٌ تندَا بماء الحيَا فيها
وقَدْ ألبست بُرْدَا من الحُسْن تَشْبيهَا
نشَا بينَ رُهْبان يخرُّ لِصلبان[2]
خضعت بإذْلالِ لعزِّ الجَمَال

ولا أنس[3] اذْ مرَّا[4] وصَبْرى به قَدْ عيل

وقد انثنَى سكْرا وفى يدِه الانجيل
فلاحَظَنى شزرا وبادر بالتَّقْبيل
يشيرُ ببنَان ويرنُوا بأجْفَان
مدهشًا كَالغزال٥ مشى بيْن أَشْبال

يعيسَى نبىّ٥ اللَّه عسَاك تَوَاسِينى
برشف لمَّا رَّياه كمسْكة دَارينِ
وقلبىَ من بَلْواه كَما قلب محْزون
يسامُ باحْزَان ويغرى باشْجان
يراع[٦] بخَبَال ويجزَى بانْكَال

الا فاحْلل الازْرارْ على النَّحْرِ والجيْد
فيا لابسَ[٧] الزُّنار على غُصْن اُمْلود
حَنِينُك فى الْمزْمارْ كَتَرْنين دَاوُود

٨ ٨

مررت به صبْحا فنادَيْته[٩] رفقَا
وقلتُ لمنْ يَّلحَا وفى كَبدى عشْقَا
فسُبْحان منْ أوْحىٰ اليْه بمَا الْقَى
بدمعى عنْوَان يبوح بكتْمانى[١٠]
٥ لوُشَاتى وَعُذالى٥ ليُظْهِر[١١] اوجالى

ولما بَدا النَّجْمُ بأُفْق الْعَراص
تقلبت والجِسْمُ غَدًا فى انتقاصِ
وغنَّيْت والسُّقم علىّ دِلاص
فى ابن القِنْيَانِى[١٢] نحلْت فجُثْمانى[١٣]

يرى كَـالْخيَـال		ارقّ من الال[14]

١ ع «بَلْبال ى» – ٢ ع «لِصَلْيَان» – ٣ كذا قرأتُ، فالمخطوطة غير مقروءة بسبب ثقب – ٤ ع «مرّ» – ٥ كذا ع – ٦ كذا قرأتُ، ع «ويراع» – ٧ ع «لبسَ» – ٨ السمط غير موجود، وفى المخطوطة إشارة إلى بياض – ٩ كذا قرأتُ، ع «فنادَيْت» – ١٠ ع «بكَتْمان ى» – ١١ ع «ليظْهَر» – ١٢ ع «الفِنْيَنِ ى» – ١٣ ع «جُثْمان ى» – ١٤ يعنى «الآل» [السراب]، ع «اللال»

١٧٣

موشحة

لِلَّهِ فضبٌ تَـميل		بُعْمُ الْخَلاخِيل
تضىء تحتَ الشرُّوب[1]		مثل الفنَـادِيل

يرتَـابُ من حُـرفِى		وظنُّه اجْمل
اسْفيه مِنْ حَـدَفى		بجودٍ[2] إذ يَـبْخل
مذ اثَّـرت †شبفى†		بى جفنهِ الاكْحل
تمجّ صرف الشَّـمول[3]		أَجْفان مكحول
بتورها مستريب		من الابَـاطيل

حاشى لنيل السَّماح		خوبِى من العَـدَم
وابْن الوزير ابتِتاح[4]		صمْصامة الكَـرم
امْسَىٰ كَـريم الفِدَاح		ينْثال بالنِّعم
ذو ساعد مُسْتطيل		مؤيَّـد الطُّول
اخو ذراع رَّحيب		بالمجْد موْصول

ما ظلّـها ملكُ   ريّـاك بى حجرِه[5]
فَـدْ يفْضحُ الفلكُ   اشياءَ من سرّه
يدعُـوك مرتبكُ   فَيـٰأبا بَكْـرِهْ
وَما عسَى انْ أفول   وأنت مَـامُـولى
هلكْتَ بيْن الخطوب   فَأىُّ مفتُـول

فل للْعلى إيهِ   لا تحْجبى عنّى
وحْيا[6] تحيّـيهِ   بشَـائر المزْن
فدْ كتبتْ فيهِ   انَـامل الحُسن[7]
عَلى غدير صفيل   ءايات انجيل
منْفُـوشة فى الْفُـلوب   نفْش المثافيل

وربّ ذات سوَار   بَـاتتْ تعنّيِنى
ولم يَكن من نَبار   لاكِنّ من لّين
ارُوم حَلّ الازارْ   وهى تُغنّينى
مهْلا عليك يا ثفيل   تفطع سَراوِيلى
ذا كُلُّ انت رغِيبْ   افنع بتفبيلى

١ الشروب (مفردها شَرْب – انظر مطلع موشّحة رقم ١٤٠): الثياب – ٢ كذا ع، وتقتضى هذه القراءة وصل همزة القطع – ٣ ع «الشُّمول» – ٤ كذا ع – ٥ ع «حجرَة» – ٦ كذا ع، ومن الممكن أن يكون الصواب «وجها» – ٧ الكلمة غير واضحة بسبب ثقب فى المخطوطة

١٧٤

موشحة

اصابتْ ڢؤادى رمْيَا   لحاظُ الْغزَال
واضْحى رشَادى غَيّا   ڢى ذَات الدلالِ

اصابَ هواهَا فلْب   خلوا من ودَاد
وحَلّ محَلّ الْخلب[1]   منْهُ ڢى السّواد
تمَكّن منِّى حبِّى[2]   وطِب[3] ڢُؤادى
هوًى فد برانى بَرْيا   وشَاهِدُ حَالى
ضَنا ردّ جسْمى ڢيّا   وزادَ خبَالى

غزَالة انسٍ يكْسب   سَناها الغزالَهْ
لهَا لحْظ رِيم اوْطَف   وَجيد الغزالَهْ
وحَشْو الوشَاح اهْيف   وتحت الْغلَاله
جسْم ادْمَجتْهُ طيّا   ودُون المَنالِ
ثدْى فد حَمتْه حميَا   بمثْلِ الْعَوالى

بَدت ڢتجلّى الحُسْن   مَصْفول التّرائب
سَرت ڢتَبدّى الدّجْنُ   زنْجىّ الذّوَائبْ
مشَتْ ڢتثنّى الغُصْن   مبيضّ الجَلابِب
وَفامت تجُرُّ مشيَا   لفَرْط الدّلالِ
ڢاهْدت اليْنا رَيّا   نسيم الْغَوالى

اليْكِ صحبْتُ النّجْمَا   يا ظبْية خِدر
وڢيكِ لبسْت السُّفْما   وخالفْتُ صبرى

وَمنْك علمتُ الظُّلْمـا   ومَـا كنتُ ادْرى
ان الظّبْى يفْضى بغيَا   بحُكْم الْجمَـال
ويَـلبسُ جسْمِى زيّـا   اثوَاب اعْتدَال[4]

سريْتُ اليْـها وَهْـنا   حذَار الْـوُشـاة
امنت وَبتُّ اعْـنا   برشْفِ اللثَات[5]
فقَـامتْ لتَـمْشى هَـوْنا   تشكوا فتكَـات
محْبُـوبى كسَـر نَـهْـديا   وخَـبّل دلَالِى
ويَـلزَم فى شبَـتيّا   عَـمْدًا لنَكالى[6]

١ كذا ع – ٢ ع «حبِّ ى» – ٣ سقط مقطع على ما يبدو، ولعلّه «يا» – ٤ كذا ع، ولعلّ الصواب هو «اعْتلال» – ٥ ع «اللثاث» – ٦ ع «لنكال ى»

١٧٥

موشحة

الى كَـاس جرْيَـال   اجَـرّرُ اذْيَـالى[1]

وُلعْت بصَـهْباء
ارقّ من الْـمَـاء
تَجُـول باعضاءِ
بتحْسنُ احْـوَالى   وتَـتْـركنِى وَالى

ادِرْها عَلى الاسِ
مُـداما كنبْـراس

بَـمـا بيها منْ بَـاس

وعَـلل بسلْسَـال   فَـلْبا لّـيْس بالسّـالى

لدَى روْضة[2] الوَرْد

مع الاهْـيف الْـفَـدِّ

ببِـى الْخَـدِّ والنّـهْـد

شبَـاء لأَمثالى   بخَـود[3] كتمْـثَـال

ايَـا مشبه الغُصْن

ويا وَاحد الحُسْن

لئن جئْت من عَـدْن

لتَـهْـييج بلْبَـالى   بمَـا زلْتَ من بَـال

شكوت الّـذى الْـفا

لِحبِّى بمَـا رفّـا

بجَـاوبنِـى صِـدْفا

كمَـا تعْشو اشْـغَـالى   نَـبِيع الشّـبَـاب غالِـى

١ ع «اذْيَـال ى» – ٢ الكلمة غير واضحة بسبب ثقب فى المخطوطة – ٣ ع «بخُود»

١٧٦

موشحة

سفِّـنِيها تُـعَلّ من غمْض   وبها علِّل

واسْـفِنيها بَـليْس بالبَـرْض   ظمَـاٌ يَـنجلى

حُـثّـها عنْبرِيّـة النّشْـر　　　واغتَنم ذا الصّبُـوح
كَـدمُـوع كخالِص التِّـبْـر　　　كنَجيع الذّبيحْ
وتَـامّل فَـانّ فِـى الزّهْـر　　　كُل شىء مّـليح
رُشّ مبْيضّ نَـوْره البَضِّ[1]　　　بالْحيَـا المهْطِل
ولوَى عطْفَ ءاسِه الْـغَضِّ　　　هَـبّـةُ الشّـمْـال

ءَاه من لوْعتى واشجَـانِـى　　　ءَاه من مضْمرى
كُـلما صنتُـها بكتْمانِـى　　　نَمّ بى محْجرى
جبَـر اللّـه صَدْع هَـيْـمـان　　　خاضَ فِى ابْحُـر
يا دمُـوعى يا عبْـرتى ارْفِض[2]　　　وَيْك لا تاتَلى
ثمّ يَـا نفْس حَسْـرة عضِّ　　　عَـم الانْـمُل

بابى البدْرُ حجّـهُ الدّجْنُ　　　غيْـر الّا يغِيب
وفضيب منَـعّم لدْنُ　　　مَـائس فِى كَـثِيب
فلت لمّـا زهى بهِ الحُسْن　　　وعَلانى الشّحوبْ
انت منى احَقّ بالنّـهض　　　فاستَبِقْ واعْـتَل
وتملّك فأوْحَشُ[3] الارْضِ　　　حيْثُ لَمْ تَحْـلُل

انا فيه مُـفسّـم الْحال　　　بين وَصْل وصَد
ولفدْ كُـنت فارِغ الْـبال　　　فدعَـانى الكمَـدْ
كَـم انادِيه ايّـها الْـوَالى　　　لمَ لا تتّـئد
ردّ بعْضى وصُلْ عَلى بعْض　　　صَوْلة الجحْفل
فاحقُّ الْجيَـاد بالرّكْض　　　الْـمُعَـار الْحُلِى

لسْت انسَى اذ تمّت النّوْبَـه　　　وسَفانى بفِيهْ
فوْل مَن فال بَـادر التّـوْبَـهْ　　　عَـنْـه فَـوْل سَفِيه

بتَـراخَـا وهمّ بالاوبَـه   بتغنّيت بيه
بذمام الْـهوَى علاشْ تَـمْض   يا حبِيبى عَلى
حَكّـمتْكَ النّفُـوسُ انْ تَـفْضى   بجُر اوْ بَـاعْـدِلِ

١ كذا ع، والأرجح أنّ الصواب هو «البِضّى» – ٢ يعنى «آرْبَضِّ» – ٣ كذا قرأتُ، فى المخطوطة ما يماثل «باوْحش»

١٧٧

موشحة لابن بقى

متّعِ الالْحاظَ بالنّظَـر   وَيقيكَ اللّـهُ والاجَل

طلَع البدْرُ لمُـرْتقِب
بوْقَ ممْشـوق منَ الْـقُضُب
وبَـدا منْ ذَلكَ الشّـنَب
اقْحُـوَان يانعُ الزّهَـر   لم تُـردْ[١] بى مَـائهِ الْـقُبَلُ

ايّـها العُـوّاد من كمدِى
خبّروه عن ضنَى جسَـدى
واطْـلُبوا عينَـيْـه بالْـقوَد
انْ اتـى جوْر من الْحَـور   بعسَى ان يّـعْـدل الكَحَل

قل لإبْـراهيمَ انْ سَـمعَـا
مَـا ترى بِـى انْ ابيت[٢] معا
قلتُ والشّـمْل قد انْصَدعَـا

لَيْس لِى حُكْم على القدَرِ   كُلّما حمّلت احْتَمل

رشا فى الْقَلب مرْتعُه
لمْتُه والتّيه منْزعُه
قال لِى ما شئْت اصْنَعهُ

انا سُلْطان عَلى الْقمر   ونُجوم الافق لِى خَولُ

قلتُ والدّمْع قد اطّردَا
لرَسُول منهُ اذْ ورَدا
اشْعَل الشّوْقَ الذى خمَدا

[3] قل وزدْ يا طيب الْخَبَرِ   [4]بعْدِىَ الاحْبَاب[4] مَا فعَلُ[5]

١ كذا ع – ٢ كذا ع ، ولعلّ الصواب هو «نبيت» – ٣ هذه الخرجة موجودة فى موشّحة عبرانيّة ألّفها الشاعر טדרוס אבולעפיה [موشّحة ٢٠] – ٤ فى الموشّحة العبرانيّة «عن الاحباب بعد ما فعلوا» – ٥ الخرجة موجودة أيضا فى موشّحة ٢٩٢ ، بإبدال «فعَلُ» بـ«صَنَعُ»

١٧٨

موشحة للكميت الغربى

لى ادمُع تسْتَهلّ   مُذْ شحطَ الخِلُّ

للّهِ اشكُوا الْغداةَ ما صنَع البَيْن
لم يبق لِى بالْبُكاء بعْدهُم عَيْنُ
يا نافِضا للْعُهود هل يَجْمل المَيْن

الى متَى تسْتَحلّ   ما لَيْس يحِلُّ

تعْسـا لصرْف الزّمان مِن حَكم يَجْفُ
لم يبْق لِى صاحب مَـودّته تصْفُ
اصبحت بى مَـعْشر قلوبهم غُـلْف
وصْلهُم مُضمحِلّ   وودُّهم غلُّ

هَـا انا بيْن الْحيَـاة والموت موْقوف
قد عَـلم الْعالمونَ انِّى مَشْغُـوب
من لِّى بكتْم الهوَى وسرى معْـروف
انْ كان خَطْب يجِلّ   فالصّبْـر اجَلُّ

يا قمَـرا طَـالعا على غُصن زاهِـى
لوْلاك لم ادْرِ عن حيَـاض الرّدَى ما هِـى
اضنَـيْت جسْمى هَـوى فقُل لى باللّـهِ
ذاكَ الْعذَار المطلّ   اَصَوْلَجَ اَم[1] صِلّ

لمّـا جفَـانى الحبِيب حسْبِىَ بالتّيه
ولمْ اُطِوْ كتْـمه حذار الرّدى فيهِ
شدوْته مُـعْلنا كخود تُـغنّيه
نون كار يون حلالّ   الا السمرالّ

١ يقتضى الوزن إدغام نون التنوين فى «صولج» بهمزة «أمْ» ثمّ إسقاطها فتلفظان «أصولجَ مْ» بفتح الميم اتباعًا لحركة الهمزة، والطبيعة اللغوية لهذا السمط توحى بأنّـه كان فى الأصل خرجة ثانوية للموشّحة

١٧٩

موشحة

متى تسْكن الاوجَال   عن صَب بهِ بلْبَال

أُعَوض[١] حين امْس

ايحَاشا مّكان الانس

له مهْمه فِى نفْس

منْهُ خاطِرِ جَوّال   يُوَلّده الْخَبَال

انا بالْهوَى معْروفُ

وفِى احْمد مَشْغوفُ

ولِى كبِد مضعُوف

فِى ثوب الضّنا يخْتَال   مُذْ جدّ بهِ التّرحَالُ

نئا فكسَانى خَبْلا

†اسلمنى ذُلّا†[٢]

وَلم يبْق منى الّا

فلب نحْوه ميّالُ   ودمْع هَما سيّالُ

امرّ بذاكَ[٣] الْبر

اسِير بطُول البحْر

حَيْران لعَلى ادْر

بمَا تصْدر الفُقّال   او ينطِق عَنْه الْفَالُ

اصبَحتُ وعَفْلى ذاهِل

لا[٤] انْفكُّ عنه سَائل

انادى بطُول السّاحِل

ايْنْ° اين الْحَبِيب امْسَا ل   فد شقّ الْبحَار اللّهْ لُ

١ الكلمة غير واضحة بسبب ثقب فى المخطوطة – ٢ لعلّ الأصل كان «أسامنى منه ذلّا» – ٣ كذا قرأتُ، ع «لذلكَ» – ٤ كذا قرأتُ، ع «وَلا» – ٥ ع «ايْنَ»

١٨٠

موشحة

يَا جائرا مّا لكَ لا تعْدِلُ   وَلّى اضْطبارِى والْجَوى مُقْبل

جهلْت من حَالى ما لا اطِيق
فلْبٌ مُعنّى وفُؤَاد مّشُوق
وكبدٌ حَرّا ودَمْع طَلِيقْ

فلوْ بوُجْدى عَلِم الْعُذّلُ   وابْصروا حُسْنك لمْ يعذلوا[١]

للّهِ صبْرى عنْكَ ما ابْعَدا
يَا واحِدا فى حُسْنه مفْردا
اظْما وفى ريقِك بُرْء الصّدَا

يا سرْحَة حتّى متى انْهَل   وفى الثّنايَا منْك لى منْهَل

يا فاسىَ الفَلْب عسى ترْحَم
امَا كفى الوجْدُ الّذى تعْلمُ
الا[٢] ضنى يُبْدى الّذى اكْتُمُ

وجْدٌ وسُقم مّا ارَى احْمِلُ   والهجْر لِى من ذا وذَا افْتل

ما ضره حُسْنك لَو احْسَنا
يا زهْرَة افطفْهَا بالْمُنَا
يكفيك مَا ابْقاه منّى الضّنَا

فلتَعْدِلَن ما عنكَ لى مَعْدلُ   ولتجْمُلَن وجْه الرضَى اجْمَل

للّه ثغْر منك عَذْب اللّمَا
بريقهِ المعْسُول يشْفِى الظّما
فعَنْه يَكْنى من شدا مُغْرمَا

فم انْ صُغَيّر وَلُعَاب انْ حَلُ   كتُضْمَنِ[3] الْجَنّهْ لمَنْ قَبّلُ

١ ع «يعذل وا» – ٢ ع «الّا» – ٣ ع «كتُضْمَنْ»

١٨١

موشّحة

برْقُ الثّنايَا مُليحْ   فالدّمْع مُنْهَلّ
وَبالمراضِ[1] الصِّحَاح   الْقَلب مُعْتلٌّ

اعزز على بمن   قدْ سامنِى ذُلّا
ما هاج منى الشّجنْ   فى ذا الْهَوى دلّا
وهبت منه وانْ[2]   لمْ[2] يرع بى[2] الّا

منى الصّباءُ الصّريحْ   والعَهْد والْكُل
ومنه ليْث الكفَاح[3]   والارْقم الصِّلّ

هل للحبيب وصُول   امْ هل انا صَاح

وللْعزاء وصُول   والصّبْر يا صاحِ
فيمن اطاع العذُول   عصيت نصّاحى[4]
فوْلى لكلِّ نصِيح   يا معْشرى سلّ[5]
ثوْبى من اثوَاب لاح   فى الحب تنسل[6]

يا نظرة من شرُودْ   †نحو الرّدَى لينا†[7]
فضَت غريم الصُّدُودْ   لمّا فضت ديْنا
وفد جنت اذ ترود   لمغرم حينا
تعلّ فلب النّصِيح   وكُلها كلّ[8]
مَهْما تعلّ برَاحْ   لا يرْوه الْعَلّ

يزرى بخود ردَاح   فِى الدّل والحُسْن
يُرْبى عَلى المِسْك فاحِ   من عاطِر الرّدْن
يَزْهُوا على الصُّبْح لاح   والشّمْس والْغُصْن
الصُّبْح منه صَبيحْ   وشمْسُه ظِلٌّ
والغُصْن يَجْنى افاحْ   رُضابُه طَلّ

اشْفى بمطْلَبه   بدْر الدّجا السّعْد
وعَن مُفرٍّ بهِ   ينْئَا بهِ البُعْدُ
فدْ هَام فَلْبى به   ثمّ انثَنى يشْدُوا
اذا عشَفْت المليحْ   اصْبر عَلى ذُلّ
نرْضى يا مَوْلى المِلاح   بِذا الْعَذاب كُلّ

١ كذا قرأتُ، ع «بالمراضِ» (بدون واو) – ٢ الكلمة غير واضحة بسبب ثقب فى المخطوطة – ٣ ع «الكفَاحِ» – ٤ ع «نصّاح ى» – ٥ يعنى «سُلُّوا» – ٦ يعنى «تنسلُّ» – ٧ كذا ع. النصّ غير صحيح على ما يبدو، ولعلّ الكلمة الأولى «تحوى» – ٨ يعنى «كَلٌّ»

١٨٢

موشّحة

مَنْ حَاربْتـه الْـمفَلُ   لَمْ تُـغْنِ عنه الْأَسَلُ

وبدمِى ذو شَـهَل
ازْرَى بحُسْن الْكَحَل
تضيق عَـنْـه حِيَلى
ومَـا تفيدُ الْحِيَل   اذا تَـدانا الأَجَلُ

مَن عاذِرِى من أَهْـيَف
الْـمَى[1] شَـهى المرشفِ
وعلّـتِى ما تشْـتَفِى
ولوْ أُبيحَ النّـهَلُ   لَمْ تنتهِكْنى الْـعِلَل

لُـبّى بلُـبّ من هوَاه
وانْ ابَى فلْبى سوَاهْ
لا ابْـتَغى الّا رضَاهْ
فَـهْو المنَا والْأَمَلُ   وعَـنْـه لا أَنتَـفِلُ

الى متَى اشكوا الْجَـوا
برّح بى هَـذا الْـهوَى
اشفقتُ من حَـمْل النّـوَى
فكَمْ وَكم احْـتَمل   وهْوَ المصَاب الْجَـلل

مرَرْت بالرّبْع المَحيل
ومَـا بهِ الّا الطُّـلول

فظَلْتُ اشْدُوا وَاقُول

باللهِ قُل يَا طَلل　　　احْبَابنا مَا فعَلُوا[2]

١ كذا قرأتُ، ع «الْهَى» – ٢ ع «فعلُ وا»

١٨٣

موشحة

رحْمَاك كَم تُطيل　　شجْوى ولا تبَال　　حمِّل

مَا شئْت يا حبيبى　　قلبِى منَ النكَال

يَا عَاذلى اتدرى　　ما ظلْتَ تنكرُ

بالْحبِّ انت تغرى　　ولسْتَ تشْعُر

هوِّنْ عَليْك امْرى　　فَالْخَطْب ايْسَرُ

المْ يهِم جمِيلُ　　فى الخرد الخذال　　اوّل

فخَلّ عن كئيب　　يُسامِرُ اللّيَال

مَنْ ذا[1] يَفُكُّ أَسْرى　　وذا منَ الْمحَالْ

وَقدْ وَضعْتُ امْرى　　فى كَفِّ ذى مَطال

لَا تنظُرى لصَبْرى　　يا ربّةَ الْحجَال

فهَا انا قَتيل　　روَادف ثقَال　　اثقَل

من فَجْاة الرّقيب　　فى سَاعةِ الْوصَال

سُبْحان مَنْ بَراهُ　　وقدّرَ الْهوَى

ظبْيا كمَا تَرَاهُ　　قَدْ تمّ واسْتَوى

الْـمَى لهُ شبَـاهُ　　　تُـبْـرى من الْجوَى
فِى خدّه تجُول　　　مائيةُ الْجمَـال　　　تنْـهَل
عن[2] لُّؤْلُـؤٍ رّطِيب　　　من انفَس اللّـئال

المسْكُ ذاعَ ريّـاهْ　　　من طِيب نشرِه
والبَـدْرُ راق مرْءاه　　　منْ حُسْن سِحْره
كَمْ صحْتُ وا ضَلالَاهْ[3]　　　فِى لَـيْل شَعْـرِه
تحيّـر الدّليل　　　فِى ليْلةِ الدّلَال　　　فسْئل
ازرّة الجيُـوب　　　عن مّطْلِع الْـهِلَال

و　　　[4] نزلْـنَـا　　　فِى افْق بهوِهْ[5]
والطّـيْـر فد تغـنّـا　　　من فَوْق سَـرْوه
فَقُـلْـتُ اذ لَـهَـوْنا　　　لحُسْن شجْـوِه[6]
اسْـمَع لمَـا تَـفُول　　　عصْفُـورة الدّوالِ[7]　　　صِلْ صِلْ
لَا بُـدّ [8]من حَـبيب[8]　　　يعُـودْ الى الْـوِصَال

١ الكلمة غير واضحة بسبب ثقب فى المخطوطة – ٢ كذا ع، والأرجح أن الصواب هو «مِنْ» – ٣ ع «وا ضَلالَـهْ» – ٤ فى المخطوطة بياض، وسقطت كلمة مثل «منزل» – ٥ كذا قرأتُ، ع «يهوِهِ» – ٦ كذا ع، ولعلّ الصواب هو «شدْوِه» – ٧ ع «الدّوالْ» – ٨ كذا ع، ولعلّ الصواب هو «للحبيب»

١٨٤

موشّحة

ظبْىٌ نفُورٌ ومُحبّ ذلِيل　　　حارَ الدّليل[1]　　　عَـليْك يا فلبِى بصَبْر[2] جَـميلْ
علفـتُـه غرّا رشًـا اوْطبَـا　　　مُـهفْـهَبا

حَمتْ ظُبا الْحاظِه مرْشَفا　　بيهِ الشِّفا
مَن لِّى به دُرٌّ عَلا فرفَفا　　مِنْهُ وفَا
يجُول فِى نهْر من السّلْسَبيل　　يَشْفِى الْعَليل　　لَوْ كان لى يَوْما الَيْه سَبيلْ

يا مَالكى طَوْعا ولم يُنصِف　　لا تُسْرِفِ
سَأَشْتَكى للحَاكم المنصِف　　فِى المَوْففِ
ويْك اتّق اللّه ولا تُخْلِف　　الْوَعْدَ فِى
ما ضَرّ والْخِلّ يُراعِى الْخَليل　　ويسْتَميل　　لوْ جُدت لى يَوْما بوَصْل فلِيلْ

يا لَوْعَة حَلّتْ صَميمَ الفُؤَاد　　دُون اعْتيَادْ
بصِرت من شجْوى بهَا فِى انفيَادْ　　حُكمِى السُّهَاد
أُسَاعد الوُرْقَ واشكُوا الْبعَاد　　كيْما أُعادْ
زمانُ أُنْس كان لِى فِى مفِيلْ　　ظِل ظَليل　　واصَلتُ بيهِ بجْرهُ بالْأَصِيل

لهْفِى عَلى طالعهِ الْغارِب　　يا صَاحِبى
ما كان احْلى اسْمَه اللّاهِ بى　　مواهِب
وصفْوة كَالعَسْجد الذّائب　　لِلشّارِب
احْسِن به من عَسْجَد يَسْتَحيل　　ورْدا بَليلْ　　فِى صَفْحةِ الظّبْى الاغَرّ الْكَحِيل

ناديْتُه مُسْتَعْطِفا مُخْبتا　　لمّا عتَا
بفال فِى الْحالَة مسْتَثبتَا　　وا حَسْرتَا
المْ تهِمْ فِى غيْرنا يا فِتَا　　فلْتُ متَا
والنّاس يفُول[3] يَابْن ليْسَ[4] البَديل　　بيْدَق بفِيلْ　　عَليك نعَوّلْ دَعْنِى من فَالْ وفِيل

١ ع «الذّليل» – ٢ كذا فى المخطوطة، ولعلّ الصواب هو «فَصَبْرٌ» – ٣ كذا ع، ولعلّ الصواب هو «يفولوا» – ٤ كذا ع، ومن الممكن أنّ الأصل كان «بئس»

موشحة[١]

دعْنى اُبَاكِرِ　　رَاحا كمسْفُوح النّجيعْ
والرّوْضُ زاهرْ　　نجُومه ذات طلوعْ
وَایّ زَائر　　افْضَل من فَصْلِ الرّبيعْ
هِلال　وَسلْسَال　عَذْب زلَال　والرّوْض حَال　تلهيك حَال
وَللْغَزَال　فينا[٢] جمَال　مَا زال　ذُو اجْمَال

مَهْلا يَا صدُّ　　فقدْ تجاوزت المفْدَارَا
ومَن اودُّ　　ملّكْتُه قلبى فجَارَا
ولاحَ الْخَدُّ　　منهُ فَاخْجَل الافْمَارَا
ونَالْ　بالامَالْ　فَافا ودَالْ　له اعْتدَال　وبى اعتِلَال
فهْو[٣] يدَال　يا فَوْم وَال　فتالْ　فِى احْتيال

تجْرى الكِرَام　　على مَدا ابِى اسْحَاقِ
وهْو مَرامُ　　صَعْب على اهْل السِّبَاق
فُزْ يا غلام　　من الكهُول باللّحَاق
افبَال　وافتبَال　يثْنى اللّيَال　وهْى لئَال　فلوْ ينَالْ
جَرّ الْهِلال[٤]　من النّوَال　اذْيَال　اخْتِيَال[٥]

نَدِیّ مجْدِك　　يابْن عَلىّ فد تسَنّا
وَاهْل ودّكْ　　[٦]انْ انتموا ونحن منّا[٦]
بِيُمْن سَعْدِك　　نَال الْجَميعُ مَا تَمنّا
لا زَالْ　فى اتِّصَالْ　حتّى يُفَال　فات الرِّجَال　حسْبِى خلال
حُلْو حلال　ليْث النِّزال　صَوّال　بالابْطَال

لِلْحبِّ سِرّ   لمْ تَدْرِه الّا الْعُقُول
لا يسْتَمِرُّ   الّا ويُبْدِيهِ النُّحُول
تُرَى [7]يَسُرُّ   عَوَاذِلِى مَا ذا أَقُول[7]
عُذّال   يا عُذّال   فُلْتم مُّحَال   لمْتُم ضَلَال   لَسْتُ بسَال
عن ذا الْغَزال   من شَاءَ قَالْ   فَالْبَال   ذو بَلْبَال

١ هذه الموشّحة موجودة فى جيش التوشيح (فصل ١، موشّحة ٦) بين موشّحات ابن بقىّ – ٢ كذا فى جيش التوشيح، ع «فَيا» – ٣ كذا ع، وفى جيش التوشيح «فهل» – ٤ كذا قرأتُ. ع «جرّ الْمَلال» وفى جيش التوشيح «ذاك الهلال» – ٥ كذا قرأتُ. ع «وَاخْتِيال»، وفى جيش التوشيح «ثم اختال» – ٦ ع «ولحن»، وفى جيش التوشيح «ان أفيموا فنحن منّا» – ٧ كذا ع، وفى جيش التوشيح «تُسَرُّ عواذلى بما أقول»

١٨٦
موشّحة

شوقى اشَدُّ   من انْ ارُوم عنك سَلْوَه
وهَذا البُعْدُ   يَزيدُنى الَيْك صَبْوه
هل مِنكَ بُدُّ   وان تَمادَتْ تِلْك الْجَفْوَهْ
ضلال   للْعُذّال   او اىْ خبَالْ   حَال كحَالْ   فَمن نسَال[1]
وَمن لصَال   نَهْب اعْتِلال   وفى الْوِصَال   ابْلال   وَاسْتِفْلَال
لا اسْتَطيعُ[2]   جَاوزْت عن حدِّ التّبْريح
هَذى الدُّمُوع   لوْ افشعَت لى بالتّصْريح
اين الْوُلوع   من ذلكَ الدّل الْمَليح

جمَال وَاجْمَال ولا مَلال هَذا الكَمال فُلْ فِى دلَال
حُلْو حلَال وفِى خلَال هَذا مُحَال ءامَال اوْ ءَاجال

ايّاكَ اعْنى واصْغِ[3] يا ابَا الْعَلاءِ
وكنْتُ اكْنى عن الدلَال بالْإِبَاء
لَوْ اغنَى عنّى فِى الْحُبِّ وَحْيِى اوْ ايمَاءِ

اطَالْ وَاسْتَطال دَاء عُضَالْ فَلا مَجالْ ولا احْتِمَال
صبْرى احَالْ وبِى غَزَالْ فِات الخيَال[4] محتَال وَمُغْتَال

لا تردى قلبى ثمّ اصْنَع بى مَا قدْ بَدا لَكْ
فضيْت نَحْبى وانتَ لم تفْضِ مَطالَكْ
مَن اغْرَى لُبّى حتّى عَنّاك وَاغْتالَكْ

يَا غال يَا مغَال[5] امْلا ومَال حتّى اسْتَمَال حَتّى احال
فَما احْتِيال ٦ مَن لّا يَزالْ من بَال الْبَلْبَال

على مَطالكْ الّا ابوحُ ولا اسلُ
كفَى من ذَلكْ انّ اصْطبَارِى عنْك يَسْلُ
دَع الْمهَالِكْ تَحُلّ فيمَا لَا يحِلُّ

مَنْ حَالْ فيمَا قَالْ فَلَا مُحَالْ ولَا انتِقَالْ وَبى مَطال
مَوْلَى الْموَالْ عُذْرا احَال عَلى اتّصَال اوْجَالْ بِأَوجَالْ

١ كذا ع ، ولعلّ الصواب هو «لسال» – ٢ ع «استَطيعْ» – ٣ ع «واصْغَ» – ٤ ع «الحيَال» – ٥ كذا قرأتُ، ع «مخَال» – ٦ سقط جزء

موشحة

مَا ضَرّ مَنْ فَدْ عَدَلْ[١]   عَنْ وَصْلنَا لَوْ عَدَلْ

اوْمَا بِعُنّابهِ[٢]
نَحْو الْمعَنّا بهِ
وافْتَرّ عن نّابهِ

فَلوْ أَبَاحَ الْعَلَلْ   شَفَا جَميعَ الْعِلَلْ

وسْنَان حَالِ الطُّلَا
يَرْنُوا بِعَيْنَىْ طَلَا
رُضَابُه كَالطِّلَا

وَخدّهُ يُنْتَفَلْ   وعَنْه لا يُنتفَلْ

للّهِ عهْدُ الصّبَا
ايّام فَلْبِى صَبا
بِاللّهِ رِيحَ الصّبَا

حَيِّ بتِلْكَ الْحِلَلْ   لّلَابِسَات الْحُلَلْ

وَاخْصُصْ بمَدْحِى ابَا
يَحْيَى الرِّضَا والْأَبَا
عَنْ كُلِّ نَجْل[٣] أَبَا

وكُلِّ[٤] جُود فَبَلْ   فَكفُّه لِلْفُبَلْ

واحْسِن بشرْب الْمُدَام
فِى مَجْلس فِيهِ دَامْ

طَابُوا فَغَنّا النِّدَامْ

اشربْ وِدَادَ الْاجَلْ[5]   حَتّى يَحين الْأَجَلْ

١ ع «عَذَلْ» – ٢ كذا قرأتُ، ع «يُعَنّا بهِ» – ٣ كذا ع، ولعلّ الصواب هو «بُخْل» – ٤ ع «وكُلِّ» – ٥ يعنى «الأجلّ»

١٨٨

موشحة

حُثّ الْمُدامَ شمُولَا   فَالْعَيْشُ فِى شُربِ الْمُدَامْ
ولا تذَرْنِى عَلِيلا   وَاشْفِ فُؤادى المسْتَهَامْ
وَاعْص فِى[1] ذَاكَ[1] الْعَذُولا   فَالْعَذْلُ مِن خُلْوِ اللِّيَّامْ
وَخُذْهَا كَالزّلال   تُزِيل الِاعْتِلَالْ

واحْكِ ضِياءَ الصَّبَاحِ   بنُورهَا وَالّيْلُ جُونْ
وَهِمْ بِطَاوِى الْوشَاحِ[2]   حُلْو اللّمَا سَاجِى الْجفُونْ
اذ يَنْثَنى غَيْرُ صَاحِ   منَ الصِّبَا يَحْكِى الْغُصُونْ
بقَدٍّ ذى اعْتِدَال   حَوى كُل الْجمَالْ

مَن لِّى بهِ فِى الزِّئَامِ   ظَبْىٌ بَرا منِّى الْفُؤَادْ
ازَال عَنِّى مَنَامِى   واوْرَثَ الْجَفْن السُّهَادْ
وشَقّنِى بالْغرَامِ   وَالجسْمُ اضْنَاه فَبَادْ
فَقَلْبِى فِى خبَالْ   وَجسْمِى كالْخَيالْ

كَمْ ذَا أَرُومُ اصْطِبَارَا   وَذَا الْهَوَى لا يُسْعدُ

بَل اشْعَل الْقَلْب نَارَا		وجَمْرُهَا لا يخْمدُ
وقَدْ سبَانِى اغْتِرَارَا		هوَاكَ يَا مُحَمّدُ
فَجُدْ لى بِالْوِصَالْ		فَإِنّى غَيْرُ سَالْ

وغَادَةٍ ذاتِ[3] سِلْكِ		تَسْبِى النُّهَى بقَدِّهَا
اذَقْتُهَا[4] كُلّ ضَنْكِ		اذْ خُنْتُهَا[4] فِى وَعْدهَا
فَانشَدَتْ كَىْ تُبَكّى		قُلوبَنا بِوجْدِهَا
حَبِيبى[5] يَا غَزَالْ		الَى كَمْ ذَا الْمطَالْ

[1] كذا ع، ولعلّ الصواب هو «بِذَاكَ» — [2] هذه العبارة موجودة فى موشّحة ٢٦٤ — [3] كذا قرأتُ، ع «ذى» — [4] كذا ع، بضمّ التاء، ولعلّ الصواب بفتحها للمخاطب — [5] ع «حُبَيبى»

١٨٩

موشحة

تَأَمّلْ تَرَى أَىّ دَلْ		عَلى مِحْنَة الصّبّ دَلْ

نوَى الْخِلّ مَا قَدْ نَوَى
فَروّعَنِى بالنّوَى
وَقتّلَنِى بالجوَى

فَصَدّق دَمِى اوْ فَسَلْ		حُسَامًا مِّن اللّحْظِ سَلْ

قَضَى بالّذى أَحْذَرُ
عذَارٌ لّهُ اخْضَرُ
وَطَرْفٌ لّهُ احْوَرُ

وَعَـارِضُهُ اذْ أَطَلّْ[1]   فَـدمْعِي وَبْلٌ وَطَلْ

عَن الصِّرْفِ[2] لَا أَنْصَرِفْ
فِفِيهِ غَـزَالٌ تَـرِفْ[3]
بِهِ انَـا صَبٌّ دَنِفْ

عَلى حُسْنِه يُنتَفَلْ   وعَنْهُ فَمَـا يُنْتَفَلْ[4]

فَيَا امَلى فِى الْورَى
عَسَى زَوْرَة فِى الْكرَا
وعَطْفًا عَلى مَن يّرَا

هَـوَاك اجَلّ الْـمِلَلْ   وَانْ سُـمْتَـهُ بِالْـمَلَلْ

سَالْتُك ان تُـنْعِمَا
وَصِلْ مُـدْنَفًا مُّـغْرَمَا
غدَا افُقُـه مظْـلمَا[5]

سَـلَبْتَ هداهُ[6] فضَلْ   وَكانَ عَـزيزا فَـذَلْ

١ كذا ع – ٢ ع «الصَّرْفِ» – ٣ كذا قرأتُ، ع «يَرِفْ» – ٤ ع «يَنْتَفِلْ» – ٥ ع «مظْلَمَا» – ٦ كذا قرأتُ، ع «هواهُ»

١٩٠

افْلاكُ الْجيُوب   قَدْ حَوِيْنَ أَهِلَّهْ
مَا لَـهُنّ قُطْبُ   وَهْى للوَرى قبْلَـهْ

ما تلذّ عيْـنى   غَـيْر اوْجُه الشُّـفْر

فُضب اللّجَين اوْرَفتْ عَلى التِّبْر
لوْ فَضيْـنَ دَيْـنى مِن مّـرَاشِفِ الدُّر
مَـا عَلى حَـبيب لَـوْ ابَاح لِـى فُـبْلَـهْ
اذْ لمَـاهُ عَـذْبُ وبمُـهْجتِى غُـلّـهْ

شوّ عَنْ شفِيو ياسَمِين خَـدّيْـهِ
خطّ بِالْخلُـوق والْعَـبِير عَـليْـه
كَـيْف بالْعَـفِيو انْ يُّضافَ الَـيْـهِ
لِيْسَ بالمصِيب شَـادنٌ جَـا خِلّـهْ
اذْ أَتَـاه عَـتْبُ الْفِهِ عَنِ الْخُلّـهْ

مَن لّـهُ حَـبيبُ كحُـبّبى احْـمَـدْ
شَـادنٌ رّبيبُ فِى جَـمَـالهِ مُفْـرَدْ
لَحْظُـهُ مُصِيبُ كُلّ مَنْ بهِ يُـفْصَدْ
كَـمْ عَلى الْـفلُـوب فدْ احَـال مِن[1] نبْـلَـهْ
رِيشُـهنّ هُـدْبُ وَمرِيشُـها مُـفْـلَـهْ

بيْـنَـمَـا حبِيبِى جَـالِس[2] الَـى جَـنْبى[3]
اشْتَـكى وجِيبِى وَابُـثّـهُ كَـرْبِى
كِىْ يَـرَى طَـبِيبِى مَـا يُجنُّـه فَـلْبِى
حسّ بِالرّفيب فدْ اتَى على غَـفْـلَـه
نحْـوَنا يَـدِبُّ فبَـدتْ لَـهُ خَـجْـلَـهْ

كَـمْ شَكـتْ[4] هوَاهُ مِن شَـهيّـةِ الظَّـلْمِ
اذْ رَاتْ لَـمَـاهُ فَـاشْـتَـهتْـهُ لِلّـثمِ
ابْصَرتْ طُلَاهُ فَحكَـتْـهُ لِلُاُمّ

مَمّ أَىْ حبيبِ		شـلجَـمله شفرله
الْـفل الب		لبكله ٥ حمرلهْ

١ ع «مَن» – ٢ ع «جالسْ» – ٣ ع «جَنْب ى» – ٤ الكلمة غير واضحة بسبب ثقب فى المخطوطة
٥ كذا قرأتُ، ع «ابْكله»

حرف الميم

١٩١

موشّحة لابن حيّون

وَيْحَ قلبى فِى الْـهوَى من ضُرِّ مَـا		فِيهِ من نَـار الْـهوَى قَـدْ ضُرِّمَـا

وبنَفْسِى رَشَـأٌ وَاهِى الْـقُوَى
يَجْـهَل الحُبّ ولا يَـدْرِى الْـهَوَى
فَـهْـوَ لا يَـعْـذِرُ فِى حَـمْلِ النّـوَى
لَيْتَـهُ لوْ كانَ يَـدْرى قدْرَ مَـا		بجَـوى الْحُبِّ بقَـلْبِى قَـدْ رَمَـا

ايُّـها اللّائمُ مَـهْلا كَـمْ تَـلُومْ
قدْ سَبانِى من بنِى مَرْيَمَ[١] رِيمْ
مُشْرِقُ الْـوجْنَـةِ مِن مّاء النّعِيمْ
فهْىَ تُـدْمَى بكُـلوم كُـلّـمَـا		لحَظَـتْـهُ مُـقْلَـةٌ اوْ كُـلّـمَـا

يا غزَالاً صادَ ءاسَـاد الْـعَـرِينْ
بمُحيّاكَ الّـذى رَاقَ الْـعُـيُـونْ
لَا تُـعَـذِّبْ بهَـوَاكَ الْـعَاشقِينْ

وَان اسْتَعْبَدتّ صَبّا مُغْرمَا مَا افْتَضَى حُبكَ منْهُ مَغْرَمَا

عَنْدَمٌ فدْ لَاح عِنْد عَارِضَيْه
لمّا انْ فال الْهوَى لحَافِظَيْه
اكْتُبا ذَنْبَ تَجنّيهِ عَليْه

فِوْقَ خَدّيْه بِمسْك وَارْفُما صَوْلجًا فِى ذَا وفِى ذا ارْفَمَا

فلْتُ شَدْوًا حينَ فَال الْعَاذِلَانْ
لَكَ مِمّا تَصْطفِيهِ وَاشِيَانْ
وَهُمَا ايّاى عَمْدا يَعْنِيَان

مَنْ هُمَا ذا الْوَاشيَان مَنْهُمَا اخَذ اللّه حفُوفِى مِنْهُمَا

١ كذا قرأتُ، ع «يَرْيَمَ»

١٩٢

موشّحة لابِى بكر بْن بفى

لوَاحِظُ الْغِيدِ وَالدُّمَا اجْرَيْنَ مِن مُّفْلَتِى دَمَا

يا عبْرَتى كَمْ ذَا الِانسِكَابْ
عَلى رَشًا ظَلّ فِى الْعِتَابْ
وَانتَ يَا فلبِىَ الْمُصَابْ

صَبْرا عَليْهِ فَرُبّمَا إنْ جَاد بِالْوَصْلِ أَنْعَمَا

يَا منْ بهِ يُضْرَبُ الْمثَل
حَاشَاكَ ان تَرْضَى بِالْخبَل

مِمّـا أُرجّـى مِنَ الْأَمَلْ
ان لَّمْ أَنَلْ مِنك مَبْسَمَا أبيتُ اصْلَى جَهَنّمَا

عَلىّ عَلّلْ حَشَى الْكَئِيب
بريقِك الْبَارِدِ الشّنِيب
اذْ لَيْسَ لِى غَيْره طَبِيب
اظُنٌّ فِى ذَلكَ اللّمَا دَوَاءَ عيسَى بْنِ مَرْيَمَا

اتَيْتُهُ وَهْوَ فِى احْتِراس[1]
وعندمَا خَانَنِى الْفيَاس
فَبّلتُهُ فُبْلَةَ اخْتِلَاس
الَذّ من فَهْوَة بمَا[2] فِى كَبْد ظَمْئَانَ اذْ ظَمَا

لمّا بَدا يُكْثِرِ الْمَزَارْ
وَفَدْ كسَا خَدّهُ الْعِذَارْ
شَدَوتُه شَدْوَ ذى ازْوِرَارْ
صَباحُ خَدّيْك أَظْلَمَا فَسِرْ عَزيزًا مُسَلّمَا

١ ع «احْتِراسِ» – ٢ الغصن الأوّل للدور الخامس موجود فى موضعين فى المخطوطة، ههنا فى وسط هذا السمط ثمّ بعده

١٩٣

موشحة[1]

لَوَاحِظُ الْغِيدِ تَيّمَتْ فَلْبِى
فَمن مُّجيرى من لَوْعَة الْحُبِّ

حَسْبِى غرَامِى فَضَى[٢] به نَحْبِى
كَأَنّ فَلْبِى جَنَاحُ عُصْفُور مُصْمَا
بِأَسْهُم فِوّفَتْ لمَذْعُور حَتْمَا

وهَلْ عَلىّ فِى الْحُبِّ مِنْ بَاس
وَفَدْ فُتِنْتُ بأَمْلَحِ النّاسِ
عَذْبِ الثّنَايَا عِطْرِىّ الآنفَاسِ
لَوْ نال مَيْتٌ من تِلْك الثّغُور لَثْمَا
لعَادَ حيّا كالرّوْض المَطُورِ بِالْمَا

عفيلة بيْنَ خُرّد اتْرَاب[٣]
ابْصَرْتُهَا عِند غَفْلَةِ الرُّفَاب
شَمْسًا تُنِيرُ فِى سُنْدُس الْأَثْوَابْ
فخِلْتُهَا افبَلَتْ مِنَ الْحُورِ لَمّا
ابْصرتُ بَدْرًا من تَحْتِ دَيْجُور نَمّا

اشْكُوا الَيْهَا جُفُونَها المَرْضَى
عسَى تَرِقُّ لمَا بى اوْ تَرْضَى
فصِرتُ كَالْمُسْتَجِيرِ بالرّمْضَا
مِن حَرّ نَار ومَنْ[٤] للسّعِير يحْمَا
يُطْفِى[٥] لَظَاهُ تُفّاحُ[٦] الصُّدُورِ ضَمّا

هَذا فُؤَادى اسِيرٌ لّدَيْكِ[٧]
لا تَمْطليهِ[٨] بلَثْمِ خَدّيْكِ
فَفُلْتُ وَالنّوْمُ حَشْو عَيْنَيْكِ
†نشى كيذى نمكير ذ† غرير كلمَا

†نزاى[9] شر شوط† درمير[10] ممّا[11]

١ هذه الموشّحة موجودة فى جيش التوشيح (فصل ٦، موشّحة ٩) بين موشّحات الكميت، والنصّان متشابهان إلّا فى الخرجة – ٢ فى جيش التوشيح «أفضى» – ٣ ع «اتْرَابِ» – ٤ فى جيش التوشيح «بهَل» – ٥ ع «يَطْفِى» – ٦ ع «تُفّاحَ» – ٧ كذا فى المخطوطة وفى مخطوطات جيش التوشيح، ومع ذلك عسى أن يكون الأصل «أَسِيرُ نَهْدَيْكِ» – ٨ ع «تُمْطليهِ» – ٩ أو «تراى» – ١٠ ع «درمبر» – ١١ فى جيش التوشيح الخرجة كما يلى

لا كان فى بون اسا مدورى بما

الوذ سنى نون مو سرى مور ياما

١٩٤

موشحة للمؤلف رحمه اللّه

بمهْجتِى شَادِنٍ من الانسِ
لَهُ مُحيّا ابْهَى من الشّمْسِ
ما انْ لَّهُ فِى الْأَنَامِ مِن جنْس
بَدْر عَلى غُصْنٍ نّاعِمِ اللّمْسِ

تحْتَ نِقَابِ هِلَال ظَلْمَاء تَمّا
يَرى انتِحَاب ووَهْى حَوْبَاء حُكْمَا

لَهُ مُحيَّا كَالشّمْسِ[1] بَل ابْهَى
لهُ [2]جمَال كَالْحُسْنِ[2] بَل انْهَا[3]
لهُ جُفُون كالحتْفِ بَل ادْهَى
له رُضَاب كالشّهْد بل اشْهَى

خمرُ شبَابِ   جَالَ بِلَمْيَاء   ظَلْمَا
مِثْل الْحُبَابِ   من فَوْق صَهْبَاءِ   يُحْمَا

يَا شادِنا فِى الْفُؤادِ مَثْوَاهُ
من كُلِّ حُسْن قَدْ صَاغَهُ اللّهُ
اصْمَتْ فُؤَادَ الْكَئِيب عَيْنَاهُ
وابْتَزّ عَقْلَ[4] الأَنَام مَرءَاهُ
منْهُ اكتِئابِ   وفِيهِ نَعْمَاء   لَثْمَا
ضَاعَ شَبَابِ   وَسرّ اعْداء   حَتْمَا

اضْرمَ نَارَ الاسَا عَلى قَلْبِى
مُهَفْهَفٌ مَّائسٌ عَلَى كُثْبِ
فَهَا انَا لَا افِيقُ من كرْبى
بَزّ اصْطِبارى وَقَدْ قَضا نَحْبِى
طَال عذَابِى   وَنَارُ احْشَاءِى   تُحْمَا
فَهَلْ لِّمَا بِى   مِنْ حَرِّ رَمْضاء   رُحْمَا

لمّا اطَال الْبعَاد وَالهِجْران
فَدَمْعُ عَيْنى[5] وَابلٌ هَتّانْ
وَصرتُ اشْدُوا كمُغرَم هَيْمان
اذْ مرّ بِى يَنْثَنِى كغُصْنِ الْبَانْ
رَشَا لِمَا بى   فِى الْحُبِّ اعْدَاءِى   لمَا
رَضَا عَذَابِى   أُحَيْمدُ النّاءى   ظُلْمَا

١ كذا قرأتُ، واللفظ غير واضح بسبب ثقب فى المخطوطة – ٢ كذا ع ، والظاهر أنّ النصّ غير صحيح – ٣ كذا ع، ولعلّ الصواب هو «أزهى» – ٤ ع «عَفْلُ» – ٥ يعنى «عينَىَّ»، ع «عينى»

١٩٥

موشحة

تسَامَا غَرَامِى الَيْك عَمّا يُسَامَا

رحَلْتَا وَأَبْفَيْتَنِى كَئِيبًا مّشُوفَا
وَبِنْتَا وَأَضْرَمْتَ فِى الْفُؤَادِ حَرِيفا
وَانتَا الْمنَا لَمْ اجِدْ الَيْك طَرِيفَا
تُرَى مَا زَمَانٌ مضَى هَلْ يَعُودُ لزَامَا

ارَانِى اطَعْتُ الْوُشَاة فِى حُبّ رِيمِ
دَعَانى لِدِينِ الصِّبَا بِلَفْظٍ رّخِيم
سَبانِى عِذَارٌ لَهُ فِدَعْ يَا نديمِى[١]
مَلامَا لِأنّ الْعِذارَ بالْعُذْر فامَا

ضَلَلْتُمْ سَبِيل الرّشَادِ فُلْ لِلّوَاحِ
وجُرْتُمْ عَلى الْهَائم الشّدِيد الْجِمَاحِ
وَفُلْتُمْ [٢]رضاءى فِى الْفسَادِ بَعْد الصّلاحِ[٢]
رءَا مَا يُرَوّعُ[٣] الْعُفول حُسْنًا فِهامَا

جَمَالُ بِهِ يَسْتَمِيلُ حَبّ الْفُلُوب
غَزَالُ حَكى مُفْلَتَىْ غَزَال رّبِيبِ
هِلَالُ يَفُوقُ عَلى غُصْن بَان رّطِيب
اذَا مَا بَدا للفُلوب مِنْهُ احْتِشامَا

سَهِرتُ[٤] وَكَيْفَ يَنَامُ صَبٌّ مُّعَنَّا
وَفُلْتُ لبَرْقِ الشّمَالِ اذْ لَاحَ وَهْنَا

ذكَرْتُ لِيَالى الْوِصَالِ لَمّا تَغَنّا

حَرامَا عَلى الْعَيْن أَنْ تَلَذّ الْمنَامَا

١ ع «ندِيمِ ى» – ٢ كذا ع، ولعلّ الصواب هو «رضاءى الفسادُ بعد الصّلاحِ» – ٣ كذا ع – ٤ ع «سَهَرتُ»

١٩٦

موشحة[١]

عَرِّجْ بِالْحِمَا وَسْئَلْ بِالْكَثِيب عَنْهُمْ أَيْنَمَا

هَذى الْأَرْبُعُ

مِنْهُمْ بَلْقَعُ

اين الْأدْمُعُ

ضَرِّجْهَا دَمَا وَفُمْ بِالنّحِيب نُفِمْ مّأْتَمَا[٢]

لَمْ يَدْرِ الكَئِيبْ

مِنْ أَيْنَ اُصِيبْ

لَاكِنّ الْحَبِيبْ

دَرَا اذْ رَمَا يَا عيْنَىْ حَبِيبى[٣] مَوْتِى[٤] أَنْتُمَا

شافَتْنى الْبُروق

مِنْ ثَغْر يَرُوقْ

بِمَنْ لِّلمَشُوقْ

بِرَشْفِ اللّمَا وَمَن لجَدِيبِ بِمَاءِ السّمَا

عِشْق فِى اغْتِراب
وَشانى عُجَابْ
اظْمَا فِى الشَّبَاب
لِوَصْلِ الدُّمَا   فهَل فِى المشِيب   يَزُولُ الظَّمَا

بيْنٌ مُّسْتَدَامْ
وَاخْشَى الْحِمَامْ
يَا رَبَّ الانَامْ
تَدْرى قَدْرَ مَا   ابْقى فِى الْمغِيب   فارْحم مُّغْرَمَا

١ هذه الموشّحة موجودة فى المُغرب لابن سعيد (٢، ٢٩٠)، منسوبة إلى ابن الفضل، بدون الدور الخامس – ٢ ع «مَّأْثَمَا» – ٣ ع «حَبِيب ى» – ٤ ع «مُوتِى»

١٩٧
موشحة

فى وِرْد اللّمَا   شقَاء اللَهِيب   وَبَرْدُ الظّمَا

فُؤَادِى صدِ
ومِن مقْصَدِ
حِمَى مَوْرِدِ
تَرى الاسْهُمَا   وَطَيْر الْقُلُوب   لهَا حُوّمَا

قَلْبِى مُسْتَطَارْ
مَمْنُوعُ الْقرارْ
حَلِيف ادِّكَارْ

ظَبْيٌ اسْلَمَا فَلْبِي لِلْوَجِيب وَمَا سَلَّمَا

حَنِينِي الَيْهْ[1]

وفَلبِي لدَيْهْ[1]

فِيَا مُقْلَتَيْهْ[1]

سُقْمِي منكُمَا ومَا مِنْ طبيب الّا انتُمَا

حاوَرت[2] الْحوَرْ

مِنْ جَفْنَيْ عُمَرْ

بوَحْيِ النّظَرْ

فِمَا كُلِّمَا[3] باللّحْظِ المُريب الّا كَلَّمَا

انْ جَدّ الرّحِيلْ

لتِلْكَ السّبِيلْ

شدَوت الْخَلِيلْ

عَرِّجْ بالْحِمَا وسْئَلْ بالكَثِيب عَنْهُم ايْنَمَا

١ ع بكسر الهاء – ٢ كذا قرأتُ، ع «جاوَرت» – ٣ ع «كَلَّمَا»

١٩٨

موشحة[1]

يَا مَن أُغَالبُه وَالشّوْقُ اغلَب

وَارْتَجى وَصْلَهُ والنّجْم افربْ

سددتّ بَابَ الرِّضَا عَنْ كُلِّ مَطْلَبْ

فزُرْ وَلَوْ فِى المَنَامِ ²وَجُدْ بردِّ² السّلامِ
فافَلّ الْفَليل يُبْفِى ذَمَا الْمُسْتَهَامِ

كَمْ ذَا اُدَارِى الْهَوى وَكَمْ اُعَانِيه
وَلوْ شَرحْتُ الْفَليل مِن مّعَانيهْ
مَلأْتُ اسْمَاعَكُم ممّا ادَانِيه

هيْهَات بَاعُ³ الكَلام مِن أَنْ يّفِى بِالْغَرامِ
اين منّى جَمِيل وَعُرْوَةُ بْنُ حِزَام

امّا⁴ هَوَاكَ وفِى فَلْبى مَصُونُ
لَيْسَتْ مُتَرْجمَةٌ⁵ عَنْهُ الظُّنُونُ
انْ لّمْ اصِفْهُ انَا فمَن يّكُونُ

نزّهْت فِيهِ مَفامِ عَنْ سَمْعِ اهْل الْمَلَامِ
اينَ فَالٌ وفِيل مِن لّوْعَتِى وَهُيَامِ

للّهِ مَا كانَ مِن يّوْم بَهِيج
بنَهْرِ حِمصَ عَلى تِلْك الْمُرُوجِ
ثُمّ انْعَطفْنَا الَى فَم الْخليج

نَفضّ مِسْكا ختَامِ⁶ عَنْ عَسْجَدِىّ الْمُدَامِ
وَرِدَاءُ الاصِيل تَطْوِيه كَفّ الظَلَامِ

وَليْلَة بذلَتْ فِيها⁷ الْوِصَالَا
حتّى اذَا مَا خَلِيجُ الْفَجْرِ صَالَا
فامَتْ مُروّعَةً تبْغِى انْفِصَالَا

وَاذ اتَتْ لِلسّلَامِ لثَمْتُ فَوْقَ اللّثامِ
وَارْتشَفْتُ الشّمُولْ مفْدُومَة بفِدَامِ

١ توجد الأدوار الأوّل والثانى والثالث من هذه الموشّحة فى المُغرب لابن سعيد (٢، ١٢٢) منسوبة إلى ابن الفرس – ٢ كذا فى المُغرب، ع «وَجُدْ وَلَوْ برَدٍ» – ٣ كذا فى المُغرب، ع «باعِى» – ٤ الكلمة غير واضحة بسبب ثقب فى المخطوطة – ع «مُتَرْجمَةٌ» – ٦ يعنى «ختَامِيًّا» – ٧ كذا قرأتُ، ع «ويهِ»

١٩٩

موشحة

يا بخِيلْ　　كَمْ تَرضى بِذَا الِاسْمِ

البُخْل فَبيحُ　　فِى أَهْلِ الْجمَال
اذْ انتَ مَلِيحُ　　فَجُدْ بالْوِصَالِ
امَا لَكَ رُوحُ　　فَارْفُقْ بالرِّجَال

كَمْ فتِيلْ　　فتَلتَ بِلا إِثْمِ

بالطّبْعِ الْغَرِيزى　　خَلعْتُ الْعِذارَا
فِى عَبْد الْعَزِيز　　مُذِلِّ النّصَارَى
مُذِلِّ الْعَزِيز　　ذُلّا وَافْتِدَارَا

مَن يّمِيلْ　　الَيْهِ فَبِالرّغْمِ

غَزَالٌ جَمِيلُ　　رُزِفْتُ رِضَاهُ
وَفِيهِ أَفُول　　اذْ فَبّلْتُ فَاهُ
مَوْلاى جَمِيلُ　　لَاكِنّ لَمَاهُ

كَالشّمُول[1]　　اوْ كَالمِسْك فِى الشّمِّ

بحَقِّ الْمَسِيح　　عِيسَى بْنِ الْبتُول

مُحْيِى[٢] كُلّ رُوح   بِإِذْنِ الْجَلِيلِ
انْظُر من جَرِيح   عَلَيْك فَتيل
ذِى غَلِيلْ   عَلَيْكَ[٣] بِلا سُقْمِ

لَمّا اتَى زَائِرْ   لِغَيْظ الرّقِيب
وَعادَ مُنَافِرْ   كَالظّبْى الرّبِيب
نَادَيْتُ يا غادِرْ   وقلتُ حَبِيب
كَمْ تُطِيلْ   نِفارك لِلْقَوْمِ

١ ع «كَالشُّمُول» – ٢ ع «مُحْنِى» – ٣ كذا ع

٢٠٠

موشحة

بِى النُّحُولْ   خَفِيتُ عَنِ الْوَهْمِ

مُذْ فِكّرْتُ بِكْرِى   لَمْ أَلْحَظْ سوَاكا
يَا ضَيْعَةَ عُمْرِى   لَوْلا مُجْتَلَاكَا
عَلِّلْ حَرّ صَدْرى   بِبَرْد[١] لَماكا[١]
بِالْغَلِيلْ   يُعَلّلُ[٢] بِاللّثْم

فَصِرْت عَلَيْكَا   بُوسِى ونَعِيم
وَمِلْتُ الَيْكا   بِالطّبْعِ القَوِيم
لَمْ اعْدِم لَدَيْكا   سَجايَا الْكَرِيم

لا مَـلُـولْ   ولا جَـائِرِ الْحُكْمِ

الَـيْك اميلُ   مُـعْـتَـزًّا[3] بهُـونـى[4]
وَبيكَ أُجِيل   فِدَاحَ الْفِتُـونِ
وكِدتّ أَفُـولُ   عَنْ غُنْجِ الْجُفُـونِ

سَـلْسَـبِيل   لوْلا فِتْرة السُّـفْمِ

مُـذْ سَـلَّطتّ[5] جَفْـنَكْ   عَلى الْـفَـلْبِ فَـدّهْ
عِنْدى انّ حُسْنَك   حوَى السّبْقَ وحْدَه
وحَـفَّـفْتُ انّكْ   فَـدْ أَصْبحتَ فَـرْدَهْ

لا أَفُـول   فِى ذَاكَ بِلا عِلْم

هوًى لا يُحَـدُّ   يَـفِلّ لِمثْـلِك
ارُوحُ وَاغْـدُوا   الَى ظِلِّ وَصْلِكْ
وغَـيْرِى يَشْـدُ   شَـاكٍ جَوْرَ بُخْـلِكْ

[6]يا بخِيل   كمْ تَـرْضى بِذَا الِاسْمِ[6]

[6]الْـبُخْلُ فَـبيحُ   فِى أَهْلِ الْجمَـال[6]
[6]اذْ أَنتَ مَـلِيحُ   فَجُـدْ بالْـوِصَالِ[6]
[6]امَـا لكَ رُوحُ   فَـارْفُو بالرِّجَـال[6]

١ الكلمة غير واضحة بسبب ثقب فى المخطوطة – ٢ ع «يُـعَلّل» – ٣ كذا قرأتُ، ع «مُـعْـتَـزى»
٤ ع «بهُـون ى» – ٥ ع «سَـلَّطتٌ» – ٦ كذا فى المخطوطة: انظر مطلع الموشّحة السّابقة وأغصان دورها الأوّل

موشّحة

وَيحَ عُذّالى رَفدُوا عَنْ لَيْل السّلِيمْ
سهَرِى أَكْثَرْ مِنْ ظلَامِ الّيْلِ البَهِيمْ

اين مَنْ أَبْصَرْ مِثْل حَال الْفَلْب الْمرَوّعْ
هامَ فِى ازْهَرْ كَالثُّريّا مَا فِيهِ مَطْمَعْ
كَيْف لا تَسْهَر مُفْلتِى هذَا الّيْل اجْمَعْ
وَمن ءَامَالِى نَظْرة فِى زُهْر النّجُومْ
فَعسَى أُبْصِرْ[1] نَيّرا يُحْمَى بالرُّجُومْ[2]

مَالِكُ الارْوَاحْ فَاعِل فِيهَا ما يَشاءُ
نَيّرٌ وضّاحْ ارْضُه فِى الْعِزّ سَماءُ
مِرح مُرْتَاحْ اسْرفَت فِيهِ الْخُيلَاءُ
نخوةُ الْوَالى ينتخى بالْملك الْعفِيم
مثْل مَا يحذرْ[3] مُرْتَج لِلامْرِ الْعَظِيمْ

زينةُ الدُّنيَا رَشَأٌ يُعْزَى لِلسّمَاكِ
منَح الرّيّا ' من لّمَاه عُودَ الْأَراكِ
وحَمَى[4] السُّفْيَا مُدْنِفا تبْكيهِ الْبَواكى
اىُّ جرْيَال جَائِل فِى درّ نظِيمْ
من سَفى الْجَوْهَر خَمْرة مِّنْ غَيْر الْكُرُوم

مَائِسُ الاعْطَاف يتَراعَى[5] مِنْ مُّفْلتَيْهِ
مُثْفَل الارْدَافْ خلفت[6] اعْباءً[7] عَلَيْه
بَارِعُ الْأَوْصَاف كُلُّ حُسْن يُعْزَى الَيْه

عَاطِلِ حَال   سَافِرٌ عن خَدٍّ وَسِيمْ
كَالضُّحَى النَّيِّر   كَالنّفا كَالْغُصْنِ الْفَوِيمْ

رَشَأٌ فِرْدُ   شَأْنُهُ هَجْر اوْ صُدُودُ
فَدُمَ الْعَهْدُ   وَهَوَاه غُصْنٌ[8] جَدِيدُ
وَلفَدْ يَبْدُوا   مبدئ فِى الْحُبِّ مُعِيدُ

ما انا سَال   عَنْ هَوَى المحْبُوب الْفَدِيمْ
انَّمَا اصْبرْ   عَنْه صَبْر الْحُرِّ الْكَرِيمْ

١ ع «ابْصَرْ» – ٢ ع «بالرُّجُومِ» – ٣ فى المخطوطة ما يماثل «يُحَذرْ» – ٤ كذا ع ، ولعلّ الصواب هو «حبا» – ٥ كذا ع ، ولعلّ الصواب هو «يترامى» – ٦ يعنى «خُلِفَتْ» – ٧ كذا قرأتُ، ع «اعْياءً» – ٨ ع «غُصُنٌ»

٢٠٢

موشحة لابِى بكْر بن بق

رَميْتَ فَمَا أَخْطَأْتَ يا رَامِ   فَجُرْحُ فُؤادِى هَاطِلٌ دَامِ

حَلالٌ لمَنْ افْصَدَ فِى فَتْلِى
ومَا فَاتِلٌ لِلنّفْسِ فِى حِلِّ
رضِيتُ بِحُكْمِ الأعْيُنِ النُّجْلِ
وَلَمْ ادْعُ أَنْصَارِى الى حَلِّى[1]
وَمِنْ اجْلِ ان يشْمتَ[2] لوّامِ   صبَرتُ فَلمْ اشْكُ بئَالامِ

يلُومُونَنِى فِى رَشَإٍ أَحْوَى
لهُ لحظاتٌ تعْرِف النّجْوَى

وَفَدٌّ رّطِيبٌ يَنْثَنِى زَهْوَا
ورِيفتُه احْلَا مِن السّلْوَى
اذَا زَارَنِى فَصّرَ ايّامِى[3] ويَوْمِى اذَا مَا غَابَ كَالْعَامِ

ولِى فَسَمٌ بِالشّبَةِ اللّمْيَا
وباللّحظ يبْرى كَبدى بَرْيَا
لفَدْ اجْمعَ النّاسُ عَلى يَحْيَى
ومَا سَلّمُوا الّا لَهُ الْعليَا
ومَن كان فِى رُتْبَة بَهْرَامِ فَأهْلا بِإجْلالٍ واعْظَامِ

الى ابْن عَلى جَدّ بِى جِدّى[4]
فَادْرَكْتُ نعْمَاىَ مِن الْجَدِ[5]
تَكفّل لِلعَافِينَ بالرِّفْدِ
وَحَلّ[6] باعْلَى رُتْبةِ المَجْدِ
فَأحْيَا الْبرايَا جُودُه الهَامِ وجَازَ الثُّريَّا فدْرُه السّامِ

بصُحبتِه سَوّغَنِى عُذْرِى
غزَال رّخيم زَارَ عَنْ عفْر
وَفَالَ الَا حَىّ عَلى الخَمْر
فَفُلْتُ مَضَى الْعَهْدُ الّذى تَدْرى
فَكيْف عَلى الفهْوَة افْدَامِ وصَاحِبُنا صاحِبُ احْكَامِ

١ ع «حلِّ ى» – ٢ كذا ع، ولعلّ الصواب مثل «يصمت» أو «يسكت» – ٣ ع «ايّام ِ ى» – ٤ كذا قرأتُ، ع «جدّى» – ٥ ع «الْجِدِّ» – ٦ كذا قرأتُ، ع «وكلّ»

٢٠٣

موشّحة

بِأَبِى رَشًا[١] جَدّ بِى ظُلمِ　　بِلَا جُرْمِ

سَلّ سَيْف عَيْنَيْه

دُونَ رَوْض خَدّيْهِ

وسَطَا بليْتيْهِ

وِرِمَا فمِيصًا مِّنَ السُّقمِ　　عَلى جِسْمِ

الْحُسَام مِن طَرْفِه[٢]

والشِّهَاب من شنفِه[٢]

والْعَبيرُ مِن عَرْفِه[٢]

وَالْحيَاةُ للصّبّ فِى لَثْم　　ذَاكَ الظّلْم

رَدّنِى عَنِ الْوِرْدِ

بصَوارمِ الصَّدّ

فَانَا مِنَ الوجْد

فَدْ نحلْتُ حتّى خَفَا جِرْم　　عَنِ الْوَهْمِ

اطْلَعَتْهُ ءافَافُه[٣]

وحَمتْهُ احْدَافُه[٣]

فيَراهُ عُشّافُه[٣]

مِثْل مَنْ يّمدُّ[٤] يدَ الضّمّ　　الَى النجْمِ[٥]

اى شَادِن تَيّاهْ

فَال لِلّذى يَهْوَاهْ

خَوْفِ ان يُقَبِّلَ فَاهْ

اشْتَكِيكَ ان سمتَنى لثم الَى أمِّ

١ كذا قرأتُ، ع «رَشَاً» – ٢ ع بكسر الهاء – ٣ ع بضمّ الهاء – ٤ كذا قرأتُ، ع «يَضمُّ» – ٥ الكلمة غير واضحة بسبب ثقب فى المخطوطة

٢٠٤

موشحة لليكى

فِى جَفْوَة الجَفْنِ	لِلْمنَامِ	مَا شِئْتَ مِنْ بُوسَا[١]	فِى الْغَرَامِ
	فدْ شبّتِ الحَرْبُ	فِى إلَاءِ[٢]	
	مِن لحْظِه عَضْبُ	ذو مضَاء	
	فَدْ سَلّهُ الهُدْبُ	لِلّفَاء	
فَكَيْف بِالْأَمْنِ	مِن حُسَامِ	امضَى وَانْ فيسَا	بِالْحِمَامِ
	يا وَارثَ المجْدِ	وَالْفخارِ	
	فُل كَيْف لِلْعَبْدِ	بِاصْطِبَارِ	
	ورَوْضَةُ الوَرْد	وَالْبَهَارِ	
تُحْرسُ ان أَجْنِ	باللِّثَام	كَالزّهْرِ محْرُوسا	بالْكمَامِ
	مَن ذَا يُسَامِيكا[٣]	فِى الْجَلَالِ	
	امْ مَن يُسَاوِيكَا	فِى الْجمَالِ	
	تَكْفِيك تكْفِيكَا	ذى[٤] الْمعَالى	
افْسَمتُ بالرُّكْن	وَالْمفَامِ	مَا كانَ مَبْخُوسَا	مِنْ[٥] تسَامِ

رِيقُك امْ شُـهْـدُ   امْ رَحِيوُ
خَدُّك امْ وَرْدُ   امْ شَفِيوُ
عَرْفُك امْ نَـدُّ   امْ خَلُوقُ
امْ جِئْتَ مِنْ عَـدْنِ   لِلْأَنَامِ   كَيْ تَشْفِى مَغْموسَا   فِى السَّفامِ

فَدْ فُلْتُ اذْ لَاحَا   فِى الْعِمَامَهْ
كَالْبَدْر وَضَّاحَا   فِى غَمَامَهْ
وَالزّهْر اذْ فَاحَا   فِى كمَامَه
يَا حَارِسَ الْجَفْن   بِاللِّثَامِ   فُمْ بُوسَنى بُوسَا   بِالذِّمَامِ

١ مخفّفة من «بؤساء» – ٢ كذا ع، ولعلّ الصواب هو «أَلَاءِ» – ٣ ع «يُسَامِيكَ» – ٤ كذا قرأتُ، ع «ذَا» – ٥ ع «مَن»

٢٠٥

موشحة

غرّدَ الطّيْـر فنَبِّه مَن نَّعَسْ   يا مُدِيرَ الرّاحْ
وَتَعرّى الصُّبحُ عن ثَوب الْغَلَسْ   وَانْجَلى الإِصْبَاحْ
فأدِرْهَا عَنْبَرِيَّةَ[1] النّفَسْ   تجْلبُ الافْرَاحْ
فَهْوَة فِى الْكَاسِ تَرْمى بِشَرَرْ   عَرْفُهَا مَخْتُومْ
هَاتِها وَيْحَك فدْ حَيّا الزّهَرْ   عَارِضٌ مَرْكُومْ

انْتَبِهْ يا صَاحِبى كَمْ ذَا تَنَامْ   ستَنَامُ طَوِيلْ
فُمْ ترَى الزّهْـر مُفَتّح الْكمَامْ   والنّسِيم عَلِيلْ
وَجرَى الْمَاءُ وَفَدْ غَنّى الْحمَامْ   فَوْقَ غُصْن يَمِيل

واجَابَ الطَّيـر تَـرْنين الْـوتَـرْ   بمُّـهُ مَـزْمُـومْ
وتَـرى الطَّلّ عَلى الْـوَرْد نثَـرْ   جَـوْهَـرا مّـنْظُومْ

يا بَـنى جالُـوت لِـى فِيكُـمْ رشَـا   جَلّ عَنْ تَشْـبيه
سَاحِرِ المقْـلَـة اهْـيَـف الْحَشـا   حَـارَ وصْـفِـى فِيهْ
وُلِّـىَ الْحُكْـمَ[2] فـيَـقْضـى مَـا يشَـا   بِأَبِـى اُفْـدِيهْ
جَـارَ فِى الْحُكْـمِ عَلَـىّ اذْ قَـدَرْ   فَـانَـا مَظْـلُـومْ
مَـا عَلى الْـقَـادِرِ لَـوْ شَـاءَ غفَـر   والرّحيم مَّـرْحُـومْ[3]

بِأَبِـى مِنْـهُ غَـزَال اهْـيَـفُ   شَـعْـرُه مَضْـفُـورْ
امِـنَ الشّـعْـر يَكُـونُ الذّنَـبُ   لِقِـتّى مَـهْـجُـورْ
قَـدْ بدَا لِـى حَـيّـةً تنْـعَـطِفُ   فَـانَـا مَـذْعُـورْ
انّـمَـا الْحَـيّـةُ حَـيّـةُ الشّـعَـرْ   لَـدْغُـها مَسْـمُـومْ
لمُحِبٍّ رّامَ ادْرَاك الْـوطَـرْ   فَـانثَـنَى مَـهْـزُومْ

وجْـهُـهُ كَـالْـبَـدْر لَـيْـلَـة التّـمَـامْ   لَـيْس بِالْأَفِلْ[4]
ثَـغْـره الدُّرّ يُـزينُـهُ النِّظَـامْ   مَـاؤهُ جَـائلْ
مَـاؤهُ يُشْـبِهُهُ مَـاء الْـغَـمَـامْ   لَـوْ شفَى نَـاحِلْ
حَظ عَـيْـنى مِنْـهُ دَمْعٌ وَسَـهَـرْ   فَـأَنَـا مَكْـلُـومْ
كَيْف لِـى مِنْـهُ بِإِدْرَاكِ الْـوطَـرْ   وَالْـوَفَا مَـعْـدُومْ

مَـرت السُّـفْنُ بِمَـنْ أَهْـوَى سَحَـرْ   وَيْحِ مَـا أَصْنَعْ
وَنَـوَى الرّحْـلَـة عَـنّى لِلسّـفَـرْ   لَـيْتهُ وَدَّعْ
فَـانَـا انْشـدُهُ[5] لمّـا هَجَـرْ   عَـلّـهُ يَـرْجِعْ
لَـيْـتَـنى رَمْـلَـهْ عَلى شَاطِى الْبَحَـرْ   اوْ مَـا او حلّـومْ
وتَرَاكَ عَـيْـنِى حِين تَـقْـلَعْ سَحَـرْ   لِبِلَاد الرُّومْ

١ ع «عَنْبَرِيّةُ» – ٢ ع «الْحُكْمُ» – ٣ كذا ع، يشير إلى تسكين الميم فى «الرّحيم» – ٤ يعنى «بالآفِلْ» – ٥ ع «انْشُدُهُ»

٢٠٦

موشحة لابِى الحسن بن حزمون

شَطّتْ بأَحْبَابِنَا دِيَارُ فَلا قَرارٌ ولا مَنامْ
يَا لَائِمى فِى الْبُكَاءِ دَعْنى باللّهِ لا تُكْثِرِ الْمَلَامْ

تَاللّهِ ما فِى الْبُكَاءِ عَارُ لِنَازِحِ الْأَهْلِ وَالْوَطَنْ
ابِيتُ وَالْقَلْبُ مُسْتطَارُ فَلَا نَدِيمٌ ولَا سَكَنْ
يَا قَلْب لا خَانَكَ اصْطِبَارُ هَلْ يَنفَعُ الْوُجْدُ وَالشّجَنْ
وقَدْ طَمَتْ بيْنَنَا بِحَارُ وَقَدْ عَلَتْ بيْنَنَا اكَامْ
فَعَلِّلِ النّفْسَ بِالتّمَنِّى فَكُلّ شَىْءٍ لّهُ تَمامْ

يا صَاحِ عُمْرُ النّوَى طَوِيلُ عَلى الْفتَى الْهَائِمِ الْمَشُوقْ
انِّى عَلَى الْعَهْدِ لا أَحُولُ لا عَاش مِن ضَيّع الْحُقُوقْ
فَلْبِى بنَارِ الْهَوى يَجُولُ لَوْ انّ دَمْعِى هُنَا طَلِيقْ
فكُلّما هَاجَنِى ادِّكَارُ حَسَدتُّ فى رِيشِها الْحَمامْ
عَلى دِيَارِ الْحَبِيب مِنّى يا صَاحِبى اطيَب السّلَامْ

مَا اعْذَب الْوَصْل وَالتّلَاقِى لَوْ لَمْ يَكُن يخْلو الْفِرَاقْ
هَل يَعْلم الْيَوْم مَا أُلاقِى من قَدْ اذابَ الْحشا اشتِياق
قَدْ بَلَغَتْ نَفْسِىَ التّرَاقِى فَهَل لّدَاء الْفِرَاق رَاق
اصْبَحتُ لا صَاحِيًا[1] أُزارُ وَلَا أُلاقِى أَخَا ذِمَامْ

يَا مَوتُ عُدْنِى وَلا تعِدْنِى   قَدْ طاب لُقْيَاكَ يَا حِمَامْ

لِلّهِ ايّامُنا الْخَوالى   وَالْعَيْشُ احْلى مِنَ الأَمَانْ
نَقْطَعُها وَالْفُؤَادُ سَالِى   عَن كُلِّ مَا يحْدث الزّمَانْ
كُلّ نَعِيمٍ الَى زَوَال   وَكُلّ شَىْء تَرَاهُ فَانْ
هيْهَاتَ مَا لِلْفتَى اخْتِيَارُ   وَالصّبْرُ من عَادةِ الْكِرَام
يا بَيْن رفْقًا عَلىّ انّى   مُتيّم الْقَلْبِ مُسْتهَام

لِلّهِ للّهِ مَا أقاسِى   يَا قَلْب مِن لَوْعَة الْبِعَادْ
قَدْ[2] ذُبْتُ شَوْقا الى كِناس   نِلْتُ بِها[3] غايَة المُرادْ
فَظلْتُ اشْدُو لِكُلّ نَاسِ   مَغْنَاهُ وَالدّمْعُ فِى اطّرَادْ
سقَى رُبَا مرْسِىَ الْقِطَارُ   وَجَادَ اعْلامَها الْغَمَامْ
دَار حمَائمهَا[4] تُغنّى   حَىّ عَلى اكْؤُس الْمُدَامْ

١ كذا ع، ولعلّ الصواب هو «صَاحِبًا» – ٢ كذا قرأتُ، «وَقَدْ» – ٣ كذا ع، ولعلّ الصواب هو «بِه» – ٤ كذا قرأتُ، ع «حمَامهَا»

٢٠٧

موشحة

كَمْ منْ قَتِيل شهيدِ
مَا بيْنَ نحْرٍ وَجيدِ
انْظُر الَى التّوْرِيد
يَنْدَى بمَاء الْخُدُود

كانّ رَشّ رَذَاذِ غذَاهُ مِن مَّاء النّعِيم
للّهِ بَلّةُ رَشّ جَادَتْ بِهَا كَفُّ النّسِيمْ

هَل مِن صَديو حَمِيم
ابُثّهُ مكْتُومِ
لَجّتْ عَلىّ همُومِ
ببِتُّ لَيْل السّلِيم

يَدى عَلى افْلاذِ ونَاظِرى يَرْعَى النّجُومْ
وَسَلْ بُنيّات[1] نَعْشِ اذ تسْتَدِير ولا تَرِيمْ

يَا ناصِحا وَهْوَ يُغْرِى
دَاريْت مَا لَيْسَ تدرى
دَعْنى وشانى وَأَمْرى
بَرُبّما فامَ عُذْرِى

بى مَنْظر اخّاذِ حلُوم ارْبَاب الْحُلوم
يَكَادُ مرْءاهُ يعْشى[2] بِى ظُلْمةِ الّيلِ الْبَهِيم

لمّا تَغنّى الْحَمَامُ
هاجَ الْهوَى وَالْغَرَامُ
وبَاحَتِ اللّوّامُ
وَالْعَاشِق المسْتَهَامُ

يلْتذُّ اى الْتذَاذ مخَابَةً ممّنْ يّلُومْ
كَانّما اللّوْم يفْشِ علامَةَ الْوُجد[3] الْقَدِيمْ

الْوَى بصَبْرى وَأَلْوَى
مُوَشّ[4] الثّغْر احْوَى

يَخْتَالُ تيهًا وَزَهْوَا

يُجْنِيكَ مُرّا وَحُلْوَا

بَادٍ كَنَورِ[3] الذّاذِ　　من بَهْجَةِ الْخدِّ الْوَسِيمْ

عَلَيْهِ الْحَاظُ رُفشٍ[5]　　تَحْمى الثّنايَا او شَمِيمْ

فَلمْ أَزَلْ ذا اعْتِراضِ

حتّى دبعْت لفَاضِ

عَلى الّذى شَاءَ ماضِ

فَقُلتُ ابْغِى التّفَاضِى

موْلاىَ يا فاضِ هَاذ　　دَيْنى عَليْها مِنْ قَدِيمْ

ومَا تُحِبُّ النَصَفْ شِ　　وتَدّعى انى عَدِيمْ

١ ع «يُنيّات» – ٢ ع « يعْش ى» – ٣ كذا قرأتُ، والكلمة غير واضحة بسبب ثقب فى المخطوطة – ٤ كذا ع، ولعلّ الصواب هو «مُوَشّر» – ٥ ع «رَفشِ»

٢٠٨

موشّحة

بمُهجَتِى تَيّاهْ　　احْوَى احَمْ

تُسَافِنِى[1] عَيْنَاهْ　　كئُوسَ سَمْ

ظبْىٌ مِنَ الْغيدِ　　غرٌّ نَشا

مُقلّدُ الْجيدِ　　طَاوِى الْحَشا

كَالبَانَةِ الرُّودِ　　اذَا مَشَا

تَرجْرجَتْ رِدْفَاهْ　　مِثْل الْأَكَمْ

ثُمّ انطَوتْ خِصْرَاهْ طَيّ الْعَنَمْ

هِلالُ دَيْجُورِ عَلى فَضِيبْ
وفَدٌّ خَيْزُورِ عَلى كثِيبْ
وَجِسْمُ بَلُّور غُصْنٌ رّطِيبْ
فد صَاغَهُ موْلَاهْ هِلَالَ[2] تَمْ
كَأَنّمَا خدّاهْ وَشْىٌ رّفَمْ

فَدْ أُفْرِغَ الْحُسْنُ دِرْعًا عَلَيْهْ
كَانّما عَدْنُ بِى وَجْنَتَيْهْ
وَالْإِنْسُ والْجِنُّ تخْضَعْ[1] إلَيْهْ
اليُمْنُ بِى يُمْنَاه لمَنْ رحَمْ
وَالاسْرُ بى يُسْرَاهْ لِمنْ حَرَمْ[3]

فَدْ لَجّ بِى الصَّدِّ مُحمَّدُ
وَالْعَيْنُ من جَهْدِ لا تَرْفُدُ
وَبِعْلُهُ عِنْدى مُسْتَحْمَدُ
يطِيبُ لِى ذِكْرَاهْ طِيبًا وشَمْ
كمَا يَلِذّ[1] الْجَاهْ لِمنْ حَكَمْ

بَفُلْتُ اذْ أَوْدَى بوَصْلهِ
ونَافَضَ العَهْدَا لِخِلّهِ
وَخَالَفَ الْوَعْدَا مِن نّيْلِهِ
[1]أَوْأَىْ غزيّلْ كاهْ[1] فَدْ كَانْ عَزَمْ
عَلى ان يُّفَبِّلْ بَاهْ ثُمّ نَدمْ

١ كذا ع – ٢ ع «هِلَالُ» – ٣ كذا قرأتُ، ع «جَرَمْ»

٢٠٩

موشحة

ثَغْرُ الرّوْضِ بَاسِمْ	لمّا بَكَى	مُنْهلّ الغمَائمْ

فَالرّوْضُ حلّاهُ	دُرٌّ نّظِيمْ
وَالزّهْرُ شذَاهُ	مِسْكٌ شمِيمْ
فَدْ حلّتْ حُبَاهُ	ايْدى النّسِيمْ

فيَا طِيبَ نَاسِمْ	يهْدى ذَكَا	ازْهَارِ الْكمَائمْ

فحُثَّ[١] كئُوسَا	صرفِ الْمُدَامْ
تُريكَ شمُوسَا	جُنْح الظّلَامْ
وَاشْربْ ودّ موسَا	نجْل الكِرامْ

٢	٢	٢

فتًى لَاحَ بَدْرُ	من وَجْنتَيْهِ
وَفَدْ فَاض بَحْرُ	مِن رّاحتَيْهِ
وَلَمْ يُعزَ فخْرُ	الّا الَيْهِ

فَلِلْوَفِرِ هَادِمْ	لِمَنْ شكَا	ولِلْمَجْد نَاظِمْ

يهْنيكَ ابْن حجّاجْ	مَجْدٌ أَصِيلْ
زَهَا منْكَ مِنْهَاجْ	لِلْمُسْتَنِيلْ
وجُودكَ ثَجّاجْ	فوْق الْجَزِيلْ

فمَا حَامَ حَائمْ	وَلَا حكَا	كجَدْوَاكَ حَاتِمْ

ويَا رُبّ غيْدَا	تَسْبى الْعُفول
غَنّتْ بِكَ وُجْدا	تشْكُوا الْغَلِيلْ

شَكَتْ مِنْكَ بُعْدَا	شَكْوَى الْعَلِيلْ

يا مَنْ هَجْرُهُ[3] دَائِمْ	ادِّ الزَّكَا	مِنْ وَصْلِكَ يَا ظَالِمْ

١ ع «فَحثٌّ» – ٢ فى المخطوطة بياض – ٣ كذا قرأتُ، ع «هَجَرْ»

٢١٠

موشحة

فُؤَادى حَشْوُهُ جَمْرُ

بِريم فَقْرهُ الْفَصْر

ولَاكِنْ ثَغْرُه دُرٌّ

وَكُلُّ صِفَاتِهِ سِحْرُ

وهَا انا عبْدُ ذَاكَ الرِّيمْ	بِسَهْمَىْ لَحْظِهِ مَوْسُومْ

بَدِيع صَاغَهُ اللّٰهُ

وَفِيهِ الْغُنجُ انْبَاهُ[1]

فَلَيْسَ الْحُسْنُ الَّاهُ

تُرِينَا الظُّلْمَ عَيْنَاهُ

ولاكِنْ خَدُّهُ مَظْلُومْ	بِلَحْظ عيُونِنا مَكْلُومْ

هِلَالٌ خَصَّهُ النُّورُ

بِمَا خُصَّتْ بِهِ الْحُورُ

فعَنْهُ الْحُسْنُ مَاثُورُ

فَإِنْ تَاهَ فَمعْذُورُ

لِأَنّ مِثَالهُ مَعْدُومْ   وَتِيهُ شَبِيهِهِ مَعْلُومْ

أَلَائِمُ[2] لَا تَكُنْ مُغْرَى
بلوْمِى فَهْوَ لِى أَغْرَا
وَعَاينْ[3] ذَلِكَ الْبَدْرَا
فَإِنْ أَلْفَيْتَ لِى عُذْرَا

بصَفْحَةِ خَدّه مَرْسُومْ   فَلَوْمُكَ فِى هَوَاهُ لُومْ[4]

اراهُ جَاءَ مِنْ عَدْن
وَرِضْوَانٌ عَلَى أَمْنِ
كجيئَة مَنْ بهِ غُنّى
لِرَفْم فَبَائِهِ[5] اللّدْن

حَبِيبِى فِى فَبَا مَرْفُومْ   كمَا جَا مِنْ بِلَادِ الرُّومْ

١ كذا ع – ٢ ع «الائِمْ» – ٣ ع «وَعَائِنْ» – ٤ يعنى «لؤم»، بتخفيف الهمز – ٥ ع «فِبَائِهِ»

٢١١

موشحة

مَا عَلَى عَيْنَيْك مِنْ فَوَد   فدْ كفَاهَا ذَلِكَ السّفَمُ

خُذْ بفَلْبِى ءَايَةً سَدَدَا
مَا اراهُ سَالِيًا ابَدا
لَا نُهَى[1] لَا صَبْر لَا جَلَدَا

أيُّها النَّبَّاثُ فِى الْعُقَدِ   أَهَوًى بِى مِنْكَ امْ لَمَمُ

لِى بِذَاكَ² المَنْظَرِ الْحَسَنِ

بِتْنَةٌ أَرْبَتْ عَلَى الْفِتَنِ

بَعْتُهُ فَلْبِى بِلا ثَمَنِ

كُلَّمَا أَعْطَيْتُهُ بَيَدِى   جَارَ وَهْوَ الْخَصْمُ وَالْحَكَمُ

لِأَمِيرِ المُسْلِمِينَ عَلِى

طَلْعَةٌ كَالشَّمْسِ فِى الْحَمَلِ

سَبَقَ الْأَمْلَاكَ فِى مَهَلِ

كَالْحَيَا كَالْبَحْرِ كَالْأَسَدِ   السَّنَا وَالْبَاسُ وَالْكَرَمُ

حَازَ هَذَا الْمُلْكَ مِن كَثَبٍ

وَمُلُوكُ الْأَرْضِ فِى الطَّلَبِ

فَانْثَنَوْا بِالْحَرْبِ وَالْحَرَبِ

وانْثَنَى بِالْعِيشَةِ الرَّغَدِ   فِسْمَةَ انَّ الْعُلَا فِسَمُ

رَاحَ فِى احْسَانِهِ وَغَدَا

فَنَسِيتُ الْأَهْلَ وَالْوَلَدَا

لَيْسَ كَالْمُشْتَاقِ حِينَ شَدَا

يَا نَسِيمَ الرِّيحِ مِنْ بَلَدِ   خَبِّر الْأَحْبَابَ كَيْفَ هُمْ³

_____

١ كذا قرأتُ، ع «تُهِى» – ٢ ع «ذلكَ» – ٣ هذه الخرجة موجودة أيضا فى موشّحة ٢١٩

٣١٧

٢١٢

موشحة[١]

ابَدْرُ تَمّ مُنِير　　بَدا لَنا امْ خُوطُ بَانْ　　امْ رِيمْ
بِى أَحْسَنِ التّقْوِيمْ　　دَمْعِى عَلَيْهِ يَوْمَ بَانْ　　مَسْجُومُ[٢]

اهْوَاهُ وَانْ نفَرْ　　وسَامنِى سُوء الْعَذَابْ
مُبتَسِمٌ عَنْ دُرَرْ　　تَصُونُها لُعْسٌ عِذَابْ
نِعْم النّدِيم حَضَرْ　　بهِ وَانْ عَافَ الشّرَابْ

بسَقِّنى بِالكَبير　　بَليْسَ بِى بنْتِ الدِّنَانْ　　تاثِيمُ
رَحيقُهَا المختُومْ　　وَبدؤ[٣] الْحَانِ الْقِيَان　　تتْمِيمُ

معْنَى التّصَابِى غَريب　　بَدِنْ بعَتْبِ الْعَاتِب
بَالعَيْشُ لَيْس يَطِيبُ　　الّا معَ الْحبَائب
دَعْ عَنْكَ ذِكْر الْحرُوب　　وَانْظر الى الكَوَاعِب[٤]

فَدْ اشْرَعَتْ بِى الصُّدُور　　اسِنّةً عَلى الطِّعَانْ　　تَحُومُ
يَا لَيْتَنى المكْلُومْ　　مَا بِى دَمى عَلى الحِسَانْ　　تحْرِيمُ

سَلَوْتُ عَمّا أَرَى　　مِنْ حُسْنِ ءَارَامِ الْعِبَادْ
وَخُضْتُ بَحْر السُّرَى　　لَعَلّنِى الْقى جَوَادْ
ومَا ابَالى الْورَى　　اذا ابو[٥] يعْقُوب[٦] جَادْ

ومَن الَيْه اُشِيرُ　　لَهُ عَلى النّجْم مكَانْ　　مَرْسُومُ
دَامَ لهُ التّقْدِيم　　بَالرِّزْقُ مِنْ تِلْكَ الْبَنَانْ　　مَقسُومُ[٢]

مَات[٧] اُسْد الرِّجَال　　مِنْهُ بلَيْثٍ بَاسِلِ
لَمْ يَلْقَ يَوْمَ النّزَالْ　　الّا خَضِيب الْعَامِلِ
مَقْلُول بيضِ النِّصَال　　مُحطّم الذّوَابِلِ

اذِ الْعُجَاجُ اثِيرْ　　وَلَمْ يَكُن عَلى السِّنَانْ　　تحْكِيمُ
مضَى عَلَى التّصْمِيمْ　　لِعِلْمهِ انّ الْجَبَانْ　　مَحْرُومُ

مُسْتَشْعِر ثَوبَ باسْ　　مُشْتَمِلِ رِداءَ جُودْ
سَلِ عَنْهُ رُكْبَان فَاسْ　　مِن صَادِرِين وَوُرُودْ
يُخْبِرُكَ عَنْهُ أُنَاسْ　　فَالُوا لإرْغَام الحَسُودْ
دوْلَةُ يحْيَى الاميرْ　　عِفْدٌ[8] عَلى جِيدِ الزّمَانْ　　مَنْظُومُ
وُسْطَاهُ ابْراهِيمْ　　لِأَنّهُ بالِامْتِنَانْ　　مَعْلُومُ[2]

[1] كذا ع، ولكنّ عنوان الموشّحة التّالية هو «موشحة له ايْضا»، وأميل إلى الرأى بأنّ المؤلّف ابن بقىّ – [2] ع بتسكين الميم – [3] كذا قرأتُ، ع «بَدء» (بدون واو) – [4] الكلمة غير واضحة بسبب ثقب فى المخطوطة – [5] ع «ابا» – [6] ع «يعْفُوبُ» – [7] كذا ع، والظاهر أنّ مقطعا سقط – [8] ع «عِفْدِ»

٢١٣

موشحة لهُ ايْضا[1]

لا فِرَارْ　　ولا انتِصَارْ　　مِنْ ظَلُومْ
ذِى احْوِرَارْ　　دَامِى الشّفَارْ　　مِنْ كلُومْ

لائِمى عَنِ الْغَرام　　فِى ضَنِين
رُبّمَا زَادَ الْمَلَامْ　　فِى[2] شجُونِى
انّ دِينى فِى الرِّيَامْ　　خَيْر دينِ
وَالّذى صدّ الْمنَامْ　　عن جفُونى
ذُو نِفَارْ　　لَوْ كَان زَارْ　　عَنْ لّزُومْ
لاجارْ[3]　　فَلْبًا مُّطَارْ　　مِنْ هُمُومْ

لَيْلُنا لَيْلٌ بَهِج[٤] بِالسُّرُورِ
أُشْعِلَتْ فِيهِ سُرُجْ لِلْخمُورِ
وَوشى الرَّوْضُ الْأَرِجْ بِالْعَبِيرِ
فَاسْقِنِى وَلَا حَرِجْ بِالكَبِير
لِانْتِثَارْ دُرِّ الْقِطَارْ بِالنّسِيم
وَاسْتِتَارْ[٥] شمس النَّهَارْ بِالْغُيُوم

عَدِّ عَنْ ذِكْرِ الرَّشَا وَنِفَارِهْ
فَلَهُ سُكْنَى الْحَشَا بِاخْتِيارِهْ
وَليحْيِى مَا يَشا بِافْتِخَارِهْ
فَلَكمْ سيرَ عِشَا نحْو نَارِهْ
فَاسْتَنارْ عَلَى الْمنَارْ فِى النَّجُومْ
وَاسْتَجَارْ حَامِى الذِّمَارْ وَالْحَرِيمْ

لا خَلتْ أَرْضُ سَلَا عَنْ سَنِىِّ
فَمَرى[٦] الْمجْتَلَا فِى النَّدِى
عُلِّمت[٧] فِيهِ عُلَا[٨] من عَلِىِّ
وتحَلَّا بِحُلا عُشَرِىِّ
فَالْعِشَارْ عَلى حَذَارْ مِن كَرِيمْ
مُسْتَعَارْ منْهُ الْوَفارْ لِلْحَلِيم

هَلْ تَرَى إلّا شُمُوسْ طَالِعَاتِ
وَاغَانٍ للنّفُوسْ مُطْرِبَاتِ
فِبِحَقِّ الخَنْدَرِيسْ والسُّفَاتِ
فَالْمنَا حيْثُ الكُئُوسْ دَائِرات

بالكِبَارْ   لا بِالصِّغَارْ   يَا نَدِيمْ
فَالْعُفَارْ   فِى الْكَاسِ دَارْ   لِلنّعِيمْ

١ انظر الموشّحة السابقة – ٢ كذا ع، ولعلّ الصواب هو «مِنْ» – ٣ يعنى «لَأَجارْ» – ٤ ع «بَهِيجْ» – ٥ ع «اسْتَتَارْ» – ٦ يعنى «قَمَرِىّ» – ٧ ع «علمت» – ٨ ع «عَلَا»

٢١٤

موشحة لعُبادة المالقى

مَا حَال مَن لّهُ نَفس[١] هَافِتْ   وَادْمُع سجَامْ
وزَفْرةٌ يجيشُ لَهَا الصّدْرُ   مِنْ لّوْعَةِ الْغَرَامْ

هُوَ الْهَوى وايْسَرهُ[٢] شَجْوُ   يعْيَا[٣] بِهِ الطّبِيبْ
يَلُومُ فِيهِ مَنْ قَلبُه خِلْوُ   مِنْ لّوْعَةِ الْوَجِيب
يا شَادِنًا تَملّكَهُ الزّهْوُ   رحْمَاك فِى كَئِيبْ
انْسَانُ عَيْنِه ابدًا بَاهِتْ   لا يَطْعَم[٤] المنَامْ
وَسَمْعُهُ وَليْسَ بِهِ وَقْرُ   لا يسْمع[٥] الْمَلَام

بمُهْجتِى ومَا مُهجَةُ الْهَائِمْ   افْدى رَشًا مَّرُوعْ
خلا كنَاس †تُرَبّيه جَاسِمْ†[٦]   وَحَلّ فِى الضُّلُوعْ
مَا قلب من تَملكه سَالِمْ   مِنْ حُسْنِه الْبَدِيعْ
لَوْ انّ حُسْنَه لَاحَ لِلْقانِت   لَعَادَ مُسْتَهَامْ
وكَانَ فِى صبَابتِه عُذْرُ   لمُذْنب يُلامْ

سَهْمُ الْفِرَاق عُلّو[٧] بالدّهْر   اصَاب مَقْتَلى

وَمُذْ نَايْت لا يَخْلُو عَن بِكْرى   مَرْءَاكَ يَا عَلِى
لَوْ[8] شَامت تفَكّر بِى أَمْرِى   الّا وَرَقَّ لِى
مَا بعد مَن يّرو لَهُ الشّامِت   شَىْء سِوَى الْحِمَامْ
ان رُمْتُ وصْفَه فَنِى[9] الْحِبْرُ   والطِّرْسُ وَالْكلامْ

مَلكْتَ يَا ابَا حَسَنٍ رِّقِّى   بِالتِّيهِ وَالدّلال
وَلا اخَاف شيْئا سِوَى العِشْقِ   فَكيْف لِى زَوَال
حُزْت الْجمَال طُرّا فَلَم تُبْقِ   شيْئا سِوَى الخَبَالْ
وجْهٌ يَحَارُ بِى نعْتِهِ النّاعِتْ   كَالْبَدْر بِى التّمَامْ
ومَبْسِم يَعُومُ بِيهِ[10] الدُّرّ   كالمِسْكِ بِى الْمُدَامْ

احيَيْتَ وَالِهًا [11]مَنْ مِنَ[11] الْوُجْد   حَنّ لِأَلهِ[12]
وَالْوجْدُ لا يُعَبّر بِالْوُجْدِ   عَنْ كُنْهِ حَالهِ
اشْدُوك هَائِمًا رَّاحَ من وجْدِى   يَوْمَ ارْتحَالِه
انْ زُرْت بِى طبير بنِى ثَابِتْ   بَافْرَاهُم السَّلامْ
وَفل لّهُمْ عباد الذّى تَدْرُ   بَافِى علَى الذِّمَامْ

١ يعنى «نَفَسٌ» – ٢ كذا قرأتُ، ع «واسْيَرهُ» – ٣ ع «يعْبَا» – ٤ ع «يَطْعَم» – ٥ ع «يسْمع» – ٦ كذا ع، ولعلّ الأصل كان مثل «خلا كناس تربته طاسم» – ٧ كذا قرأتُ، ع «عنى» – ٨ كذا ع، ولعلّ الصواب هو «مَا» – ٩ كذا قرأتُ، ع «فنا» – ١٠ كذا ع، ولعلّ الصواب هو «بهِ» – ١١ كذا قرأتُ، ع «مِنَ» – ١٢ يعنى «لِآلِهِ»

٢١٥

موشحة لهُ ايْضا[1]

يَا لَائِما جَفَا   مَلامِى   زَادَ بِى سُقْمِى

بَرّحْتَ بِالْخَفَا   سَفامِى   فدْ بَـرا جِسْمِى
والسُّهْدُ فدْ نَفَا   مَنامِى   وَمَحَا رَسْمِى
فهَا انَا لَفَا   انِينِى   فَدْ كفَانى[٢] اللّوْم
والسُّهْد أَرَفا[٣]   جفُونِى   وحَماها النّوْمْ

لَوْ تَالف الظبَا   وَكُنْتَا   تَعْرِفُ الْحُبَّا
لَدِنْتَ بِالصِّبَا   وَظَلْتَا   تَعْذِر الصَّبَّا
ما كُلُّ مَنْ صَبا   مُذْ بِنْتَا   يَحْتَوى لبّا
مِنْ اينَ لِى تُفَى   وَدِينِى   فدْ سَبَاهُ الْيَوْمْ
غُصْنٌ عَلَى نَفَا   مصُون   مفْطِرٌ فِى الصّوْمْ

انّى بَفاءُ مَنْ   نَئَا عَنْ   عَيْنهِ حِبُّهْ
فبَاتَ ذا شَجَنْ   يعنون[٤]   سرّهُ كَرْبُهْ
حتّى ْيَوَدَّ مِنْ   أَسًى أَنْ   ينْفَضى نحْبُهْ
يَفُول لَا بَفَا   منُونِ   فَدْ دَنَا يا فَوْم
هَل تَنْفعُ الرُّفا   وَدُونى   لِلْمنَايَا[٦] حَوْمْ

فككت لِلْهَوَى   ضَميرَا   لَمْ يَكُنْ يُدْرَا
صليت بالْجوَى   سَعِيرَا   رَدّنِى جَمْرَا
بلوْت لِلنّوَى   امُورَا   انبطت بَحْرَا
فِى الدّمْع اغْرفَا   سَفِينِى   فَاسْتَطَبْتُ الْعَوْمْ
من حَيْثُ يتّفَا   منُونِ   ان يّسُومَ السَّوْمْ

يا فَرْحَتِى وَفَدْ   بَدَا لِى   وَجْه مَحْبُوب
وَاظْهَرَ الْجَلَدْ   وحَالِى   حَال يَعْفُوب
فَفُلْتُ وَالسَّهد[٧]   يُوَالِى   كُلّ مَرْغُوب

طَيْرا مُحَلّفَا   حَنِينِى   اين غِبْتَ الْيَوْمْ
بَاتَتْ مُورَفا   جفُونِى   لَمْ تَذُق النَّوْمْ

١ هذه الموشّحة موجودة فى جيش التوشيح (فصل ٦، موشّحة ٣) بين موشّحات الكميت – ٢ كذا فى جيش التوشيح، ع «كلّفَنى» – ٣ يعنى «آرفا» – ٤ يعنى «يُعَنْوَنْ»، ع «يَعنُون» – ٥ كذا فى جيش التوشيح، ع «لوْدَمَنْ»، ولعلّ الأصل كان «لَوَدَّ مِن» – ٦ ع «لِلْمنَا يَا» – ٧ ع «وَالسُّهَاد»

٢١٦
موشحة لابى الْفضل الاشبيلى[1]

أَلَا هَلْ الَى مَا تَفضّى سَبِيلْ   فَيبْرَا الْعَليل وتُشْفَى الْكُلُومْ

رعَى اللّه اهْل اللوَا واللِّوا
ولا رَاعَ بالبيْن أَهْل الْهوَا
عرفتُ الرّدَى فيك حَشْو الْجوَا
وتَاللّهِ مَا الموْت الّا النّوَى

وَممّا تَخلّل جِسْمِى النّحِيل[2]   لقَدْ كدتُّ انكرُ حشْر الْجُسُومْ

فيَا حَسْرة[3] لِزمَان مّضَا
عشِيّةَ بانَ الْهوَى وانفَضَا
وَأُفْرِدتُّ بِالرّغْمِ لا بِالرِّضَا
وَبتُّ عَلى جمَراتِ الْغَضَا

اعَانِقُ بالفِكْر ذاكَ الْمفِيلْ   وَالْثمُ بالوَهْم تِلكَ الرُّسُومْ

اذا ذَكَرتْ نَفْسِى الابْطَحَا

ابتَ لَيْلةُ الشّوْق ان تُصْبحَا[4]
وتَاللّهِ مَا غدْوُهَا ارْوحَا
فكَمْ زَفْرة لِّيَ عندَ الضُّحَا
وكَمْ لَوْعَة لِّيَ عند الاصِيلْ   وَكَمْ لى بيْنَهُمَا مِنْ هُمُومْ

فيَا هِنْدُ والْحُبُّ خَطْبٌ كَبِيرْ
وَلَيْسَ سِوى دعْوَة المُسْتَجِيرْ
صِلى[5] المُسْتهَامَ وَلَوْ بِالْيَسِيرْ
فَما فَلّ مِنكِ لَدَيْهِ كَثِيرْ
فيُكْثِرْ[6] ممّنْ تحِبُّ الْفَلِيلْ   ومَنْ لِّلشّجِى بفَلِيل يَدُومْ

حَبِيبيّة[7] الْفَلْبِ امّ[8] الْعُلَا
سَفَاكِ الْهَوَى كاسَهُ سَلْسَلا
وَخص بهِ عَهْدنا الْأوّلَا
فَما ذَا الَذّ ومَا اجْمَلَا
لَدى الْوَصْل ظِلّ عَليْنَا ظَلِيلْ   يَفينَا الْفَطِيعَةَ وَهْىَ السَّمُومْ

١ توجد فى المُغرب لابن سعيد (٢، ٢٨٨) ثلاثة أدوار من هذه الموشّحة (الدور الأوّل والدور الثّانى والدور الخامس)، ويتلوها دور ليس فى مخطوطة عدّة الجليس – ٢ كذا فى المغرب، ع «النّحول» بشدّة تشير إلى «النُّحُولْ»، ولعلّ أصل هذا «النّحُولْ» – ٣ يعنى «حَسْرَةً»، وفى المُغرب «حَسْرَتَا» – ٤ ع «تُصبحَا» – ٥ كذا قرأتُ، ع «صِل» – ٦ كذا ع – ٧ ع «حَبيبيّةُ» – ٨ ع «امٌّ»

٢١٧

موشحة

يَا بَابِلِى الْجُفُونْ   حَسْبُكَ اجْفَانِى
دُمُوعُهَا تندَفِقْ   كَالْعَارِضِ الْهَامِ

يكْفِيكَ يا عَاذِلِى   فِى الْحُبِّ كَمْ تَعْتِبْ
ذا جَسَد نَّاحِلِ   وعَبْرة تُسكَبْ[1]
فَإنْ أَمُتْ فَاتِلِى   بِالْحبِّ لا تُطْلبْ
دِينُ الْهوَى خَيْر دِين   فَكَيْف يَلْحانِى
مَا ازْدَادَ قَلْبِى حُرَقْ   الْتَذُّ ءالَامِى[2]

بِى غَادَةٌ لَّوْ بدَتْ   لِلشَّمْسِ لَمْ تَطْلُعِ
تُهِيجُ[3] مهْمَا شَدَتْ   وَجْد الشَّجِى الْمُولعِ
كَمْ صَبْوة جَدَّدتْ   لِلنّاس كَالمَفْلعِ
يَا فِتْنةَ الْعَالَمِينْ   قَدْ حَلّ إيمَانِى
عودُكَ اذْ يَنْتَطِقْ   وزادَ ءاثَامِى

مَن حُسْنُها[4] كَاسْمِهَا   مَا شَاءَ مُسْتَظْرَفْ
تجُورُ فِى حُكْمِها   تيهًا وَلمْ تُنصِفْ
لَمْيَاء مِن لّثْمِهَا   شِفَاء مَن يّدْنف
فِى خَدِّها ياسَمِينْ   يَشْفَى بِهِ الْجَانِى
فَانّ سَهْمَ الْحَدَقْ   انْ نّجْتَنِى رَامِ

قُل لِّلْأمِين اغْتَنِمْ   شُكْرى فَمَا ينفَدْ
يَا مَنْ غدَا فِى الْكَرَمْ   بَيْن الْوَرَا يَحْسَد

هَـيْـهَات ايْن الرِّيمْ°   مِمّـا تَجودُ الْـيَـدْ
نسِّيْتنِيَ يَـا امِينْ   اهْلِي وَأَوْطَـانِـي
وجُـدْتَ حَتّى شَـرَقْ   بِالْجُود إعْـدَامِ

وظَـبْيَةٍ فَـاضِحَـهْ[٦]   كَـالظبْـيَـة الْـحَـائِمَـهْ
بمُـقْـلَـةٍ رَّامِحَـهْ[٦]   بدمْـعَـة سَـاجمَـهْ
فَـالَتْ لنَـا مَـازِحَـهْ[٦]   فِى نَـهْـدِهَـا لَاطِمَـهْ
اشْ نَـعْـمَلْ امُسْلمِينْ   نَـهْدى فَـدْ ابْلانِـى
اذا نَـرُشّ الْحَـبَوْ   يَـهْتَـزّ فُـدّامِ

١ ع «تسكُبْ» – ٢ ع «ءالَام ِ ى» – ٣ ع «تَـهِيجُ» – ٤ ع «مِن حُسنِها» – ٥ يعنى «الرِّيم» – ٦ ع «فَـاضِحْ» و«رّامِحْ» و«مازِحْ»، ولكن يقتضى المعنى والوزن «فَـاضِحَـهْ» و«رّامِحَـهْ» و«مازِحَـهْ»

٢١٨

موشحة

يا لَائما عذْلا[١] ابْـرَمْـتَـا
يحِلِّ لِى كُلّ مَـا حَـرّمْـتَـا
وَجْـهٌ لّـوْ أَبْصَرتَـه مَـا لُـمْـتَـا
هيْـهَـات صينَ[٢] بِسَجْفِ الكَتْمِ[٢]   مَنْ لّـيْـسَ[٣] أُسْـمْ

يَـا منْ دَرَا انّـنِـى أَهْـوَاهُ
وصارَ هجْرِى هجِيّـرَاهُ
وَالْـعَـتْبُ حَظّـِى مِن عُـتْـبَـاهُ
وثِفْتُ انّكَ مَـاضِ الحُكْمِ   فَـانتَـدِبْ لِظُـلْـمِـى[٤]

اعْطَاكَ[3] انْ تَدّعِى بى فَلْبى
دِيبَاجَة طُرّزت بالحُبِّ
وسِحْر طَرْف عَليْهِ ذَنْب
مِن سُفْمهِ صَارَ ثوْبُ السُّفْم   خلْعَة لجِسْم

شهَادَتِى ميتَتى مِنْ عِشْفِكْ
وَسُودَدِى مرضعِى من ريفك
فَبالّذى لَمْ يهو مِنْ حَفّكْ
لَا تَرْضَ فتْلى بغَيْرِ جرْمِ   بَائًا[5] بإِثْمِ

الشُّهْد يشْهدُ وَهْو الصّادِقْ
لِأَنّهُ[6] لَمْ يَذُق الذّائِقْ[3]
الَذّ مِن رِيقِ فِيك الرّائِقْ
اذا ظُلمتُ[7] لذاكَ[8] الظّلْمِ   فالْجمَالُ خصْمِ

مَا كانَ ضرّكَ لَوْ فَبّلْتا
مَن لّوْ تشَاءُ عَليْهِ احْتَلْتَا
فَإِنْ أَحسّ رَفِيب فُلْتَا
هجَمْ عَلَىّ وفَبّلْ فُمِّى   سَنَفُلْهَا لأُمّ[9]

١ ع «عدلا» – ٢ كذا قرأتُ، ع «بِسَجْفٍ مِنَ الكَتْمِ» – ٣ كذا ع – ٤ ع «لِظُلْمِ ى» – ٥ كذا قرأتُ، ع «بَائِنا» – ٦ كذا ع، والأرجح أنّ الصواب هو «بِأَنّهُ» – ٧ ع «ظَلمتُ» – ٨ كذا ع، ولعلّ الصواب هو «بذَاكَ» – ٩ ع «لأُمّ»، ولكنّ الوزن يقتضي «لُمّ» بتخفيف الهمز

موشحة[١]

يَا شفِيقَ الرُّوح مِنْ جسَدى   اهَوًى بِى مِنْكَ ام لَمَمُ[٢]
ضِفْتُ بَيْن الْعَذْل وَالْعذَلِ
فاتى وجدى عَلى حِيَلى
مَا ارى قَلْبِى بمُحْتَمِلِ
مَا يُريد البَيْنُ مِنْ جَلَدِ   وَهْوَ لَا خَصْمٌ ولَا حَكمُ

يا هشَامَ الْحُسْنِ اى جوَا
لَمْ يَنَلْ مَنْ غِبْت عَنْهُ دوَا
يَا هَوًى ازْرَى بكلِّ هَوَا
عَلّمتْك النّفْثَ فِى الْعُقَدِ   لَحَظَاتٌ كُلّهَا سَقَمُ

ادْنُ شَيْئا ايُّها الْقَمَرُ
كَادَ يَمْحُوا نُورَك السّقَرُ
ادلال مِنْكَ امْ حَذَرُ
لا تخَفْ كَيْدى ولَا رَصَدِ   انْتَ ظَبْيِى وَالْهَوى حَرَمُ

أَيُّها الظّبْىُ الّذِى شرَدَا
تَركَتْنِى مُقْلتَاكَ سُدَا
زعَمُوا انّى ارَاكَ غَدَا
وَأَظنُّ المَوت دُونَ غَدِ   اينَ مِنّى الْيوْمَ مَا زعمُ

[٣]خُذْ بشَوْقى ردْعَ[٣] كُلِّ صَبا
تجتَلِيها ايَة عجَبَا

حِين اشْدُوهَا بِكُم طرَبَا

يا نَسِيم الرِّيح من بَلدِ　　　خَبِّر الاحْبَاب كيْف هُمُ[4]

١ هذه الموشّحة موجودة فى دار الطراز (موشّحة ٢٤) – ٢ هذا المطلع يعيد إلى الخاطر مطلع قطعة لأبى نواس (ديوان، ٤١)

يا شقيقَ النفس مِن «حَكَمِ»　　　نمتَ عن ليلى ولم أنمِ

٣ كذا ع، وفى دار الطراز «هل بشوقى ردعُ» – ٤ انظر خرجة موشّحة ٢١١

٢٢٠

موشحة

نَظمتَ الثغْرَ دُرّا　　　لِصَب فيكَ مُغْرَم

ايَا بدْرَ التّمَام
تجَلّى فِى الظّلَامِ[1]
ويَا لدْنَ القوَامِ[1]
تثَنّى فِى رُكَامِ[1]
لقَدْ اطْلَعْتَ بَدْرَا　　　عَلى غُصْن منَعّمْ

بنَفْسِى ظَبْىُ إنسِ
سبَا عَقْلى وحِسّى[2]
وفيه كُلّ أُنْسِ
هَواهُ شَفّ نفْسِ
وَاذْكى[3] الْقَلْبَ جَمْرَا　　　فنَارُ الشّوْق تُضْرَم

غرَامِى[٤] فِى مُحمّـد
غرَامٌ ليْسَ ينفَـدْ
وَوجْـدٌ يتَجدّدْ
وَدمْعُ الْعَيْن سَرْمَـد
اعَـادَ السِّـرّ جَـهْرَا   وكَـيْف الحبُّ يُكْتَمْ[٥]

ابَـا عَـبْد الْإلَاهِ
فُـؤَادى غَـيْر لَاهِ
وَوجْـدى مُـتَـناهِ
وصَبْرى عَـنْك وَاهِ
وجوْر التِّـيه جَـرّا[٦]   بِأَنْ أَشْـفَى وتَـنْعَمْ

وخود كالصّبَـاحِ
تَـثنّتْ فِى الْـوشاحِ
كَـغُصْن بالرِّيَـاحِ
وَغَـنّتْ بِافْـتِراحِ
نبيت[٧] ذا اللّـيْل[٨] بَـرّا   عَلَى غَـيْظ الْـمعَـلّمْ

١ ع بتسكين الميم، ولكنّ الوزن يقتضى كسرها – ٢ ع «وحِسِّ ى» – ٣ كذا قرأتُ، ع «اذكى» – ٤ الكلمة غير واضحة فى المخطوطة بسبب ثقب – ٥ توجد بعد هذا السمط كلمة «موشّحة» – ٦ كذا ع – ٧ ع «نبيتُ» – ٨ ع «اللّـيْلا»

٢٢١

موشحة لابى بكـر الابيض[١]

مُـهْجتِى عِنْدى أَعَزُّ   سَـأُدَارِى المَوْت ايّـامْ
خَالِعا بِى الْحُبِّ فَيْدِى   مَا الَذّ العيْشَ لَوْ دَامْ

جَنّة المشْتَاق هَل لِّى   غيْرَ انْ اشْفَى وتَنْعَم
فَلّمَا يَرْتَابُ مِثْلِى   انْ يَّرَى شيْئا بِيُحْرَمْ
ايُّـها المغْرَى بفَتْلِى   مِيتَتِى بالسَّيْف اكْرَمْ
بِجَرَاحُ السّيْف وخزُ[٢]   وجرَاحُ الْحُبِّ ءَالاَمْ
اهْلكَتْ حَزْمِى وَايدِى   فَبِنات الشّوْق ايْتَامْ

كيْف لا تَحْسُن دُنيَا   سَنّ بِيها الْعَدْلَ سِيرُ[٣]
مَلِكٌ طَلو المحيّا   كُلهُ بشْرٌ وَنُور
فَدْ افَرّت كُلُّ علْيَا   انَّـهُ الْعِلو الخطِيرُ
وَاذَا مَا الْخَيْلُ تَنْزُ   بالْفنَا بَاسًا وَافْدَامْ
عَبّ عَنْ طَعْن رُّوَيْدٍ[٤]   ومَشى بِالرُّمح فُدّامْ

لكَ بِالْعَلْيَاء هَمُّ   عندَمَا يحْمَى الوَطيسُ
وَشَرَابُ الْفَوْم سُمُّ   اترعَتْ منه الْكُئوسُ
بابِى يَوْمٌ اصَمُّ   بَلدت[٥] منْه النُّفوسُ
وَكلامُ الحرْب رمْزُ[٦]   [٧]اعْجَمتْ من بَعْدِ افْهَامْ[٧]
فَابَلتْ كَيْدًا بِكَيْد   بِفرعْتَ[٨] الْهَام بالْهَامْ[٩]

ايُّـها المَلْكُ السّعِيدُ   بَاهِ بِى يَوْم الرِّهَانِ
وَافْتَنِص بِيما تَصِيدُ   شَاعِرا حُرَّ[١٠] المعَانِى
يُفْتَنى[١١] [١٢]السَّهْم السَّدِيدُ[١٢]   لمُهِمّاتِ الزّمَانِ

انْتَ لِلْأيّامِ كَنْزُ لا اخَافِ الدّهْرَ اعْدَامْ
فَلترم بالْجَاه صَيْدِ[13] انّ لِلْاحْرَارِ اسْوَامْ

مَلِكٌ وَارى الزنَاد قُبّة الْعليَا سَرِيرُهْ
لَمْ يَحدْ[14] عَن السدَاد من برايهِ[15] مَسِيرُهْ
لِىَ رَایٌ فِى الْجهَادِ وَانا سَاسْتَشِيرهْ
مَعْ وَلى العَهْدِ نَغْزُ غزْوَة لمِصْر وَالشّامْ
نَهْزِمُوا جَيْش الْعُبَيْد[16] ونَرُدُّ الشّيعه[17] اسْلَامْ

١ هذه الموشّحة موجودة فى جيش التوشيح (فصل ٣، موشّحة ١) – ٢ كذا فى جيش التوشيح، ع «حَزٌّ» – ٣ توجد كسرة بحبر أسود تحت السين وفتحة حمراء فوقها، وفوق الياء سكون أحمر – ٤ كذا ع، ولعلّ الأصل كان «الوُرَيْد»، كما نجد فى جيش التوشيح على ما يبدو – ٥ كذا ع، وفى جيش التوشيح «بُذلت» – ٦ ع «زُمْزُ» – ٧ فى جيش التوشيح «ابهمتْ من بعدِ إعجامْ» – ٨ ع «بفَرعْتُ» – ٩ ع «بالْهَامِ» – ١٠ ع «حَرّ»، وفى جيش التوشيح «حُلْوَ» – ١١ ع «يَفْتَنى» – ١٢ كذا قرأتُ. ع «الشّهم الشّديد»، وفى جيش التوشيح «السَّهْم الشديد» – ١٣ ع «صَيْدُ» – ١٤ ع «تجد» – ١٥ ع «برائهِ» – ١٦ الضمّة والفتحة والسكون بحبر أحمر، وتحت الباء كسرة بحبر أسود – ١٧ ع «الشّيعةَ»

٢٢٢

موشحة

انتَ الكَوْكَبُ السّعْدُ
ومَطْلِعُك المجْدُ
كَانّكَ اذْ تبْدُ

هِلال رءَاهُ القَوْمْ باعْقَابِ شَهْر الصّوْمْ

كَمْ ذَا اشْتَهى بَيْنَك
وَايْنَك لَا ايْنَكْ
مِن عَيْن رّاتْ عيْنك
ڢانسَانها ڢِى الْعَوْم[1]   وَاجْڢَانُـها لَا نَوْم

بعِزّة سُلْطَانِك
وَصَوْلة اجْڢَانِك
تَرقّوْ بهَيْمَانِك[2]
ڢَڢدْ رَامَ كُلّ الرّوْمْ   وحلى[3] بَعْد الْحَوْمْ

ظَبْىٌ شَذّ عَنْ سِرْبِهْ
اُلَامُ عَلى حُبّهْ
وحَسْبِىَ مَن[4] لِى بِهْ
وَمَا زالَ اهْل اللّوْمْ   يَسُومُونَ شَرّ السّوم[5]

وَمنّى بمِيعَادِه
عَلى غَيْر مُعْتَادِهْ
وَأَغْرَى بانشَادِهْ
لِسْ نَڢْدَرْ نَراكَ الْيَوْمْ   مر ارْجَع لغَيْر الْيَوْمْ

١ كذا ع – ٢ ع «بهَيْمَانَكْ» – ٣ كذا فى المخطوطة على ما يبدو، ولعلّ الصواب هو «حَلّوَ» – ٤ كذا قرأتُ، ع «ومَن» – ٥ الكلمة غير واضحة بسبب ثقب فى المخطوطة

٢٢٣

موشحة

لِی فُؤَاد أَمّـهْ هَجْرُ[١] فتًى فَاتِنٍ لِّلاُمَّـهْ

مَن لِّصَبٍّ مُـبْـعَـدْ
يشْـتَكى لَـوْ يسْـعَـدْ
طُول لَـيْل سَـرْمَـدْ

بَاتَ يَـرْعَى نجْـمَـهْ فِی حُبِّ مَن لَيْسَ يَـرْعَى الذِّمَّـهْ

بابِی تَـيَّاهُ
وَيْح مَنْ يَّـهْوَاهُ
اوْرَثَتْ عَـيْـنَـاهُ

زفَـرات جَـمَّـهْ †اذْ لامَ فِيهِ اللّـمَـا وَاللِّـمَّـهْ†[٢]

لَا تنَمْ يَـا صَاحِ
عَنْ نَّـدِيم الرَّاحِ
وَاعْصِ فَـوْل اللّاحِ

غَـيْـرَ راضٍ حُكْـمَـهْ اذْ لَامَ فِيهِ اللمَـا واللمَّـهْ

جُـمْلَة الامَـانِـى
فِی ابْـنةِ الدِّنانِ
وَهوَى الحِسَـانِ

فاجْنِ بنْتَ[٣] الكرْمَـه عَـاطِرة مِّنْ اكُفِّ الْغِلْـمَـهْ

رُبَّ ذَات حُسْنِ
تَـنثنی كَـالْغُصْنِ

انشَـدَت تُـغَنّ
ذَا الصَّبَىْ يا امّـهْ   دَعْنِ امُـورْ كَىْ اراهْ بِالْحُـرمَـهْ

١ ع «هجْر» – ٢ الظاهر أنّ هذا الجزء منقول بغلط من السمط التالى، وفى حاشية المخطوطة «كذا» –
٣ كذا قرأتُ، ع «ببنت»

٢٢٤

موشّحة

لَـوْ انصَف[١] مَحْبُـوبِى
وجَـادَ بمَـرْغُـوبِى
وَلَمْ يَـرْضَ تَـعْـذِيبى
لأَرْشفنِى ظَـلْـمَـهْ   فَلَمْ اشـتَكِ ظُـلْـمَـهْ

بدِينِ الْـهوَى دِنْتُ
وَمُـذْ كُـنْتُ مَـا خُـنْتُ
وعِزّى لا هنتُ
بمَنْ كَـان ذَا هِـمّـهْ   يرَى فَرَجًا هَـمّـهْ

رضِيتُ بِاذْلَالِى[٢]
وَسُـقْـمِى وَأَوْجَـالِى
فدَعْ عَـنْك تَـعْـذَالِى
فَإِنّى مِنْ أُمّـهْ   رَاتْ سقْـمَـهَـا إِمّـهْ

ذمَـامُ الْـهـوَى لازِمْ
لكُلِّ فتًى هَـائمْ

فَان لّامَهُ لَائِمْ

بدَعْ عَنْكَ مَنْ ذَمّهْ   ولا تَدَع الذِّمّهْ

وخود[3] جَنتْ سُقْمِى

بصَوت بَرا جِسْمِى

تغَنّيه لِلْاُمّ

كتال مى ما المَهْ   ككرى ما المهْ

١ ع «انصَبْ» – ٢ ع «بِاذْلَالِى» – ٣ ع «خُود»

حرف النّون

٢٢٥

موشحة لابى بكر بن بقى[1]

مَا الشّوْقُ الّا زنَادْ   يُورى[2] بقَلْبى كُلّ حِين[3]   نِيرانَا

فمن بُلى بِالْفِراق   يبت بهِ لَيْل السّلِيم   حرّانا

يَا لَيْتَ شِعْرى وَهَلْ   تَنْدَى وفدْ ولّتْ ايَابْ

ايّامُ حِمْصَ الأُوَل   اذ ملبسِى بُرْد الشّبَاب

مُطرّزًا بالْغزَل   واذ أَقُول للصحَاب

سِيرُوا كَسَيْر الْجيَادْ   [4]وبَادِرُوا لِى لِلْمجُون[4]   ميدَانَا

فمن أَحَبّ السِّبَاقْ   معِى الَى كاسٍ وَرِيم   فالْأَنَا[5]

قُلْ أَيّةً سَلَكا   عَهْدُ الشّبَاب المسْتَحِيل

اضلّ امْ هَلَكَا　　امْ هَل الَيْهِ مِن سَبيل
لا تَلْحِنِى فِى الْبُكا　　انْ اخَذتْ مِنّى الشّمُولْ
وجْدى عَلى الوُجْد زَادْ　　ذكرت وَالذّكْرَى شجُونْ　　اخْوَانا
ذوِى حوَاش رفَاق　　سَفيتُهمْ بنت الكُرومْ　　ازْمَانا

دُنْيَا تجلّت عَروسْ　　على بسَاطِ السُّنْدُس
اشْرب وحُثّ الكئوسْ　　فهْىَ حيَاة الانفُسِ
وَانْ اتَيت الْغَرُوس　　فَاعْدِل اليْها وَاجْلِس
حيثُ الرّيَاض نجادْ　　عَنْ صَارِم رَاق الْعُيُونْ　　عُرْيَانا
وَللكمَامِ انشِقَاقْ　　عن زَهرات كالنُّجُوم　　الْوَانَا

ولَيْلة بالخَليجْ　　وَالْبَدْرُ فَدْ الْفَى شُعَاعْ
عَليْهِ فهْوَ يَهيج　　وفُلْكُنا تَجْرى سرَاع
احْببْ بها من سرُوجْ[6]　　ارْكبُها[7] على انْدِفَاعْ
نَهْر اذا مدّ كَادْ　　مِن كَثْرة الفَيْض يَكُونْ　　طُوفَانَا
احْشَاؤهُ فِى اندِفَاقْ　　اجْرت لنَا خَيْل النّسِيمْ　　فرْسَانا

وصَاحِب صَلحَا[8]　　لِلانْسِ مَحْمُود الخلَال
تلفاه مُصْطبحَا　　بيْن الميَاه وَالظّلَالْ
فان عَذُول لَحَا　　فِى الْفَهْوَة الصّهْبَاءِ فَال
سُكْرى عَلى شَاطِ وَادْ　　فَدْ عَانفَتْ فيهِ الْغصُونْ　　أغْصَانا
يَعْدِلُ مُلْك الْعِرَاق　　عندى فسَاعد[9] يَا نديم　　نَدْمَانا

١ هذه الموشّحة موجودة فى جيش التوشيح (فصل ٢، موشحّة ١٧) بين موشّحات الاعمى، ويوجد المطلع والدور الثالث والدور الثانى (فى ذلك الترتيب) فى المُغرب لابن سعيد (٢، ٢٥) منسوبة إلى ابن

بقى – ٢ كذا فى جيش التوشيح والمغرب، ع «يُرى» – ٣ ع «حينِ» – ٤ كذا ع، وفى جيش التوشيح «وبادروا للمجون» – ٥ يعنى «فالآنا» – ٦ ع «سُروحْ» – ٧ ع «ارْكبْها» – ٨ ع «صُلحا» – ٩ كذا جيش التوشيح، ع «يساعد»

٢٢٦

موشحة لابن زهر

يَا لَوْعَة فِى ازْدِيَاد ... وعَبْرة كَادتْ تَكُونْ ... طُوفَانَا
لا كَان يَوْمُ[١] الْفِرَاقْ ... افْنَى الْقُلوب وَالْعُيون ... لا كَانَا

حَالُ الْهوَى شَرُّ حَالْ ... حَذرْت لَوْ اغْنَى الْحَذَر
هَفَا بلُبِّى غَزَالْ ... حَكاهُ فِى الحُسْن الْقَمَرْ
الَى متَى لا ازال ... بيْنَ بُكَاء وَسَهَرْ
اهِيمُ فِى كُلِّ وَادْ ... ابْكِى دِيَار الظَّاعِنِينْ ... حَرَّانَا
فِى قَبْضَةِ الاشْوَاق ... قَد ضرّمَتْ قلبى الْحَزِينْ ... نِيرانا

دَعْ عَنْكَ مَا لَا يلِيقْ ... الّا بِتِبْيان[٢] المجُونْ
وَاسْلُك سَوَاء الطَّرِيقْ ... تَصِلْ الَى دُنْيَا وَدِينْ
وَامْدحْ وَانّى تطِيقْ ... مَدائح ابْن الاكْرَمينْ
مَلْك رّبِيع الْعِمَاد ... تَرى بهِ لَيْث الْعَرِينْ ... غَضْبَانَا
وَالشَّمْسُ فِى الإشْرَاق ... وَالْغَيْثُ جَاد المْحِلِين ... هَتَّانَا

يَا مَالِكا كُلّ جُودْ ... من رَّاحتَيْه يَنْهَمِرْ
انتَ الْحَلِيمُ الرّشِيدْ ... بكُلِّ بِرّ تَأْتَمرْ
يَا من يُّرَاع الاسُودْ ... بذِكْره اذَا ذُكِرْ
عنْك الْحديث الْمعَاد ... اصْغَى الَيْهِ السَّامعُونْ ... ءَاذانَا

فَدْ عَطّرَ الافَاقْ مَا ضرّهُ الّا يَكُونْ رِيْحَانا

لِلّـهِ مَـلْك تَصُوبْ كَفّاهُ امْثَال الدّيَم
نِعْم هِزَبْـر الحُروبْ ونِعْمَ طُوفَان الكَـرَم
يَـا مَنْ يّخَافُ الْخطُوب نَبّهْ ابَا حَفْص ونَـمْ

فَـاىّ[3] وارِى الزّنَادْ اغَـرّ وَضّاحِ الْجَبِينْ ارَانا
مَا خطّ فِى الاوْرَاق عَنِ الْمُلُوك الرّاشِدِينْ عيَانَـا

يَـا مَن سَمَـا وَاعْتَلا وحَلّ فِى اعْلَا الرُّتَبْ
حَـاز ضرُوب الْعُلَا والمجْدَ عَنْ جدّ وَابْ
كذَا وَالّا فَلا تكُونُ سَادَاتُ الْعَرب[4]

تَراهُ يَوْمَ الْجِلَادْ اذَا تَصدّى لِلْمنُونْ غَضْبَانا
والمرْهفَات الرِّفَاق تطْغَى بأَيْدى الدّارِعِينْ طُغْيَانا

١ ع «يَوْمَ» – ٢ كذا ع – ٣ ع «فَاىُّ» – ٤ الكلمة غير واضحة بسبب ثقب فى المخطوطة

٢٢٧

موشحة لابى بكر الابيض[1]

وَجْنَةُ الرّوْضِ الْمحَلّا تغْتَذى السِّحْر المُبِينَا
صَبغت شفَاه احْوَى بِدُمُوع الْعَاشقِينا

نَـزلُوا الَى التّلافِى مَنْزلا رَحْب الْجنَاب
ومَشَوْا الى الْعنَاقِ فِى الدُّجَا مَشْى الْحُبَاب
وبَكَى خَوْفَ الْفِرَاق رَشَاٌ غضٌّ الشبَاب

مَلا اللِّثَامَ كُحْلَا بعْدَ كَتْم الدَّمْعِ حِينَا
وَالْهَوى يَنْثُر شَكْوَى تنظم الدُّر الثَّمينَا

يَا ابَا حَفْص اشَارَهْ حرة من اهْتبَالِك
بابِى اخْفِى عبَارَهْ صرّحَتْ عن[2] بيْت مَالِك
وَالّذِى تَفْوَى الْوِزَارَهْ هُوَ فِى اسْتِعْجَالِ ذَلِكْ
خلو الرِّمَاح أَعْلا عزّة الّا تَلِينا
يَا سَمَاء كلِّ جَدْوَا امْطِر الْجُودَ المعِينا

أَسَدٌ فَدْ لانَ لَمّا [3]ادْرَكَا شِبْلاهُ[3] بَاسَهْ
كُلّمَا يهِيمُ يَظْمَا شَارِبًا فِى الحَرْب كَاسَهْ
ايُّ يَوْم لا يُسَمّا وفِى[4] الْجبَان نَحْسَهْ
نَهلا والبِيضُ تَصْلا بأَكُفِّ الضّارِبينا
مَوجٌ[5] السُّيُوف افْوَا من رُءُوس الدّارعينا

رُبّ وَفْعَة عفِيم صعْبَة لِلافْتضَاض[6]
ضمّهَا ضَمّ الْغَرِيمِ عنْوَةً الَى التّفاضِى
ايُّما حَمل كرِيم عَلفَتْ عِنْدَ المخاضِ
عَجَبًا مِّن صَبْر حُبْلا تحْمل الرّدَى جَنِينَا
فتَكَة بِالدّهْرِ تُرْوَى[7] خَبرا للسّائِلِينَا

هَجمتْ عَلى افْتِتَاحِ ظَبْيَة فَيْد الْعُفُول
مزجَت رَاحًا براح مِنْ لَمًى كالسّلْسَبيل
وسَطتْ عَلى اللّوَاحِ باخْتِيالِها النّبِيل
لَمْ نَبُس حبِيبى وَاللّهْ يفْتر النّاس[8] عَلَيْنا
انّمَا فَبّلتُ عُضْوَا مِنْ أَمِير المسْلِمينا

١ هذه الموشّحة موجودة فى جيش التوشيح (فصل ٣، موشّحة ٣) – ٢ كذا فى جيش التوشيح، وفى المخطوطة ما يماثل «من» – ٣ كذا ع، وفى جيش التوشيح «أدرك الشبلان» – ٤ كذا ع، يعنى «وفِىَ» على ما يبدو، وفى جيش التوشيح «نكّس الجبانُ رأسه» – ٥ كذا ع، وفى جيش التوشيح «هزج» – ٦ كذا قرأتُ، ع «لِّلافْتضَاض»، وفى جيش التوشيح «صعبت بالافتباض» – ٧ ع «تَرْوى» – ٨ ع «النّاسْ»

٢٢٨

موشحة

ضِفْتُ بِالاشْجَان صَدْرَا   وبَلَوتُ الْعَاشقِينا
فَلِو اسْتَطعْتُ صَبْرا   لَأَطَعتُ الْعَاذِلينَا

الرّدَى مُرُّ الْمذَاقِ   وَالْهوَى امَرُّ منْهُ
وَللَوْعَةِ الْفِرَاق   فِيهِ سِرٌّ لَّمْ يُبِنْهُ[١]
ءَاه مِن بَرْحِ اشتيَاقِ   لَوْ ابانتْ ءَاه عَنْهُ
وَكفَى بالْحبِّ وِزْرَا   غَيْر انّا حَاملونَا
وَبعُذْر فِيهِ عُذْرَا   فَاتَل اللّهُ الْعُيُونا

لَجّ[٢] بِى فِى التُّرهَاتِ   مَنْظَر يَسْبى النّوَاظِرْ
غُصُن حُلْوُ النّبَاتِ   خَاطِرٌ مَّعَ الخوَاطِرْ
وحَبيبٌ لا يُواتى   وَاردٌ بالتِّيه صَادِرْ
غرّنى بهِ وَاغرَا   مَوْقِفٌ هَاجَ الْحَنِينَا
وحَدِيثٌ كَانَ ذِكْرَا   ثمّ قَدْ اضحَى شجُونَا

لِلْوَزِير آبْن الرّبيعِ   مَذْهَبٌ فِى الْجُود رَحْبُ

اى جَانِب مَّنِيعِ   كُلّمَا الّمَ خَطْبُ
فِى ذُرَى الْعِزّ الرَّفِيعِ   مُرْتقًى للمجْدِ صَعْبُ
انْ بَدَا رَايْت بَدْرَا   يَسْتَخِفُّ النّاظِرِينا
اوْ سَطَا شَهدتّ بَحْرا   فَلّمَا ينجى السّفِينا

انتَ يَا اَبَا الْحُسَيْن   فَمرٌ والمجْدُ هَالَهْ
بَيْن ايّامِى وَبيْنِى   فِيك عمْرى[3] الْبسَالَهْ
انتَ فَدْ افْرَرْتَ عَيْنى   مَا لِفَلْبِى ثمّ مَا لَهْ
دُونَك الامْدَاحُ تَتْرَا   فَاسْمعِ السِّحْر[4] المُبِينَا
ثمّ [5]لا الُوكَ[5] شُكْرا   وسَنَجْزى[6] الشّاكِرِينَا

بذِمَام الْحُبّ فُل لِّى   كَمْ تَلجّ فِى افْتِدَارِكْ
كَمْ حميْتَ كُلّ وَصْل   فَهْو بَسْل فِى جوَارِكْ[7]
كَمْ شدِيد الشّوْق مثْلِى   بَات يَشْدُوا من حَذَارِكْ[8]
فَد خَرجْ مَحْبُوبى بَرّا   ومَضَى وَلَمْ يَجِينَا
ونريدْ[9] وَلسْ نجرّا   ونخَفْ صَاحِب مَدِينَا

١ ع «يَبنُهُ» – ٢ الكلمة غير واضحة بسبب ثقب فى المخطوطة – ٣ كذا ع – ٤ ع «للسِّحْر» – ٥ كذا قرأتُ، ع «ءَلَالُوكَ» – ٦ ع «وسَناجْرى» – ٧ ع «جُوارِك» – ٨ كذا ع، ولعلّ الصواب هو «بِرارِكْ» – ٩ كذا قرأتُ، ع «ونَزيدْ»

٢٢٩

موشحة لابن شرف[1]

فضَتْ خَمْرُ[2] الثّغُورْ   بِسُكْرِ الصّائمِينَا   وَصَحْوِ المفْطِرِينَا

الَا بِأَبِى شَرابُ تطُوبُ بِهِ الكُئُوسُ
ثَنايَاهُ الْحبَابُ لمَاه الخنْدَرِيسُ
لفَدْ عَبَثَ الشّباب بأَعْطَافٍ تَميسُ
بمُهْجَتِهَا الْبَتُورْ وَتُشْبِهُ[3] انْ تَكُونَا تُفَطِّعُهُنّ[4] لِينا

لفَدْ نشَطَ الْخَلِيعُ الى تِلْكَ الهنَاتِ
وفَدْ بسَط الرّبيعُ نَمَارِقَ[5] من نّبَات
وطُرّزَتِ الرُّبوعُ بَجاءتْ مُذْهَبَاتِ
رِياضٌ بِى غَدِيرْ فدِ انفَجرتْ عُيُونَا تسُرُّ النّاظِرِينَا

بِبَاكِرْهَا خمُورَا تدِينُ بِهَا الدِّنانُ
وَلاكِنِ الامِيرَا لَهُ بِى المجْدِ شَانُ
تَفَلّدهَا أُمُورا يَضِيقُ بها الزّمَانُ
وَبِى تِلْكَ الامُورْ هلاكُ المُشْرِكِينا وَامْنٌ[6] الْمُومِنينَا

الَيْها يا عَلِىُّ بَأَنْتَ بِهَا زَعِيمُ
وَلَيْسَ لَهَا وَلِىُّ سِوَاكَ وَلَا حَمِيمُ
وَانتَ الْأَوْحَدِىُّ وذَا الملْك الْعَفِيم
بكَمْ ادْنَى الغُرُورْ الَيْهَا ءَاخَرِينَا بَجَاءُو[7] ءَاخِرِينَا

تُفِرُّ لَك الإِمَارَهْ بانّكَ مِنْ ذَوِيهَا
وَأَنْجَابُ الْادَارَهْ تَكُونُ كمُنْجِبِيهَا
كَأَنّ المُلْكَ دَارَهْ وَانتَ الْبَدْرُ بِيهَا
بَاعْوَادُ السَّرِيرْ طَرِبن[8] بِيَنْثَنِينَا كَما كَانت غُصُونَا

اذَا اعْتذرَ الْعَصِىُّ يُكَفّرُ مَا جَنَاهُ

ﭬﻔﺪ تُـﻬِﻢَ[9] الْـﺒَـﺮِىُّ وَلَمْ تَـﻌْـﺒَـﺚْ يَـﺪَاهُ
وَلَمْ يعْصِمِ[10] نَـﺒِـىُّ ﭬَـﻜَـﻴْـﻒ بِـﻤَـﻦْ سواه[11]
ﭬَـﻌَـﭭْـﻮًا يَـﺎ امِيرْ لِـﭭَـﻮْم مُّـﺬْنِـﺒِـﻴـﻨَـﺎ اتَـﻮْا لِيَسْـﺘَـﻐْـﭭِـﺮُونا[12]

١ هذه الموشّحة موجودة فى جيش التوشيح (فصل ٧، موشّحة ٢) – ٢ ع «خَمْرَ» – ٣ ع «تَشْفِى» – ٤ ع «تُفَطِّعْهُنّ» – ٥ ع «نَمَارِقٌ» – ٦ ع «وَامْنَ» – ٧ كذا ع – ٨ كذا فى جيش التوشيح، ع «طُيْن» – ٩ كذا قرأتُ، ع «تَهمَ» – ١٠ كذا ع، وفى الحاشية «لم عص» – ١١ ع «سَوَّاهُ»

١٢ فى جيش التوشيح الدور الأخير كما يلى:

امرت على البرايا ﭬكن كابيك ءامر
وصرفت المنايا كتصريف المفادر
ﭬنادتك السرايا وغنتك العساكر
بالحرمة الامير والحرمة عطينا وتم الله علينا

٢٣٠

موشحة للاردى

مَن يسْعد الْـمُـعَـنّـا بِسَكْبِ الدّمُـوع
يَـا صَاحِبَىّ انّـا[1] ارْبَـاب الْوُلُـوع
كَمْ وَفْـﭬَـةٍ وَفَـﭬْـنَـا بِتِلْك الرُّبُـوعِ
نَطْوِى الضُّلُوعَ مِمّـا نُكَـابِدُ[2] اشجَـانَـا
وجَوًى لّازِمْ ﭬَلِلّـهِ اشْجَـانَـا[3]

طَرْﭭِى عَلَىّ جَرّا اسْبَـاب الْغَـرامِ
ﭬَلا اُطِيقُ صَبْـرا بِحَمْلِ السّـﭭـامِ

يَا عَاذِلَيّ فَصرا عَنْ فَرطِ الْمَلامِ
فِمَا يُطِيقُ[4] كَتْمَا او يَسْطِيع[5] سلْوَانا
مُدْنِف هَائمْ بهِ وجْدُ غَيْلانَا

مَا للْهَوى افْترِاحُ الّا ابْن عُبيْده[6]
كَمْ ودَّتِ الْمِلَاحُ لوْ كَانوا عَبِيدَهْ[7]
ظَبْىٌ لّهُ ارْتيَاحُ ان صَدّ عميدَهْ
لاكِن يَرقُّ مَهْمَا يُوَاصِل هِجْرانَا
يَا لهُ ظَالِمْ يُبْدى العَدْل احْيَانَا

ومَبْسم يُجلّى لهِيب[8] أُوَارِى
يُريكَ اذ يخلى بَفايَا الْعفار[9]
عَليْهِ نَضحُ طَلِّ من الْجُلنَارِ
فِى خَدِّه الْمُدَمَّا تجلوا مِنْهُ بُسْتانَا
زهْرهُ النّاعِم يُجرى[10] الحُسْن الْوَانَا

كَمْ اسْهَرت نَوَاهُ مِنْ خودٍ[11] رّدَاحِ
غَنّتْ على هوَاهُ غنَاءَ افْتِراح
لَعَلّهَا تَراهُ افبَال الصّبَاحِ
نن درمرى ممّا ا راى ذ منيانَا[12]
بُون ابُو الْفاسم لفاج ذ مطرانا

١ ع «انَا» – ٢ ع «تُكَابِدُ» – ٣ كذا ع – ٤ ع «أُطِيقُ» – ٥ ع «يستطيع» – ٦ ع «عُبيْدة»
٧ ع «عُبيْدهْ» – ٨ ع «لهيبُ» – ٩ ع «الْعقارْ» – ١٠ كذا فى المخطوطة على ما يبدو، ومن الممكن أن يكون الصواب «يَحوى» – ١١ ع «خُرَّدٍ» – ١٢ ع «منيمَانَا»

٢٣١

موشّحة

سُحِرْتُ عَنْ خِدْر بأَعْيُن عفْرِ كَأَنَّنِى
يَا فَوْم لَمْ أَدْرِ حَبَائِل السِّحْر بِى الاعْيُن

فَدْ ضرّجتْ ظلْمَا محَاجر السِّرْب فلبى دمَا
وفَطعتْ سُفْمَا جَوانِح الصّبِّ عَفْر الدُّمَا
يَا حَسْرةً مِمَّا لفيتُ يَا فَلْبِى مِنْهَا وَمَا
تكنُّ يَا صَدْرى بموفد الجَمْرِ لا تنْثَنِى
عَنْ زَفْرة تَسْرى بأَعْيُن تجْرى كَالأَعْيُنِ

كَمْ رُمْتُ يَا لَهْبِى كتْمَانَ ما يَطْفُوا مِنْ ادْمُعِى
هيْهَاتَ هَل يَشْبِى[1] تَهَجُّعٌ يَهْفُوا بأَضْلُعِى
لَوْلَاك يَا طَرْبِى لَمْ يَنْدُب الطّرْبُ تهجُّعِى
ولا بَدا سِرّى لِلْأَنْجُمِ الزُّهْرِ كالمعْلنِ
وَلا رمَى بِكْرى غَرَائِب الشِّعْرِ بِى الالْسُنِ

عُلِّفْتُهُ الْمَا فَدْ اسْفَرَ السّعْدُ عَنْ بَدْره
ورَاهَوَ الحُلمَا وحَدّد النّهْدُ بِى صَدْرِه
انْ فَامَ اوْ هَمّا يَكَادُ يَنْفَدُّ عَنْ خصْرِه
بيا فوى الازر بِى رِفّةِ الخصْرِ بَتَنْتِنِى[2]
ويَا شبَا السُّمْر باعْيُن سُمْر فتَلْتِنِى[3]

طَابَتْ بهِ النّحْلُ تَرْعَى مِنَ الشُّهْدِ مَا بَدّدَا
وَكادَ يَنْهَلُّ دُرّا على الْخَدِّ مُنَضّدَا

كَمَا كَسَا الطَّلُّ   شَفائِقَ الوَرْدِ   ثَوْبَ النَّدَا
ورَشّ بالْفَطْرِ   شَفائِق الزَّهْرِ   وَالسَّوْسَنِ
ونَاطَ بِالتِّبْر   مَا رَاق مِن دُرّ   مُسْتَحْسَنِ

مسْتَبْهَمٌ عنْهُ   مَنْ بَاحَ لَمْ يُنْصِب[4]   مَحْبُوبَهُ
انْ دَلّكَ الْكُنه   عَنِ اسْمِه صَحّف   مَقْلُوبَه
[5]مَنِ اسْمُهُ منْهُ   ابَى بِأَنْ يَكْشِف   غَرِيبَهُ[6]
وعَلّلا دَهْرِى   بذَلكَ الزّهْرِ   لَعَلّنِى
أَرَاهُ فِى سُكْرِى   بسَلْسَل الثّغْرِ   يُعِلُّنِى

لا عُذْرَ لِلّاحِ   انْ لّمْ يفم عذْرِ   فِى حبّهِ
اوْضَحْتُ يَا صَاحِ   وَفَدْ فشَا سرِّى   فِى سِرْبهِ
وَالرّاحُ فِى الرّاحِ   ككَوْكَب يَسْرى   فِى فُطْبِهِ
ردّدْ على الزّمْرِ   مَثانىَ الْوَتْرِ   وسَقّنى
مِن رّاحَة الْبَدْر   يَا كَوْكَبا دُرّى   وغَنّنِى

١ كذا قرأتُ، ع «يَهْفِى» – ٢ كذا قرأتُ، ع «بيَنْثَنِى» – ٣ ع «فتَلْتَنِى» – ٤ ع «يَنْصِب» – ٥ كذا قرأتُ، ع «مِن اسمِهِ منهُ» – ٦ ع «عرْبيّهُ»

٢٣٢

موشحة لابى العبّاس الاعمى

مَا لِى يَدان   بنَهْىِ مَنْ فَدْ نَهَانِى
دَعْنِى وَشانِى   انْ كُنت لِلْخَمْر شَانِ[1]

ما هَامَ فِيهَا الّا حِسَان الاخلاقِ
اطْلُب شَبِيها لهَا فَلسْت تلافى
وَسَافِنِيها فَلا عدمْتُك سَاق

بنْتُ دنَان قَدْ فُلِّدَتْ بِالْجُمَان
حَتّى تَرانِى وَملْكِى الحرَمانِ

يَا ظَبْىَ[2] انْسِ سُكْنَاه خَلْف الحجَاب
جَدّدتّ أُنْسِى بِشَدْوكَ المسْتَطَاب
لَوْ كنتَ امْس نَزعْت عنّى التّصابى

فقَدْ ثنَانِى الَيْك نَفْرُ الْمَثانِى
وَلِى امَانِى عَلمْتُهَا فَكفَانِى

بِاللّهِ رقّ لمُسْتهَام هَوَاكَا
مَلكْتَ رقِّى بل ملكتْهُ عَيْنَاكَا[3]
وفَرْط عشْقِى لَمْ أُبْدِه لسِوَاكَا

كَلّ[4] لِسَانِى عَمّا يَجنّ جنانِى
يفْنَى زَمَانِى وَالْوُجْدُ لَيْسَ بفَانِى

احْبِبْ الَيّا بمَن يُّحِبُّ بِعَادِ
يَا صاحِبيّا لِمْ[5] نِمْتُمَا عَنْ سُهَادِى
حتّى عَلَيّا بخِلْتُمَا بِاسْعَادِ

لا تَسْئَلانِ عَن طُول لَيْل الهِجْران[6]
وَخبّرانِى متَى يَكُونُ التّدَانِى

ظَلمْتُ إِلْفِى لَمّا اتّخَذتّ سِوَاهُ
فَكانَ حَتْفِى تشَتُّتِى فِى هَوَاهُ

بَـدا لطَـرْفِى   بَفُلْتُ فَـوْلاً أَغْرَاهُ

مَن كَـانْ دعَـانِى   يَـا فَـوْم وَشْ كَـانْ ادَّانِ

اشْ كَـانْ دَهَـانى   نبْـدَل حَـبيبى بثَـانِ

١ يعنى «شانئٌ» – ٢ ع «ظَبْىُ» – ٣ ع «عَيْنَاك» – ٤ كذا قرأتُ، ع «كُلّ»، وشكل شدّ اللام يشير إلى ضمّة – ٥ كذا قرأتُ، ع «لَمْ» – ٦ لعلّ الصواب هو «هِجْران»

٢٣٣

موشّحة[١]

حُبُّ الْحِسَان   وَشُرْبِ بِنْتِ الدِّنَانِ

معْنَى الزّمَانِ   فَلا تهم بسُلْوَانِ

يا صَاحِبَيّـا   وَفَرِّبَا الْخَنْدَرِيسَا

زُفّتْ الَيّـا   فِى الْكَاسِ تُجْلَى عَرُوسَا

انَّ الْحُمَيّـا   تُسْلِى وتُحْيِى[٢] النُّفُوسَا

فِسَافِيَانِ   ودَادَ كُلِّ وَسْنَانِ

وغَنّيَانِى   بَفَدْ خَلَعْتُ عِنَانِى

الْحبُّ دينُ   فَدْ سَنّ خَلْعَ الْعِذارِ

بهِ أَدِينُ   وفَدْ نَبذتُّ وَفَارى

مَهْمَا أَهُونُ   فَلَيْسَ فِيهِ بعَارِ

لَيْسَ امْتهَانِى   عَلى الْهَوى بنُفْصَانِ

فِفِى الْغوَانِى   نفَاق سُوق الْهوانِ[٣]

اقنيْتَ صَبْرا   مَن لمْ يَزَل ذَا اصْطِبَارِ
عَبدتّ حُرّا   مُسْتَعْبدًا لِّلاحْرَارِ
فَانْحَطّ قَسْرا   وَلَمْ يَفُلْ بِانتِظَار
[4]فمن رآنى   على انحطاط لشانى[4]
وَفِى انْذِعانِى   اقْوَى لِكُلِّ بُرْهَانِ

ظَبْىٌ احَمُّ[5]   تعْنُوا الَيْهِ الاسُودُ
هَواكَ تَمُّ[6]   مَا لَا عَلَيْه مَزِيدُ
رُحْمَاك حَمُّ[7]   الَى متَى ذَا الصُّدُودُ
فَجُدْ لِمَانِ   لَوْ يَنقَضِى بِالْأَمَانِى
فَالْمَوْت دَانِ   انْ دُمْتَ فِى الْهِجْرانِ

[8]ايَا حَيَاتِى   ومنيَتى[9] اَسْعِدَان[8]
[8]خُذْهَا وَهَاتِ   كَاس الطِّلَا وغَنِّيانِى[8]
[8]صَوت فِتَاتِ   شَدَت لبَعْضِ الْخِلّانِ[8]
وَيْحى جفَانى   رَشًا مّلِيح[10] الْمعَانِى
عَمْدًا بَرانى[11]   بِهجْره وَخَلّانِى

١ هذه الموشّحة موجودة فى جيش التوشيح (فصل ١٢، موشّحة ٤) بين موشّحات ابن لَبُّون – ٢ فى المخطوطة ما يماثل «وتُحْبى» – ٣ كذا فى جيش التوشيح، ع «الغوانِى» – ٤ كذا قرأتُ من نصّ جيش التوشيح، والظاهر أنّ الجزءين فى المخطوطة منقولان بغلط من السمط الأوّل، وهما «فَسَافيَانِى | ودَادَ كُلِّ وَسْنَان» – ٥ فى جيش التوشيح «ظبيا احمّا» – ٦ فى جيش التوشيح «جماكَ تمّا» – ٧ فى جيش التوشيح «رحماك رحمى» – ٨ الظاهر أنّ فى نصّ هذه الأغصان صعوبات، وفى جيش التوشيح نصّها كما يلى

فيا حياتى   ومنيتى اسعدينى

بها وهاتى   كاس الطلا وغنّينى

فول فتاة   شدت لبعد الحزين

٩ ع «وميتّتى» – ١٠ ع «مّلِيحَ» – ١١ كذا قرأتُ. ع «بَدانى»، وفى جيش التوشيح «يرانى»

٢٣٤

موشحة

للّـهِ مَـرْأًى يَـرُوقُ لِلرّانِى   من بَـابِلِى الْجفُـون وَسْنَـانِ
مُحبّبِ   فتّـانِ

غُصْن من الْبَـان لَين العطْفِ
مسْتَعذب الوصْل صَادِق الخُلف
يَـمِيسُ فِى حُلّـة مّنَ الظّرْف
بمفْلَـتَيْـه طَوابع الحتْفِ

حكّمتُه[1] فِى دمِى وجثْمَانِ   فَجارَ فِى حُكْـمهِ وخلّانِ
تَـلْعَبُ بِى   اشجَانِ

مَـا[2] ذا جَنَاه علىّ مِنْ وُجْد
سَيْف بعَيْنَيْـهِ فَاتِك الْحَدّ[3]
من طَابع اللّهِ لَيْسَ كالهِنْدِ
فمـا احْتيَالى وَعنْدى مَا عِنْدى

فَـدْ بتّ فِيهِ حَليف احْزَانِى   يَـفُودُنى كَيْف شاءَ شيْطَانِى
فِى مَذْهَب   غيْلانِ

امَا ومَا بِالْجفُون مِنْ سِحْر

وَمَا حَمتْهُ مِن سَلْسَل الثّغْر
وَمَانِع الزّهْر بالْفَنَا السُّمْر
لقَدْ خَلَعْتُ فِى حُبّه عُذْرى
تَاللّهِ ما حلْتُ فيهِ عَن شانِى مُذْ حَلّ مِنّى مَحَلّ إيمَانِى
ليسْتَبِ جَنانِى

بحُرْمة الطّرْف[4] يَا ابَا بَكْرِ
وما تسَوى الشفَاه مِنْ دُرّ
هَبْ[5] [6]لِىَ مَا[6] اسْتَفِيوُ من سُكْرِى
فَانّنِى مَيّتٌ منَ الهجْرِ
امَا تَرى ذِلّتى وَاذْعَانِى وعَبْرَتِى تهتْمِى مِن اجْفَانى
كصَيّب هتّانِ

لَمّا جفَانِى وَزادَ فِى التّيهِ
رَشًا حَمَاهُ بحُسْن[7] بَاريهِ
ظَلَلْتُ اشْدُوه كَىْ أُدَاريه
وَالْقَلْبُ مِنْ ذَاكَ فِيهِ مَا فِيهِ
مَوْلاىَ صَبْرى مُذْ غِبْتَ عَدّانى اشْ لَكْ فِى صَدّى اشْ لَكْ فِى هِجْرَانى
حُبيّب لَوْ بانِى

١ كذا قرأتُ، ع «حِكمتُه» – ٢ الكلمة غير واضحة بسبب ثقب فى المخطوطة – ٣ كذا ع – ٤ ع «الظّرف» – ٥ كذا قرأتُ، ع «لِى بِمَا» – ٦ كذا قرأتُ، ع «وَهَبْ» – ٧ كذا ع، ولعلّ الصواب هو «بالحسْن»

٢٣٥

موشّحة لابن بقى[١]

صبَرتُ وَالصّبْرُ شيمَةُ الْعَانى وَلَمْ أَقُلْ لمطِيل[٢] هجْرانِى
مُعَذِّبى كفَانِى

قَدْ كانَ غَيْرى يَعْتَزُّ بِالذِّلّهْ
علقْتُه [٣]ينتَمِى الَى الْحِلّه[٣]
لَا يحْسن الشّعْر وَصْفَه كُلّهْ
[٤]ملالَة النّاس[٤] عِنْدهُ ملّهْ

فِى كلِّ يَوْم تَراهُ فِى شَانِ امَاتَنِى[٥] هجْرهُ وأَحْيَانِى
بِاشْنَب سَقانِى

شَهَادتِى انْ امُوت عَليْه
لمّا جنا الْوَرْدَ مِلْءَ كَفّيْهِ
تشَوّفَتْ وَرْدتَان الَيْه
فحَلّتا[٦] فِى رِيَاضِ خَدّيْهِ

واسْكرته مُدَام الاجْفَانِ فَمرّ بِى صَاحِيًا كَنَشْوَانِ
فِى رَبْرَبِ[٧] غِزْلَانِ

هَذا زمَانُ الرّبيعِ يَا يَحْيَا
فسَقِّنى مِن يَمينك الْعُلْيَا
مُدامة ملكَتْنِى الدُّنْيَا
الا تَرى الارْضَ تَكْتَسى وَشْيَا

وَالزّهْرُ مِن فِضّة وَعِقْيَان وَالْماءُ يَحْكى انسِيَاب ثُعْبَانِ
فِى مَذْنب[٨] بُسْتَانِ

يَا كَوْكَبا لَاحَ من بنى الْفَاسِمْ
اهْلاً وَسَهْلا بسَعْدِكَ الدّائِمْ
امّا الايَادِى فَمَا انا فَائِمْ
بشُكْرِهَا نَاثِر[9] وَلا نَاظِم

انسيتِنِى مَعْشرى وَاوْطَانِى | وجدت محْلى بكُلِّ هَتّان
مُنسَكِب | ارْوَانِى

بِمثْل مَا دانتِ النُّهَى[10] دِنْهَا
انْهَى رَسُول الْفِتَاة مَا أَنْهَا
وفَدْ بَلغْتُ حَفِيظَةً مِنْها
فَأنشَدَ الشّوْقُ مُعْربا عَنها

لِسْ بُدَّ[11] نَخْطُرْ[12] من حَيْثُ يَرانِى | لعَلّه بِالسّلام يَبْدَانِى
حُبيّبِى | نسَانِى

١ هذه الموشّحة موجودة فى جيش التوشيح (فصل ٢، موشّحة ١١) بين موشّحات الأعمى، وفى دار الطراز (موشّحة ٢٨) – ٢ كذا ع وجيش التوشيح، وفى دار الطراز «للمطيل» – ٣ كذا فى جيش التوشيح ودار الطراز، ع «ينثنِى الَى الْجِلّه» – ٤ كذا فى جيش التوشيح ودار الطراز، ع «هالة لِلناس» – ٥ «اماتنى» من الحاشية، وفى النصّ «امَا اتَانِى» – ٦ كذا فى جيش التوشيح ودار الطراز، ع «فحَلّت» – ٧ ع «رَبْرَبٍ» – ٨ ع «مُذْنب» – ٩ كذا فى مخطوطة عُدّة الجليس وفى مخطوطة من مخطوطتى دار الطراز، وفى المخطوطة الأخرى لدار الطراز وفى مخطوطات جيش التوشيح «ناثرا» – ١٠ كذا فى مخطوطة عُدّة الجليس وفى مخطوطة من مخطوطتى دار الطراز، وفى المخطوطة الأخرى لدار الطراز وفى مخطوطات جيش التوشيح «المها» – ١١ ع «بُدْ» – ١٢ كذا ع، وفى جيش التوشيح ودار الطراز «نَخْضُرْ»

موشّحة لابن زهر[١]

حَيِّ الْوُجُوهَ الْمِلَاحَا وحَيِّ نُجْلَ الْعُيُونِ

هَلْ فِى الْهوَى منْ جُنَاحِ
اوْ فِى نَدِيمٍ وَرَاحِ
رَامَ النّصِيحُ صَلاحِى
وَكيْفَ ارْجُوا صَلاحَا بيْنَ الْهَوَى وَالْمجُون

الْفَى الَيْهَا زِمَامَا
صَبٌّ يَلِذُّ[٢] غَرامَا
فِمَا يُفِيدُ الْمَلامَا
غدا بِشَوْق وراحا مَا بيْنَ شتّى الظُّنُونِ

ابْكى الْعيُون الْبَواكِ
تَذْكار اخْتِ السِّمَاك
حَتّى حمَام الاراكِ
بكَى بشَوْق ونَاحَا عَلى فُرُوع الْغُصُون

يَا غَائِبًا لّا يَغِيبُ
انتَ الْبَعِيدُ الفَرِيبُ
كَمْ تشْتَكِيك الْفُلوب
اثْخَنْتَهُنّ جراحَا وسَل سِهَامَ الْجُفون[٣]

يا رَاحِلا لَمْ يُوَدِّعْ
رحَلْت بالانسِ اجْمَعْ

وَالفَخْرُ يعْطِى ويَمْنَع

مَرّتْ عيْنيك الملاحَا　　　سِحْرا فَما ودّعُونى[4]

١ هذه الموشّحة موجودة فى المغرب (١، ٢٧٣) وفى جيش التوشيح (فصل ١٥، موشّحة ٤) وفى توشيع التوشيح (موشّحة ٢٨) وفى عيون الأنباء (٢، ٧٣) – ٢ كذا ع – ٣ الكلمة غير واضحة بسبب ثقب فى المخطوطة – ٤ فى المخطوطة يوجد دور آخر بعد هذه الخرجة، وهو الدور الأخير للموشّحة التالية:

يَا ظاعِنًا خَاضَ مَسْرَعْ
بَحْر الصّبَاحِ الْمُلَمّعْ
فقُلْتُ اذْ لَمْ تُودعْ

مَرت عَيْنيك الْمِلاحَا　　　........ فَما ودّعُونى

٢٣٧

موشّحة لابن حزمون

احْبَاب[1] فَلْبِى ارْتيَاحَا　　　دَاعِى الْهوَى وَالْمجُونِ

لِلزّهْر ایُّ ابْتِسَامِ
وبِهَاتِ كَاسَ الْمُدَامِ
من كَفِّ بَدْر التّمَامِ

سَفَتْكَ رِيفًا ورَاحَا　　　مِن ثغْرِها وَالْجفُون

مَن لِّى بِذَاتِ احْوِرَارِ
كَدُمْيَة[2] من نُّضَارِ
تُدِير كَاسَ الْعُفَارِ

كَانّمَا الْبَدْر لَاحَا　　　مِن فَرْعِها فِى دُجُون

يَا مَن حَوتْ كُلّ حُسْنِ
وَاخْجَلتْ كُل غُصْنِ
دجَتْ غيَاهِب حُزْنِى
فَلو وَضَحْت صبَاحَا صَدَعْت لَيْل شجُونِى

منعْت يَا رِيم طَيْفك
فَلتَكْف يَا سُهْد حَتْفك
وَانّمَا صَدّ خَوْفَك
اذ لَا تنيلُ[3] افْتِراحَا وانتَ مِلْءَ الْجفُون

يَا ظَاعِنا خَاضَ مُسْرِعْ[4]
بَحْر الصّبَاحِ الْمُلَمّعْ
فَفُلْتُ اذْ لَمْ تُودعْ
مَرت عينيك الْمِلَاحَا سحْرا فَما ودّعُونى

١ كذا ع ، والأرجح أنّ الصواب هو «أصاب» – ٢ فى النصّ «كَرْميّة» ، وفوقها «كدمية» – ٣ كذا ع ، ولعلّ الصواب هو «ينيلُ» – ٤ ع «مَسْرَعْ»

٢٣٨

موشّحة لابن هردوس

حُثّ الْمُدَامْ فَفِى صَدْر مَحْزُون
فَلْبٌ افَامْ عَلى الذُّلّ وَالْهُونِ

فُمْ نَصْطَبِحْ فَد ذُبْتُ باشْوَافِى

اذْ لَا فَرحْ — بِغَيْر الطِّلا بَاق
وَقَدْ فتحْ — بخَدّيْك يَا سَاقِى
رَقْم الغَمَامْ — رِيَاض الْبسَاتين
عَلى نِظامْ — من وَرْد وَنسْرِينِ

وسافنِى[1] — وِدَاد الّذى اهْوَى
مَن شقّنى — وَقطّعَنِى زَهْوَا
ورَدّنِى — بِالْحَاظِه نِضْوَا
فَلا مَلامْ — عَلى الحُبّ يَكْفِينِى
انَا الْإِمَامْ — فِى الْحُبّ فَهنُّونِى

ظَبْىٌ يَتيهْ — بحُسْنِ سَنا الْخَدِّ
غِرٌّ نَبِيهْ — يُسَامُ الَى المجْدِ
قَدْ[2] بعْتُ فِيهْ — مَنَامِى بالسُّهْد
حَازَ التّمَامْ — فِى الشِدّة وَاللّينِ
ظَرْف الْغُلام — وَتيه السَّلَاطين

يَا جَابرى — وِصَالُك لِى جَابِرْ
يَا ءَاثِرى — لَكَ الْفَضْل يَا ءَاثِرْ
كُنْ ءَامِرى — بِمَا شِئتَ يَا ءَامِرْ
رَدّ السَّلامْ — عَلى البُعْدِ يَكْفِينِ
فَفِى السَّلامْ — اجْرٌ غَيْر مَمْنُون

قُلْتُ وَقَدْ — دُهِيتُ باجْفَانه
لمّا اعْتَمَدْ — عَلى قَتْلِ هَيْمَانِه
وَلا قَوَدْ — لِعزّةِ سُلْطَانِه

لَيسَ الْحُسَامْ　　امْضَى يَوْم صبّين
عَلى الأَنَامْ　　منْ لّحْظِ ابْنِ عزّين

١ الكلمة غير واضحة بسبب ثقب فى المخطوطة – ٢ كذا قرأتُ، ع «وَفدْ»

٢٣٩

موشحة لنزهون بنت الْوزير الفليعى

بِأَبِى مَنْ هَدّ من جسْمِى الْفُوَى　　طَرْفهُ الاحْوَرْ
وسَفانِى مَا سَفَى يَوْمَ النّوَى　　وَيْحِ مَنْ[١] غَرّرْ
كُلّمَا رُمْتُ خُضُوعًا فِى الْهَوَى　　تَاهَ واسْتَكْبَرْ
يَا لَهُ مِنْ شَادِن صَيّرنِى　　رَهْن[٢] أَشْجَانِ
لَمْ يَدَعْ فِى الْحُور منْهُ عِوَضا　　عِنْدَ رضْوَان

مَرّ بى فِى رَبْرَب مِنْ سِرْبهِ　　يَفْطِفُ الزّهْرَا
وهْوَ يَتْلُوا ءَايةً مّنْ حِزْبه　　يَبْتَغِى الاجْرَا
بَعْدْ مَا ذَكّرَنِى مِنَ حُبّهِ　　ءايَةً اخْرَا
وَالّذِى لَوْ شَاءَ مَا ذَكّرَنِى　　بَعْدَ نسْيَانِ
فَلّبَ الْفَلْبَ عَلى جَمْر الْغَضا　　فَهْوَ فِى شَانِ

حَفِظ اللّهُ حَبِيبا نّزَحَا　　خَشْيَةَ الهَجْر
جَاءتِ البُشْرَى بهِ فَانشَرحَا　　عِنْدَهَا صَدْرِى
وَاسْتَطارَ الْفَلْبُ[٣] مِنِّى فَرحا　　ثُمّ لا ادْرِى
امِنَ الْإِنسِ الّذى بَشّرَنِى　　امْ مِّنَ الْجانِ[٤]

غَيْر انِّى شِمْتُ بَرْقًا اوْمَضَا   حِين حَيَّانِى

قُلْتُ لمّا زَارَنِى طَيْف الْخَيَالْ   من رَّشا الْإِنْسِ
مَرْحَبا بِالزَّائِر الْحُلْوِ الْخِلَالْ   مُخْجِل الشَّمْسِ
وَالّذى سَوَّاهُ مِنْ مَّاءِ الجَمَالْ   وَاحِد الجِنْسِ

مَا بَرَا جِسْمِى ولا غَيّرنِى   خَوْفُهُ هِجْرانِ
انّما غَيّرَ جِسْمى مَرضَا   لحْظَهُ الرّانِى

لَمْ تزَل تُظْهِرُ فِيهِ اَلْكلَفَا[6]   عِنْدَمَا عَنّتْ
غَادَةٌ لَّوْ رَامَ مِنها النّصَفَا   غَيْره ضنّتْ
فَهْوَ يَهْوَاهَا وَيُبْدى الصّلَفَا   فَلِذَا غَنّتْ

يَتَمنّانى إذَا لَمْ يَرنِى   يَتَمنَّانى
فَإِذَا رَانى تَوَلّى معْرضا   كنٌ مَا رَانِى

١ ع «مِن» – ٢ ع «رُهْن» – ٣ ع «القَلْبَ» – ٤ ع «الْجانِّ» – ٥ ع «خَوْفَ» – ٦ ع «الكُلَفَا»

٢٤٠

موشحة

عَبَثَتْ بِى خَلَدى يَد الْهوَى   فَمَنِ[1] الْأَسِى[2]
وَالّذى صَيّرنِى رهْنَ الْجوَا   فِيهِ إينَاسِى
بِأَبِى مَنْ ذِكْرُهُ عَلى النّوَا   هَاجَ وَسْوَاسِى

شَادِنٌ فَوّقَ سَهْمَ الْفِتَن   نَحْو انسانى
فَرمَانِى فَجعَلْتُ الْغَرضَا   قَلْبِىَ الثّانِ

بصرتْ عَيْناىَ عَيْنَىْ سَاحِرِ　　عنْدَمَا رَمفا
وَوردتُّ الْحُبّ غَيْر صَادِرِ　　وَيْحَ من عشفَا
فَلكمْ بِتُّ وبَاتَ نَاظِرِى　　يَعْشَوُ الارَفَا
جُنْح لَيْل لّمْ [3]يزل يطْرُفُنِى[3]　　مِنْهُ جَيْشَانِ
فَاذَا مَا فُلْتُ جَيْش فَدْ مَضا　　عَطَف الثّانى

[4] فى حسنه اضحى علم　　حسْنه عجب
اى وَجْه سَافِرِ عَنْ بَدْر تَم　　رِيفه شَنبُ
عَبثَتْ زَهْرة خَدّيْهِ وَلَمْ　　يَدْر مَا السّبَبُ
فَاذَا مَا شَاءَ ان يّزُورنِى　　طَيْف سلْوَان
عَطَفتْ مِنْه دَلائِل الرِّضَا　　ثمّ حَيّانِى

لَمْ يَزلْ يُخْلِفُ صِدْقَ وَعْدِه　　بتَلَوّيهِ
شَادِنٌ اعْيَا مَطَال صَدّه　　لمُحِبّيهِ
فتَغَنّيْت لِطُول بُعْدِه　　وَتجنّيهِ
يَتَمنّانى اذا لَمْ يَرنِى　　يَتَمنّانِى
فَاذَا رَانِى تَوَلّى مُعْرضَا　　كَنَّ مَا رَانِى

١ كذا قرأتُ، ع «مِنَ» – ٢ يعنى «الآسى» – ٣ كذا قرأتُ، ع «تَزل تَطْرُفُنِى» – ٤ سقطت كلمة مثل «رَشَأٌ»، وفى المخطوطة كتب كاتب «كذا» فوق «حسنه»، ولعلّ الدور السابق سقط أيضا

٢٤١

موشحة لابْن الرّافِع راسه[1]

الْعُود فَدْ تَرنّمْ　　بِأَبْدَع تَرْنِين[2]

وَشَفَّتِ الْمذَانِب   رِيَاض الْبَسَاتين

وغَنّتِ الطُّيُورُ   عَلَى فضب الْبان
وَاضْحَكَ السُّرُورُ   أُسُودًا لميدَان
فكلُّنَا اميرُ   بِالرَّاحِ وَسُلْطَانْ[3]
مِنْ وتَر تكَلّمْ   بِالسِّحْرِ الْمُبينْ[2]
وطَائِر تُجَاوبْ   مِن فُضْبِ الرّيَاحِين

هَاتِ اسْقِنى الحُميّا   فَالرَّوْضُ يَفُوحُ
قَدْ مَالتِ الثُّريّا   وَطَاب الصّبُوح
يَحثُّها عَليّا[4]   غَزالٌ مَّليحُ
كَالْغصُن الْمُنَعّم   فِى حُلّةِ نسْرِين
مُطرّز الْجوَانب   يَنفَدُّ مِنَ اللّين[2]

افِمْ عَلى ودَادِ   ذِى المجْدَيْن وَاشْرب
مُمَهد البلادِ   مِن شَرْق وَمَغْرب
وَناصِر الْعبَادِ   سُلَالَة يَعْرِبْ
الْمَلِك الْمعَظّم   مُذِل السّلاطِين
مُرَتّب الْموَاكِب   هِزَبْر المَيادِين

مَلكٌ[5] لَّهُ جنانٌ   مِن اللّيْث افْدَمْ
كمَا لهُ بنانٌ   مِن الغَيْثِ اكْرَمْ
انْ عَبّس[6] الزّمَانُ   يَوْمًا اوْ تَجَهّمْ
تَلْفاهُ يتبَسّمْ   كنَوْر الْبَسَاتِين[2]
افْعَالُه كَوَاكبْ   لِلدُّنيَا وَلِلدِّين

ترَجّعَ الْحَبِيبُ   عَنْ رّد السَّلَامِ

وَفِى الْحشَا لَهِيبُ   مِن فَرْطِ الْغَرَامِ
حَتّى شَدَا الْكَئِيب   شَدْوَ المسْتَهامِ
تَخْطُرْ وَلِسْ تسَلّم   كَانّكَ المَامُون[7]
مُرَوِّعُ الْكتَائب   يحْيَى بْن ذِى النُّونْ[2]

١ يوجد المطلع والخرجة فى المقتطف لابن سعيد (١٥٠ظ) وفى المقدّمة لابن خلدون (١١٣٩) وفى ازهار الرياض (٢، ٢٨٠) وفى نفح الطيب (٧، ٦) للمقرىّ – ٢ فى المخطوطة بكسر النون، ولكن يقتضى الوزن تسكينها – ٣ ع «وَسُلْطَانى» – ٤ «عَلَيْها» – ٥ ع «مَلِكٌ» – ٦ كذا ع – ٧ كذا فى مقدّمة ابن خلدون، ع «مَامُونِ»

٢٤٢

موشحة لابى جعفر بن خاتمة[1]

سل [2]بذى الضّال والسَّمُر[2]   ظَبْيَة الْبَان
هَلْ رَأَتْ[3] مِثْلَ ذى[4] الْمُقَل   لِرشًا ثَانِى

[5]مَنْ لِظَبْىٍ بِأَعينِ   كُحِّلت سِحْرا[5]
[5]لو حَوَاها لم يَنْثَنِ   يَأْلف القفرا[5]
[5]بَل غَدَا فى توطُّنِ   قلبىَ المُغرَى[5]
قدْ ابَى الْغُنْج وَالْحَوَرْ   غَيْر خِذْلانِ[6]
فَاصْرِفا عنّى الْعَذَل   لا تَلُومَانِى

مَن مُّجيرى[7] اذَا رَنا   منْ هَوى خَشَف
اشْرَع اللّحْظ كَالْقَنا   قَاصِدًا حَتْفِى
ودَعَا الْقَلْبَ مُذْ دَنا   مِنه بالزّحْفِ

ايْنَ لا اينَ لا وَزَرْ   لِشَجٍ عَانِ
اعْـزَل مِن ظُبَـا أَسَل   غُنْجُ اجْفَانِى

هَل[8] لِلَاحٍ مُعَنِّفِ   فِى الْهَوى يَسْطُ
بِشَجِى الْقَلب مُدْنفِ   دَمْعُه سِقْطُ
هَل رَأَى[9] مِثْل أَهْيَفٍ[10]   شَادِنًا قَطُّ
رَاعَهُ اللّٰهُ وَالقَدَرْ   كَيْفَ يَلحَانِى
مَا ارَى طَبْعَهُ مَثَلْ   طَبْعَ انْسَانِ

هَلْ الَى الْوَصْل مَسْلَكُ   اوْ الَى الصَّبْرِ
طَال هَذا التَّهَتُّك   وَفَشا سِرِّى
غُنْجُ عَيْنَيْك افْتَك   مِن شَبَا السُّمْرِ
مَا عَلى مُهْجَتِى اضَرّ[11]   وَلا أَشْجَانِى[12]
مِن عُيُون بهَا كحَلْ   حِين تَلْقَانِى

وَغَزَال مَّا اجْمَلَهْ   فِى تَحلِّيهِ
اخَذَ الطِّرْسَ فَصَّلَهْ   ووَشَى فِيهِ
بِمدَاد فَقُلْتُ لَهْ   قَصْد تَنْبيهِ
ثَوْبَكَ[13] احْرَزْ مِنَ الْحِبَرْ   يَا قد[14] امْلَانِى
[15]قَل لِّى[15] خَلِّينِى نبْتَصل   فِى بَلَدْ رَانِ

١ هذه الموشّحة موجودة فى جيش التوشيح (فصل ١٧، موشّحة ١٦)، وفى ديوان ابن خاتمة (موشّحة ٣) الذى حُفظ فى مخطوطة كتبها ابن خاتمة نفسه (Escorial 381). توجد عِدّة اختلافات بين النصّ فى الديوان والنصّ فى عُدّة الجليس، ولا سيّما النصّ فى مخطوطة عُدّة الجليس ناقص فى بداية الموشّحة. صحّحتُ المطلع على ما يوجد فى الديوان، ونقلت أيضا أغصان الدور الأوّل من الديوان،

وهى غير موجودة فى مخطوطة عُـدّة الجليس. فى سائر الموشّحة لم أغيّر نصّ عدّة الجليس، ليرى القارئ شيئا من التفرّع الذى نشأ فى الروايتين – ٢ ع «بذى الظل والسّـمر» – ٣ كذا فى الديوان، ع «رَأَيْن» – ٤ كذا فى الديوان، ع «ذا» – ٥ فى المخطوطة بياض، وهذه الأغصان من الديوان – ٦ فى الديوان «أشجانى» – ٧ فى الديوان «عذيرى» – ٨ فى الديوان «هَلْ» – ٩ كذا فى الديوان، ع «رَأَتْ» – ١٠ ع «أَهْيَفَ» – ١١ ع «اضَرّ» – ١٢ فى الديوان «يوم عدوانى» – ١٣ ع «ثَوْبُكَ» – ١٤ فى الديوان «وفد» – ١٥ فى الديوان «فال» (بدون «لى»)

٢٤٣

موشحة

نفَى النَّوْمَ نَـافِرْ عَنْ جُفُـونِى

مَـا لِى عَنْكَ صَبْـرُ

وَمَـا لكَ عُـذْرُ

عذْرى[1] لا يمرُّ

خيَـالك خَـاطِرْ بِالظُّنُون

موْلَاىَ اجْرِنى

مِنْ طُولِ التَّجَنِّى

فِيكْفِيكَ أنِّى

لعَـهْدِكَ ذَاكِرْ كُلّ حِينِ

ظَبْىٌ بَـابِلِىٌّ

أَلْـمَى عَسْجَـدِىٌّ

يَظَل الْخَـلِىٌّ

من جَفْنَيْـهِ حَـائِرْ ذَا شجُـونِ

فِى عَبْدِ الْعَزِيز
ذِى المجْدِ الحَرِيز
وَالْخدِّ الطّرِيز
وسُود المحَاجِرْ ضَاعَ دِين

نَئا بفُؤَادِى
وصَبْرِى حَادِ
فظَلْتُ أُنادِ
مَحْبُوبى مُسَافِر صَبّرُونى

١ ع «عذْرىّ»

٢٤٤

موشحة[١]

حَلت يدُ الْأَمْطَارِ ازرّة النُوّار فيَا خِدنِى

اشْرَبْ طَابَ الصّبُوحُ فِى ذَا الْيَوْم
فِى رَوْضَة تَفُوحُ لَدَى الْغَيْم
فدْ اشْرَفَتْ تَلوحُ عَلَى الفَوْمِ
فوَجْهُ ذَا النّهَارِ مُغَطًّى بِخمَارِ مِن الدّجْنِ

ظلمتَ اذ نفَرْتا عَن الصّبِّ
فعُدْ كمَا فَدْ كُنْتَا مِن الْفُرْبِ
صَدَدتّ وَهجَرْتَا ايَا حِبِّ

افْدِيكَ مِنْ غَدّارِ يَدِينُ بالنِّفَارِ وَلا يُدْنِى

هَذا الْهوَى يَجُورُ وَمَا صُنْعِى
قد ضاقَ يا مَنْصُورُ بهِ ذرْعِى
وَليْسَ لِى نَصِيرُ سِوَى دَمْعِى
بِذُلِّى وَانكِسَارى ودَمْعُ عَيْنِى جَارِى عَلَى صَحْنِى

مَوْلاىَ هَبْ رِضَاكَا وَافْبَل عُذْرى
وَاسْقِنى مِنْ لَمَاكَا معَ الخمْرِ
بِمَا حَوت عَيْنَاكا مِنَ السِّحْر
بَرِّدْ لهِيبَ نَارى وَاغْمِدْ ظُبَا الاشْفَارِ لَا تَفْتُلْنِى

لَمّا اطَالَ حُزْنى وَلمْ يَرْحَمْ
وَلَجّ فِى التّجَنِّى وَمَا سَلّمْ
نَادَيْتُه أُغَنِّى نِدَا مُغْرَمْ
حَبِيبى انتَ جَارِى دَارِكْ[٢] بجَنْب دَارِ وَتَهْجُرِنى

١ هذه الموشّحة موجودة فى جيش التوشيح (فصل ١٧، موشّحة ٢) وفى دار الطراز (موشّحة ٤) والمؤلّف مجهول – ٢ ع «دَارِكَ»

٢٤٥

موشحة لابى بكر بن بقى

عند خَالْ تحْتَ ظِلَالْ يَاسَمِينِ[١]
وَأَفَاحْ يَسْقِى[٢] بِرَاحْ ضَاعَ دِين

مَن يّرُمْ[3] امْرًا جَلِيل يَهْوَ رِيمَا
يصْطَفِى مِنْهُ خليل وَندِيمَا
فَاتْرُكانِى لِلشّمُول لا تَلُومَا
وَجْه رُشْدى انْ امِيل وَاهيمَا
فِى غَزَالْ يَرْمى نِبَالْ مِنْ جُفُون
بِى يا صَاحْ مِنْهَا جرَاحْ كلّ حِين

عنْدَ ابْرَاهِيمَ خَابْ الْمُعَنّا
وَبهِ كَانَ[4] اصَاب مَا تَمنّا
لا تَسُومُوه العِتَابْ إنْ تجنّا
وشَكَى سُكْر الشّبَابْ †وَتجَنّا†[5]
وَاسْتَمَالْ هَيف الْحجَالْ بالمجُونِ
وَاسْتَبَاحْ أُسْد الكِفَاحْ فِى الْعَرين

زَارنِى يَوْمًا فِدَعْ مَا افَادَا
بَيْن أَمْن وجَزَعْ يتَمَادَا
قُلْتُ اذْ بَابِى فَرَعْ مَا ارَادَا
عجَبِى مِنْهُ مَنَعْ ثُمّ جَادَا
بِالْوِصَالْ بَعْدَ اتّصَال من شجُونِى
مَنْ ابَاحْ لِىَ السّمَاحْ مِن ضَنِينِ

لَحْظُه عَلى الانَامْ[6] ذو افْتيَاتِ
كُل اسْبَاب الحِمَامْ[6] مِنْهُ تَاتى
مَرّ عنّى وَالسّقَامْ[6] مِن صفَاتِ
يَا نداءَ المسْتَهَامْ[6] للْحُدات

يَـوْمَ زَالْ عَنَّ[7] ارْتِحال الْـمَـنُـون
وَاتَـاحْ حَيْنًـا مُّتاح لِلْحَـزِين

هَـانَ أَنْ أَلْـفَى عَـلَيْـهِ كل حين
حَـرْب صِقّين لَـدَيْـه وَحُـنَيْن
لَـيْسَ لِـى بِمُـفْـلَـتَيْـهِ مِنْ يَّـدَيْن
فلتُ اذْ مَـالتْ الَـيْـهِ كُل عَـيْنِ

الْجمَـالْ اليْـهْ[8] يُـمَـالْ بِالْـعيُـون
وَالْـمِلَاحْ امْضَى سِلَاحْ مِنْ مَّـنُـونِ

١ فى المخطوطة بتسكين النون، ولكنّ الوزن يقتضى كسرها – ٢ ع «يَسْفِنِى» – ٢ ع «يّرومْ» – ٤ ع «كانْ» – ٥ لعلّ الصواب هو «تثنّى» أو «تغنّى» – ٦ فى المخطوطة بكسر الميم، ولكنّ الوزن يقتضى تسكينها – ٧ كذا قرأتُ، ع «عَزْ» – ٨ ع «اليْـهِ»

٢٤٦

موشحة لابى بكر بْن بقِى[1]

الْحبُّ يُجْنِيكَ[2] لذةَ الْـعَـذَل
اللّوْمُ فِيهِ احْلَا مِنَ الْـقُـبَل
لِكُلِّ شَـاكٍ من الْـهوَى سَببُ[3]
جَدّ الْـهوَى بِـى وَأَصْلُـهُ لَـعبُ
وَان لّـوْ كانْ جَدٌّ يُـغْـنِـى كانَ الاحْسَـانْ مِنَ الْحُسْنِ
يَـا غرّة غرّنى بِها الْـقَـدَرُ

الشّـمْسُ فِى مَـائِها أوِ الْقَـمَـرُ

وَشَّحْتِ[٤] تِلْكَ الْخُصُورَ[٤] بِالْحدَق

فهُنّ مِنها يَـرمفْنَ[٥] فِى رمَق[٦]

يَثْنِى لِلْبَانْ عِطْفَىْ غُصْنِ بَلْ غُصْن الْبَـانْ غَيْـر لَـدْنِ[٧]

بذلكَ الوَجْـهِ انّـه قسَمُ

صُنْـهُ عَنِ الذّم انّـهُ حَـرَمُ

هَل [٨]اسْتجَـارت عَـيْناكَ بِالنّـدَم[٨]

مِن حيْثُ خَـدّاك ضرجَتْ[٩] بدَم

تِلك الاجْفَانْ لا تَسْتَثْنِى مِنْهَا انْسَانْ وَلا تَـثْنِى

بِالْـهوزنيّين سادة الْأُمَم

اثْـبتُّ فِى ساحَـةِ الْعُلا قدَم

هُمُ نجُوم الجوْزَاء وَالْحمَلِ

جَلُّـوا فمَـا يُضْربُـونَ[١٠] فِى مَـثَل

بَنو[١١] قحْطَانْ مَـاء الْـمُزْن قُل فِى غسَّـانْ وَلا تكْـنِى

يَـا نازحًـا قدْ دَنَـا بهِ الْأَمَلُ

حَـاشَـاكَ انْ يَّـسْـتَفِزّكَ الْـبخَل

عَـبْدُك بالْـبَـاب واقفٌ وَجع[١٢]

يَشْكوا وَيشْـدُوا وَانت تَسْـتَـمع[٦]

يا عُـودَ الزّانْ قُمْ سَـاعِدْنِى طَـابَ الزّمَـانْ[١٣] لِمَـنْ يجْـنِى

١ هذه الموشّحة موجودة فى دار الطراز (موشّحة ٣١) – ٢ ع «يَجْنيك» – ٣ ع «سَببٌ» – ٤ كذا قرأتُ، ع «وَشَحّتْ تِلْكَ الْخُصُورُ» – ٥ ع «يـرمَفن» – ٦ الكلمة غير واضحة بسبب ثقب فى المخطوطة – ٧ كذا ع، وفى دار الطراز «اللّـدْنِ» – ٨ كذا فى مخطوطة عُـدّة الجليس وفى مخطوطة من

مخطوطتی دار الطراز، وفی المخطوطة الأخری «استجازت عیناك سبك الدم» – ٩ كذا ع، وفی دار الطراز «طُرّزا» – ١٠ ع «یَضْربُون» – ١١ كذا فی دار الطراز، ع «بنی» – ١٢ ع «وَجعٌ» – ١٣ كذا ع ههنا وفی خرجة الموشّحة التالیة وكذا فی زجل لابن قزمان (الدیوان، زجل ٤). فی دار الطراز وفی موشّحة لابن العربی (الدیوان الأكبر، ٢١١) «الرُّمان»

٢٤٧

موشحة

الْحبُّ اوْلَی †مَن اسْتحَلّ†[١] دَمِی
الَیْسَ صَبْری عَلیْهِ مِن كَرَم
انْ كانَ حیْنی فِی الْحُبِّ قَدْ ازِفَا[٢]
وَلمْ افُزْ بِالْمنَا فیَا اسفَا
كذَا من شانْ　ذَوِی الْحُسْنِ　قَتْل الانسَانْ　وَلمْ یَجْنِ

للّهِ مَنْ جارَ فِیّ اذْ حَكَمَا
ومَا عَلیْهِ لَوْ كَان قَدْ رَحِمَا
رَضِیتُ مِنْهُ بكُلِّ مَا فعَلا
وَمَا اُحَاشِیه جَارَ أَوْ عَدَلَا
فَلا العُدْوَانْ　مِمّا یَثْنِی[٣]　قلْبَ الهَیْمانْ　عَنِ الحُزْنِ

یا مَن الیْهِ شكَوت مَا اجدُ
لَمّا مضَی الصَّبْرُ وَانفضَا الْجلَدُ
حَمّلتُ نفْسِی مَا لیْسَ تَحتَملُ
وَالدّمْعُ یبْدِیه حِین یَنْهَمِل
فَلا الكِتْمَان　یشْفِی منّی　وَلا الإِعْلَانْ　یُغْنِی عَنّی

بذمّةِ[4] الحُسْن يَا ابَا الْحسَنِ
صلْنِى وَلو بُرْهَة مِن الزَّمنِ
حَاشاكَ وَالْقَلْبُ خائِفٌ وَجِلُ[5]
يَيْأَسُ مِنك الرّجَاء والْأَمَلُ
فَقِدْمًا كَانْ حُسْن الظَّنّ يَرْجُوا الانسَانْ مِنَ الْحُسْنِ

كَمْ لَيْلَة تَمّ لِى بِها امَلِى
الرِّيقُ خمرى والنّقْل مِن قُبَلِ
تُسْعِدُنِى خُلّتِى وَأُسْعِدهَا
يَا قَوْلةً فِى الْوصَالِ تُنْشِدُها
يا عُودَ الزّانْ قُمْ سَاعِدْنِى طَابَ الزّمَانْ[6] لِمَنْ يَجْنِى

١ لعلّ الأصل كان «لمن أحلّ» أو مثل ذلك – ٢ ع «ازَقا» – ٣ ع «يُثْنِى» – ٤ كذا قرأتُ، ع «قَذمّةُ» – ٥ ع «وَجلٌ» – ٦ انظر خرجة الموشّحة السابقة

٢٤٨

موشحة

حَسْبى حُبُّ مَن يّدْعُونى لِفَرْطِ امْتهَانِى
[1]بلِين اعْطَاف يّزْرى[1] عَلَى الخيْزران

غرِيرٌ سبَانِى حُبّا وَاذْكى الْوَجِيبا
غِرٌّ بِيهِ قَلْبى لبّا غَرامِى مُجِيبا
مُذْ بَاعدَ منّى الْقُرْبَا وَاوْرَى لَهيبَا
بقَلْب بهِ مَحْزُونِ فَمن لجَنَانِى

انْ يُلقَى حَليفَ الصّبر عَنْ حُلوِ المعَانِى

وَلهتُ بهِ كَالرّوْض تنمْنَم حُسْنا
شكَى بَعْضُه بالبَعْض[1] لمّا انْ تَثنّا
احْبِبْ بِهلَال الارْض حَبيبا تسنّا
عَلى لُؤْلُؤ مكنُون وَنور الزمَان
بوَجْهٍ كمِثْل البَدْر يَروقُ الغَوانِى

ظبىٌ من بنِى اسْحَاقِ يُرَاع بسِحْرِ
ثَوَى بِى ظُبَا الاحْدَاقِ ويُوسَا بخَمْر
ثَغر جَلّ عَنْ أَعْلاقِ وَعَنْ كُلّ دُرِّ
ونُفْلِى جنَا نسْرين من خَدّ سبَانى
بخَال عَليْهِ عَمْرى خَلعْتُ عِنَانِى

يَا عَاذِلِى مَهْلا دَعْنى انّ اللّومَ رِيحُ
سبَانى دَلالاً ذِهْنى[1] غزال مَّلِيحُ
جِسْمِى بِى هَواهُ مُضْنِى ودمْعِى سَفُوح
فَلوْ جَنّتى تجنينى[2] مِنْه بالتّدانِى
لَأَطْفَا[3] الْجوَى من صَدْرى وَنلتُ امَانِى

بَدا كَالهِلال الطّالِعْ مَا بيْن المسَارى
بذرْوَة غُصْن يَانِعْ حُلاهُ الدّرَارى
فَقُلْتُ بقَلْبٍ خَاضِعْ عيسَى انت جَارى
يا زَيْن الكَواكِب جِينى باللّيْل ترَانِى
وَارْسل رَسُولك يَدْرى حَالِى ومَكَانِى

١ كذا ع – ٢ كذا قرأتُ، ع «تجَنِينى» – ٣ ع «لاطَفا»

٢٤٩

موشحة

كَمْ بِسُمْرِ الاحْدَاق مِنْ طَعِين
لكَمِيٍّ رَّامِحْ فِى كمِين

لا أُطِيقُ الطَّعْنَا مِن رمَاحِ
حَيْثُ أبْدَى الحُسْنَا مِنْ أَفاحِ
وَافلَّ الغُصْنَا مِنْ وِشاحِ
مُثمِر ذُو ايرَاقْ للفتُون
تَحْتَ صُبْح لائِحْ مِن جَبين

وغَزال يَجْرى مِلْءَ فِكْرى
مُبْتَغ مِن صَبْرى اخْذَ وِتْرى
نَافِذٍ فِى امْرِى حُكْمَ امْرِى
مُوفدٍ[١] للاحْرَاقْ كُلّ حِينِ
نَار زند قَادِحْ لشجُونِى

لوْ دَرى مُحمّدْ مَا أُدارِى
لمْ ابتْ للفَرْقَدْ مِنْهُ سَار
يَا كَوَاكب اشْهَد[٢] يَا دَرَارى
عند[٢] زر الاطْوَاق وَلتكُونى[٣]
لغَريب نَازح مِّنْ[٢] ضنِين

يَا قضِيبًا مّائِلْ عَنْ وصَالى
وهِلالاً ءَافِل طىّ بَالى
مَا سُؤال الْعَاذِل كيفَ حَالِى

مُولع بِالإشفَاقْ   وَالْحنِينِ
اذ تَلقّى فَارحْ   بِالظّنُون

حَلّ عَنْ[2] ودَادِى   حينَ حَلَا[4]
[5]ونَئا بفُؤَادِى[5]   حينَ وَلّا
وَانَا أُنَادِى   إن أَطَلّا

[6] يَا حَمَامًا حَلّاق[7]   يَا مَدِينِى
اينَ غبْتَ الْبَارِحْ   لَمْ تَجينى

١ ع «مُوفدا» – ٢ كذا ع – ٣ كذا ع، ولعلّ الصواب هو «لا تكونى» – ٤ يعنى «حلّا» – ٥ كذا ع، ولعلّ الصواب هو «ونئا فؤادى» – ٦ هذه الخرجة موجودة أيضا فى موشّحتين عبرانيّتين، ألّف إحداهما **יהודה הלוי** [موشّحة ٢٨] وألّف الأخرى **טדרוס אבולעפיה** (موشّحة ٣٧) – ٧ كذا قرأتُ من الموشّحتين العبرانيّتين. فى خرجة لموشّحة اللاوى «يا حمام يا حلّاق»، وفى خرجة موشّحة أبى العافية «يا حمام حلّاق»، ع «خلّاق»

٢٥٠

موشحة

كَيْف لِى أُعَانِقْ   مَنْ لَهُ بِخدّيْن
حُمْرة الشّقَائِقْ   طُرِّزتْ بِلَامَيْن

شَادِنٌ غَرِيرُ   فَرّ مِنْ ظِبَا الْخُلْد
قَمرٌ مُّنِيرُ   تَمّ لَيْلة السّعْدِ
غُصُن نّضِيرُ   قدّهُ بِلا نِدِّ

من طِرَاز خَالِق   صَاغَهُ بِلَامَيْن

فِتْنَة الْخَلائِقْ　　يَنْثَنِى مِن اللَّيْن[1]

فَازَ بالْكَمَال　　وَالْجمَال وَالدّل
طَلْعَة الْهِلَال　　مُذ نَشا بِلا مِثْل
فِى دُجَا اللّيالى　　مِن مّحَاسِن تسْلى
فَالْفُؤَادُ رَامِقْ　　بالْبِعَاد شَطْرَيْن
مُذْ رَءَاهُ صَادِقْ　　فِى صَحائِف الْبَيْن

†عانق†[2] الْغَزال　　فَالظّنُونُ مُتّفِقَه[3]
انّهُ هِلالُ　　وَالنّجُومُ مُؤْتلفَهْ
مَا لهُ مِثَالُ　　فِى الْورَى لِمن رّمَفَهْ
لحْظهُ المنَافِقْ　　اذْ يَصِير صفّيْن
وَالْفُؤَادُ خَافِقْ　　[4]مِنْهُ مَا بيْن[4] جَيْشَيْن

عدّت السّلاحَا　　لِقِتَال مَنْ يرضِيه[5]
وَرَاتْ صَلاحَا　　فتْلهَا لِمنْ يّعْصِيه
فَشدت[6] مُبَاحا　　قَوْلها بِلا تَمْويه
طَالِب الْحَقَائِقْ　　مِنْ جَوَاب عَزْمَيْن
لَيْس كُل صَادِقْ　　مِثْل رُؤْيَة الْعَيْن

مِثْلها اريدُ　　فِى الْغزال مِنْ بَابِلْ
وَالرّشَا بَعيدُ　　لا ينَالُه سَائِلْ
قُلْتُ يَا صدُود　　هَل فِى ذَا الْهَوى قَائِل
لِيْتَنى شُذانِقْ　　وَافِر الْجنَاحَيْن
افْطع الشّوَاهِق　　وترَى[7] الْحَبِيب عيْنى

١ ع «الّين» – ٢ لعلّ الأصل كان «غايتى» – ٣ ع «مُتّبَفَه» – ٤ كذا ع، ولعلّ الصواب هو «مِنْهُ بيْن جَيْشَيْن» – ٥ كذا قرأتُ، ع «ينضِيهْ» – ٦ ع «فشدّتْ» – ٧ كذا قرأتُ من نصّ الموشّحة التالية، ع «ترَى» [بدون واو]

٢٥١

موشحة

أَرْكِضِ[١] السَّوابِقْ   لا تُقِمْ عَلى البَيْن
كَم تُرى مُفَارِقْ   مَوْطِن الْحَبِيبَيْن

لا تُطِعْ عَذُولَا   فِى هوَاكَ لِلْغِيد
وَلْتَكُن نَبِيلا   لا تَقُل بتَفْنيدِ
وَاشرب الشَّمُولا   فِى ودَادِ مَوْدُود
جَائِل المَنَاطِق   مُثْقل بردْفَيْن
مُشْرق الْقَراطِقْ   لاعِبٌ بقُرْطَيْن

شَادِنٌ رَّبيبُ   ينثَنِى كَامْلودِ
فِى نقى[٢] كَثيبُ   كَهِلال سُعُود
لحْظُه الْمُرِيبُ   فَاتِكٌ بمَعْمُود
للْفُؤَاد سَاحِق   اذْ يَحس[٣] بِالبَيْن
فَترى مُنافِقْ   قَدْ سَطا بجَيْشَيْن

كوْكَبُ الكوَاكِبْ   قَدْ عَنا لَهُ الْبَدْرُ
مُرْهَف الْجَوَانبْ   لَفْظُه هُوَ السِّحْرُ
عَاطِر الْمشَارِب   رِيقُهُ هُوَ الْخَمْرُ

تحتَ لَـمْعِ بَـارِقِ   مُحْرِقِ بعقدَيْن
فِي حِمَى الشّفائِقِ   تحْتَمِى بسَيْفَيْن

لَمْ ازلْ مَشُوفَا   بِالْمِلَاحِ وَالرّاحِ
مُوثِرْ[4] الْعُفوفَا   انْ الَحّ نُصّاحِى
وَاصِلِ الْغَبُوفَا   بِالصّبُوحِ يَا صَاحِ
لَسْت مَنْ يُّفَارِق   دَهْره الشّرَابَيْنِ
لَا وَلَا يُنافِقْ   بِاجْتِمَاعٍ اوْ بَيْنِ

فُلْتُ اذْ بَرانِى   بُعْدُه مَنْزِلَ الْحِبِّ
وَالْهوَى امَانِى   وَهْوَ راحَةُ الصّبِّ
مُرسلِ اللِّسَانِ   بِالّذى طَوى فَلْبُ
لِيْتنِى شُذَانِق   وَافِرُ الجنَاحَيْن
افْطع الشّوَاهِق   وتَرى الْحَبِيبَ عَيْنِى[6]

١ كذا قرأتُ، ع «اركُض» – ٢ كذا ع – ٣ كذا ع – ٤ كذا ع، ولعلّ الصواب هو «أوثر» – ٥ ع «بَعْد» – ٦ ع «عَيْنِ ى»

٢٥٢

موشحة

مَا 'لِى وَما لِلْكَثِيبِ[1] الاعْفَرِ   فَدْ ابت[2] مِنْهُ بِلا سلْوَانِ[3]

عُجْ بِالارَاكَةِ مِن تيْمَاء
وَاثْنِ[4] الرِّكَابَ الَى الوَعْسَاء
فَكَمْ لبَانَتِها الْغَنّاء

بَيْنَ الْحَشَا مِنْ حَدِيث مُضْمَر   عقَدتُّ بِيهِ عُرَى كتْمَانِى

مُيَمِّمـا أثْلَاتَ[5] الْجزْعِ
مَهْما حَلَلْتَ ببَطْنِ الجَرْعِ
انْجِدْ اخَاكَ وَلَوْ بالدّمْعِ
يبدك اضْعَافه اوْ اكْثر   انِ اسْتَحَالَتْ[6] عَلى الاجْفَانِ

غُزَيِّل[7] سَنّ لِى اوْصَابَهْ
اعَار بَدْر الدُّجَا انصَابَهْ
يثنى تَرَنُّحُهُ[8] اعْطَابَهْ
مِمّا جَناه بذَاكَ المَنْظَرْ   صَبْرٌ بَعِيدٌ ووُجْدٌ دَانِ

اضْحَى يُجَرِّرُ ذَيْلَ التِّيهِ
لَمّا بَنيتُ اشتِيافا بِيهِ
وبَال لِى والصِّبَا يثْنيه
من يعْشو السُّمْر لا بُدّ يَصْبر   او يَعْمل [9]انسّ راى ان ثانى[9]

١ ع «لِى وَللْكَثِيب» – ٢ ع «ابَتْ» – ٣ ع «سلْوَانْ» – ٤ فى المخطوطة ما يماثل «واشْ» – ٥ كذا قرأتُ، ع «اثْلَاث» – ٦ ع «اسْتَحَلَتْ» – ٧ ع «غُزَيِّلْ» – ٨ ع «تُرنحه» – ٩ كذا ع

٢٥٣

موشّحة لابى بكر بْن بقى[1]

ما لِى شمُولُ   الّا شُجُونُ
مزَاجُها بِى الْكَاس   دَمْعٌ هَتُون

لِلّٰهِ مَا يَنْثُر   مِنَ الدُّمُوع

صَبٌّ فَدِ٢ اسْتَعْبَر   مِنَ الْخُضُوع

اوْدَى بِهِ جُوذُرْ   يَوْمَ الْبَفِيع

بِهْوَ فَتِيل   لَا بَلْ طَعِينُ

بَيْنَ٢ الرَّجَا وَالْيَاسْ   لَهُ مُنُون٣

فَطَعْتُ لِلحَيْن   كَفَّى بِكَفِّى

وَحِيل مَا بَيْنِى   وَبَيْن إِلْفِى

لَا شَكَّ بِالبِين   يَكُونُ حَتْفِى

حَانَ الرَّحِيل   وَلِى دُيُونُ

انْ رَدّهَا العَبَّاسْ   فَهْوَ الامِينُ

فُلْتُ لِمَنْ شَرّدْ   النّوْمَ عنّى

صَدّ فَلمّا صَدّ   فَرَعْتُ سنّى

وَايْأَسَ الْعُوّدْ   السُّفْم منّى

جِسْمِى نَحِيلُ   لَا يَسْتَبِينُ

يَطْلُبُه الْجُلَّاسْ   حَيْثُ الْأَنِينُ

امَا تَرى الْبَدْرَا   بَدْر السُّعُودِ٤

يَحْكِى لَنَا نَضْرَا   مِنَ الْفُدُود

فَد اكْتَسَى خُضْرَا   مِن الْبُرُودْ٥

اضْحَى يَفُولُ   مُتْ يا حَزِينُ

فَدِ اكْتَسَى بِالْأَسْ٦   الْيَاسَمِينُ

تَجَاوَز الْحَدّا   فَلبِى اشْتِيافَا

وكَلّفَ السُّهْدَا   مَن لّوْ أَطَافَا

قُلْتُ اذَا مُدّا		لَيْلى رِوَافَا
لَيْل طَوِيلُ		وَلَا مُعِينُ
يَا قَلْبَ بَعْض النّاسْ		امَا تَلِينُ

١ هذه الموشّحة موجودة فى دار الطراز (موشّحة ٢٠) وفى نفح الطيب (٧، ٩٥) وفى سجع الورق (٢، ١٣٥ ب) وفى نهاية الأرب (٢، ٢٨٧) – ٢ الكلمة غير واضحة بسبب ثقب فى المخطوطة – ٣ ع «مُنُونْ» – ٤ ع «السُّعُودْ» – ٥ ع «الْبُرودْ» – ٦ يعنى «الآس»

٢٥٤

تعَجّبَ النّجْمُ		مِنْ سُهْد اجْفَانِى
وَاشفَق السُّقْمُ		من وَهْن جُثمَانِى
شَانك يَا جِسْم		فِى أَن تُرَى فَانِى
شَيْنُ		فإنّمَا ظَلّ يَزْهُوا بسُقْمِه الْجَفْنُ

الْحبُّ فِى قَلْبِى		ءَاثَرُ مِن نّفْسِى
يَا سَلْوَة الصّبِّ		بِينى مَع الامْسِ
مَا ذا مِنَ الحُبِّ		يُلْحَدُ فِى رِمْسِ
مِيْنُ		دَعْوَى الْهَوَى لمُحِب لمْ يُرْدِهِ[١] الحزْنُ

مَن لّى بانصَافِهْ		فِى شرعَةِ الْوُد
مِن حُكْم اسْعَافِهْ		فِى قبْضَة الصّد
اعْنِى لأَوْصافِه		فَكُلُّها عِنْدى
زَيْنُ		وَمن قضَى [٢]بانْ يُّعْنى[٢] قضَى بِأَنْ يّعْنْ

يسْتَبق الطّرْفُ		الَيْه والذّهْنُ

انْ يسْـهل العطفُ   فِدُونـه حُـزْنُ
فِبَـعْضُه حِفْـف   وبَـعْضُهُ غُصْن
لَـيْنُ   وبعْضُه بَـدْرُ دَجْن وَكُـلّـهُ حُسْنُ

متَى اصِفْ يُوسُفِ   يَـفُولُ حُسّـادُهْ
اذ[3] الّـذى يُـوصَفْ   فِى عَـدْن ايجَـادُهْ
فِذَاكَ لا [4]يَـعْرِف   فِى الارْض ايرَادُهْ[4]
ايْنُ   مَنْ غَـاب عَنُّ حَـبيبُ لِمَنْ يّسَل عَنُّ

١ كذا قرأتُ، ع «يرد» – ٢ كذا ع، وعسى أن يكون الصواب «أنْ يُعَنّى» – ٣ كذا ع، من الممكن أن يكون الصواب «هذا» – ٤ كذا ع، وأميل إلى الرأى أنّ الصواب هو «يُعْرَف فى الأرض أندادُهْ»

٢٥٥

موشحة[1]

دَعْـنى لِأَشْجَانِى   ومَـا اُفَـاسيهِ
وعَـدِّ عَنْ شانِى   يَـا عَـاذلى فِيهِ
غُصْنٌ مِّنَ الْبَـان   لَـوْ كُـنتُ اجْـنِيهِ
لينُ   حُـلْـو الْجـنَـا وَالتّجنّى فوَامه لَـدْنُ

مَـا افْـبَح الهجْـرَا   وَاحْسَن الْـوَصْلا
انَـا بهِ ادْرَا   فَـلتَـفْصِر الْـعَذلا
يَـا حَـامِلا يُسْـرا   حَـمّـلْتَـنى ثِفْلا
دِيْنُ   رهَـنتُ فِيهِ فُـؤَادِى فَضُـيّعَ الرّهْنُ

اهْـدَيْتَ لِلرّبْعِ   سفْـيَـا هِـىَ العَـهْـدُ

لَهْفِى عَلى جَمْعٍ اوْدَى بِهِ الْبُعْدُ
يَرْوِيهِ مِن دَمْع وَانْ نَّـئَا العَهْدُ
عَيْنُ يَسْقِيهِ مَاءُ شَبَابِ إِنْ أَخْلَفَ الْمُزْنُ

حَيَّا الْهوَى وَجْهَا اجَلَّهُ جُلُّهْ
الَذُّ وَاشْهَى[2] من الْمُنا وَصْلُهْ
يتِيهُ او يزْهَا وشَانُه كُلُّهْ
زَيْنُ هَلْ تَكْرَهُ النَّفْسُ شيْئا يَاتِى بهِ الْحُسْنُ

يا مَنْ لَّوَى دِينِى وَلَمْ يكُنْ يُلْوَا[3]
لَمْ يَاتِنِى حَيْنى من غَيْر مَنْ اهْوَا
انِّى عَلى البَيْن وَالهجْر لا افْوَا
اينُ مَنْ غَابَ عَنُّ حَبِيب لمَنْ يّسَلْ عَنُّ

١ هذه الموشّحة موجودة فى جيش التوشيح (فصل ٨، موشّحة ٦) بين موشّحات المنيشىّ، بدون الدور الأخير – ٢ فى جيش التوشيح «أو أشهى» – ٣ ع «يَلوَا»

٢٥٦

موشحة

بَرِئْتُ مِنْ صَبْر لِأَعْيُنِ الْعين
يا مَن نّوى هَجْرى فَلَيْسَ يدْنِينِى
مَثْوَاكَ فِى صَدْرى فَمَا يُعَنِّينى
بَيْنُ حَلتَ رجْعَ فُؤَادى فلتنس[1] اوْ تَدْنُ

فضَى الْـهوَى حُكْـمَـا		فَـتْلى بِلا جرْمِ
احْـبِبْ بـهِ ظُـلْـمَـا		احْلا مِن الظّـلْمِ
رَضيتُـه لمّـا		تحمّـلَتْ اثْـمِى
عيْنُ		ذُنوبُـها حَسَـنـاتٌ وَرَوْعُـها أَمْنُ

مرِضْتُ مِن عَـتْبِكْ		فَكُنْ مِّنَ الـعُـوّدْ[2]
رِفْـقًـا على صَبّكْ		فَـدْ ضَاع يَـا احْـمَـدْ
وَلِى عَـلَى حُـبّك		وَادْمُـعِى تَشْـهَـدْ
دَيْنُ		تنصبُ بيهِ دمُـوعِى وَيمْطل الْحُسْنُ

يَـا حَـاكِمًـا يَحْكُـمْ		بِسُنّـةِ التّـيهِ
يفْـديك من تظْـلِم		وَانتَ تَـدْرِيه[3]
لا تَصْغ للّـوّم		بَـفَـوْلهُم بيهِ
مَـيْنُ		هَل يَـفْبل الْـعَفْل فَـوْلاً اَكثَـرُهُ ظَنٌّ

انْ أَعْـوَزتْ لُـفْـيَـاكْ		فَـأنتَ فِـى صَـدْرى
وَلمْ يغِبْ مَـرْءَاكْ		عن مُّـفْـلَـةِ الفِـكْـر
غيْرىَ مَن غَـنّـاكْ		مُـذْ دنتَ بالهجْـر
ايْنُ		منْ غَـابَ عَنٌّ حَـبيبُ لمَنْ يّسَل عنٌّ

١ كذا ع، ولعلّ الصواب هو «فِلتَنْأ» – ٢ ع «الْعوّدْ» – ٣ كذا ع، ولعلّ الصواب هو «تُرديه»

٢٥٧

موشحة

هذَا التّجنِّى		مِمّن يّضِنُّ		منَ النّـوال		بِالطّـيْف يَـدْنُ

كَيْف يطِيبُ — عيْشٌ لِمثْلى
وَلى حَبِيبُ — مُغْرًى بفَتْلى
وبِمَا ينِيبُ — حينًا لوَصْلِى
ولا يُمَنِّى — ولا يَمُنُّ — وَلا يُبَالى — عَمّا أُكِنُّ

هَلْ مِنْ لّدُنْهُ — رُحْمَى لِصَبّ
لَا صَبْرَ عَنْهُ — قَدْ ذَابَ قَلْبِى
وَلَيْسَ مِنْهُ — بُدٌّ لِكَرْبِى
دَعْه يُعَنِّى — ودَعْنِ اعْنُ — عَلّ اللّيَالى — بهِ تَمُنُّ

مَن لِّى بسَاحِرْ — يُزْرِى بَبَابِلْ
يَرْنُوا بقَاتِرْ — يصْمى الْمقَاتِل
وَسْنَانُ سَاحِرْ — لِلْأُسْدِ قَاتِلْ
ان لَّمْ يَسَعْنِى — لَدَيْه امْنُ — مِنَ النِّصَالِ — فَلا مِجَنُّ

أُفْدى بنَفْسِى — لُعْبَة ظَرْفِ
غزَالَ انْسِ — كَحيلَ طَرْفِ
غرّة شمْسِ — غُصْنًا بِحقْفِ
حُلْوَ التّثَنّى — رَيّانَ لَدْنُ — تحْتَ هِلَال — علاهُ دَجْنُ

خَلْعُ عِذارِى — مِن الرّشَادِ
فِى ذِى احْوِرَارِ — سَبا فُؤَادى
حَسْبِى أُدارى — صَعْب الْقِيَادِ
بالطّيْف مِنّى — فَقَدْ يعنُّ — بالِاحْتِيَالِ[1] — مَا لَا يُظَنُّ[2]

خَضَعْتُ ذُلّا — لِعزّ مَالِكْ
حيْثُ تَوَلّا — مِلْتُ هُنَالِكْ

وَعِبتُ قَوْلا بضِدِّ ذَلِكْ

مَنْ صَدّ عنّى صَدَدتُّ عنُّ وَاشْغَلتُ بَالِى بِخَيْر مَنُّ

١ ع «بالِاحْتِيَال» – ٢ ع «يَظُنُّ»

٢٥٨

موشحة

لِلْعِشْقِ منّى طَرْفٌ مُّعِنُّ ايْنَ احْتِمَالِى مِمّا تَظنُّ

حرمْتَ عَيْنى طِيب الْمنَامِ

احَلْتَ دَيْنِى عَلى الحِمَامِ

هَل غَيْر ذَيْن مَعْنَى الْغَرَامِ

هيْهَات مِنِّى مَوْلًى يَضِنُّ طَيْف الْخَيَال مِنْهُ اعَنّ

اما تَلِينُ عَلى مُحبّكْ

اما يَحِينُ[1] اوَانُ قُربكْ

ايْنَ الْمنُونُ مِنْ يَوْم عَتْبكْ

يَكْفِيك انّى للوُجْد رهْنُ يَدنُوا اعْتِلَالى وَليْس يَدْنُ[2]

موْلاىَ اغْلَبْ لَفْظًا ومَعْنا[3]

يَا بدْرَ غَيْهَب سَنا[4] وَسِنّا

وَريمَ رَبْرَبْ انْ عَنّ عَنّا

رِضَاكَ امْنِ انْ صَحّ امْنُ وَفِى الْوِصَال حُسْنَى وَحُسْنُ

المجْدُ اُفْقُ وَانتَ بَدْرُه

وَالْحبُّ حَوٌّ وَبِيكَ سِرُّهْ

كَمْ تَسْتَرِقُّ فَلْبًا تَغُرُّهْ

امَا تمنّى امَا تَمُنُّ ضَاقَ احْتيَالِى عمّا اجِنُّ

مَوْلاىَ صِلْنِى بِالصّبْر نَهْبُ

مَا بِى التّجنّى عَلىّ ذَنْبُ

غَيْرى يُغَنّى بِيمَنْ يُّحِبُّ

مَن صَدّ عنّى صَدَدتُّ عَنُّ وَاشْغَلْتُ بَالِى بخَيْر مَنُّ

١ ع «تَحِينُ» – ٢ كذا ع، ولعلّ الصواب هو «تدنُ» – ٣ ع «ومَعْنًا» – ٤ ع «سَنّا»

٢٥٩

موشحة

دَمْعِى لمَا بِى الْبُؤاد[1] عُنْوَانْ وَالسِّرُّ يفْضَحُهُ الْعُنْوَانُ

بيْن الْبُؤَادِ وبَيْن العَيْنِ

تَنافض مِنْهُ اجْنى حيْنى

وَأَشْتَكِى[2] مِنْهُما ضِدّيْن

فَلْبِى لَهِيبٌ ودَمْعِى طُوبَانْ هَل تُجْمعُ النّارُ والطُّوبَانُ

نبّذتُّ بِى الْفَلبِ حُكْم الْحُسْن

بيَا سُلُوّى تَرحَّلْ عَنّى

مَا كانَ دينِى[3] الّا جَفْنِ

لمْ ادرِ فَبْل غُرُور الاجْبَانْ بِانَّ اعْداءِى الاجْبَانُ

عَلىّ انتَ الْـمُـنَا وَالامْنُ
عَلى مُحَيّاكَ حَامَ الحُسْنُ
تَـعَلّمَ اللِّينَ منْكَ الْـغُصْنُ
هَيْـهاتَ مَا تَـدّعِيه الاَغْصَانْ هَـذا التّثنِّى وَذَا الاغْصَانُ

لِابْن سَعِيد مَعَانى المجْدِ
ذهْنٌ ذَكِىٌّ كَنبْتِ الزّنْـدِ
ورَاحَة كَالْـغَـمامِ الرّغد
فَدْ نَاسَبَ الْحُسْنُ بِيهِ الاحْسَانْ يَا حَبّذَا الْحُسْن وَالاحْسَانُ

هَذا الْـهَوى أَمَلٌ لِّلْأَمِلْ[4]
مَا كَانَ بالْحُبّ الّا كَـامِلْ
وَدَعْ مَفالَةَ سَال سَائِلْ
هَذا الْهَوَى لَيْتَ شِعْرى اشْ كَانْ اوِ الّذى مَلْتُهْ بِهْ أَش كانُ

١ فى المخطوطة ما يماثل «الْفُوْاء» — ٢ ع «وَاشْتكَى» — ٣ كذا ع، ومن الممكن أن يكون الصواب «ذنبى» — ٤ يعنى «لِلْآمِلْ» — ٥ كذا ع

٢٦٠

موشحة

ایّ[1] عَيْشٍ يَلِذُّ[2] مَحْزُونُ سَلَبتْ قَلْبَهُ الْحُورُ العِينُ

ايُّـهَا اللّائمُـونَ فِى وجْدى
انْ امُتْ وَحْشَـةً الَى هِنْـدِ[3]
شَـهِدَتْ ادمُعِى عَلَى خَدّى

انّـنِى فِى هَـواكَ مَفْـتُـونُ   مَـا لقَـلْـبِى الحَـنِين[4] تَحْـنِـينُ

ایٌّ صَبْـرٍ لِّكُلِّ مُفْـتَـتَنِ
بَـائعًـا[5] نَّفْسَـهُ بِلَا ثَـمَن
فِى رِضَى كُلِّ شَـادِنٍ حَسَن
سُلِبَ الْعَـقْلُ مِنْـهُ وَالدِّينُ   فَـهْـوَ فِى الْبَـائعين مَـغْـبُـونُ

قُل لمَنْ هَـيَّجتْ تَبَـاريحِى
وَيْك بِى عَجِّلى بتَسْـرِيحِى
انّـنِى مَـيِّت وفِى رُوحِى
بسِهَـام الْجفُـون مَطْـعُـونُ   فِى ثِيَابِ النُّحُـولِ مَـدْفُـونُ

غُصن[2] بَـان علقَـتُـه شغَفَـا
يَـزْدرِى الارْضَ تحْـتَـه صَلفَـا
يُخْجِلِ الْـغُصْنَ كُـلّـمَـا انْـعطَفَـا
فمُـه الدُّرُّ فِيهِ مَكْـنُـونُ   عُـرِّفَتْ[6] فَـوْقَ لحْظِهِ نُـونُ

طَـالَـمَـا بِالْجفُـون قَـدْ فَتكَتْ
ومَـعَـانـى الْـهَـوى فدِ اشْـتَـرَكَتْ
حينَ غَـنَّت لوَحْشَـتِـى وَبَكَتْ
[7] كم س فِليول البين[8]   نُـون مش لفرمش[9] ا مو شين[10]

١ ع «ایٌّ» – ٢ كذا ع – ٣ الكلمة غير واضحة بسبب ثقب فى المخطوطة – ٤ كذا ع، ولعلّ الصواب هو «الحزين» – ٥ كذا ع، ولكنّ النحو يقتضى «بائعٍ» – ٦ كذا ع، والأرجح أنّ الصواب هو «عُـلِّفَتْ» – ٧ هذه الخرجة موجودة فى موشّحة عبرانيّة للشاعر יהודה הלוי [موشّحة ٣٣]، والموشّحة العبرانيّة محفوظة فى ثلاث مخطوطات – ٨ ع «البينُ»، وتشير المخطوطات العبرانيّة إلى

«اليينُ» – ٩ كذا ع، وتشير المخطوطات العبرانيّة إلى «ادرمش»، والأرجح أنّه الصواب – ١٠ فى المخطوطات العبرانيّة שאנו ، تشير إلى «شين» [«صدرى»]، وهو الصواب، وكأنّ الناسخ لم يفهم ما قرأ فكتب «شهن». انظر Stern, *Hispano-Arabic Strophic Poetry*, pp.137-8

٢٦١

موشحة[١]

اىّ عَيْش يَكُونُ لمَنْ دَهَتْهُ الْعُيُونُ

ايُّهَا اللاّئِمُونَا عَلى الظِّبَاء الْحُور
هَل رَايْتُم عُيونَا تُريش نَبْل[٢] الْفِتُور
فبْلهَا اوْ غُصُونا فَدْ اثْمَرتْ بِالبُدُور
اوْ بُدُورًا تَكونُ افْلاَكهُنّ الْغصُونُ

لِمَمُ الابَنُوس عَلى جبَاهِ الْعَاجِ
وَوُجُوه الشّمُوس فَد تُوّجَت[٣] بِالدّياج
كُلّ غَالٍ[٤] نّفِيسِ خَدّاهُ مِثل الدِّيبَاج
رَفْمُها الْيَاسَمِينُ وَالْوَرْدُ والنِّسْرِينُ

ورْدُ خَدِّ مُحمّدْ مُضَمّخٌ بِالْعَبيرِ
صنَمٌ فَدْ تجسَّدْ مِنْ مَّاءِ ورْد جُورِ
فلْبُه الْفِظّ جُلْمُد[٥] وَالْجِسْمُ دُمْيَةُ نُورِ
فدّهُ فِيهِ لِينُ وَالْفَلْبُ ليْسَ يَلينُ

لَوْ سَرى لِينُ فَدِّهْ الَى فسَاوَة فَلْبه
لرجى[٦] فَكُّ عَبْده وَعتْفهُ مِنْ عَتْبه[٧]
وَانثَنْت خَيْل صَدِّهْ مَهْزُومَة عَنْ مُّحبّه

وبدَا يَسْتَبِينُ مِنَ الْوِصَال كَمِينُ

لسْت انْسَى ضحَاء ٨

٨ حيَاء وَلمْ يُطِق أَنْ يُّجيبَا

ثُمّ وَافَا عشَاءَ رسُولهُ مُسْتَرِيبَا

٨ عمّا فلِيل تحين

١ النصّ ناقص جدًّا فى الدور الأخير من هذه الموشّحة وفى الموشّحتين التاليتين، وهذا بلا شكّ بسبب بياض فى المخطوطة الّتى كانت أصل مخطوطتنا – ٢ ع «تَبْل» – ٣ ع «تَوّجَت» – ٤ ع «عَالٍ» – ٥ كذا ع – ٦ كذا ع، ومن الممكن أنّ الصواب هو «لجرى» – ٧ كذا ع، ومن الممكن أنّ الصواب هو «حُبّه» – ٨ فى المخطوطة بياض

٢٦٢

موشحة[1]

[2]الى متى[2] [2]بوصلنا تبخل[2] ولا [2]تلين[2]

ولا تفِى سيَشمت الْعُذّلْ بالْعَاشفِينْ

[2]انت الفمر[2] [2]يجلوا الدجا نوره[2]

[2]تحت شعر[2] يرف ديْجُورُهْ

اذَا خطَرْ نادَاه مَهْجُورُهْ

[2]يا من عتا[2] [2]طوبى لمن[2] فبّل ذاك الجَبينْ

ويشْتَفِى من رِيفك السّلْسَلْ فَبْل الْمنُونْ

ايْن الامَلْ من وَجْنَة تكْسَى

وَرْد الْخجَلْ فد اكْتسَا وَرْسَا

ارَى الْـمُـفَل   تَطْـرفِنِى خلسَـا

يا وَيْـلتـى[3]   انْ افصَد المفْـتل   سَـهْـم الْجُفُـونْ

من اوْطَف   وَلّى وفَـدْ جَـدّلْ   الفَتِى طَـعِينْ

فَخْـر الزّمَنْ[4]   ومُـنتَـهى سَـعْـدِهْ

ابُـو الْحسَن   اذْ كان مِن مّجْـدِهْ

عَلى سنَنْ   من جَـعْفَـر جَـدِّهْ

لَـئِنْ اتَى   ومَجْـدُهُ الاوّلْ   فِى الْـغَـابِرينْ

فَـانّ فِى   بفِيّـة المنْـهَل   مَـاء معِينْ

اين تُـريدْ   يَـا ذا الْـوزَارَتيْن

فلا مَـزيد   عَـليْك فِى شيْـئَيْن

بَـاسٌ وجُـودْ   عَـليْك فِى هَـاذَيْن

ان تنعتَـا   فَـانتَ فِى الجحْفَل   ليْثُ[5] عَـرين

والمعْـتفِى   من جُودكَ الاجْـزَلْ   عَلى يفِين

أَهْـدى السُّـهَـدْ   لِلاعْـيُن الدّعْج

بدْرُ الْبَـلَـدْ   وضَـيْـغَمُ السَّـرْج

فُـلْتُ وَفَـدْ   مَـرَّ عَلى النّـهج

فُلْ يَـا فتَـا   من ذَا الّـذى افْبَل   اوش يَكُـون

المصْحَفِ   فَـمـا رَأَتْ اجْـمَلْ   مِنْه العُـيُـونْ

١ هذه الموشّحة موجودة فى جيش التوشيح (فصل ٢، موشّحة ١٤) بين موشّحات الأعمى – ٢ هذه الألفاظ من نصّ جيش التوشيح، فإنّها غير موجودة فى المخطوطة – ٣ يعنى «ويلتا» – ٤ ع «الزّمَانْ» – ٥ ع «ليْثٌ»

٢٦٣

موشحة[١]

دعْنِى اشِمْ　　بَرْڧًا جَمدْ　　مرجَانْ
ڧَد انتظمْ　　ڢيهِ الْبَرَدْ　　ڢَازْدَانْ

يوْمَ النّوَى　　ڢِى مَوْڧِف البيْنِ
اهْدَى الجوَى　　الَىّ ضِدّيْن
نَارَ الْهوَى　　وَادْمُعَ الْعَيْن

ڢتُضْطَرمْ　　وَتتّڧدْ　　اشْجَانْ
وتَنْسَجم　　ڢتَطّردْ　　اجْڢَانْ

ڧُلْ لِلْعِدَا　　ڧَدْ سَلّ سَيْڢَيْهِ
دِين الْهُدَى　　مِن [٢]عزم ملكيه[٢]
[٢]وأكّدا[٢]　　ودّ مُحبّيْه

شمْل نظم　　حبل عڧد　　بُنْيَانْ
[٢]لا ينهدم[٢]　　[٢]له الابد[٢]　　[٢]اركان[٢]

والى ابُو　　يحْيَى ابَا[٣] الْڧَاسِمْ
ڢَالمشرب　　[٢]ڧد لذّ للحائم[٢]
[٢]والمذهب[٢]　　ڧَدْ ضَاڧَ لِلظّالِمْ[٤]

بحْرا نعم　　لمنْ ورَدْ　　ظمْئَان
[٢]سيڢا نڧم[٢]　　[٢]لمن مرد[٢]　　[٢]او خان[٢]

هل اثّلا[٥]　　سِوَاهُمَا المجْدَا
اوْ سَرْبلا　　[٢]حاشاهما الحمدا[٢]
[٢]بدرا علا[٢]　　[٢]لم يعدما سعدا[٢]

حازَا حكمْ   اعْيَتْ خَلَدْ   لُقْمَانْ
الَى هِمَمْ   [2]جازت أمد[2]   [2] كيوان[2]

هَذا الْهُمَامْ   بِذَاكَ يَعْتَدُّ
مَا للْأَنَامْ   سِوَاهُمَا مَجْدُ
انّ الْحَمَامْ   فِى قُضْبِها تَشْدُ
قُلْ هَلْ عُلِمْ   اوْ هَلْ عُهِدْ   اوْ كَانْ
كَالمعْتَصِمْ   والمعْتَمِد   مَلْكَانْ

١ هذه الموشّحة موجودة فى دار الطراز (موشّحة ٢١) منسوبة إلى عبادة – ٢ هذه الألفاظ من نصّ دار الطراز، فإنّها غير موجودة فى المخطوطة – ٣ كذا فى دار الطراز، ع «ابُو» – ٤ الكلمة غير واضحة بسبب ثقب – ٥ كذا فى دار الطراز، ع «اتّلا»

٢٦٤

موشحة

بَاسمٌ عَنْ لُؤْلُؤٍ طَاوى الْوِشَاحْ   بِى مِنَ الغزلَان
انْ بَدَا ابْدَا مُحيّاهُ الصّبَاحْ   سَاحِرٍ فتّانْ

رَشَا يفنصُ ءَاسَادَ الْغِيَاضْ   اوْطَفُ أَلْمَا
لَحْظُه الْقَاتِكُ فِينَا ذُو اعْتِرَاضْ   سَامنى ظُلْمَا
مِن جفُونٍ ذاتِ تمْريض مِرَاضْ   فوْقَ السّهْمَا
اثْقَل الْقَلْبَ الْمُعَنّى بالْجِرَاحْ   لحْظُه الْوَسْنَانْ
وحِمَام حُمّ[1] او حين مُتَاحْ   بظُبَا الاجْفَانْ

[2]ءَاهَ مِمّا[2] قدْ حَوى طَىّ الضُّلُوعْ   ءَاهَ[3] من وجْدى

وَلخَدّ خدّدت بِيهِ الدُّمُوعْ لَوْ بُكا[4] يجْدِى
بَتك الهِجْرانُ بِالْقَلْبِ الصّدِيعْ هَا انَا وَحْدِى
قَدْ نئَا الانسُ بَلا قَلبٌ يُرَاحْ بِى الهَوَى غَيْلَانْ
برّح الشّوْق وَطَال الِاقْتِضَاح حِين لا سُلْوَان

عَدِّ عَنْ ذِكْرِ حَبيب مُعْرض عَدِّ عَنْ ذِكْر
بَاتِك الطّرْف بِلَحْظ مُّمْرضِ يَرْتَضى هجْرى
وامْتَدِحْ مِنْكَ بُودٍّ مُنْهِضِ وَاشْدُ بِى بَخْرِ
مَنْ لّهُ للجُود والْبذل[5] ارْتِيَاحْ ذُو النّدَا الهَتّانْ
مَن غَدَا اكْرَم مَنْ أَضْحَى ورَاحْ نُخْبَةُ الاعْيَان

بِأَبِى عَبْد الْإِلَه المُرْتَضَى بِابْنِ[6] بُرْطَالِ
نَجْل ذى المجْدِ الصُّرَاحِ [7] نِلْتُ ءَامَالِى
نهَض المجْد[8] بهِ بَانتَهَضَا اى مِقْضَال
ارْوَعٌ حَازَ الْمعَالى وَالسّمَاحْ مِثْلهُ مَا كَانْ
نُدُسٌ لّمْ يُلْفَ انْدَى منْهُ رَاحْ سَالِف الازْمَانْ

رُبّ من قَدْ كَلِفَتْ وُجْدا بهِ رُبّ مَنْ غَنّتْ
شَغَفَهَا مَا شَغَفَهَا مِنْ حُبِّه اذْ بهِ جُنّتْ
بِشَدَتْ رَاغبَةً بِى قُرْبهِ وَلِذَا غَنّتْ
انتَهُ عِنْدى أَجَلُّ الِاقْتِرَاحْ انتَ يَا سُلْطَانْ
انتَ يا صَحْبَ العُوَيْنات الْوِقَاحْ الْمنَا لَوْ كَان

١ ع «حَمّ» — ٢ ع «ءَاهٌ مِمّا» — ٣ ع «ءَاه» — ٤ ع «بُكَا» — ٥ هذه الكلمة من الحاشية، وفى النصّ «الفضل» وفوقه إشارة إلى خطإ — ٦ كذا ع — ٧ ع إشارة إلى بياض — ٨ ع «المجْدَ»

موشحة لابْن بقى

دَار[١] الرّشَا الوَسْنَانْ   بَفسْوَةُ الهِجْرانْ   سَوْف تَلِينْ
وَاصْبِرْ عَلى الاشْجَانْ   بَالدّهْرُ ذُو الْوَانْ   عِزٌّ وهُونْ

اصَابَنى فَاتِلْ   كَمْ مّن دَم طَلّا   وَمَا ودَا
بجِسْمِى النّاحِلْ   افْدِيه وَفَلّا[٢]   لهُ الْبِدَا
يَايُّها الْعَاذِلْ   ان كنتَ لِى خِلّا   ومُسْعِدا
لا تعْذِل الهَيْمَانْ   انّ الْهَوى سُلْطَانْ   يَدْعُوا لِدين
بيْعَتُه رِضْوَانْ   وَخلعه[٣] خسْرَانْ   لِلْعَاذِلين

ظَبىٌ مّنَ الْإنسِ   لاكِنّه يَسْفَحْ   دَم الاسُودْ
مُسْتَعْذب الانسِ   لَوْ لَمْ يكن يفْتَح   بَاب الصُّدُودْ
بحُبّه امْسِى   كمِثْل مَا اصْبح[٤]   وَفَدْ يَزِيدْ
اعَانَت العَيْنَانْ   بنَظرَة استِحْسَانْ   مِنْهَا المُنُونْ
يَا مَن رّءا انسَانْ   عَليْه لِلْغِزْلَانْ   مِنْهُ مُعِينْ

لمْ اسْلُ بِالْبُعْدِ   بَلْ زَادَ مَا الْفَا   مِن الكَمَدْ
وَانتَ مِن بعْدِ   لَا تحْسِب الصّدْفَا   الّا فِنَدْ
ثِوْ بالّذى عِنْدى   مِن لّوْعَة تبْفَا   الَى الْأبَدْ
وكَذّب السُّلْوَانْ   فَإِنّهُ مَا كَانْ   ولَا يَكُونْ
وَفُل لِذى البُهْتَانْ   فِى جانبِى مَا خَانْ   فَطُّ أَمِينْ

تَرْضَى بِانْ اهْلكْ   بالمَوْرِد العَذْبِ   مِن الظّمَا
هَذا وَلم تَتْرُكْ   بمهْجَة الصّبِّ   الّا الذّمَا[٥]
فَلْبى بكَ اسْتَمْسَك[٦]   فَاعْطِفْ عَلى فَلْبى   تَكرُّمَا

يا سَاحِرَ الْأَجْفَانْ   لَا شَكّ انِّى فَانْ   مِن الشُّجُونْ
ويَا فضِيبَ الْبَانْ   انّ الْكَرى فَد بَانْ   عَنِ الْجفُونْ

اهْوَى مِنَ الزّهْرِ   مَنْ عَهْدُه عَهْدُ   فِى كُلِّ حِين
يبْفَى معَ الدّهْرِ   اذَا ذوَى الْوَرْدُ   وَاليَاسَمِينْ
نَظَمتُه شِعْرى   فَلَمْ ازلْ اشْدُ   لِلمُجْتَنِين

باللّهِ يَا جَنّانْ   اجْنِ مِن البُسْتَانْ   الْيَاسَمِينْ
وَخلِّ ذَا الرّيْحَانْ   بِحُرْمَةِ الرّحْمَانْ   لِلْعَاشِفِينْ

١ كذا قرأتُ، يعنى «دَارِ»، وفى المخطوطة ما يماثل «دان» – ٢ كذا ع – ٣ كذا قرأتُ، ع «وَخلفه» – ٤ ع «اصْبَحْ»، ولكنّ الأرجح أنّ الصواب هو «أُصْبِحْ» – ٥ ع «الدّمَا» – ٦ ع «اسْتَمْسِكْ»

٢٦٦

موشحة لابْن زهر

يَا بِأَبِى فَتّانْ   غُزَيِّل وَسْنَانْ   سَاجِى الْجُفُونْ
لَيْلى بهِ يَفْظَانْ   مُفسّم الاحْيَانْ   عَلى الظنُونْ

مَن لِّى بمُخْتَالِ   يُحْسدُ[١] رَاءِيهِ   ويُرْحَمُ[٢]
اشفَى بِأَوْجَالِى   وَمَا اُفَاسيهِ   ويَنْعُمُ
لَوْ[٣] تَعْلمُوا حَالِى   يَا عُذّلِى فِيهِ   لَوْ[٣] تَعْلمُ

فِى دَمْعِى الْهتّانْ   وَفِى الضّنَا بُرْهَانْ   يعْطى اليَفِينْ
انّ هَوَى الْغِزْلَانْ   يَئُولُ بالإنسَانْ   الَى المنُونْ

لا يبْعدِ[٤] اللّهُ   مَنْ لَيسَ مَثْوَاهُ   الّا الحَشَا
لِلمِسْكِ رَيّاهُ   لِلْبَدْرِ مَعْنَاهُ   وَللرّشَا

يَـهْـتَـزُّ عِطْفَاهُ يَـرْتَجُّ[5] رِدْفَاهُ اذَا مَشَـا
كالْـغُصْنِ الْقَـيْـنَـانْ يَـمِيسُ فِى كثبَـانْ شدًّا[6] وَلينْ
هَلْ فِى غصُون الْبَـانْ مَـا يُثمِرُ الرُّمَّـانْ فِى كُلِّ حِينْ

لَـفَـدْ جَلا الاحْلَاكْ بَـدْرٌ بِلا نَـفْصٍ مِنَ الْأَنَـامْ
يَـا مَـالِكَ الأمْلَاكْ اثْـنى ولا احْصِى عَلى الكِرَامْ
هَل نيّـرُ الافْلَاكْ الا ابُـو حَفْص بَـدْر التّـمَـامْ
مَـلكٌ عظِيمُ الشّـانْ يَـاوِى مِن الإحْسَـانْ الَى فُنونْ
وَأَسَـدٌ غَضْبَـانْ ذَوَابِلُ الْـمِرَّانْ لَـهُ عَـرِينْ

يا مَـالِكا يَـعْـيَـا بِوَصْبِهِ النّجْـوَا وَالمحْضرُ
انتَ الّـذِى الدُّنـيَـا بِكفّـِه تُطْـوَا وتُـنشَـرُ[7]
جَـاوَزْت فِى الْـعليَـا غَايَـتَـها[8] الفُصْـوَا يَـا عُـمَـرُ
تَخْـدُمُكَ الاكْـوَانْ وتَـمْـلك الازْمانْ مِلْك الْـيَـمِينْ
فَلك مِـنْـهَـا الانْ وَلكَ مَـا فَـدْ كَـانْ وَمَـا يَكُـونْ

اعْـلَـنتُ[9] بِالشُّكْـرِ لِسَـيِّـد مُـذْ كَـانْ يُـولِى[10] الْجَـمِيلْ
امْـدَحُـهُ عُـمْـرِى وَاتْـرك الهَـيْـمَـانْ حَـوْل الطُّـلُـولْ
يُـلغِز فِى الشِّـعْـرِ بِبَـهْـجَـةِ البُسْـتَـانْ حَـيْثُ يَـفُـولْ
جَـنّـانْ فِيَا جَـنّـانْ مَـا أَمْلحَ الرُّمَّـانْ عَـلَى الْـغُصُونْ
وَامْـلَح مَـا فَـالبُسْـتَـانْ شَـفائِق النّـعْـمَـانْ فَـاليَـاسَـمِينْ

١ ع «يحسُدُ» – ٢ ع «ويَـرْحَمُ» – ٣ كذا ع، ولعلّ الصواب هو «لَنْ» – ٤ ع «لا يبْعدُ» – ٥ ع «تَـرْتَجُّ» – ٦ ع «سذا» – ٧ ع «وتُـتشَـرُ» – ٨ ع «غايَـتِها» – ٩ ع «اعْـلَـنتَ» – ١٠ ع «يُـوَلِى»

٢٦٧

موشحة لابن زهر[١]

مَن[٢] لِّلْمولّهْ   من غَمْرَة لّا يُفيق[٣]   يَا لَهُ سَكْرَانْ
مِنْ غَيْر خمْرِ   امّا الْكَئِيبُ الْمَشُوقُ   يَنْدُبُ الْأَوْطَانْ

هَلْ تُسْتعَادُ[٤]   ايّامُنا بِالْخَلِيج   وَلَيَالِينَا
اذْ يُسْتَفَادُ   مِنَ النّسِيمِ الْأَرِيج   مِسْكُ دَارِينا[٥]
وَاذْ يَكَادُ   حُسْنُ الْمكَان الْبَهِيجِ   انْ يّحَيِّينَا
رَوْضٌ اظَلّهْ   دَوْحٌ عَلَيْهِ انِيقُ   مُورقٌ فَيْنَان
وَالْمَاءُ يجْرى   وعَائِمٌ وَغرِيقُ   مِنْ جَنَا الرّيْحَانْ

وهَلْ يَئُوبُ   عَيْشٌ لنَا بِالْغُرُوسِ   كانَ ما احْلا
اذِ الْحَبِيبُ   وَمُتْرعَات الْكُئوس   واسْقِنى وَامْلا
عَيْشٌ يطِيبُ   ومَنْظَر كَالْعَرُوسِ   عِنْدَ مَا تُجْلَا
عَيْشٌ لعَلّهْ   يَعُودُ مِنْهُ فَرِيقُ   كَالّذى قَدْ كَانْ
اضْغَاث فِكْرى   تَحْدُوا بِهَا وتَسُوقُ   هَذِهِ الاشجَانْ

يا عَاذِلَيّا   الَى متَى تعْذِلَانى   اقْصرَا شَيّا
قَد متُّ حيّا   وَالمبْتَلى بِالْغَوَانِى   مَيّت الاحْيَا
جَنَا عليّا   حُلو اللّمى وَالْمعَانِى   عَاطِرُ الرَّيّا
هِلَال كلّهْ   غزَال اُنْس يَفُوقُ   سَائِر الْغِزْلَانْ
يا لَيْتَ شِعْرى   هَل لِّى الَيْهِ طَرِيقُ   اوْ الَى السُّلْوَانْ

ويْحَ الْقُلوب   مِنْ بَابلىّ الْجفُون   رَائِق[٦] الْمنْظَرْ
فَوْقَ الجيُوب   مِنْهُ لِمرْأى الْعُيُون   رَوْضَةٌ تَزْهَرْ
وفِى الشروب   مِنْ حُسْنِهِ المكْنُون   هَمّى لَا اكْثَرْ

كثِيبُ رَمْلَهْ وَمَائسٌ مَمْشوقُ وبهُمَا ضِدّانْ
كلّا لعَمْرِى كِلاهُمَا مَعْشُوقُ وَهُمَا[7] سِيّانْ[8]

قدٌّ يَمِيلُ كَأَنّهُ فِى التّثَنّى غُصُنٌ[9] البَانَهْ
خَلقٌ[10] جَمِيلُ عَلَيْهِ مِنْ كُلّ حُسْنِ رَوْنَقٌ زَانَهْ
خَوْدٌ تَقُول لَيْسَتْ كَأُخْرَى تُغَنِّى وَهْىَ سَكْرَانَهْ
نعَمْ يَاللّه[11] يَعْشَقْنِى وانَا عَشِيقُ ونحن[12] صِبْيَانْ
لسْ باللّهِ نَدْرى دَعْ كُل حَد مَعْ رَبِيقُ اشْ يَكُونْ اَنْ كَانْ

١ توجد قطع من هذه الموشّحة فى مراجع مختلفة، اهمّها المُغرب (١، ٢٦٦) والمقتطف لابن سعيد (ظ١٥٢) والمقدّمة لابن خلدون (١١٤٣) وازهار الرياض (٢، ٢١٠) ونفح الطيب (٢، ٢٥٠) للمقرىّ – ٢ فى سائر المراجع «مَا» – ٣ ع «يَفِيقُ» – ٤ ع «يستعاد»، وفى سائر المراجع «تستعاد» – ٥ ع «دَرينا» – ٦ ع «رَائِقُ» – ٧ كذا قرأتُ، واللفظ سقط من النصّ – ٨ ع «سَيّانْ» – ٩ ع «غُصْنُ» – ١٠ ع «خَلِقٌ» – ١١ كذا ع – ١٢ ع «وَنَحْنُ»، ولكنّ الظاهر أنّ المقصود هو «وِنحَن»

٢٦٨

موشحة لابْن الرّافع راسه

مَن انكَرْ انّ الْهَوى سُلْطَانْ
بِإذْعَانْ مِثْلى هُوَ الْبُرهَان

قدْ بَان عن كَتْمهِ عجْزى
خضعتُ لهُ عَلى عِزّى
لِوَجْه كَالْبَدْر مُعْتَزّ
وَقدٍّ كَالغُصْنِ مُهْتَزّ

المِئْـزَرْ مِنْ رِدْفِهِ رَيّـانْ
والهَـيْـمَـان فِى خَصْرِه ظَـمئَـان

وَا شَـوْفى[1] غَـابَ الّـذى أَهْـوَاه
فَـاعتَضْتُ مِنْ شَخْصِهِ ذِكْـرَاهْ
فَإِنْ زَارَ أَكْـرِمِى مَـثْـوَاهْ
وَانْ غَـابَ اسْـتَـوْدِعِيه اللّـهْ

الْجَـوْهَـرْ فِى بِيهِ وَالمَرْجَـانْ
مَـنْظومَـانْ سِلْكَـاهُـمـا عِفْـيَـانْ

كَـمْ رَام دَفْـعِى بِكَفّـيْـهِ
اشْفَـاقًـا مِنْ عضِ[2] نَـهْـدَيْـهِ
وسَـال دَمْعٌ بِخَـدّيْـه
فَـفُـلْتُ لِمنْ حوَالَـيْـهِ

هَلْ اثْـمَـرْ[3] يَـا فَـوْم غُصْن الْبَـانْ
بالرُّمَّـانْ وَالْـوَرْد وَالسُّـوسَـانْ

هَل تفوَى نَفْسِى[3] عَلَى الهَجْـر
او تَـرْجُـوا فَكّـا مِّنَ الْأَسْـرِ
وَفَلبى مُـذْ دَانَ بالصَّبْـرِ
عُـصْفُـورٌ فِى مِخْـلَـبَىْ صَفْـرِ

لَا خِنْجَـرْ اعْـدَى عَلى الْإِنسَـانْ
مِنْ أَجْفَـانْ هَـذا الرّشَـا الوَسْـنَـانْ

لِى فَـلبٌ مُّـسْـتَـعْـذب عِشْـفَـهْ
وَاخْشَى انْ تَـنْـزِل الْفُـرْفَـه

فَـادْعُـوا بِأَيِّـمـا حُـرْفَـهْ
مَنْ لَّـيْسَ فِى فلبِهِ رفَّـهْ
الاَسْـمَـرْ   يَـا فَـائِد الغزْلَانْ
مِنْ هِجْـرَانْ   اكتُبْ لَـنَا الْأَمَـانْ

١ كذا ع، ولكنّ تأنيث الفعلين «أكرِمى» و«استَوْدعى» يميلنى إلى الرأى أنّ الصواب هو «نفسى» – ٢ كذا قرأتُ، ع «غُصْن». لاستخدام «عضّ» انظر الدور الخامس للموشّحة ٣٤٩ – ٣ الكلمة غير واضحة بسبب ثقب فى المخطوطة

٢٦٩

موشحة

مَن اطْلَعَ الْخدُودَ بسَاتِينْ   وَأَلْبَسَ الشّـفَـائِق نِسْـرِين

يا حَبّـذَا ريَاضُ الْخُـدُودِ
وحَبّـذا حفَـاقُ النّـهُـودِ
اطْلَعْن[1] فِى غُصُون الْبرُود
كانّـهُنَّ مِنْ كثْب يَبْرِينْ   تَـهْـتَـزُّ كَـالْغُصُون مِن اللِّين

كَـانّـمَـا الْعُـيونُ الفَـوَاتِرْ
تَـرْمِى السِّـهَـامَ وَهْىَ بوَاتِرْ
تُـبَلِّغُ الْفلُوب الْحنَاجِرْ
مَـا تَفْـعَل السُّـيُوف بصِقِّينْ   كفَـعْلةِ العيُـون منَ الْعِينْ

يا مَنْ عَلى الْـمِلَاحِ يفِيمُ

فِى عَابدِ الْإلهِ أَهِيمُ
يَا لَيْتَ ذَا الْغَرامَ يَدُومُ
فَلوْ بدَا لذى النُّسْكِ وَالدِّينْ   لَعَادَ فِى الضَّلَالةِ لِلحين

الْوَجْهُ مِنك وَرْدٌ انيقُ
وَالْعَرْفُ مِنْك مِسْكٌ فتِيقُ
والثغْرُ جَوْهَرٌ وعَقِيقُ
وَالرِّيقُ مِنْ بنَاتِ الزَّرَاجِينْ   نسِيمُها نَسِيمُ الرِّيَاحينْ

لمّا بَدا بوَجْه مِنَ النُّورْ
وصَفْحَةٍ كَبَدْر لِّدَيْجُورْ
غنّيْتُهُ وطَرْفِى مَسْحُورْ
اكْتُبْ حبيب من فوْقِ الجبينْ[2]   خوف العيونِ[3] سُورَةِ ياسِينْ

١ كذا ع ، ولعلّ الصواب هو «طلعْنَ» – ٢ ع «الْجَبِينْ» ، ولكنّ الظاهر أنّ المقصود هو «الِجْبِينْ» – ٣ ع «العيونْ» – ٤ ع «سُورةْ»

٢٧٠

موشحة

أَمْواهُ محَاجِرى على الْخَدِّ جَرتْ
ونار الشّوْق فِى ضُلوعِى زَفِرتْ[1]
شوْقا لرشا عيْناه عقْلى سَحَرتْ
ريم يَفْتَر عن اقَاحِ زهرت[2]

رِيمٌ يَفْتَرُّ عن أَقَاح [3]يسقى منْ كوْثَر فَرَاحْ[3]
[3]قدْ شيِبَ بعَنبَرٍ وَرَاحْ[3] [3]يجْرِى فى لؤلو[4] مَصونْ[3]

يَجْرى فى لُؤْلؤْ مصُونْ منظُومْ
يبْرا فى رشْفِهِ العميدْ المكْظُوم
يا وَيْح العاشقْ الشَّجِى المكْلُومْ
انْ مّاتَ اسًى فهَلْ يَكونْ مرْحُومْ

ان مَات أسًى[6] فهَلْ يكُونْ ممَّن [7]تَبْكِى لَهُ[7] الْعُيونْ
بالدَّمْع الوابل الهتُون صبٌّ باكٍ مُضْنًى حَزِينْ

صبٌّ باكٍ مُضْنًى حزينْ يهْوَى
ظبْيًا من حُسْنِه يتِيهْ زَهْوَا
قَدْ غادَرَنى حلف السِّقام نِضْوا
أُقَاسِى الشَّوْق والضَّنَا والبلْوَا

أُقَاسِى الشَّوْق والضّنَا ابْغِى من وَّصْلِهِ[8] الْمُنَا
ظَبْيًا ان عنَّ[9] اوْ دَنا يَرتَع منْه ليثُ الْعرِينْ

يَرْتَع منْه ليْث الْعرين الفسْوَرْ
يسْطُوا من لَحْظهِ بسَهْم احْوَرْ
احْشَاء[10] الصَّبِّ بالوَجيبِ اظْهَرْ[11]
بدْر يعْنُوا لهُ الهِلَال الازْهَرْ

بدْرٌ يعنُوا له الْهلال قدْ حَاز الحُسْن والْكَمالْ
ما فِى الخلْق له مثَالْ اصْمَى الافْلاذْ بالعيُونْ

اصْمَى الافْلاذ بالعُيُون النّجْلِ
احْمَد الفسطَال[12] البديع الشَّكْلِ

مَوْلًى يرْضى[13] حيَاتَه فِى قَتْلِى
إن رَّاقَ دَمِى تركْتُهُ فِى حِلِّ

ان رَاق دَمِى تركْتُهُ — وفِى الاحْشَاءِ صُنْتُهُ
وما يبْغِى وهَبْتُهُ — من مَّالى وعرْضى المَصُونْ

هذه الموشحة أوّل ما نسخ الناسخ الخامس للمخطوطة، وكأنّه استغرب نصّ الموشّحة وكتب كلمات كثيرة بتسكين الحرف الأخير

١ ع «زَفْرتْ» – ٢ ع «زهْرتْ» – ٣ هذه الأجزاء من الحاشية – ٤ الكلمة غير واضحة بسبب ثقب فى المخطوطة – ٥ ع بتسكين الحرف الأخير للكلمة – ٦ ع «أسَى» – ٧ كذا قرأتُ، ع «تَبْكِيه» – ٨ ع «وَّصْلَه» – ٩ كذا قرأتُ، وفى المخطوطة ما يماثل «عزَّ» – ١٠ ع «احَشَاء» – ١١ كذا قرأتُ، ع «اصْهَرْ» – ١٢ كذا ع، والأرجح أنّ المقصود هو «الفسطَل» – ١٣ ع «يرضَى»

٢٧١

مُوَشَّحة لابْن بقى

ما اظْلَمْ — بمُهْجةِ الصَّبِّ الحَزِينْ
ذا اسْتِحْواذ — عَلَى نُفُوس الْعَالَمِينْ

مَنْ أُفْدِيه — بمُهْجتِى ولا أَفَلْ[1]
هِمْتُ فِيهْ — سَكْران منْ خَمْر الكَحَلْ
جَرَّ التِّيهْ — ذَيْلاً على ارْض العذَلْ

وَتَيَّمْ — منِّى الفُؤاد بجبِينْ
فِيهِ الذّاذْ — على رِيَاض الْيَاسَمِين

أَجْفَانى[2] — لمْ تنطَبِقْ عَلى منامْ

جَفَانِى[3] يا وَيْلَتا بدْر التّمَامْ
رَمَانِى من مُقْلةٍ هىَ الحِمَامْ
بأسْهُمْ رِيشتْ[4] من السِّحْر المُبينْ
فى افْلاذْ مَكَانُهُ منْهَا مَكِينْ

ما حلّا بالنَّاسِ من مُحَمَّدِ
اطَلّا عَليْهِم كَالفَرْقَدِ
فذلّا مَنْ كَان صَعْب المِقْوَدِ
واسْتَسْلَمْ لمسْتَطِيلٍ وضَنِينْ
وأَخّاذْ للُبِّ[5] حينًا بعْدَ حِينْ

لَقِيْت[6] فى حُبِّه ما لا يُطَاقْ
سُقيت به الرَّدَى كاسًا دهَاقْ
بقِيْت والنَّفْسُ فى قبْضِ السِّباقْ
قَد اقسَمْ حيْنِى بهِ الّا يَحِينْ
والانْفَاذْ اروَحُ لِى منَ الأَنِينْ

لبغْدَاذْ يعْزَى وجَلَّ من بلد[7]
قَلْبِى لَاذْ بهِ على بُعْد الامَدْ
والأفْلاذْ تشدُوهُ[8] من فَرْطِ الكَمَدْ
باللّه[9] كمْ يمْشِى اليك من السِّنِين
أَبغْدَاذْ[10] أَدَارْ[11] امِيرِ[12] المُسْلِمِينْ

١ ع «أَفُلْ» – ٢ الكلمة غير واضحة بسبب ثقب فى المخطوطة – ٣ ع «جْفَانِى» – ٤ كذا قرأتُ، ع «وشِيتْ» – ٥ كذا ع – ٦ يعنى «لقيتُ» – ٧ ع «بلاد»، وفوق الألف إشارة إلى خطإ – ٨ ع «تشدُوهْ» – ٩ ع «باللّهِ» – ١٠ كذا قرأتُ، ع «أَبغْدَإذْ» – ١١ ع «أَدَارَ» – ١٢ ع «امِيرُ»

٢٧٢

مُوشَحَة[١]

حَسَّانَةٌ رخيمَهْ　　عانَفتْ بها الْبانَهْ
والنَّفَى الرَّجْرَاجْ　　وا شَوْقِى بِحَسَّانَهْ

يَا هَلْ يَعُودُ عَصْرُ　　مَضَى بالْكَثِيبِ[٢]
إذا[٣] الزَّمَانُ نَضْرُ　　رَيَّان الفَضِيبِ[٢]
وَمَا علىَّ امْرُ[٤]　　الَّا للحَبِيبِ[٢]
وَلَا تُدَارُ خمْرُ　　الَّا للنَّسِيبِ[٢]

خَمْر الهَوى كَرِيمَهْ　　لِلأَلْبابِ[٥] فتَّانَهْ
بَيْن طَرْفٍ سَاجْ　　وَرِيفَةِ[٦] خُمْصَانه

يَا دَوْحَةَ النَّعيمِ[٧]　　مِن بَان ورَنْدِ
هَلْ فِيكِ[٨] مِن مُفيمِ[٧]　　عَلى العَهْدِ بعْدِ
وَيَا شَذا النَّسِيمِ[٧]　　مَسْراه بنَجْد
يَمِّم[٩] لِوَى الصَّرِيمِ[٧]　　ومَنزِلِ دَعْدِ

وَامدُدْ رِوَاق[١٠] دِيمَهْ　　عَلَى كُلِّ عِيدانه[١١]
واحْمِلِ الارَاج[١٢]　　الى كُلِّ ادْمانه[١٣]

عمْرُ[١٤] الصِّبَا مَتَاعُ　　والدُّنيا شُئُونُ
إن يَفدر[١٥] اجْتمَاعُ　　فَسَوْفَ يَكُونُ
وَهَل لَكَ انتِزَاعُ　　لَهُ تفضى الدُّيُونُ
هَلْ بِى الرِّفَى انتِباعُ　　إذا تُصْمِى[١٦] العُيُونُ

غَنيتُ[١٧] عَن تَمِيمَهْ　　حَسْبِى شَيْمُ[١٨] مَرجَانَهْ
بَرْفُهَا وَهَّاجْ　　مِن مَّبْسِمِ[١٩] وَسْنَانَهْ

لَمْ أُلْفِ مَا يُعزّى[20] — فِى فَقدِ[21] الشَّبَابِ
للَّـهِ ذاتُ عِزّ — ذَلَّتْ لِلتَّصَابِى
أُوحِى لَـهَا بِرَمْزِ — فَتَعْلَم مَا بِى[22]
سكْرى لَـدى مَـهَزّ — مِن خَمْرِ الرُّضَاب[23]
كَـالخُوطَـةِ القَـوِيمَـهْ — بالانْـوار مزْدَانَـهْ
نُـورُ لَيْلٍ دَاجْ — وَللشّـرْبِ رِيْحانَـهْ

اعْصمْ[24] بمَـا تطلّع — فِى قُضْب القُـدُودِ
مِن سَوْسَنٍ تَضَوَّعْ — وَلِيم نُـهُودِ
عَزّ[25] الجمَـالُ[26] فاخْضَعْ — لِهيْفَـاءَ رُودِ
وَباليمِينِ فاقنَعْ — منْهَـا [27]فِى الجُحُـودِ[27]
لِسْ واللّـه[28] عِندِى لِيمَـهْ — ولا أَنا جَنّـانَـهْ
فى قَضِيب[29] من عَـاجْ — تكبر يدّ سُوسْانَـهْ

١ المطلع لهذه الموشّحة موجود فى الغصون اليانعة لابن سعيد (٩٣) وهو منسوب إلى أبى حفص عمر بن عبد اللّه السُلمىّ – ٢ ع بتسكين الباء، ولكنّ الوزن يقتضى كسرها – ٣ كذا ع، ولعلّ الصواب هو «إذِ» – ٤ ع «امُرُ» – ٥ ع «لِلأَلْبابُ» – ٦ ع «وريفةٌ» – ٧ ع بتسكين الميم، ولكنّ الوزن يقتضى كسرها – ٨ ع «فيكَ» – ٩ ع «يَمَّم» – ١٠ ع «روَاقْ» – ١١ كذا ع، ومن الممكن أن يكون الصواب «عِيرانه» – ١٢ كذا ع – ١٣ ع «ادْمَانِه» – ١٤ ع «عَمْرُ» – ١٥ كذا قرأتُ، ع «يّفَدَّر» – ١٦ ع «تَضْمَى» – ١٧ ع «غَنَيْتُ» – ١٨ ع «شِيمُ» – ١٩ ع «مَّبْسِمٍ» – ٢٠ ع «يُعْزِى» – ٢١ ع «فَقَدِ» – ٢٢ ع «ب ِى» – ٢٣ الكلمة غير واضحة بسبب ثقب فى المخطوطة – ٢٤ كذا ع، ولعلّ الصواب هو «أعظمْ» – ٢٥ ع «عِزَّ» – ٢٦ ع «الجمَالِ» – ٢٧ كذا ع، ولعلّ الصواب هو «بالجحُودِ» – ٢٨ ع «واللَّـهِ» – ٢٩ ع «قَضِيبٍ»

٢٧٣

موشحة لابى العباس الاعمى

مَنْ عَذَّبَ الفُؤادَا　　عَذابًا مُهينَا
وأَلْزَمَ السُّهَادَا　　وَالدَّمْعَ الجفُونَا
للَّهِ ما أَفَادَا　　مَرْءَاهُ العيُونَا
مِن صُورة وَسِيمَهْ　　لِلْحَازم فَتَّانَهْ
منتضًى[1] فَرَّاجْ[2]　　عَلى غُصُنِ الْبانَهْ

يَا مَن لَوَى بدَيْنِى　　الَا أَتفَضَّاهْ
جَعَلْتُ فِيمَا بيْنِى　　وَمَا بيْنَك اللَّهْ
مَا لِى مِن يَّدَيْنِ　　بتَسْويفِ تَيَّاهْ
وَلوْ فَضَى غَرِيمَهْ　　لَأَوْسعَ إِحْسَانَهْ
أَيَّمَا مُحْتَاجْ　　يَرَى الشُّكْرَ ايمَانَهْ[3]

هَلْ ينفَعُ العِتَابُ　　فِى سِحْرِ الجُفُونِ
مَنْ خَانَهُ الحِسَابُ　　فِى عفلٍ ودِينِ
فَكَيف لا تُهابُ　　لِحاظُ العُيُونِ
وَلِلْهَوَى عَزِيمَهْ　　بأَلْحَاظٍ[4] وَسْنَانَهْ
أَرْدَتِ الحَجَّاجْ　　وَمِن فَبْلُ مَرْوَانَهْ

وَلَوْ بَدَا الوَزِيرُ　　للأُنْسِ فَليلَا
لأَبْصَرَ السُّرُورُ　　مُحَيًّا جَميلَا
شَمَائِلا تُدِيرُ　　عَلَيْنَا شَمُولَا
وَلَوْ ذَكَى نَسِيمَهْ[5]　　فَيَا طِيبَ رَيْحانَهْ
جَادَهَا ثَجَّاجْ　　وَفَدْ عَادَ فَيْنَانَهْ

هَلْ فِى الهَوَى جُنَاحُ　لِمَن يتَمنَّاهْ
تَذْكَارُهُ الصَّبَاحُ　جَمِيلُ محيَّاهْ
فانشَدتْ تُرَاحُ[٦]　بالشَّجْوِ لذِكْراهْ
يَا مَطَرِى الرَّخِيمهْ　ا رَىٌّ ذِى مَنْيانَهْ
بوْن ابُو الحَجَّاجْ　لفَاج ذِى مَطْرَانَهْ

١ كذا قرأتُ. الكلمة غير واضحة فى المخطوطة. الظاهر أنّها «منتظَرٌ» أو «منتضَرٌ» – ٢ كذا ع – ٣ يعنى «إيمانه» – ٤ ع «بألْحَاظٍ» – ٥ كذا ع، ولعلّ الصواب هو «ذكت فَسِيمَه» – ٦ كذا ع، ولعلّ الصواب هو «تَرَاحُ»

٢٧٤

موشحة لابن نزار

وَصَلَتْ حَبْلَ ارْتياحِ　كُلٌّ[١] وَرْقاءَ مُرِنَّهْ
رَاعَهَا ضَوْءُ الصَّبَاحِ　فبَكَتْ عَلَى الدُّجنَّهْ[٢]

يَا نَسِيمَ الرِّيحِ فرِّجْ　†وَصَلْتَ حَبْلَ†[٣] ذِى لَواعِجْ
وَإِذَا هَبَبْتَ[٤] عَرِّجْ　نَحْوَ رَبَّاتِ الهَوَادِجْ
وَاذَا اتَيْتَ منْعِجْ[٥]　وَاللِّوَى مِنْ رَّمْلِ عَالِجْ
فُل[٦] لِذى رِدْفٍ رَدَاحِ　إن رَّءا بُعْدِىَ سُنَّهْ
سَيُرَى بعْدَ انتِزَاحِ　نَادِمًا يَفْرَعُ سِنَّهْ

بَلِّغِ العُشَّاقَ عنّى　أنّنِى بيْنَ الأنَامِ
فُلْت للْعَاذِلِ كِلْنِى　لِسُهَادِى وَغَرَامِى
عَاذِلِى بِاللَّهِ دَعْنِى　اىُّ صبٍّ مُسْتَهَامِ

لَمْ يصِخْ[7] إِلَى[8] اللَّوَاحِ   حِينَ أَبْدَا ما أَكَنَّهْ
مَن بِنَا[9] عَلى الجِمَاحِ   لَيْسَ تُثْنِيهِ الأَعِنَّهْ

مِثْلُ أمِّ العِزِّ تَاهَا   فَهْيَ لِلحُسْنِ البَدِيعِ
أُفْرِدَتْ فَوَجْنَتَاهَا   قَدْ حَكَتْ زَهْرَ الرَّبِيعِ
كَيْفَ لَا[10] أَصِيحُ وَاهَا   وَباحْنَاءِ الضُّلُوعِ
خَلَّدَتْ مِنَ الجِرَاحِ   °مَا لَا تَفْتَضِيهِ مِنَّهْ°
بِقُدُودٍ كَالرِّمَاحِ   وَعُيُونٍ كَالأَسِنَّهْ

هَزَّتِ الحَسْنَاءُ عِطْفَا[11]   فَشَكَى وَقْعَ السِّهَامِ
أنتَ يا مَن مَدَّ طَرْفَا   خَلِّ جَنْبَيْكَ لِرَامِ
قَدْ غَدَا لِلظَّرْفِ[12] ظَرْفَا   مَن تَزَيَّا بِالسَّقَامِ
سَنَّ فِى حُبِّ المِلَاحِ   فَوْقَ مَا غَيْلَانُ سَنَّهْ
إِنْ جَفَتْ ذَاتُ الوِشَاحِ   لَمْ يُسِئْ فِى الحُبِّ ظَنَّهْ

كَمْ سَقَتْنِى مِن لَمَاهَا   الرَّحِيقَ الخُسْرُوَانِى[13]
وارَتْنى[14] مِنْ سَنَاهَا   مُخْجِلَ البَرْقِ اليَمَانِى
بَلَغَتْ نَفْسِى مُنَاهَا   فَأُغَنِّى مَن لَحَانِى
عُذَّلِى عَلَى افْتِرَاحِ   مَا لَكُمْ عَلَىَّ مِنَّهْ
فاتْرُكُونى فِى اصْطِبَاحِ   فَرِضَا مَحْبُوبِ جَنَّهْ

١ ع «كُلَّ» – ٢ ع «الدُّجَبَّهْ» – ٣ اللفظ منقول من المطلع بغلط ، ولعلّ الأصل مثل «هَمَّ قَلْبٍ» – ٤ ع «هَبَبْتِ» – ٥ كذا ع – ٦ الكلمة غير واضحة بسبب ثقب فى المخطوطة – ٧ ع «يَصْخِ» – ٨ كذا قرأتُ، ع «إلَّا» – ٩ ع «بَنَا» – ١٠ ع «لأ» – ١١ ع «عِطْفًا» – ١٢ ع «لِلظَّرفَ» – ١٣ كذا قرأتُ، ع «الخُضْرُوَانِى» – ١٤ كذا قرأتُ، ع «وارتَنَلى»

حرف الصاد

٢٧٥

موشحة لعُبَادة

اىُّ عَيْشٍ يَطِيبْ لِكَئِيب يُمْسِى
وَهْوَ غَيْرُ فَرِيبْ مِنْ حَبِيبٍ يُفْصِ

لَا عَزَاءَ مَعِى فَد تَدَانَى حَيْنِى
بَانَ مِنْ جَزَعِ لِحُلُولِ البَيْنِ
هَلْ بمُرْتَجَعِ فُرَّةٌ[1] لِلْعَيْنِ
وَالزَّمَانُ خَصِيبْ اذْ تَمَشّى كَاسٍ[2]
فَوْقَ كَفٍّ خَضِيبْ وَبَنَان رَخْصِ

جَمَعَتْ كَمَدِى فُرْفَةُ الاحْبَابِ
اضْعَفَتْ كَبِدِى فُوَّةُ[3] الاوْصَابِ
وَتَرَتْ خَلَدِى فَأَنَا مِمَّا بِى[4]
مِن جَوًى وَوَجِيبْ غَيْر حَيِّ النَّفْسِ
وَضَنًى وَشحُوبْ غَيْر بَادِى الشَّخْصِ

بِأَبِى اُفدِى وفَلِيلٌ بأَبِى
مِن جَنَا الشُّهْدِ ولَمَاهُ الشَّنبِ
إن بدَا يبدِى[5] كُلّ شَىْءٍ عجبٍ[6]
لَحْظُ ظَبْىٍ رَبِيبْ وَمُحيًّا الشَّمْسِ
فَوْقَ غُصْنٍ رَطِيبْ ينثَنِى[7] فِى دعصٍ[7]

يَأَبَا عَامِرْ يَا شَفِيقَ الفَمَرِ

ان تَكُنْ حَاضِرْ   او تَـغِبْ عن بَصَرِى
لَم تزَلْ ظاهِرْ   فِى سَماءِ الفِكَـرِ
لَسْتَ مِمَّن تغِيبْ   بحُلُول النَّكْسِ
فَدْ امِنتَ الغُرُوبْ   وَلِحَاقِ[8] النّفْصِ

وَكِتَـابٍ ورَدْ   مِن حَبِيبٍ نَزَحَا
فَـأَزال الكَـمَـدْ   وَالجَوَا والبُرحَا
فَشَدَوْتُ وَفَـدْ   طَارَ فَلْبِى فَرِحَا
يَا سُطُورَ الحَبِيب   انتِ أنتِ أُنْسِ
انَّـنِى مُسْتَطِيبْ   لَكِ إيهٍ فُصِّ

١ ع «فُـرّتُ» – ٢ يعنى «كأسى»، بالهمز – ٣ كذا قرأتُ، ع «فُـرّةُ» – ٤ ع «بِـ ى» – ٥ ع «يَبدِى» – ٦ ع «عجبْ» – ٧ الكلمة غير واضحة بسبب ثقب فى المخطوطة – ٨ ع «وَلَحَاقِ»

٢٧٦

موشحة له ايضا

عَـذْلُ اهْلِ الْعِشْقِ[1]   فِى الهوى مَـرْدُودُ
[2]لَـيْسَ كُنهُ الحُبِّ   عِندَنا مجْدُودُ[2]
كَمْ فَتِيلٍ طُلَّ   فَتَلَتْهُ الغِيدُ
اوَّلُ التَّفْنِيدِ   لَـوْ مَـلَكْتُ نَفْسِى
لَـرأيْتُ السِّحْرَا   كَـالكِتَابِ النَّصِّ

شَيِّت مَـا فَـدْ شاءَ   مَـالِكُ الأَرْواحِ
عَـلَّقَ الفلوبَ   بِهَوَى المِلَاحِ

وَكَسَى مِن لَّحْظِ حُمْرَةَ التُّفاحِ

بِشَرَ[3] الْخُدُود فَـهْىَ مثل الوَرْسِ
وَأنَاطَ الدَّرَّا بِلَذِيذِ المَصِّ

خلَّتِى إشْرَاقُ كالرَّشَا المَذْعُورِ
سَلَبَتْ عَيْنَاهَا مُفْلَتِىْ يَعْفُورِ
غُصُن مِن دُر فِى كَثِيب[4] نُورِ
بَرَزَتْ فِى العِيدِ بيْنَ عِينٍ[5] خَمْسِ
فَتَجلَّت بدْرَا مَا لَهَا مِن نَقْصِ

لَحْظُهَا نَشْوَانُ خَدُّهَا بُسْتَانُ
ثغْرُهَا[6] عِفيَانُ جِسْمُهَا رَيَّانُ
لَفْظُها بُرْهَانُ وَصْلُهَا رِضْوَانُ
علَّقَتْ بالجيدِ تَحْتَ وَجْهِ الشَّمْسِ
للعُيُون شَذْرَا فَوْقَ نَحْرٍ رخْصِ

بِنْتُ عَنْهَا عَشْرَا بَعْدَ عُتْبَا طَالَتْ
ثُمّ اُبْتُ شَوْقَا بعْدَ حَالٍ حالَتْ
نَظَرتْ الَىَّ فَجات[7] فَقالَتْ
شيشبيس يا سيدى †كبنا بش وس†
مبكاله[8] حمرا ضيبراى كالورص

١ «العِشْوِ» من الحاشية – ٢ هذا نصّ المخطوطة، وفيه خطأ نحوىّ – ٣ ع «بشَر» – ٤ ع «كَتنبِ» – ٥ كذا قرأتُ، ع «عِيرٍ»، وقرأ Garcia Gomez «غيدٍ» – ٦ كذا ع، ولعلّ الصواب هو «شَعْرُهَا» – ٧ كذا قرأتُ [يعنى فجأةً]، ع «فجاءت» – ٨ يكثر الشكّ فى القراءة. الظاهر أنّ الحرف الأوّل ميم، ولكنّه من الممكن أن يكون الصواب «لبكاله»

٢٧٧

موشحة

جِيدُ الزَّمانِ حَالِ   قَدْ عَادَ ذَا بَصِيصْ[١]
مُذْ زَارَ فِى الخَيَالِ   [٢]مَن وَصْلُهُ[٢] عَوِيصْ[١]

قَدْ حَارت الخَوَاطِرْ   فِى شَرْحِ وَصْفِهِ
وَالظَّبْىُ ظَلّ جَائِرْ[٣]   فِى سِحْرِ طَرفِهِ
وَصَيّرَ الأكَابِرْ   طَوْعًا لِكَفِّهِ
كَمْ[٤] بِتُّ وهْو[٤] سَالِ   فِى[٤] أَدْمُعِى أَغُوصْ
يَسُوءُ سُوءُ[٥] حَالِ   ذَا مَنظَرٍ شَخِيصْ

يا طَالِعَ العِذَارِ   انظُرْ الَى العِذَارْ
كَالَيْلِ فِى النَّهَارِ   كَالمِسْكِ فِى البَهَارْ
تقْبيلُهُ اعْتِمَارِ   وَالرَّمْى بالجِمَارْ
كَمْ مِن خَلِىّ بالِ   أضْحَى لَهُ قَنِيصْ
وَعَادَ ذَا خبَالِ   وَلَمْ يَجِدْ مَحِيصْ

إن قِيسَ بِالهِلالِ   فَالبدْرُ يَبْعُدُ
اوْ قيل كالغَزَالِ   فَالظَّبْىُ يشْرُدُ
مَا كعْبَةُ الجَمَالِ   إلَّا مُحمَّد
غُصْنٌ من اللَّآلِى[٦]   مُهَفْهَفٌ خَمِيصْ
حَكَاهُ فِى الجَمَالِ   مَن أَرْسَلَ القَمِيصْ

يَاأيُّها العَذُولُ   مَا انتَ مُنصِفِ
أَذَابَنِى النُّحُول   فَكِدتُّ أخْتَفِى

مِنْ حُبِّ مَن يَجُولُ   فِى قَلْبِ مُذْنِفِ
عَينَاهُ كالنِّصَالِ   تَهُزُّهَا اللُّصُوصْ
فِى ظُلمَةِ اللَّيالى   يُرَى[7] لهَا وَبِيصْ

لَا أَنْسَ اذ شَدَانِى   حِبِّى[8] مُحَمَّدُ
ونحْنُ فِى أَمَانِ[9]   والدَّهْرُ مُسْعِدُ
وَفهْوة الدِّنَانِ   فِى الكَاسِ عَسْجَدُ
فُم اغتَنِمْ وِصَالِ   بيدم انَا حَرِيصْ
سَتَشْتَرِينى غَالِ   ان بِعْتَنى رَخِيصْ

١ ع بكسر الصاد، ولكنّ الوزن يقتضى تسكينها – ٢ كذا قرأتُ، ع «مِن وَصْلِهِ» – ٣ كذا قرأتُ، ع «حَائِرْ» – ٤ الكلمة غير واضحة بسبب ثقب فى المخطوطة – ٥ ع «سوءَ» – ٦ يعنى «اللآلِى» – ٧ ع «يَرَى» – ٨ ع «حُبِّى» – ٩ ع «أَمَانِى»

٢٧٨

موشحة

عَذْلِى مِن المُحَالِ   فِى شَادِنٍ خَمِيصْ
الأُسْدُ فِى النِّزَال   بلَحْظِهِ فَنِيصْ

دَع عَنكَ لَومَ لاهِ   فِى الرَّاح والسُّرُور
وانظُرْ الى الشِّبَاهِ   ولُؤْلُؤِ الثُّغُورْ
أَسْمَاطُهَا تُباهِ   فَلايد النُّحُورْ
خَوَاتِم حَوَالِ   باللُّؤْلُؤِ الرَّصِيصْ
صَاغَتْ يدَا الجمَالِ   لهَا اللَّمَا فُصُوصْ

نفْسِى فِداءُ رِيقٍ كالشُّـهْدِ طَعْـمُـهُ
مِن مبْسَمٍ انِيقٍ مَحْيَاىَ لَثْمهُ
فِى الدُّرِّ والعَقِيقِ يجُولُ ظَلْمُـهُ
بِبَارِدٍ زُلَالِ مَرامُه عَوِيصْ
شِرَاه بالمَعَالى وَبالنُّهَى رَخِيصْ

يا دَوْلَةَ المِلاحِ دَانَت لكِ الدُّوَلْ
بَرزْتِ لِلكِفَاحِ وَجَيْشُكِ المُقَلْ
تُفْنِى[1] بِلا جُناحٍ وَلَحْظُك الأَجَلْ
معَتَّقُ الدَّلَالِ ازْرى بِذِى القَمِيصْ
وَفَازَ بالكمَالِ دُونَ الوَرَى خُصُوصْ

بِى فِى الهَوَى خَلِيلُ يَجلُّ عن مَثِيلْ
كُلُّ الوَرَى عَلِيلُ من لَحْظِهِ العَلِيلْ
مَاء الصِّبَا يَجُولُ فِى خَدِّه الأَسِيلْ
فِى[2] صُدْغِهِ المُحَالِ فِى وِرْدِهِ بَصِيصْ
نَجْنِيهِ بِاحْتِيالِ كَأَنَّنا لُصُوصْ

كَمْ لَيلَةٍ شَدَانِى وَالدَّهْرُ رَاغِمُ
فِى رَوْضَةِ الأَمَانِى والعَيْشُ ناعِمُ
يَدْعُوا الى التَّدَانِى وَالْكُلّ نَائمُ
قُم اغْتَنِمْ وِصَالِى بيدم انا حَرِيصْ
سَتَشْتَرِينى غَالِ انْ بعتنِى[3] رَخِيصْ

١ كذا قرأتُ، ع «تُثْنِى» – ٢ فى المخطوطة ما يماثل «لفِى» – ٣ الكلمة غير واضحة بسبب ثقب فى المخطوطة

حرف الضاد

٢٧٩

موشحة لابن بقى

عِندَكَ شَمَائِلْ نَفَّاضِ وَلَسْتَ بخَوَّان مُعْتَاضِ

مَا افبحَ الهجْرَا لَا كَانَا
اذْكُرُ مَا مرَّا أَزْمَانَا
وَاسْكُبُ[1] الفطْرَا تهْتَانَا

مِن مَّدْمَعٍ سَائِل فَيَاض اصيب مِنْ أَجْفَانْ مِرَاضِ

بَرِمْتُ بِاثْنَيْنِ اشْرَاكَا
وَفَال لَا عَيْنِ تَراكَا
اذْهَبْ الَى الْحَيْنِ كَفَاكَا

فَانتَ مُسْتَاهِل إعْرَاض لَمْ تدر فِى الْاخْوان اعْرَاض[1]

يا طَلْعَةَ البدْرِ رُحْمَاكَا[3]
فَتلت بالهجْرِ مُضْناكَا
صَيَّرتُ فِى صَدْرِ مشْوَاكا

ولَسْتَ بِالزَّائِل المَاضِ عَن فَلْبِى الهَيْمَان تَرَاضِ[4]

ذرعِىَ يَا يُوسُفْ فَد ضَّافا
فَلْبِى كَما تَعْرِفْ مُشتافَا
بلغْتَ بى فاسْعَف اشْفَافَا

فَشِيمَةُ الفاضِل تَغَاضِ والذَّنب للغفرَان نفَّاضِ

لَجَّ بِى الهَجْرُ طَويلَا

تَـرْنُـوا فَـتُـرْسِلُ سَـهْـمَـا[2]   والقَـلْـبُ عَـيْـن الاغراضِ

مَـا بَـالُ قلبي عَـلَيْكَا[9]   لَا تنقضِـى حَسَـرَاتُـهْ
يشْكُـوا هَـوَاهُ اليْكَـا   وَلَـيْس تُجْدِى شَكَـاتُـهْ
رِفْقًـا فَفِـى رَاحَـتَـيْكَـا   حَيَـاتُـه وَمَـمَـاتُـهْ
يَـا مُـمْـرِضِـى يَـا طَـبِيبِ   فَفِيكَ بُـرْءُ الأمْـرَاضِ
وَفِيكَ قَـدْ ذُبتُ سُـقْـمَـا   فَلْتَقْضِ مَـا أَنْتَ قَـاضِ

مَن لِـى بتَفْـتِيرِ طَـرْفِهْ   والمَوْتُ فِـى لَحظَـاتِهْ
إن مرَّ ثَـانِـىَ عِطْفِهْ   فالحُسْنُ فِيهِ بذَاتِهْ
أَوْ رُمْتُ ادْراكَ وَصْفِهْ   أعْيَـانى بَـعْضُ صِفَـاتِهْ
يَجُـولُ لَحظُ الكئِيبِ   مِن خَـدِّهِ فِـى رِيَـاضِ
لَاكن عَن القَطْفِ يحْمِى   بمُـرْهَفَاتٍ[10] مِرَاضِ

للَّـهِ ظَبْـيَةُ خِدْر   قَـدْ رُوِّعَتْ[11] بالفِرَاقِ
بنتُ ثلاثٍ وعَشْـرٍ[2]   تُسِيلُ دَمْعَ المَـآقِ
تَـقُـولُ فِـى حَـالِ سُـكْـرٍ[2]   لأُمِّـهَـا بِاشتِيَـاقِ
يا مم مو الحبيب   †ننيبش† ان نن ترناض[12]
غار كفرى يا ممَّـا   †انن يجنال للشَّـاض†

١ هذه الموشّحة موجودة فى جيش التوشيح (فصل ١٠ موشّحة ١٠) بين موشّحات الخبّاز – ٢ ع بالتنوين – ٣ كذا ع – ٤ كذا فى جيش التوشيح، ع «يك» – ٥ ع «رَارض» – ٦ كذا فى جيش التوشيح، ع «يُسَافِرُ» – ٧ ع «ظُلْمَا» – ٨ الكلمة غير واضحة بسبب ثقب فى المخطوطة – ٩ ع «عليك» – ١٠ ع «بمُرْهِفاتٍ» – ١١ ع «روَّعَتْ» – ١٢ كذا قرأتُ من نصّ خرجة الموشّحة التالية

افُولُ والصَّبْرُ فَدْ عِيلَا
لو وَجَدَ الصَّبْرُ سَبِيلَا
إن لم تَكُن وَاصِلْ وَرَاضِ لِى مَعَك السُلطَانْ والْفَاضِ

١ ع «وَاسْكَبَ» – ٢ كذا ع، ولعلّ الصواب هو «أغراض» – ٣ ع «رحماك» – ٤ كذا ع، ولعلّ الصواب هو «بِرَاضِ»

٢٨٠

موشحة[١]

مَن لى بظَبْىٍ رَبيبِ[٢] يَصِيدُ أُسْدَ الغِياضِ
لَوَى بِدَيْنِى لَمَّا أمَّلْتُهُ بِالتَّفَاضِ

جَعَلتُ حَظِّىَ منهُ بيْنَ الرَّجَا والتَّمَنِّى
لَم افطَعِ اليأْسَ عنْه لَمَّا أَطَال التَّجنِّى
بَلْ فلتُ يَا فلبُ[٣] صُنْهُ لديك[٤] عَنْ سُوءِ ظَنِّى
وَانتِ يا نفْسِ ذُوبِ وَيَا مُطِيلَ الإعْرَاضِ
نَفِّذْ بمَا شيتَ حُكْمَا إِنِّى بِحُكْمِكَ رَاضِ[٥]

يَا مَن يُنَافِرُ[٦] ظُلْمَا[٧] مَن لَيْسَ عَنهُ بِصَابِرْ
مَا ضَرَّ إذ ذُبتُ سُفْمَا لَوْ لَم تكُن لِىَ هَاجِرْ
رِفقًا فَبِى مِنكَ اَلْمَا وَسْنَانُ سَاجِى النَّوَاظِرْ
رامٍ بسَهْمٍ[٨] مُصِيبِ[٢] من الصِّحَاحِ المِرَاضِ

٢٨١

موشحة لابن لبون[١]

فُلْ كَيْفَ حالُ القُلُوبِ إذ طُبِعَت كالاعْرَاضِ[٢]
فِمَا[٣] يُفَارِقْنَ سَهْمَا[٤] من العُيُون المِرَاضِ
أَنَّا بصَبْرِى وأنّا وكيْفَ لِى باصْطِبَارِ
هَوِيتُ[٥] ظَبْيًا أَغَنَّا يُزْرى بشَمْسِ النّهَارِ
فِيهِ جَنَانِى جُنَّا وَقَدْ خَلَعْتُ[٦] عِذَارِ
وَلَيْسَ لى مِن طبيبِ[٤] اِلّا بحُسْنِ التَّراضِ
مِمَّن أَذَابَنِى سُقْما بمُقْبلٍ وبمَاضِ
ظَبْىٌ اغَرّ فتّان فِى عَارِضيْه بُسْتَانُ
والقَدُّ منهُ فِيْنَانُ قَدْ زيّنتْهُ رُمَّانُ
وَالخدّ فِيه ظَيَّانُ تحْمِيهِ سُمْرٌ خُرْصَانُ
كَم مَّن هِزَبْرٍ حُرُوبِ[٤] قدْ كانَ ليثَ الغِيَاضِ
اذَاقَهُ الحبُّ سُقْمَا أَفْضى[٧] بهِ للحِيَاضِ
يَا عَاذِلِى ذَرْ عِذَالِى فَلستُ فِى الحُبِّ سَالِ
احَالَ فِى الحُبِّ حالِ ظَبْىٌ بحُسْنِهِ حَالِ
فَفِى لَمَاهُ زُلَالِى وَفِى سَنَاهُ انتِقَالِى
اكرِمْ بخدٍّ عجيبِ[٤] ذِى حُمرةٍ فِى بَيَاضِ
اذَا لَحظتُّهُ[٨] يدْما[٩] [٩]بالوَهْمِ لَا بالغضَاضِ[٩]
اهْوَى هَوَاهُ اعتِزَازَا[٤] ويَهْوَى هَجْرِى هُونَا
يا ليتَنِى لمْ أُجازا اذْ بعْتُ دِينِى دُونا
فِيمَن يُرِيكَ اهْتِزَازَا كَالغُصْنِ يَنقَدُّ لِينَا

وَلَحْظِ سحْرٍ مُرِيبِ[٤]   يحْمى بصِل نضْنَاض
كَالنَّجْمِ يعْشَوُ نجمًا   من اجْل دُر رضْرَاضِ
أُفْدِى التِى[١٠] فد جَفَاهَا   محْبُوبُهَا لمَا بَانَا
نَفى هَوَاهُ كَرَاهَا   ظُلمًا لهَا وعُدْوَانا
فَلم تزل فِى غِنَاهَا   للأُمِّ تشْدُوا إِعْلاَنَا
يَا مَمّ مو الحبيب   †بيبش† ان نن[١١] ترناض
غار كفرى يا مما   †اتن بجنال للشاض†

١ ع «لابن ليّون»، والظاهر أنّ هذا خطأ – ٢ كذا ع – ٣ كذا قرأ Garcia Gomez، ع «مِمَّا» – ٤ ع بالتنوين – ٥ ع «هَوَيْتُ» – ٦ كذا قرأ Garcia Gomez، ع «جَعَلْتُ» – ٧ ع «افضلى» – ٨ ع «لَحظتَّهُ» – ٩ المخطوطة غير واضحة بسبب ثقب – ١٠ ع «الذِى» – ١١ كذا قرأتُ من نصّ الموشّحة السابقة، ع «من»

٢٨٢

موشحة

لوْلَا مُرْهفَاتُ الاحْدَاق   والنّجْل المِراض
لَم تَسْطُ ظِباءُ السِّرْبِ   بأُسْدِ الغياضِ
أَنَّى لى بِظَبْىٍ نَافِرْ   فَد اذْهَلَ لُبِّى
بِجيدٍ وخَدٍّ زاهِرْ   وَتِيه وَعُجْبِ
اغَر غَرِيرٍ[١] سَاحِرْ   يَسُلّ لحَرْبِ
سَيْفًا تَنتَضِيهِ الامَاق   غرب الحَدِّ مَاضِ
فَلا حَدّ[٢] لِى بالفُربِ   الّا عَن تَرَاضِ

لِلَّه غَزالٌ اضْحا   فُؤادِي كِناسُهْ[3]
يَضُمّ الدُّجَا والصّبْحَا   عليْهِ لباسُهْ[3]
من فاسَ[4] سَنَاهُ يلحَا   فدْ خَابَ فياسُه

بدْرًا طَلْعتُه الاطْواق   لَمّاع البياض
يُبْدِى حَرَكَاتِ الفُضْبِ   وزَهْر الرِّيَاضِ

لَمّا دانَ لِى بالصَّدِ   هَجَرتُ الهُجُوعَا
وَنَادَيْتُ حرَّ الوَجْدِ   فَلَبّى مُطيعَا
وَاَجْرَيْتُ[5] دَمْعَ البُعْدِ   دَمًا ونَجِيعَا

فَبَاحَ الجَوَى والأَشْوَاق   بالدَّمْعِ المُفاضِ
وَنمّ بمَا فِى الفَلْبِ   ذُلِّى وانفِبَاضِ

محمَّد يا مَنْ[6] اهواهْ[3]   لظَرْفٍ وَشَكْلِ
صلنى[7] يا أبَا عبْد اللّهْ[8]   وَلَا تَرْضَ[9] فَتْلِى[10]
فإن كُنتُ مِمَّن تَرْضاهْ[3]   فَكَم مَّاتَ فَبْلِى

مِن صَبٍّ غَدَا فِى العُشّاق[11]   مَمْنُوعَ التَّفاضِ
فَخُذْ بيدِى فِى الحُبِّ   وامنُن بانتِفَاضِ[12]

وأَحْوَى احمّ الما   مَا فِى الخَلقِ مثله[3]
يُذِيبُ[13] البَرايا سُفْمَا   ويُحمد[14] فِعْله[3]
شَدَاه النجى لمَّا   تَمنع وصلهْ

يا مولى[15] الملاح[15] يا فِراق[15]   كنْ فِى الحُبِّ فَاضِ
ولا تَهْجُرًا[16] يا حِبِّ   وَكُن عنِّى راضِ

١ ع «غَريرٌ» – ٢ كذا ع، ولعلّ الصواب هو «جدّ» – ٣ ع بضمّ الهاء، ولكنّ الوزن يقتضى تسكينها

– ٤ ع «فاسِ» – ٥ كذا قرأتُ، ع «وَاَجَرتُ» – ٦ ع «بن» – ٧ كذا قرأتُ، ع «حُلَّنِى» – ٨ ع بكسر الهاء – ٩ ع «تَرْضَى» – ١٠ ع «قَتْلَى» – ١١ ع «العِشَاقِ» – ١٢ كذا ع، والظاهر أنّ النصّ غير صحيح. لعلّ الصواب هو «بالتَغَاضِى» – ١٣ ع «يُدُيب» – ١٤ ع «بحَمْدِ» – ١٥ الكلمة غير واضحة بسبب ثقب فى المخطوطة – ١٦ ع «تَهْجُرَاَ»

حَرْف العيْن

٢٨٣

مُوشَّحَةٌ

قِفْ بتِلك الارْبُع الدُّرُسِ　　　　وَاهْمِ دَمْعًا بالنَّجيعِ معًا

اينَ صَارَ الرَّكبُ يَا طَلَلُ

اتَراهُم عَن فِلاً رَحَلُ

وَدَّعُوا للْبيْن فَاحْتَمَلُ

كَمْ حَبيبٍ قَدْ نَئَا فَنُسِ　　　　وَحَدِيثٍ بانَ فَانفطَعَا

بتُّ رهْن الدّمْع والسَّهَر

وعَشِقْتُ املح البشَرِ

شَادِنًا يزْهُوا على القَمَرِ

لوْ رءاهُ الغُصْن لمْ يَمِسِ　　　　اوْ رءاهُ البدْرُ ما طَلعَا

يا غزالاً بالصُّدودِ اسَى[1]

هَا[2] انا قَد ذُبتُ فِيكَ اسَى[3]

وَمُرادى مِن لمَاكَ عَسَى

أَن تُدَاوِى الصَّبَّ باللَّعَسِ　　　　او بظَلم الثَّغْرِ قَدْ قَنِعَا

كَمْ فطَعْنا ذَالك الزَّمَنا
بغَزال يُخْجل الغُصُنَا
ومُدام تُطْربُ الشّجَنَا
نُورهَا فِى الكاسِ كالقَبَسِ   اوْ كَبَرقٍ فِى الدُّجَا لمَعَا

أَىَّ ربْعٍ غَيَّرَ الزَّمنُ
كَانَ فِيهِ الخلُّ والسَّكَنُ
ومَحتْ ءاثارهُ الهُتُنُ
عَادَ بعْدَ النطْقِ ذَا خَرَسِ   فاعْتَبِرْ لِلدَّهْرِ مَا صَنَعَا

١ ع «اسًى»، ولعلّ الصواب هو «فسا» – ٢ كذا قرأتُ، ع «مَا» – ٣ ع «اسًى»

٢٨٤

موشحة لابْن زهْر[١]

أيُّهَا السَّافِى اليْكَ المُشْتَكَا   كَمْ دَعَوْناك وَإن لَّمْ تَسْمَعِ[٢]

وَنَدِيمٍ هِمْتُ فِى غُرَّتهِ
وَسَفانِى الرَّاحَ مِن رَّاحَتِه
كُلَّما اسْتَيفظَ مِن سَكْرتِهِ
جَذَبَ الزِّقَّ اليْه واتَّكَى   وسَفانى ارْبعًا فِى ارْبَعِ

غُصْنُ بانٍ مَال مِنْ حَيثُ اسْتَوى
بَاتَ من يَّهْواه مِنْ فَرْطِ الجَوى
فَلقَ الْأَحْشاءِ موْهُونَ القُوَى

كلَّمَا فَكَّرَ فِى البيْنِ بَكَا		ما لَهُ يبْكِى بما[3] لمْ يَفعِ

لَيْسَ لِى صبْرٌ ولا لِى[4] جلَدُ
مَا لفوْمٍ عذَلُوا واجتَهَدُوا
انكَرُوا شكْوَاىَ ممَّا اجِدُ

مثْل حَالِى حَالُهَا ان تُشْتَكَى[5]		كَمَد اليَأس وَذُلّ المَطْمعِ[6]

مَا لعيْنِى شَفِيتْ بالنَّظَرِ
أَنكَرَتْ بعْدَكَ ضوْءَ الفمَرِ
فِإذا مَا شِيتَهُ مِنْ خَبَرِ

عَشِيتْ[7] عَيْناىَ من طُول البُكَا		وبكَا كُلِّى[8] عَلى بَعْضِ مَعِى[9]

كَبِدٌ حَرَّا ودَمْعٌ يكِفُ
تعْرِفُ الذّنبَ ولا تَعْتَرِفُ
ايّهَا المُعْرِضُ عمّا أصِفُ

فَدْ نَما حُبُّكْ بفلْبِى وَزَكَا		لا تَظُن أَنِّى فِى حُبِّكْ مُدَّعِ

١ هذه الموشّحة موجودة فى جيش التوشيح (فصل ١٥، موشّحة ٥) وفى المُغرب لابن سعيد (١، ٢٦٧) وفى دار الطراز (موشّحة ٢٥) وفى توشيع التوشيح (موشّحة ٣٧) وعيون الأنباء لابن أبى أصيبعة (٢، ٧٣) وغيرها من المراجع – ٢ المطلع خرجة موشّحة عبرانيّة ألّفها الشاعر **טדרוס אבולעפיה** [موشّحة ٤٠] – ٣ كذا ع، وفى غيرها «لِما» – ٤ كذا فى سائر المراجع، ع «بِى» – ٥ ع «تَشْتَكِى» – ٦ الكلمة غير واضحة بسبب ثقب فى المخطوطة – ٧ ع «غَشِيتْ»، ولكن انظر خرجة الموشّحة التالية – ٨ كذا ع، ولكنّ الأرجح أنّ الصواب هو «بعضى»، كما نجد فى خرجة الموشّحة التالية وفى المراجع الأخرى – ٩ ع «مَعِ ى»

٢٨٥

موشحة له ايضا

يا خَـلِيلى اعذِلَا اوْ فَاتْـرُكَـا　　غَـيْـر مَسْـمُـوعٍ كَلامُ الخُـدَعِ

أَنا من هَـذَا الهَـوَى فِى تعَبِ
حَرَبِى ممَّـا أُفاسِى حَـرَبِ
أَيُّـها الظَّـبْىُ الذِى بَـرَّحَ بِى[1]
مِنكَ اشْكُـوا واليْك المُشْـتَكَـا　　ضَاعتِ الشَّكْوى اذَا لم تَسْـمعِ

مَن مُجيرُ الصَّبّ من عَـيْنَىْ رَشَا
فَاعِلٍ[2] فِى كُلّ فلبٍ مَا يَشَـا
مثفَل الارْدافِ مهْضُومِ[3] الحَشَـا
طَلعَتْ من بيْن فُـرْطَيْـهِ ذُكَـا　　تَـتَلالَا فِى الجِهَـاتِ الأَرْبَـعِ

ايّـها السَّـايلُ عَن رُوح البَشَـرْ
عَن مَـلِيكِ الارْضِ عن مَّـعْنَى الخَبَـرْ
ذَاكَ مَـوْلَانا ابُـو حَفْصٍ عُـمَـرْ
مَـلِك تُـبْصِرُ منهُ مَـلَكَـا[4]　　فُـدُسِـىّ فِى المَكَـانِ الارْفَعِ

نَـيّـرٌ يُـعْشِـى[5] عُـيُـونَ الحَسَـدَهْ
خَصَّهُ بالفَضْل ربٌّ ايّـدَهْ
مَـلَكَ الدُّنيا فلَمْ تَشْـغَلْ يَـدَهْ
خلوَ اللّـه المعَالِـى فلكَـا　　وهْـوَ فِيهَـا بدْرُ ذَاكَ المَطْلَعِ

مَـلِكٌ كِلْتَـا يدَيْـهِ مُـمْطِرَه
اشْـرَفَتْ خَـدّاهُ شمْسًـا نَـيّـرَه

فَإِذا مَا مَرَّ يَوْمٌ لم أَرَهْ

عَشِيَتْ عَيْنايَ مِن طُول البُكَا   وَبكَا بَعْضِ على بَعْضِى مَعِ

١ ع «بِ ى» – ٢ ع «فَاعِلٌ» – ٣ ع «مهْضُومُ» – ٤ ع «مَلِكَا» – ٥ ع «يغْشَى»

٢٨٦

مُوَشَّحَةٌ

اصُونُ بزَعْمِ   هَوَايَ وتَهِمِ   مَدَامِعِ
هُوَ السِرّ يَبْلَا[١]   وَمَا الكَتْم أَصْلَا   بِنَافِعْ

وأغْيَد[٢] حازَ الجمَال وحْدَهْ
فيحسُدُ بدْرُ السُّعُودِ خَدَّهْ
وَالشَّعْرَ[٣] الدُّجَا والفَضِيبُ فَدَّهْ

فَافرب[٤] بَدْرُ تَمِّ   هِلَالٌ[٤] احم   وَيَانِعْ
وقُل ان تَجَلَّا   تَعَالَى[٥] وجَلَّا   مِنْ صَانِعْ

عَذَّتْنى[٦] مِنْهُ عَيْنَا غَزال
ثَنانِى عَن الصَّبْرِ للقِتال
وَاجْنَح[٧] انْ هَمَّ بِالنِّزالِ[٨]

للسَّلْمِ برغْم   ويكْرهُ سَلمِ   مُنازِع
فَيصْرف عَذْلَا   ومَا اللَّوْمُ جَهْلَا   بمَانِعْ

محمَّد الفَى المحبّ[٩] باليَدْ
محبُّك يُوتى عَليْهِ اوْ فدْ

لَئِن جُرْتَ فِى الحُكْم يا مُحمَّد

أبُوءُ بظُلْم ولَمْ يكُ جُرْمٍ بشَائِعْ
خَضَعْتُ وَفلّا ان أَخْضَعَ ذُلّا لرَائِع

أَحَاطَ بشَوْقِى اليْك عِلْمَا
فَيمنعُنِى الوِرْدَ حِينَ[10] أَظْمَا
وإِن أَشْتَكِى الظلمَ عَادَ خَصْمَا

لئِن كان حُكْم فِى الحُبِّ لخَصْمٍ وَمَانِعْ
لمْ ارْتَج عَدْلَا ولَمْ ارْجُ وصْلَا من فَاطِعْ

سَانشُرُ فِى الحُبِّ مَا طَوِيتُهْ
فيعْلَم للحِينِ مَا نوَيْتُه
وأُنشدُكُمْ[11] بالذِى روَيْتُهْ

جزيت ببهْم حنيفى وجرْمِى وشافِعْ[12]
وءَاليتُ الّا أَقْرَ الكتاب[13] الا بِرَادِعْ

١ كذا ع، ولعلّ الصواب هو «يُجلى» – ٢ ع «أغْيَدِ» – ٣ ع «وَالشَّعْرُ» – ٤ المخطوطة غير واضحة بسبب ثقب فى المخطوطة – ٥ ع «تَعَلَى» – ٦ كذا ع، ولعلّ الصواب هو «غَزَتْنِىَ» – ٧ ع «وَاجْنَحْ» – ٨ كذا قرأتُ، ع «للنّزالِ» – ٩ كذا ع، ومن الممكن أن يكون الصواب «محمَّدُ إلىَ المحبَّ باليد» – ١٠ ع «حِينُ» – ١١ ع «وانشُدُكُم» – ١٢ كذا ع، ولعلّ الصواب هو «بشافِعْ» – ١٣ ع «الكتابَ»

٢٨٧

مُوَشَّحَةٌ لابْن بقِىّ[1]

اُفْرِدتَّ بالحُسْنِ امْ خَلْقُك إِبْداعُ

ارَى لكَ مُـهَـنَّـد
احَـاطَ بِهِ إثْـمِدْ
فَجرَّدَ[2] ما جَـرَّدْ
فَيا سَاحِرَ الجفْنِ حُسَامُك فطَّاعُ

ايا مُنيةَ الفلبِ
خَفِ اللّهَ فِى صَبِّ
سَفيم من الحُبِّ
تمنّيهِ بالمُـزْن وَبـرْفُك خـدَّاعُ

متى يفتَضَى دَيْنُ
لَـوَانِى[3] بهِ البيْنُ
عَـلىّ لَكُمْ عَـيْنُ
فَـما تَـبْتغِى مِنِّى عُـيُـونٌ وأَسْماعُ

رَكَـائِبهُمْ[4] شَـدُّ
وَفِى سيْرِهمْ جَـدُّ
سلَّمتُ فَـمَـا ردُّ
وفَـدْ عَـلِمُـوا انّى مِنَ البيْنِ ارْتاعُ

أَسِيتُ[5] من البُـعْـدِ
اسًى جلَّ عن حَـدِّ[6]
فَفلْتُ من الوَجْـد
حَـبِيبِى مَضَى عنِّى تَـراىَ[7] نجْـتمـاعْ مَـاعُ

١ هذه الموشّحة موجودة فى دار الطراز (موشّحة ١٠) – ٢ ع «فجرَّدْ» – ٣ كذا قرأتُ، ع «لَـوْ

أَنِّى»، وفى دار الطراز «يُدَانُ به البينُ» – ٤ ع «رَكَائِبُمْ» – ٥ كذا قرأتُ، ع «اسَأتُ»، وفى دار الطراز «لفيتُ» – ٦ ع «جَدِّ» – ٧ كذا ع

٢٨٨
مُوَشَّحَةٌ

لَيلٌ كَمَا شَاءَ السَّهَر   ومُقلةٌ لا تَهْجَعُ

أمَّا انا فَلِلْهَوَى
خُذْ مَا تَشَاءُ يَا جَوَى
فَاللَّوْمُ والعُذْرُ[١] سَوَى
من لَامَ عِندِى او عَذَرْ   سِيَّان لسْتُ أَسْمَعُ

كمْ يشتَكِى المعَذَّبُ
مَاءً ونارًا[٢] تلْهَبُ
مِن مِثل حالِى يَعْجبُ
دمْعٌ يكاثِر المطَرْ   وغُلّةٌ ما تَنْفَعُ

عَطْفُ الرِّضا هَل يسْنَحُ
عطْفُ اللِّفا هَل يمْرَحُ[٣]
يا زَفْرةً ما[٤] تَبْرَحُ
الَّا ثَنتْ نَحوى أُخَرْ   تَضِيق عنْها الاضلُعُ[٤]

اعْنى عَلى رغْمِ الرَّقيبْ
بمُمْرِضِى هُوَ الطَّبيبْ
يَا شمسُ اخْفِى للمغِيبْ

سَنَاكَ عَن لَمْحِ البَصَرْ　　فإن فِكْرِى يُوشعُ

لَا أَنْسَ وقفَةَ الوَدَاعْ[5]
وَمُوجِبِ النَّوى مُطَاعْ
بَقُلتُ فوْل ذى ارتِياع

ما اَصْعَبْ[6] علىَّ ذا السَّفَرْ　　روَّعْنِ ربّى روّعْ

١ ع «العذُرْ» – ٢ ع «نارٌ» – ٣ كذا ع، ومن الممكن أن يكون الصواب «يمنح» – ٤ الكلمة غير واضحة بسبب ثقب فى المخطوطة – ٥ ع «الوِدَاعْ» – ٦ ع «ما أَصْعَبْ»

٢٨٩

موشحة لابن حمدين[1]

سَلِّم الامْرَ للْقَضَا　　فَهْوَ للنّفْسِ انفَعُ

واغْتَنِمْ حينَ اقبَلَا
وَجْهُ بدْرٍ تَهَلَّلَا
لا تقُل بالهُمُوم لَا

كُل ما فاتَ اوْ مَضَا　　ليْس بالحُزْنِ يرْجعُ

واصْطَبِح لابْنةِ الكرُومْ
من يَدىْ شَادنٍ رَخيمْ
حِينَ يفْتَرُّ عن نَظِيمْ

فيه بَرْقٌ قدْ اوْمَضَا　　اوْ رحيقٌ[2] مشعْشَعُ

من لصَبٍّ عانٍ مَشُوقْ

ظَلّ بى دمْعِهِ غَريقْ
حِينَ امُّوا وَادِى العَقيقْ
واستَقلُّوا بذِى الغَضَا اسَفِى حينَ ودّعُ

انا افْدِيه مِن رَشا
اهْيف الخِصْرِ والحَشَا
علقَ القَلبُ فانتَشَا
ان تَولَّى واعْرضَا ففُؤَادِى يُقطّعُ

يا تُرا حينَ اظْعَنا
وَسَرى الركْبُ مُوهِنَا
واكْتسَا الليلُ بالسَّنَا
وَجْهُه ذا[3] الذِى اضَا ام مَّعَ الركْب يوشَعُ

١ هذه الموشّحة موجودة فى توشيع التوشيح (موشّحة ٤١) وفى نفح الطيب (٢، ٢٥٠) منسوبة إلى ابن زهر – ٢ ع «رحيقٍ» – ٣ سقطت هذه الكلمة من نصّ المخطوطة

٢٩٠
مُوَشَّحَةٌ لأبِى مَرْوان بْن زهر[1]

يا من تَعَاطَيْنا الكئوسَ على ادِّكارهْ
وقَضَى على قَلْبِى فَلمْ ءاخُذْ بِثارِهْ
وَأمرَّ احكامَ الصُّدود على اخْتِياره
انْ اقُلْ حَسْبِ فالجَوْرُ تاباهُ الطِّبَاعُ

عَـلِفْتُـه[2] مَـا شيتُ من حُسْنٍ بَـدِيعِ
اوْدَى بفَـلْبى واسْتَـفَـام[3] الى الضّلُوع
وافَامَـهَـا فِى موْضع الفلبِ الصَّدِيعِ
شيَمُ الحُبِّ   تَكْـليفُ مَـا لا يُسْتطَـاعُ

سرّ الهَـوى شىءٌ يئول[4] الَى افتِضَاحِ
كَـالشَّمْسِ ضَاقَ بكَـتْمِهَـا ذَرْعُ الصَّبَاحِ
أُخْتَ[5] السِّمَـاكِ حِذَارِ من فَـوْل اللَّـواحِ
إن يَـهِمْ فلبِ[6]   فبالحُسْنُ[7] امَّـارُ مُطَـاعُ

مَـا لِلحَـبيبِ اجدّ مرْتَحِلاً[8] وصَارًا[9]
لَا صَبْرَ لِى عنهُ ولَـوْ رُمْتُ[10] اصْطِبَارَا
ملأَ الضُّلوعَ جَوًى واذْكَـاهُنّ نارَا
سَلْ عَنِ الرَّكْبِ   هَل يُسْتطَـاعُ لَـهُ ارْتجَـاعُ

مثلِى تجاهَل اذْ[11] المَّ به الرَّفيبُ[11]
انّ المحِبَّ لمثلِهَـا لا يَسْتَـرِيبُ
[12]ذكر الحبيب بَفُـلت[12] مَن هَـذَا الحَـبيبُ
رَبِّ يَـا رَبِّ   هَـاذَا الحَـبيبُ اجْـمَـعْنِ مَـاعُ

١ هذه الموشّحة موجودة فى جيش التوشيح (فصل ١٥، موشّحة ٣) – ٢ كذا ع، والأرجح أنّ الصواب هو «عُلِّفْتُهُ» – ٣ كذا فى جيش التوشيح، والكلمة غير واضحة فى المخطوطة – ٤ فى المخطوطة «يوَل» – ٥ ع «أُخْتُ» – ٦ ع «فلبُ» – ٧ ع «فبالحسُنُ» – ٨ ع «مرْتَحِلَا» – ٩ كذا ع، ولعلّ الصواب هو «وَسَارَا»، كما نجد فى نصّ جيش التوشيح – ١٠ كذا فى جيش التوشيح، ع «مِتُّ» – ١١ الكلمة غير واضحة بسبب ثقب فى المخطوطة – ١٢ المقصود هو «ذُكِرَ الْحَبِيبُ بَفُلتَ» على ما يبدو، ع «ذِكْرُ الحبيبِ بَفُلتُ»

٢٩١
مُوَشَّحَةٌ لِلْمُؤَلِّفِ

يا ليتَ شِعْرِى هَل يتَاحُ لى الوصَالُ
من اغيدٍ طَاوِى الوشَاح له جمَالُ
الليْثُ يَرْهَبُهُ ويهْوَاهُ الغَزالُ
حسْنُهُ يَسْبِ   ولحكْمِهِ الامْرُ المُطَاعُ

للّٰه منه ظَبىُ انْسٍ ثم بَدْرُ
بيْن اللِّثاتِ[١] منهُ جرْيَال[٢] ودُرٌّ
وبمُفلتيْهِ اِذَا رَنا حتْفٌ وسحْرُ
ذاد بالعضب[٣]   ظلما ولى بيه انتباع

يا بغْيتِى جدْ لِى بوصْلك يا حَياتِ
ان دَام هجْرك لِى بَفَد حَانت وَبَاتِ
بزُر المعَنّا زوْرةً فبل الممَاتِ
اسْلُ عَن كرْبِ[٤]   ويَكُن لعَفْلِى ارْتجاعُ

للفَسْطَل[٥] ابن[٦] فَدْ غَدَا بى الحُسْنِ مُفرَدْ
يحكِيْه غصْنُ البَان لِينًا ان تَأَوَّدْ
فَصْدِى وَسُؤْلى بى الورَى مولاى احْمد
شفَّة الْفَلبِ   وبرَافهُ لا يُسْتطَاعُ

وبمُهْجتِى [٧]مَن عِطْفُهُ[٧] ينْفَدّ لينَا
يذَرُ المتَيَّم لابسًا ذلاً وهُونَا
وَخَرِيدةٍ تشْدُو عَسَاهُ أَن يَجِينَا[٨]
رَبِّ يَا رَبِّ   [٩]هَذَا الحَبيب[٩] اجْمَعْنِ مَاعُ

١ ع «اللِّثاث» – ٢ ع «جرْيَالُ» – ٣ كذا قرأتُ، ع «بالغضب» – ٤ ع «كربِ» – ٥ ع «للفُسطَل» – ٦ يعني «ابنٌ» – ٧ كذا قرأتُ، ع «من عِطْفِهِ» – ٨ ع «يَحيِنَا» – ٩ كذا ع

٢٩٢

مُوَشَّحَة لابْن زهْر

مَوْعِدِى ازْرَى بمُنتَظَرِ وَحَدِيثٌ كُلهُ خُدَعُ

زَادَ بِى هَمِّى وَمَا نَفصَهْ[1]
صَيْدُ ظَبْىٍ من بنِى خَلَصَهْ
طَالَ مَا اعْيَا عَلى الفَنَصَهْ

ربمَا حَدَّثْتُ عَن فَمَرِ[2] فَوْقَ غصْنِ البانِ يطَّلعُ

يا مُبطِلَ اللَّوْمِ والْعَذَل
انا عَمّا فلتَ بى شُغلِ
بحبيبٍ سَامنِى اجَلِ

وسِعَتْ عيْناهُ مِن حَوَر وفُتُور فَوْقَ ما تَسَعُ

يا شَفيقَ الشَّمْسِ والفمَرِ
وَجَمَال الانْجُم الزّهُرِ
اومَا تفضِى[3] الَى خَبَرِ

حِرْتُ بيْنَ الْوِرْدِ والصَّدَرِ حَيْث لَا يَاسٌ ولا طَمَعُ

اسفًا للبيْن اذْ ازِفَا
سَاءَنِى انْ صِحتُ وَا أَسفَا
اىّ نفْسِ فطعَتْ[4] شغفَا

ثم يا سَمْعِى[٥] ويَا بَصَرِى   هَلْ زَمَانُ الْوَصْلِ يرْتجَعُ[٦]

ظَعَنُوا للبيْنِ واحْتملُوا
وَمَشَتْ ما بَيْنَنا الرّسُل
مخْبِرِى عنْهُمْ بما فَعَلُ

قُلْ وزدْ يا طَيبَ الخَبَرِ   بعْدِىَ الاحْبابُ[٧] مَا صَنَعُ[٨]

١ ع «نَفّصَهْ» – ٢ ع «فَمَرٍ» – ٣ كذا قرأتُ، ع «تفضى» على ما يبدو، ولكنّ الكلمة غير واضحة بسبب ثقب فى المخطوطة – ٤ ع «فطَعَتْ»، والأرجح أنّ الصواب هو «قُطِّعَتْ» – ٥ ع «سَمَعِ» – ٦ ع «يرْتجعُ» – ٧ ع «الاحْبابَ» – ٨ هذه الخرجة موجودة أيضا فى موشّحة ١٧٧، بإبدال «صَنَعُ» بـ«فعَلُ»

٢٩٣

موشحة

مَن لمذْعُور الفُؤادِ شَجِ   قلبُهُ بالبيْنِ مُنصَدِعُ

زَفراتُ الحُبِّ تُحْرِقُهُ
وَبِحَارُ الدّمْعِ تُغْرِقُهُ
وَصَبَا نَجْدٍ تُشَوّقُه

فلهُ مَا شيت منْ أرجِ   وَلِىَ الاشْوَاقُ والجَزَعُ

يا عَلىّ الحُسْن يا امَلِى
جيرَنى[١] مِنْ سَطْوة المُقَلِ
هَا انا يَا قَد دَّنا اجَلِى

بسِهَامِ الغُنْج والدَّعَجِ   اوْ بريق الثّغْرِ يَفْتَنِعُ

هَلْ الى احْبَابِنا درَكُ
تركوا بِى الفَلْبِ ما تَركُ[2]
ليتَ شِعْرِى ايّةً سلَكُ
رَحَلُوا واللّهِ بالمُهَج   وَمَضَوْا عنّى وَمَا رجَعُ[3]

ظلَمتْنى املحُ البَشَرِ
مَا لَها لم تُبْقِ [4]لَمْ تَذَرِ[4]
ذَهَبَتْ بالسَّمْعِ والْبَصَرِ
هَل على العُشّاقِ من حَرَجِ   اوْ لشَىْء بَاتَ مُرْتَجِعُ

لبِسَتْ مِن شَعْرِها لحُفَا
مَا عَلى شمْسِ النَّهارِ خفَا
يا مَليحَ العالمِينَ كفَا
عَرِّجُوا بِى غَيْرِ منْعَرِجِ   وَلكُمْ بِى الارْضِ متّسَعُ

غَيْرُ بَدْعٍ مِن نَوايبِهَا
سَبَجِىٌّ مِنْ[5] ذوائِبهَا
بَوْقَ عَاجٍ من تَرايبِهَا
بَترى[6] العاجَ مَعَ السَّبَج   مَا امْلحَ الضِّدَّيْن اذَا اجتَمَعُ

١ كذا ع – ٢ ع «تَركُ و» – ٣ ع «رجعُع» – ٤ ع «لى تذر» – ٥ ع «مَن» – ٦ الكلمة غير واضحة بسبب ثقب فى المخطوطة

٢٩٤

موشحة

يوْمُنا يوْمٌ اغَرْ[١] راحَةٌ[٢] تشَعْشَعُ
من يدَىْ ظَبْيٍ ربيب[٣] فى الفُؤادِ يَرْتَعُ

هَاتِهَا فهى[٤] المُنا وَبهَا تسْمُوا الهِمَمْ
مثل إقبَالِ الغِنا بعْدَ[٥] ادْبَارِ العَدَم
وَادِرْهَا بينَنَا بِاَفَانِينِ النّغَمْ

كلُّ موْصُول السَّهَر نفْسُهُ تقطّعُ
جَالَ فى برْدِ الشّحُوب منهُ نِضْوٌ موجعُ[٦]

وبنَفْسِى اوْطَفُ قَدْ نفَا عنّى التّفى
خُوطُ بانٍ اهْيَفُ بالمُنَا قدْ اوْرقَا
ثغْرُهُ لوْ يُرْشَفُ نظْم دُرّ مُنْتَقا

وَشذا تلكَ الدُّرَرْ مسْكَة تُضَوّعُ
بالأَمَانِى فى القُلُوب فى لَماهَا يُكْرَعُ

بِابى اهْلُ الحِمَا والزّمَان مُبهَجُ
ظلتُ اسْعَى كُلَّمَا عَرَّسُوا اوْ ادْبَجُ[٧]
لأُرى مَا كَتمَا فى حَشَاهُ الْهوْدَجُ

فَتَجلّى عَن قمَر فى ضَميرى يطْلُعُ
أَشْرقَتْ منهُ الجُيُوب وَأَنارَ الْبُرْقُعُ

حَبَّذا مَن باللِّوَى كَيْف انْسَى عَهْدَهُم
كَرِهُوا طُولَ السُّرَى واستَحَنّوا[٨] بعْدَهُم
وَنَأَوْا يوْمَ النّوى وفُؤادِى عنْدَهُمْ

صَرفَ اللّه الغِيَرْ   عنْ أُناسٍ وَدَّعُ
حَفِظُوا معَ المَغِيب   عَهْدَنا امْ ضَيَّعُ

رُبَّ يوْم فَد سَفَرْ   وانجلى عن الظّلَم
وهَمَى صَوْبُ المطَرْ   من أباريقِ الدِّيمْ
حَرَّك الظّبْىُ الوتَرْ   وشَدَا بعْضَ النّغمْ

الغَزالْ هزَّ الوَتَرْ   والكُئُوس تُتْرَعُ
مَا حَزَنْ الا الْحَبيبْ[9]   الذِى لمْ يَسْمَعُ

١ ع «اغَرُّ» – ٢ كذا ع، ولعلّ الصواب هو «رَاحُهُ» – ٣ ع «ربيبٍ» – ٤ ع «فَاهىَ» – ٥ ع «بعَدْ» – ٦ ع «موجَّعُ» – ٧ كذا ع، ولعلّ الصواب هو «أدلج» – ٨ كذا ع، ولعلّ الصواب هو «استَحَلُّوا» – ٩ ع «الْحَبيبُ»

٢٩٥
مُوَشَّحَةٌ

لِى فِى الهَوَى مَذْهَبْ   يَا عَاذِلِى فاذْهَبْ   لا اسْمعُ
ذكْر الهوَى اسْتِحْباب[1]   تُطيعه[1] الالباب[1]   فتُتبعُ[2]

يَا عَاذِلِى دَعْنِى   فمَا ارَى اللّوْمَا   الّا حَرَامْ
أَمَا ترا جَفْنِى   فَدْ فارَقَ النّوْمَا   فلا مَنَامْ
وَالدّمْعُ كَالمُزْن   اشُقُّهُ عوْمَا   فيا سلَامْ

سَلِّمْ حَشًى يُنْهَبْ   وَبالنّوَى يُرْعَبْ   ويُفْجَعُ[2]
فَلِلرَّدَا اسْبَابْ   فِى فُرقةِ الأَحْبَاب   تُسْتوْدَعُ[2]

لِلَّـهِ مَـا ألفا فِى حُبِّ مَن اهْـوَى مِن العَـنَـا
فَـإِنْ اذُبْ عِشْـقَـا فَـإِنَّـما الْـبَلْـوَى عِندِى مُـنَـا
لا اطْـلُبُ العِتْـقَـا مِنهُ ولَا أَفْـوَى عَلَى الضَّـنَـا
دَعْنِـى فلى مَـذْهَبْ فِى خدِّهِ المُـذْهَبْ اذْ يلمعُ[٢]
جَـمَـالُهُ الْخلَّابْ لمُـهْجتِـى غَلَّاب مَـا اصْنَعُ[٢]

عَـلْـيَـا بَـنِـى حجَّافْ فِى أَلْسُنِ النَّـاس تُكَـرَّرْ
لَا يَـدَّعِـى الأَشْـرَافْ فِى الجُـودِ وَالْـبَـاس اذْ يُـذْكَـرْ
لمَـجْـدِهِمْ اوْصَـافْ تُـمِيتُ باليَـاس مَـن يَّفْخرُ
نَـداهُمُ أَعْـذَبْ وذِكرُهُمْ أَطْـيبْ فَـدْ اجْـمع
مِنْ اطيب الانْسَـابْ وأَرْبَع الاحسَـاب ورُبع[٣]

سَـلِّمْ عَلى الفايدْ اعنِى ابا الْحجَّاج عنِّى وَقُل
يَـا فِتنة[٤] الْـفاصِدْ يا بغْـيَـةَ الْـمحْـتاجْ انت الأَمَلْ
لَكَ النَّـدا الزَّايدْ على الحَـيَـا الثجَّـاجْ[٥] اذَا انْـهَـمَلْ
سَـمَـاكُمُ أَغْـرَبْ وُجُـودُكُمْ أَفْـرَبْ وانْفعُ[٢]
فَطْـرُ الْحَـيَـا اغْـبَـابْ وجُـودُكـم يَنْسَـبْ لا يفْلعُ[٢]

ما أَمْـلَحَ البازِ وَهْـو عَلى كَفِّهْ مِثْل الامِيرْ
والأَرْنَب الْـهَـازِى يَـرْعَـدُ مِنْ خَـوْفِه[٦] اذَا يَطِيرْ
فَـقُلْ بإيجَـازِ يا مَن الَى وَصْفِه أَضْحَى يُشِـيرْ
كَـيْفَ[٧] ينتَجى الارْنَب اوْ هَل لَـهُ مَـهْـرَبْ[٨] اوْ مَـدْفَع
اذَا اتَى النَّصَّاب وطرَّق المحْـنَـابْ سَـيفْـلَعُ[٢]

١ الكلمة غير واضحة بسبب ثقب فى المخطوطة – ٢ ع بتسكين العين – ٣ يعنى «رُبِّعوا»، ع «ورُبِعْ»

٤ كذا ع، ولعلّ الصواب هو «مُنْيَةَ» – ٥ ع الشجَّاج – ٦ ع «خَوْفه» – ٧ ع «كَيْفَ» – ٨ ع «مَهْرَبُ»

٢٩٦

مُوَشَّحَةٌ لِابى بكْر بْن اللبَّانَة[١]

هِمْ بِالْخَيَال | وَدِنْ بالوَجْدِ | وَحُثَّ الادْمُعْ
إثرَ[٢] الرِّكَابِ | بحَال البُعْدِ | حَال التَّفَجُّعْ[٣]

ولْتطْوِ منْكَ على شَجْوَيْنِ
فَلْبا يعَذَّبُ من وَجْهَيْنِ[٤]
مِنْ طُول صَدٍّ وَطُول بيْنِ
ولتسْوِ مِنْ عَبَراتِ الْعيْنِ

عَهْد الوِصَال | بمثل العَهْدِ | ابَّان[٥] مهْمَعْ
بعل السَّحابِ[٦] | بروْضِ الورْد | ذَوَى فَأَيْنَعْ

إذْ أَنتَ مغْرًى[٧] بِمَن[٧] تَهْوَاهْ
بَصِلْ سُرَاكَ الَى مَغْناهْ
وفُل لهُ سَايلاً رُحْمَاه
يا منْ تَضَوَّع من ريَّاه[٨]

نشر[٧] الغَوالى[٧] | وَعرْفُ[٩] النَّدِّ | بِاللَّهِ متِّعْ
مِن الايابِ | رَهِينَ وُدِّ | بِالوَعْدِ يفْنَعْ

بَرِّدْ جَوَى الشَّوْقِ مِن حَوْبائِه[١٠]
بالسُّقْمُ يفْعَل بى احشائِه[١٠]

بِعْل المُـؤَيَّـد بِى اعدائِـهْ[10]
وَبعل كفيه بِى نعْـمـايهْ

بَـذْل النَّـوالِ	وَصَوْن المَجْـدِ	بيهِ تجمَّعْ[11]
فَكُلّ صَاب[12]	وَكُلّ شُـهْـدِ[12]	مِنهُ يجَـرَّعْ

مَـلْكٌ[13] لَـهُ بِى العُلى ءَاثَـارُ
هِـىَ الكَـوَاكبُ والاقْـمَـارُ
اذْنَى مَـوَاهبِهِ الاعْـمَـارُ
جَـرتْ عَلى حكمه الاقدارُ

بِى كُلّ حَـالِ[12]	سَـمَت عَن حَـدّ	بَـانْ تَطلّع
مِنَ الحجابِ	لِشَـمْسِ السَّـعْدِ	ظَنَّتهُ يُـوشعْ

وغَـادَةٍ اهْـدَت الاشْـنَـابَـا
لحُسْنِ طَـيْـرٍ هَـوَاهَـا عَـابَـا
بَـأَمَّـنتْـهُ بِهَـا مَخابَـا
وكَـانَ مِن شدْوِها اذْ وَابَـا

خبّل[14] دَلَالِى	وَخَـمّش[15] نهْـدِ	طَـيْـر ان مروَّع
وارْشُفْ رُضَابِ	وقَـبّلْ خَـدِّ	وايَّـاك لا تَـفْـزَعْ

١ هذه الموشّحة موجودة فى جيش التوشيح (فصل ٤، موشّحة ٦) – ٢ ع «اثرُ» – ٣ ع «التَّبَجُّعِ» – ٤ ع «وَجْـهَـيْنْ» – ٥ ع «ايَّـان» – ٦ ع «السَّحابْ» – ٧ الكلمة غير واضحة بسبب ثقب فى المخطوطة – ٨ ع «ريَّـاهُ» – ٩ ع «وَعرْبَ» – ١٠ ع بكسر الهاء – ١١ كذا فى جيش التوشيح، ع «يجْـمع» – ١٢ ع بالتنوين – ١٣ ع «مَلِكٌ» – ١٤ كذا فى جيش التوشيح [انظر خرجة موشّحة ١٧٤ أيضا]، ع «خَلّ» – ١٥ ع «خمَّش»

مُوَشَّحَة

لَا عِطْرَ بَعْدَ عَرُوسْ   طِرْ بالأَسَى أَوْ فَعْ
هيْهَاتَ بعْدَ الصِّبَا   فِى العَيْشِ مسْتَمْتَعْ

أَمَا وَفَدْ ودَّعُ[1]   وَانهَتَكَ السِّتْرُ
فَالانَ لَا أَجْزَع   مِمَّا جَنَى الدَّهْرُ
دَعْهُمْ وَمَا ودَّع[2]   فَدْ فُضِىَ الأَمْرُ
كَمْ فَدَّرُوا للنُّفُوس   فِى الشَّوْقِ من مَّصْرَعِ
†فَحُرُوفٌ تطَّبَّا†   †وَعُلُوٌ† تفْطَعْ

للَّهِ مَا اطْوَلا   لَيْلِى عَلَى عتْبِكْ
لَمْ تدْرِ مَا حُمِّلا   فَلْبِى مِنْ فَلْبك
يا فَاتِلِى بالفِلَا   فَدْ مُتُّ مِن حُبِّكْ
وَجْدِى عليْكَ حَبِيسْ   فِى أَضْلُعِى يَرتَعْ
والصَّبْرُ أَيْدى سَبَا   فِى أَدْمُعِى يهْمَعْ

موْلاىَ كَيْفَ يلِين   عَيْشى عَلى ظُلْمِك[3]
لا شىءَ دُون المَنُون   فَدْ جُرْتَ فِى حُكْمِكْ
حَسْبُ الهَوَى انْ يّكُون   وَجْهُكَ فَوْقَ اسْمِكْ
فَاطْلُع طُلُوعَ الشّمُوسْ يزْهَى بكَ المَطْلعْ
كالمِسْكِ مَا اطْيَبا   كالسِّحْر ما ابْدَعْ

هَلْ مِن سَبيلٍ الَى   انْ أَرْفَعَ الشّكْوَى
اَنتَ والّا فلا   غَايتِى الفُصْوَى
وَطَّنْتُ فِيكَ عَلى   فَادِحَةِ البلْوَى

بيْن التّـراق رَسِيس　　حَسْبِى بهِ مجْزَعْ
فَدْ رامَ أَنْ أَكْتُبا　　فَـدْ فال لوْ اسْـمعْ[٤]

صِلْنِى بمَـا امْكَـنَـا　　لَسْتُ اشَـاجِيكَـا[٥]
هَـيْـهَـات ايْنَ المُـنَـا　　مِنْ حِيلتِى فِيكَـا
هَـاذَا لسَـانُ العَـنَـا　　عَـنِّى يُـغَـنِّـيكَـا
مَـالَ الْكَـرَى بالرُّءُوسْ　　وَبتُّ لمْ اهْجَعْ
عَـلَى حَـبِيبٍ أَبَـا　　وَصْلِى بِـمَـا اصْنَعْ

١ ع «ودَّعْ» – ٢ كذا ع، ولعلّ الصواب هو «أودع» – ٣ ع «ظُلْـمِكَ» – ٤ الكلمة غير واضحة بسبب ثقب فى المخطوطة – ٥ كذا ع، والأرجح أنّ الصواب هو «اشَاجِيكَا»

٢٩٨

مُـوَشَّحَـةٌ

أَوْرَى الهَـوَى زنَـادَهْ　　بالعَـذْلِ[١] لِى عَيْن المُحَـال　　فِى رَشًـا[٢] يرْتَعْ
هَلْ يَسْئلن مَن كَـانَ سَـالِ　　عَنْ شجٍ مُـولع[٣]

يَـا جَـوْهَـر الأَلْـباب　　بَل عِلقُـها النّفِيسْ
وَدُمْـيَـة المحْراب　　رُهْبَـانُـهَـا الشُّـمُـوس
افْـدِيكَ مِن شِهَـاب　　عشّـاقُـهُ الْـمجُوسْ
يا فِبلة العِبادَهْ　　عَسَـاك فِى رَوْض الْجمَـال　　اثرًا[٤] الادْمُعْ[٥]
امِ الثُّـريَّـا للْـهلال　　جُـعِلتْ بُـرْقُـعْ[٦]

غُلَالَـتا بَـهَـارِه　　تَـنْشَوّ عَن شَـفِيفه
وَعَـفْـرَبَـا عِذَارِه　　ترِيَـافُـهُ[٧] برِيفِه

وَنَارُ جُلّنَارِه حَمَى جَنَا عَفِيفِهْ

تَفْبِيلُهُ شَهَادَه لَوْ بَاعَ لِى رِيوَ الزّلَال بالتّفَى[٨] أَجْمَعْ

وَزِدتّه نفْسِى وَمَا لِى لم اَكُنْ اخْدَعْ

عَلِفْتُهُ غَزالَا اعْددتُّه لدَهْرِى

أَلِفْتُهُ هِلَالَا كَيْمَا يكُون بَدْرِى

لما اكتَسَا جَمَالَا احْتَلَّ برْجَ هَجْرِى

بَصِحْتُ وَا بُؤَاده هَبْ لِى وَلَوْ طَيْفَ خَيَال بى رَشًا[٩] تطَلعْ[١٠]

بى خدِّه شَمْسُ الجمَال ءَاهُ لَوْ تنبع[١١]

اَنَّى[١٢] يُلامُ مِثلِى بى حُبِّ ذَا الغزال

رِيمٌ يعُدّ فتْلِى ظَرْبًا ولَا يبالِى

لمَّا اسْتَرقَّ عَفلِى بذَالِكَ الدَلَالِ

[١٣]نَاديتُ آ بؤاده[١٣] ألَيْسَ ذَا عَيْنَ المحالِ أَسَدٌ اروَعْ

تَصِيدُهُ عَيْنَا[١٤] غَزَال كَيْف لا يَفْزَعْ

رَبَّيتُهُ صَبَاحَا حتّى غَدَا نهَارا

بَطَاوعَ[١٥] الجمَاحَا وَءَالف النّبَارَا

لما اكتَسَى جَنَاحَا[١٦] اغبَلتُه بَطَارَا

اعْطَيتُه[١٢] بِيادَه[١٢] بَشَدّ[١٢] عَن حَبْل الوصَالِ[١٧] ويْحَ ما اصْنَعْ[٦]

من دَلَّنى عَلَى غَزَال علَّهُ يرْجعْ

بيْنا[١٢] انا[١٢] اعَادِى[١٢] وفَد رَجَا خلَاصَهْ

اذَا باهْلِ وَادِ فدْ امَّلُوا افْتناصَهْ

بلم ازَل انادِى كَى يَتْركُوا فِناصَهْ

صَياد يَا صَيَاده[١٨] بِاللّه دَعُوا صيْدَ الغزَال بعَسَى ان يفَع

هَـذَا الغُـزيّل فِى حِبَـالِـى   فبل انْ يخْـدع[6]

١ كذا ع، ولعلّ الصواب هو «فَبالْعَـذْلُ» – ٢ ع «رَشَـإٍ» – ٣ ع «مُـولّعْ» – ٤ كذا ع، ولعلّ الصواب هو «أَثَـرَ» – ٥ ع «الادْمُعِ» – ٦ ع بضمّ العين – ٧ ع «تُـريَـافُـهُ» – ٨ ع «بالتفلى» – ٩ ع «رَشَـا» – ١٠ ع «تطَـلّعْ» – ١١ ع «تنفّعْ» – ١٢ الكلمة غير واضحة بسبب ثقب فى المخطوطة – ١٣ كذا قرأتُ، ع «ناديتهُ افؤاده» – ١٤ ع «عَـيْـنَل» – ١٥ ع «فَطَـاوعِ» – ١٦ ع «جُـنَـاحَـا» – ١٧ ع «الوصَالْ» – ١٨ ع «صَـيَّاده»، ولكنّ الوزن يقتضى تخفيفها

٢٩٩

موشحة

فِى المَـبْسَـمِ الشَّـنِيبِ   والمَـنظَـر البَـدِيعِ   اصْبَحتُ مولع[1]
من شَـادنٍ ربيبِ   فِى فلبى المروع[2]   صاف وارْبَعْ

للّـه منهُ بدْرُ[3]   فِى اشْـرَافِه
فِى وَجْـنَتيْـهِ عُـذْرُ   لعشّـافِه[4]
ان هَبّ لاحَ فَجْـرُ   من اطْـوَافه[4]
زَيْـدُه الوغَى وعَـمْـرُ   فِى احْـدَافِه[4]

تشوّ[6]ـ[3] للفُـلُـوب   محْـنية الضّلوع   ولا تمْـنع
من لحظِه المُصِيب   مَسْـرُودة الدّرُوع   ولا تَـدْفعْ

يا ثَـابتًـا هَـواهُ   فِى الفَـلْـبِ ثَـابتْ
وَمَن الى حُلَاهُ   يَصْبُـوا الْفَـانِتْ
رِفْـفًا بمن ذَمَـاهُ   خاف[7] خَـافِتْ
افرَرْتُ فِى جَفَـاهُ   عيْن[8] الشَّـامِتْ

فَبَاتَ ذَا وَجِيبِ   خلوًا من الهُجُـوعِ   والعَـيْن تَـهْـمَعْ

بدَمْعِى السَّكِيبِ　　لاكِن من النَّجيع　　تلْكَ الأَدْمُعْ

ابا الحُسَيْن مَهْلَا　　كَم ذا الهِجْران
قَدْ مَات فيكَ خَبْلَا　　عبْدُ الرّحْمَان
هلّا جمعتَ هَلَّا　　حسنا[9] واحْسَانْ
ولم تُجزْ مُحِلّا　　قَتْل الهَيْمَان

فَامْدُدْ يَدَ المجيبِ　　لسَامعٍ مُطِيعٍ　　بالوَعْد يقنَعْ
وانظُر الى شُحُوب　　يُنبيكَ عن قَطِيع　　مَا اتَجرَّعْ

ملكْتَ الحسْن قسْرَا　　يا ابْن الْباج
ولحت فيهِ بدْرَا　　ليلٍ[10] دَاج
مَا رُمْتَ فيه سَيْرَا　　ذَا ادلَاج
الَا رَكِبْتَ بَحْرَا　　ذَا اموَاج[11]

فَمَا ارَى نَصِيب　　منكِ سِوَى خُضُوع　　لَو كَان يَنفَعْ
واهَّة الوَجِيب　　وانَّة الوَجيع　　لو كُنت تسْمع

وطَاير سَبَانِى　　تيهًا وَدلَّا
اسْكَنتُهُ جَنانِى　　فحِين[12] حَلّا
فَقُلت مِن حَنَانِى　　اهْلاً وسَهْلا
لَعلَّه يَرَانِى　　للْوَصْل اهْلَا

الَى مَتى حَبيب　　تَدِينُ بالقُطُوع　　طيرًا مروَّع[13]
القُطْ حَبّ القُلُوب　　واسكُن طيّ الضُّلوع　　وايَّاك[14] لا تَجْزعْ[15]

١ ع «مولَّع» – ٢ ع «مروَّع» – ٣ ع «بدْرٌ» – ٤ ع بكسر الهاء – ٥ ع «زَيْدَ» – ٦ ع «تُشَوّ» – ٧ يعنى «خَافٍ» – ٨ ع «عينُ» – ٩ ع «حسَنا» – ١٠ ع «ليلٌ» – ١١ ع «امَوَاج» – ١٢ كذا ع ، ولعلّه كان فى الأصل «فبيه» – ١٣ ع «مَرُوع» – ١٤ ع «وايَّاكَ» – ١٥ المخطوطة غير واضحة

٣٠٠

مُوَشَّحَةٌ

يَا مَن رَمَانى فأَصْمَا
وَلَمْ يَدَعْ لِىَ رسْمَا
وأَوْرثَ الجِسْمَ سُقْمَا
رفْقًا بقَلْبِى وانظرْ هَل لِى عليْك اسْتِطَاعَهْ

عَلَامَ[١] تَرْضَى عِتَابِى[٢]
وانت تعْلَمُ مَا بِى
يا رَاحَتِى وَعَذابِى
لو كُنتَ بالمَوْتِ تامُرْ لقلتُ سَمْعًا وَطَاعَهْ

هَاذا الهَوَى يتجدَّد
والصَّبْرُ يبْلَى وينْفَدْ
فما لَهُ يا مُحمَّدْ
من جَامحٍ[٣] ليس يفْترْ ولَا أُطيقُ دفَاعَهْ

قُل للذِى رام نُصْحِى
هَل[٤] سَوْفَ امْسِى واضْحى
واعْجَب بلَيْلِى وصُبْحِى[٥]
فاللّيْلَ[٦] ابْكِى واسْهَرْ والصّبْح اخْشَى انصِدَاعَهْ

يا من يَرُومُ نفَارَهْ
وليْسَ يرْعى جوَارهْ[٧]
لئِن قَطَعْتَ الزِّيَارهْ
فطَال ما كُنتَ تخْطرْ عَلىَّ فى كُلِّ ساعَهْ

١ الكلمة غير واضحة بسبب ثقب فى المخطوطة – ٢ ع «عِتَاب ى» – ٣ كذا فى المخطوطة على ما يبدو، ولكن يمكن أن يكون الأصل «جاحمٍ» – ٤ كذا قرأتُ، ع «سَل» – ٥ ع «وصَبْحِى» – ٦ ع «فاليْلُ» – ٧ ع «جُوارهْ»

حَرْفُ الْغَيْن

٣٠١

مُوَشَّحَةٌ

بَلِّغا عنِّىَ سَلْمًا[1] بَلِّغَا   انَّنى غَيْرُ الخَلِىِّ الفارغِ

يا خَلِيلِى وفُولَا باللِّوى
فَدْ تركْنَاهُ مُعنًّى بالْجَوَى
عائمًا فِى بحْرِ غُصَّاتِ[2] النَّوى

هَل لهُ ان لَّم يَمُتْ أن يَّبْلغا   سَاحِلَ الوَصْلِ وهَلْ مِن بَالغِ

يَا لشَمْلٍ طَالَ مَا فد جَمَعَا
ثمَّ بتْنا نجْتَنِى الوصْل معَا
موْردًا عذْبًا ورَوْضا مُمْرِعَا

وَانفضَى اليْلُ بنَيْل المُبتَغا   تَحْتَ بُرْدٍ منْ عفَافٍ سَابغِ

سَفَرتْ عَن صُبْح ذَاكَ المُجْتَلَا
فِى حُلاً منْ حُسْنِهَا اىَّ حُلَا
صَاغَهَا من حِكْمةٍ[3] ربُّ الْعُلَا

حِلْية تعْجزُ وصْفَ البُلَغَا   عَجزتْ عنْها يَمِينُ الصَّائغ

يَا مَهَاةً كالْحيَا اوْ كالْحيَاهْ

انْت من فلبى [4]مُناهُ وَرضَاهْ[4]

†هُوَ الّا أَنتَ† لَا شَئْءَ سِوَاهْ[5]

بالذى بُغيتُه[6] فَلْبِى بَغَا — لَسْت عَمَّا شئْتُهُ[7] بِالرَّائِغِ

انا عَنْ حُكْمِ الهَوَى لَا أَنْثَنى

انّنِى †حُكْم†[8] التَّصَابِى انِنِى

ايُّها اللّائِمُ فِيهَا غَنِّنِى

وَأَعِدْ ذِكْرَ حَبِيبٍ فدْ لغَا — وَهْوَ عِندِى كَالزُّلالِ السَّائغِ

١ ع «سَلْمَا» – ٢ ع «غُضَّاتِ» – ٣ كذا ع، والأرجح أنّ الصواب هو «حلية» [انظر السمط التالى] – ٤ كتب الناسخ «ورضَاهُ ومُناهْ»، ثمّ كتب «مناهُ» فوق «فلبى» – ٥ ع «سَواهْ» – ٦ كذا قرأتُ. فى المخطوطة ثقب، والظاهر أنّ الحروف الباقية تماثل «..غِينِهِ» – ٧ ع «شيُئْتَهُ» – ٨ كذا ع، والظاهر أنّ الكلمة منقولة من الغصن السابق، ولعلّ الأصل هو مثل «عبد»

٣٠٢

موشحة للمؤلّف

دُمُوعِى كَطُوفَان[1] — وَفَلْبِى بِى لَدْغِ

مِنْ[2] حُبِّ رَشًا اغْيَدْ

سِهَامَ النَّوَى سَدَّدْ

لفلْبى الشّجِى المُكْمَدْ

يُهيج[3] اشْجانِى — وعَنِ[4] الرضا يُلْغِ

نَئَا عنّى مَنْ اهْوَى

وَصَيَّرنِى نِضْوَا
فيا سَامِعَ النَّجْوَى
بهُودٍ ولُقْمَانِ   وَقِّ لِى مَنْ ابْغِ

ثَنَى عِطْفَهُ عنِّى
رَشًا فَرَّ مِنْ عَدْنِ
فمَنْ لِى بالأَمْنِ
مِنْ سِهَامِ الاجْفَان[1]   ومِنْ عَقْرب الصدغِ

نَعِمْتُ ببَلواءِى
وَأرْضَيْتُ اعْدْاءِى
فيَاحْمَدْهْ النَّاءِ[6]
كمْ تُطِيل هِجْرَانِى   وَالَى العِدَا تُصْغِ

عَدلْتَ عَن الوصْلِ
واشْرعْتَ[7] فِى قَتْلِى
سَالْفِيكَ فِى حِلِّ
مِنْ دَمِى وجُثمانِى   وَمِنْ كلِّ مَا نَبغِ[8]

١ ع بتسكين النون، ولكنّ الوزن يقتضى كسرها – ٢ ع «مَنْ» – ٣ يعنى «يُهيِّجُ» – ٤ كذا ع، والأرجح أنّ الصواب هو «عَنِّ» – ٥ يعنى «فيَا أَحْمَد»، ع «فيَاحَمْدَ» – ٦ كذا قرأتُ، ع «التَّنَاءِ» – ٧ كذا ع، ولعلّ الصواب هو «أسرعتَ» – ٨ كذا ع، والأرجح أنّ الصواب هو «تَبغِ»

٣٠٣

موشحة ليونس المرسى

مِنَ الْحُور　　وَانْ فَاحَ[١] عَن دَارِين
لتَفْتِير　　عَيْنَيْه تَذِل العينْ[٢]
فَمِن نُور　　تَكَوّن لَا مِنْ طِينْ
فَشم[٣] خَدَّه　　فانَّ به وَرْدَهْ
لهُ صبغَهْ[٤]　　لا تُخْلو مِن مّضْغَهْ

غَدَا يَحْكى　　عَلَى صُدْغِه عَفْرَبْ
مِن المِسْكِ　　ليَحْرُسَ مَا يَنْهَبْ
وَللفتْكِ　　بألْحاظِه مِفْضَب
فَيَا خدّه[٥]　　كمْ فِى الفلبِ مِن خدَّه
وَيَا صُدْغَه　　كمْ فِى الفَلْبِ من لدْغَهْ

أبَا بَكْرِ[٦]　　وَليتَ[٧] أَمَا تَنفَعْ
فَشَى سِرّى　　والّا فَمَا اصْنَعْ
أَفِم عُذْرِ　　وَانْ شِئِت ان افْنَعْ
فَبِالشّدَّه[٨]　　مِن الْعِيشَةِ الرّغْدَهْ
وَبالبُلغَهْ　　من النّعْمة السّبْغَهْ

مَتَى يَبلُغْ　　مُنَاهُ بِكَ الهَيْمانْ
ولم تَبزُغْ[٩]　　شمْسُ الوَصْل بالهِجْرَان
وكَمْ يَنزَغْ　　فيمَا بيْننا شَيْطَانْ
فَهَلْ رَدَّه　　تُعِيدُ البِلَى جِدَّهْ
[١٠]ولا نَزغَهْ[١٠]　　ويا شَمْسُ هَل بَزْغَه

ڢُؤَادِى هَامْ[11] ڢَحُقَّ لِى أَنْ اشْڢَا
وَبالتّـهْيامْ وبالبُعْدِ لا ابْڧى
أَنَا إن دَامْ عَلى الذِى ألْڢَا
لجُور ڧَصْدَه لدَارِ ابْن ابِى عَبْده
تُڢِيمْ[12] غَوْغَه على وَلَدِ الڢِرْغَه

١ كذا قرأتُ، ع «ڢَاهَ» – ٢ يعنى «العِينْ» – ٣ ع «ڢَشمَّ» – ٤ ع «صبغَة» – ٥ ع «حدّهْ» – ٦ ع «بَكْرِ» – ٧ يعنى «ولِيتَ» – ٨ كذا قرأتُ، ع «ڢَالشِّدَّه» – ٩ كذا قرأتُ، ع «تَبْرز» – ١٠ كذا ع – ١١ الكلمة غير واضحة بسبب ثقب فى المخطوطة – ١٢ ع «تُڢِيمُ»

حرف الڢاء

٣٠٤

موشحة

ڢى ظلال الاصيل للانس | مورد ڧد صڢا
ليس غير الرياض والكاس | ورشا اوطڢا[1]

هاك ضوء الصباح مكلوم | ڢى خدود الربا
وضمير الكلام مڢهوم | بهبوب الصبا
والذى ڢى الڢؤاد معلوم[1] | [2]من حديث الصبا[2]
هو شىء سرى مع النڢس | ما له من شڢا
غير رشف المباسم اللعس | عز ان ترشڢا

ءاه للصب إنْ[3] يمت شوڧا | ڢى الهوى باطل

اشتفى الواشى بالذى يلفى | ووشا العاذل
والذى تستعينه[٤] عشفا | هو لى خاذل
يومه فى الصدود كالامس | هجرة او جفا
سامرى الوصال بالياس | يفتل المدنفا

فاسفنا الراح واسترق عنها | بعض ءادابها
ومتى فال عاذل صفها[٤] | بين شرابها
فلت كالشمس نورها منها | فام يسعى بها
اغيد من جاذر[٥] الانس | جل ان يوصفا
طال ما شبهوه بالشمس | ثم ما انصفا

عجبا للوصال ما اغلا[٦] | [٧]فى الهوى[٧] سومه
كم دم للمشوق فد طلا | لم يخف اثمه
†سليازون† ويح ما أبلا | †وسمه سفمه†
وادرك[٨] بالرضى ضنى نفس | رسمه[٩] فد عفا
لم نبع فى هواه بالبخس | حصتى وكفا

هل الى الوصل يا أبا بكر | ابدا من سبيل
فلتداو افاحة الثغر | ما بنا من غليل
فشدانى[٤] تناول البدر | أبدا مستحيل
بالنبى حو ترتجى بس | اش[١٠] هذا الجفا
لَـمْسُك[١١] افرب للبدر من لمس | لس على ذا خفا

١ الكلمة غير واضحة بسبب ثقب فى المخطوطة – ٢ المخطوطة غير واضحة – ٣ ع «أنْ» – ٤ كذا ع – ٥ يعنى «جآذِر» – ٦ ع «اغدا» – ٧ كذا قرأتُ، ع «فهى الهوى» – ٨ يعنى «وَادَّرِكْ» – ٩ كذا قرأتُ، ع «وسمه» – ١٠ يعنى «اشّ» – ١١ كذا قرأتُ، ع «للمسك»

٣٠٥ [١]

فد كنت ڢى عدن   ڢاختلسْت يا لهڢى
كأنّ ابليسا[٢]   فد وشا الى إلڢ

وصان ايحاشى   من عهدته انس
بدر بدا ماش   كى [٣]يحل بالشمس[٣]
ڢان وشا واش   يا حبيب[٤] النڢس
عوصت[٥] من ظنى   بحليڢك المصڢ
من نعمةٍ بوسا   وسعيت ڢى حتڢ

الخلڢ للعهد   نافضا عرى الود
ڢاذكر على العهد   اذ بذلت للعبد
الْڢا على الْعدِّ   من مفبل الشُّهد
حاشاك يا خدنى   ان تدين بالخلڢ
ڢبوسنى بوسا   وحدة من الألف

يا سائلِى[٦] عنْه   الصباح والدُّجْن
استرفا منه   الكثيب والغصن
ليس له كنه   غير انّه الحسن
احلى من الامن   ريڢه لدا الرشڢ
بريڢه يوسا[٧]   من يشج بالطَّرڢ

كم فلت للسفم   اذ اضرَّنى ڢيه
يا جائر الْحكم   ها أنا اُڢديه
دونك ذا جسم   ڢدية لباريه
كم فد شڢا منى   برضابه[٨] إلڢى

ما لم يكن عيسى　　يستطيع انْ يّشف

فد طابت[9] النبس　　عندما اباريها[10]
ولاحت الشمس　　واختبت دراريها
وفلْت والكاس　　خاب من يداريها

يا فادة الحسن　　والجمال والظرف
حل بنا موسا　　بارجعوا الى خلْبِ[11]

١ هذه الموشّحة موجودة فى جيش التوشيح (فصل ٥، موشّحة ١) بين موشّحات ابن الرَّافع رأسه – ٢ ع «ابليس» – ٣ كذا قرأتُ، ع «يخل»، وفى جيش التوشيح «يكسف الشمس» – ٤ يعنى «حبيّب» – ٥ كذا ع، وفى جيش التوشيح «عودت»، ولعلّ الصواب هو «عوضت» – ٦ ع «سائلىَ» – ٧ كذا فى جيش التوشيح، ع «بوسا» – ٨ كذا فى جيش التوشيح، ع «رضائه» (بالهمزة تحت النبرة) – ٩ الكلمة غير واضحة بسبب ثقب فى المخطوطة – ١٠ ع «اياريها» – ١١ الخرجة موجودة أيضا فى موشّحة عبرانيّة للشاعر **יהודה הלוי** [موشّحة ٢٩]

٣٠٦
موشحة للتليطى[1]

بى الشادن المحبوب　　لهوت عن تانيب　　معنّبِ

شهرت بى الناس　　عشفا بلا منجى　　من الفضا
بأهيف فاس　　بى التّيه فد لجَّا　　وأعرضا
أطال[2] وسْواس　　غضبان لا يرْجا　　لهُ رضا

ذو موعد مكذوب　　يرجا وبا عرفوب　　ولا يبى

ذو لمَّة المَى　　المَّ بى لمَّا　　جبا لممْ

والسّـفم فدْ عمَّـا　　فلا تسل[3] عمَّـا　　ابْدى السَّـفم
غادرنـى أظْـمى　　ويمنع الظَّـلما　　لفدْ ظلمْ
ذا لهب مشبوبْ　　بدمعى الْـمسْكوب　　لا ينطفى

سبْحان من أعْطى　　ليوسف الْفضلَا　　علَى الْـورَى
وزاده الْـبسطا　　[4]اضحا بهِ[4] أعْلا　　وأشـهرا
خيْـر الْـوَرى رهْطا　　ازكاهم اصْلا　　وأطهَـرا
يغنيه عن تجريب　　ما فيه من تهْـذيب　　فيكتفى

زُر كعْـبة الْجُـود　　خليفة اللّـه　　فى ارْضه
من فبل انْ تودى　　وانت كاللّاه　　عن فرضه
فكلّ[5] مفصود　　والْمال والْجاه　　فى عرضه
حسبى ابو[6] يعفوب　　فدْ فزت بالْـمطلُوب　　من يوسفِ
بكاشف الْـغمَّـهْ　　بجوده السَّـابغ　　وطوله
وواهب النِّـعمهْ　　فى مشرب سائغ　　من نيله
وسائس الامَّـهْ　　مفوِّم الزَّائغ　　عن ميْـله
فمن ابا التثريب　　كان له التانيب　　بالمشرف
يا واحد الدهر　　ومن به يفْخر　　اهل الزَّمان
وفائد الغرِّ　　يغشى بها الْـمحجرْ　　عند الطعان
انت من البدْر　　وشمسه ابْـهر　　لدى الْـعيان
وانت طيب الطيب　　والْـمصْطفى الْـمحبوب　　للمصطفى

١ الظاهر أنّ الناسخ كتب «للبلطى» ثمّ غيّـر ما كتب إلى «للتليطى»، ولعلّ المقصود هو «للتطيلىّ» [انظر عنوان الموشّحة رقم ٢١] – ٢ كذا قرأتُ، ع «لطال» – ٣ ع «تسئل» – ٤ كذا قرأتُ، ع «اصحابهُ» – ٥ ع «بكلِّ» – ٦ ع «ابى»

٣٠٧

موشحة للمؤلف

انا بذنب الْـهَـوى معترف   فارثوا[١] لحالى   انـى[٢] هائمٌ دنف

بى اهْـيف من جنان الخلد

حلو الصِّفات مليح القدِّ

رضابُـه مثل طعم الشُّـهد

ووجهه[٣] مثل بدر السعد[٣]

يحكى [٤]اذا ما[٤] مشى او يقف   غصن اعْـتدال   ينثنى وينعطف

للعامِرِىّ[٥] جمـال باهر

وجيد ريم ولحظ ساحرْ

ونظم در وريق عاطر

فما عسـى ان يقول الشَّـاعرْ

ان قال فى وصفه إذ يصفُ   مثل الهلال   فالهلال ينكسف[٦]

اخاف ما اتقى من حزن

فامنن أبا جعفر بالامن

وخذ[٧] حديثا صحيحا منِّى

لقد ملكت لواء الْحسن

اهل المحاسن لمَّا عرفُ   فضل الْجمـال   بايعُـوك وانصرفُ

اترك مقال الذى قد فنَّـد

فى حب هذا الرشا الاغيدْ

وقل لمولى الْـملاح احْـمدْ

ملكت كلّ الورى مستعبدْ

وطال فيك الاسا والاسفُ   فانت سال   عن عظيم ما شغف

وربّ يوم اتى سكرانا
ففال من تجعلوا[8] سلطانا
وواليا يحكم الغزلانا
فلنا له انت يا مولانا

[9]ففد خولك[9] العلا والشرف ... فانت وال ... ما عليْك مختلف

١ ع «فارتوا» – ٢ ع «اننى» – ٣ المخطوطة غير واضحة – ٤ كذا قرأتُ، ع «اذا» – ٥ كذا قرأتُ، ع «للعامربى» – ٦ ع «ينكشف» – ٧ ع «وخد» – ٨ كذا ع – ٩ كذا ع، ولعلّ الصواب هو «فد خولتك»

٣٠٨

موشحة للعسيلى البجَائى

بادر بحث السّلاف ... فالسَّبوُ للسَّلاف ... ليْس شاف ... كارتشاف ... رحيق طافْ
بها رشا ذو انعطاف[1] ... كالبدر فى الاشراف[2] ... فهو نافْ ... ما أناف ... من الاتلافْ

نادى الندامى[3] ففدْ ... لاحت بنود الصباحْ
والفطر مثل الْبردْ ... حكى ثغور الْافاح
والنهر مثل الزَّرد ... حاكته ايدِى الرياح

والانس دانى الفطاف ... ابْراده الافْواف ... فى زفاف[4] ... لايتلاف[5] ... هوى الألّاف
والْوصل عذب النِّطاف ... من مورد الاسْعافْ ... فهو صافْ ... من تصافْ ... ذوى الانصافْ

يا مجلسًا للسُّرورْ ... طافت بك الاكؤس[6]
على ظبا كالْبدورْ ... كناسها الانفس
افْبلن أشباه حُورْ ... لباسُها السندس[7]

ذوات نبل ضعافْ لها الْحشا اصْدافْ هلْ يعافْ الذّعافْ وبالإضعافْ
اتت خصور نحاف تحملها ارْدافْ فأخاف انفصاف فنى الاعطافْ

يايّـها العاذل اتيت امرا عجَب
هلْ انت بى عاذلُ ان كنت سامى الطلب
حيث الرضى الْعادل امامنا المنتخب

من جاءنا خيْـر وافْ كالعارض الوَكافْ والْـمكافْ كل عافْ من الألطاف
بنيل نعمآء ضافْ وهابها الْألافْ باعْترافْ افترافْ إلَى الأصْنافْ

يحْيى الذى قدْره سمى[8] نجُوم الفلك
ندب زكا نجره[9] ملك اتانا ملك
طال الورى فخره اعظم به من ملك

سيفت اليْه خفاف نوق لهَا اخْفاف باعتساف من اثاف محل عاف
فعدن غيْر عجاف حواملا اصْناف من لطاف افتطاف جنى الاتحاف

مولاى منى اليك عذراء لا ثيب
اتـتْك تثنى عَـلَـيْك اذ جُودك المطلب
تحدى بلحن لدَيْك من نظمها اعجب

وحو سُورة قاف وسُورة الاحْقاف وَالطواف المضاف الى الاشرَاف
ما العَيش الا خلاف شرائع الاخْلاف بالعفاف والكفَـاف عن الاسراف

١ ع «اتعطاف» – ٢ ع «الاسراف» – ٣ الكلمة غير واضحة بسبب ثقب فى المخطوطة – ٤ ع «رواف» – ٥ ع «ولايتلاف» – ٦ ع «الكئوس» – ٧ ع «السندسْ» – ٨ كذا ع ، ولعلّ الصواب هو «سامى» – ٩ كذا فى المخطوطة على ما يبدو

٣٠٩

موشحة لعبادة

حو سُورة فاف وسُورة الاحْفاف والطواف المضاف الى الاشراف
ا العيْش الا خلاف شرَائع الاخلاف بالعباف والكباف عن الاسراف

انعم بفد اينعت بالروض ازهاره
والعود فد اسمعت ما شئت اوتاره
والدوح فد سجعت بالسحر اطياره

للغصون انعطاف تثنى لهَا الاعْطاف والنظاف الظراف عَلى اصْناف
لا يكره الاعْتكاف عَلى هوى الالاف[1] وَارْتشاف السلاف سوى الاخلاف

الروض [2]وَشْىٌ حلا[2] من زهره العاطر
والارْض تثنى عَلى سَمـائها[3] الماطر
وصابيات الطلا يصبوا بها خاطر

للكئوس اختطاف ببرفها الخطاف حين طاف كالرعاف عَلى اطراف
كف ندمى خباف يسفونها الالاف بالجزاف بالتراف عَلَى الالاف[4]

ما للهوى المجحف يبنى ويستعذب
ذهبت واءسبى والحب لم يذهب
بيمن يرى تلبى اعز ما يطلب

ى بالغرام اعتراف بلتسئلوا العراف عن ذعاف لا يعاف لهُ اسعاف
الحتب بيه مذاف والمدمع الوكاف بى اندراف وافتراف بما اخَاف

محمد والهوى يفضى باذلالى
اشكوا اليك الجوى وحر بلبالى
شكى ضعيف الفوى صريع اوجال

وهل اروم انتصاف   او ارتجى اسعاف   مذ اطاف   بى الشغاف   هوى مضاف
له بقلبى انتلاف[5]   يدنوا بالاستهداف   للالاف   واخاف[6]   على استيناف

يا ويح[7] من هجرا   ظلما بلا معنى
اذا رءا اثرا   لالهه حنا[8]
وكلما ذكرا   محبوبه غنا

فلبى ابا الانصراف   عن عشق ذا العراف   ونخاف   ما يخاف   من الاحراف
هجران وتيه وانحراف   وخذله واستخفاف   وانكفاف   وانكساف   من الارجاف

١ يعنى «الألّاف» – ٢ كذا قرأتُ، ع «شىء خلا» – ٣ ع «سَمائه» – ٤ ع «الالالاف» – ٥ كذا قرأتُ، وفى المخطوطة ما يماثل «ائتلاف» – ٦ كذا قرأتُ، وفى المخطوطة ما يماثل «افاف» – ٧ ع «ريح» – ٨ يعنى «لإلهه حنّا»

٣١٠

موشحة لابن زهر

هل ينفع استلطاف   من يكره الانصاف

خود كلفت بها
مرت كاحدى المها
على ترسلها
فارتجت الارداف   واهتزت الاعطاف

فازت فداح البين
بلعبة من لجين
اخية القمرين
من حسنها اسراف[1]   تعنى به الاوصاف

من طرفها الجائر
مثل اسمها ساحر
وخدها الزاهر
نور على اصناف   ولات حين قطاف

بدت فابدى[2] الصباح
تبسمت عن افاح
تسقى بشهد وراح
كاللؤلؤ الشفاف   لم يعرف الاصداف

واهى رقيب يقول
وكاشح وعذول
فقلت فيما اقول
تجمعوا[3] الاسلاف   [4]اى سادرى اشراف[4]

١ كذا قرأتُ، ع «اصراف» – ٢ كذا ع – ٣ يعنى «تجمّعوا» – ٤ كذا فى المخطوطة على ما يبدو

حرف القاف

٣١١
موشحة لابى العبّاس الاعمى

لحظات بابليه   ملات قلبى عشقا
ولما ثغر مفلج   لايمى منه موقا

بابى لو رق قلبه   سكن مثواه قلبى

فل ما يامن سربه		او يرى روعة سربى
حسب[1] عذالى[2] وحسبه		فانا فد ضاع حسبى
هذه يا عاذليه		سيمياء الوجد حفا
زفرات تتوهج		وهى فى دمعى غرفا

سامنى ما لا اطيق		غصن ملء ركامه
انا بالوجد خليق		بين سهدى ومنامه
ان فلبى لا يفيق		من جواه وغرامه
ابق من علفى بفيه		ما اراها سوف تبفى
لارى كيف ادرج		بين اثوابى واشفا

لى بفرب الهوزنى		فوزة الفدح المعلى
اى عضب مشرفى		بمعاليه يحلى
وهلال بشرى		جل [3]عن وصف تجلّى[3]
ليث غاب والمنيه		تنسو الاجال نسفا
وصباح ان تبلج		زانها غربا وشرفا

يا ابا حفص اشاره		اسمعتك السحر فاسمع
زهيت بك[4] الاماره		بذكى الفلب اروع
خذ فؤادى فى البشاره		اذ خلا لى منك موضع
فالحيا منك سجيه		خلفت للخلو رزفا
هى معنى الجود فالهج		وذرا العلياء فارفا

رب مخضوب البنان		فد غدت للحسن كنها
غادة ملء العيان		تشرق الافاق منها
زرتها فى المهرجان[5]		فشدت عنى وعنها

الب ديه اشت ديه　　دى ذا العنصر حفا
بشترى[6] مو المدبج　　ونشو الرمح شفا

١ كذا قرأتُ، ع «حسبى» – ٢ فى المخطوطة ما يماثل «عزالى» – ٣ المخطوطة غير مقروءة، ولكنّى أظنّ أنّ آثار الحروف تشير إلى هذه القراءة – ٤ كذا ع، ولعلّ الصواب هو «منك» – ٥ ع «الهجران» – ٦ ع «يشترى»

٣١٢

موشحة لابى بكر الابيض

للصبا روض محروس　　والرجا به يشفى
حدثوا حديث الياس　　اين هو مما[1] الفا

يومنا يوم طلو　　نير المشارق
مثل ما جرى العشو　　فى فؤادى العاشو
فجرت به الورو　　اعين الابارو
دمعنا غير محبوس　　اى دمعة تبفى
كلما فاضت فى الكاس　　جعلت اخرى ترفى

رشا على اول　　شاوه من الظلم
لاح لى فلم احفل　　بمطالع النجم
وانثنى على اثفل　　متراكم[2] ضخم
هضبة فيها مغروس　　غصن كما انشفا
عطفت به انفاس　　حرفى حتى رفا

ليس لى بما اغنى　　كاشحا اذا نمى

غير ان يرى جفنى   هاميا او فد همى
اى مفلة منى   شفيت بعد النعما
لم تدع لحر البوس   من تميمة ترفى
رب كاشح وسواس   رد باطلا حفا

يا فرير العين ارحم   مفلتى من السهد
ثم ما عند المغرم   من ضنى ومن وجد
خل ناظرى ينعم   فى ازاهر الخد
زهره غير ملموس   بمدامعى يسفى
طيب الشذا كالاس   يفتو الصبا فتفا

جر بى الهوى ذيله   مفدم[3] لم يستثن
ان يهيم فى دوله   فرشية الحسن
واذا غنى فوله   [4]لو عساه ان يغنى[4]
صاحب الطاق الملبوس   انت هو السلطان حفا
كلما عابوك الناس   زدت فى فلبى عشفا

١ كذا قرأتُ، وفى المخطوطة ما يماثل «ممن» – ٢ كذا قرأتُ، وفى المخطوطة ما يماثل «مترا * لم» – ٣ المخطوطة غير واضحة – ٤ كذا قرأتُ. الكتابة فى المخطوطة غير واضحة، ولكنّى أظنّ أنّ آثار الحروف تشير إلى «لو» [أو «او»] عساه يغنى»

٣١٣

يا بابلى الاحداق   الله لى منك واق
جرد ظبى الاحورار

ففد وهبتك ثار

ولح بافق الاوزار[1]

بدرا بغير سرار

ما جاز حكم المحاق   على بدور الاطواق

ما رق عند التوديع

ولا اطباه[2] خضوع

ولى كزهر الربيع

عنى بخيل دموع

تجرى وراء التلاق   ومن لها باللحاق

كم ساعدتنى الليالى

بفرب ذاك الغزال

بتنا بانعم بال

فى جنة من وصال

فد اثمرت بالعناق   والليل مرخى الرواق

بكت عيون الاعادى

من لوعتى وسهاد

يا فاتلى ببعادى

اليك شطر فؤادى

هدية من مشتاق   ولا يضن بالباق

كل له بك وجد

يمشى اليك ويعد

وانت فى ذاك تشد

تبرما لا يجد

يا فوم ماكثر عشاق   لا يبرحوا من زفاق

٣١٤

موشحة لابن عمر الجزرى

فلبى عليك السلام   اذا الفلوب الفاسيه   لم تبو
من لك بالبفيا   ومن لنبس بانيه   بالعشو

الراح معنى الزمان   لا سيما من ذات راح
تبتر عن افحوان   منعم يسفى براح
ولى اوان الاذان   ولج بى الليل الصباح

باشرب لغيظ الظلام   من كف خود سافيه   كالبرو
والصبح فد حيا   والشمس حمرا باديه   بى الابو

بالنبس ابدى رشا   بى بمه طعم اللبا
سفوه حتى انتشى   خمر الجمال والصبا
لو شاء عل الحشا   ريفا شهيا اشنبا

فبلته بى المنام   بفال ذر هميانيه   واستبو
لا تنفضى الدنيا   واجن الفطوب الدانيه   بالربو

لا يفنط المبتلى   من رحمة الله الفدير
والرزو جار على   يدى ابى يحيى الامير

بامر رب العلى　　　معطى الغنى والفقير
كان رب الانام　　　اعطاه كفا خاليه　　　للخلق
تهمى على الاحيا　　　فى السر والعلانيه　　　بالرزق

ملك كان الفدر　　　سلالة من نسله
وليس ينجي الحذر　　　ذا ضلة من نصله
ولا يصيب الغير　　　مستمسكا بحبله
احمى[1] حما الاسلام　　　بسيفه فى الماشيه　　　يستبق
موارد السفيا　　　مثل السباع الضاريه　　　فى الطرق

فَطِب[2] على مجده　　　فى وده بكل دن
فان من عنده　　　تاتى الايادى والمنن
واشرب على وده　　　جملة عرفان يكن
ادر كئوس المدام　　　وهاتها بالخابيه　　　والزق
وداد ابى يحيى　　　وذرهما بالسافيه　　　فى حق

١ كذا ع، ولعلّ الصواب هو «حمى» – ٢ كذا قرأتُ، ع «طب»

٣١٥

موشحة لابى العبّاس المالقى

لولا الهوى والملام　　　لم تك نفسى فانيه　　　عن صدق
من اعجب الاشيا　　　افنى ونفسى باقيه　　　فى الحلق

هيهات ما اشتهى　　　فانه شىء بعيد
وصال مولى به　　　حملت اثقال الصدود

على[1] ان انتهى فى حبه وان ازيد[2]
فعروة بن حزام ما شانه من شانيه فى عشق
صيرته نسيا كاننى فى الفاضيه ذو سبق

اذاب منى الفؤاد من ضمه صدرى فآد[3]
روعنى بالبعاد وذاد عن جفنى الرفاد
فمضجعى بالسهاد كانه شوك القتاد
شكوت فقد المنام حتى النجوم الباهيه فى الافق
من اجل ما اعيا طلوع شمس باديه فى الشرق

من ءال[4] زنون طاوى الحشا مهفهف
كادت من اللين[5] اعطافه تنقصف
جم المحاسين فالبعض منها يوصف
له وميض ابتسام يرى العيون الرانيه بالبرق
فى الشفة اللميا منْه الحياة الراضيه وا شوق

اما الهوى فهو دين من صد عنه ما اضل
لم افتنع بالمنون فيه ولم افض الامل
يايها العاذلون لومى خصام وجدل
لما اشتريت[6] الغرام بما جرى سلوانيه لم ابق
لعاذل شيّا[7] فخاصموا عذاليه بالحق

ثغر بذاك الفم ام لؤلؤ فى خاتم
ناهيك من مبسم افام عذر الهائم
بلثمه فانعم مولاى غير ءاثم
قبله نريد والسلام كان رخيص او غاليه برزق

فاعطف بها يحيى ودع ذنوبه بافيه فى عنو

١ يعنى «علىّ» – ٢ الكلمة غير واضحة بسبب ثقب فى المخطوطة – ٣ كذا قرأتُ، ع «فؤاد» – ٤ ع «ال» – ٥ يعنى «اللّين» – ٦ ع «اشترت» – ٧ كذا قرأتُ، ع «ثنيا»

٣١٦

موشحة لابن اللبانة[١]

كم ذا يؤرفنى ذو حدق مرضى صحاح لا بلين بالارق

فد باح سرى بما اكتمه
وحن فلبى لمن يظلمه
[٢]وفر عينى[٣] بمن[٤] يولمه[٥]
رشا تمرن[٦] فى لا بمه

يفتر عن لؤلؤ متسو من الافاح[٧] بنسيمه[٨] العبو

كيف السبيل لنيل الفبل
هيهات من درك بالامل
كم دونه من سيوف المفل
سلت بكف وفاح خجل

ابدت لنا حمرة فى يفو خد الصباح تحت حمرة الشفو

من لى بذكر بنى عباد
ومن محمدهم احمادى
تلك الهبات بلا ميعاد
عذرت من اجلها حسادى

حكت بى الورق بين الورق   راشوا جناح   ثم طوفت[9] عنفى

[10]لله ملك[10] عليه اعتمدا
من يعرب وهو انداه[11] يدا
[12] حازوا السماك ومدوا عُمُدا[13]
سالوا بحارا وصالوا اسدا

ان حوربوا او رجوا فى نسو   راحوا براح   للندى وللعلو

[14] حلا[15] لنا[15] العيش طيبا وحلا
من دولة اوسعتنا جذلا
ردت الى[16] الصبا والغزلا
ففلت حين حبيبى رحلا

افرا السلام لصب فلو   مع الرياح   والانام لا تثو

١ هذه الموشّحة موجودة فى المغرب (٢، ٤١٤) وفى دار الطراز (موشّحة ١١) – ٢ فى المُغرب ودار الطراز غصن آخر، وهو «كم بالمنا أبدًا ألثمه» – ٣ كذا ع، ولعلّ الصواب هو «عينا» – ٤ كذا ع، ولعلّ الصواب هو «لمن» – ٥ يعنى «يؤلمه» – ٦ كذا فى المغرب ودار الطراز، ع «تمرر» – ٧ كذا فى المغرب، وفى المخطوطة ودار الطراز «من للأفاح» – ٨ كذا فى المغرب ودار الطراز، ع «لنسيمه» – ٩ كذا ع، وفى جيش التوشيح ودار الطراز «طوّفوا» – ١٠ ع «لله من ملك» – ١١ كذا ع، وفى المغرب ودار الطراز «اسناهم» – ١٢ فى المغرب ودار الطراز غصن آخر، هو «وهم إذا عنّ وفدٌ وفدا» – ١٣ كذا قرأتُ، ع «صمدا» – ١٤ فى المغرب ودار الطراز غصن آخر وهو «طاب الزمان لنا فاعدلا» – ١٥ الكلمة غير واضحة بسبب ثقب فى المخطوطة – ١٦ يعنى «إلىَّ»، وفى المغرب ودار الطراز «علينا»

موشحة لابن بقى

شهد اللمى يشهد ومسكة[١] الخال اذ تعبق
ان الهوى عذب فلذ به عله يرفّق[٢]

حسبى من الفا فى الفلب ما الفى من الضنا
سطا فما[٣] ابفى ذما ولا رفا ولا دنى
يا مالكى رفا لا اشتهى العتفا وها انا
فى الحب مستعبد بفيد[٤] اوجال مستوثق
هل يكتم الحب ومن دم المفله تدفق

يا مورثى سهدا بلغت فى الهجر بى المدا
لا تشمت الاعدا فد انفضى عمر تجلدا
الهجر لى اعدا ان عيل[٥] لى صبر من الردا
يا سعد ياسعد رفقا باوصالى تحرق
عتباك لا عتب فللرجا بله[٦] تستنشق

كم احمل الذلا يا فلبى المضنا وافصد
والكاتب الاعلى ذو المحتد الاسنى محمد
عم الورى فضلا بفصده اغنا[٧] واحمد
لربعه تعفد رايات ءامال [٨]لا تخفق[٨]
فالواكف السكب وان اتى محله مستغرق

لبسطة الشرق امن على التفوى بجده
سحائب الرزق تنهل بالجدوى من رفده
يا طالب السبق هيهات لن تفوى من بعده

سليله الامجد   بى الشرف العالى   لا يسبو
بناؤه رحب   بى الحل والرحله   يسترزو

حدث عن البحر   وبيض يمناه   بسيبه
ودع بنى عسْر[9]   وافصد لمغناه   ولذ به
يلفاك بالبشر   طلفا محياه   بفربه

وان يكن احمد   بى عصره الخالى   لا يلحو
بالكاتب الندب   وان اتى فبله   الاسبو

١ ع «ومسكه» – ٢ كذا قرأتُ، ع «يرمو» – ٣ ع «بمن» او «بمن» – ٤ كذا فى المخطوطة على ما يبدو – ٥ كذا قرأتُ، ع «عل» – ٦ يعنى «بلّـه» – ٧ ع «اعنا» – ٨ كذا ع – ٩ كذا قرأتُ، وفى المخطوطة ما يماثل «عشر»

٣١٨

موشحة لهُ ايضا[1]

اعيا على العود[2]   رهين بلبال   مؤرو
اذله الحب   لا ينكر الذله   من يعشو

من لى به يرن   بمفلتى ساحر   الى العباد
يناى به الحسن   بينثنى ناور   صعب الفياد
وتارة يدن   كما احتسى الطائر   ماء الثماد

بجيده اغيد   والخد بالخال   منمو
تكنفه الحجب   بلى الى الكله   تشوو

عطى بليتيه   ومر كالظبى   بى بيده

ڢدل عليه　　تكسر الحلى　　ڢى جيده
تڢتير عينيه　　يسرع ڢى محيى[3]　　عميده
ڢان اكن مفصد　　منه ڢاولا لى　　اذ يرمو
هل يسلم الفلب　　واسهم المفله　　تڢوق

وددت من خل　　ولو بنشر الكاس　　من ثغره
لو جاد بالوصل　　جود ابى العباس　　بوڢره
ذى المجد والڢضل　　وفل اجل الناس　　ڢى عصره
يا كعبة السودد　　حتى على المال　　لا تشڢو
ومثلك الندب　　يسابو الجله　　ڢيسبو

يا ايها الحايم　　هل لك ڢى عذب　　ملء الدلا
[4]يَـمِّمْ بَـنِـى[4] الفاسم　　وافصد من الغرب　　الى سلا
مستمطرا واسم　　تخال بالركب　　وسط الڢلا
سڢائنا تجهد　　ڢى ابجر الال　　لا تغرو
يستبشر الركب　　وتشتكى الرحله　　الاينو

ادعوه بالفاضى　　واملى يفضى　　عَلَيْـه لى
انا به راض　　لانه مرض　　لاملى
فل غير معتاض　　يا من على الارض　　منه فل
اما ترى احمد　　ڢى مجده العالى　　لا يلحو
اطلعه الغرب　　ڢارنا مثله　　يا مشرو

١ هذه الموشّحة موجودة فى جيش التوشيح (فصل ٢، موشّحة ١٢) بين موشّحات الأعمى وفى دار الطراز (موشّحة ١٧). الخرجة مشهورة جدًّا، وهى موجودة فى رايات المبرّزين (٤٨) والمقتطف لابن سعيد (١٥١) وفى المقدِّمة لابن خلدون (١١٤٠) وفى نفح الطيب (٧، ٧) وازهار الرياض (٢، ٢٠٩) للمقرىّ – ٢ ع «العواد» – ٣ ع «محى» – ٤ كذا فى جيش التوشيح ودار الطراز، ع «ڢشم ابا»

٣١٩

موشحة لابى العبّاس الاعمى[١]

احلى من الامن يرتاب من فرب ويبرق
بوجهه سنه يشجى بها العذل ويشرق

لله ما افرب على محبيه وابعدا
حلو اللمى اشنب اسا الصبا فيه واسعدا
احبب به احبب على تجنيه طال المدا
اما ترى حزنى نارا على فلبى يحرق
حسبى بها جنه يا ماء يا ظل يا رونق

اعاذك الله من مثل ما الفى وفد فعل
بى منك تياه يلتذ ان اشفا ولا افل
اهدى[٢] بذكراه بحيث ما ابفا ولا عدل
اعيا على ظنى ملان من عجب معوق
سطا فلا جُنَّه[٣] تفى[٤] ولا نصل يطبق

يا زينة الدنيا من كل ما استهواك ما اوفرك
فكيف لى تفيا يخاف لو سماك لشهرك[٥]
من اعجب الاشيا فى الحب ان يهواك من لم يرك[٦]
وان يسل يكنى وحاله تنبى فتصدق
فانك الظنه يومى بها الخبل وينطق

لا تنخدع عنى فانه الصبر او الردى
وثو بأن[٧] اعنى اذا[٨] ونى الدهر وبلدا[٩]
يا خجلتى منى حتى م[١٠] اغتر ولا جدا

ما لى وللحسن عهد [11]على العتب[11] لا يخلو
ان فلت بى جنه وباين ما اتل واوبرق

الفاك عن عمر وبما اناجيكا الا اشتياق
والله ما ادرى فد التوى ويكا امرى وضاق
اشدوا وما عذرى الا افاضيكا الى العناق

[12] يا فوم ما اصبرنى نرى حبيب فلبى ونعشو
لو كان تكون سنه لمن[13] لفى خل يعنو[14]

١ هذه الموشّحة موجودة فى جيش التوشيح (فصل ٢، موشّحة ١٩) وفى دار الطراز (موشّحة ٣٠) – ٢ كذا ع، وفى جيش التوشيح ودار الطراز «اهوى» – ٣ كذا فى جيش التوشيح ودار الطراز، ع «منه» – ٤ كذا فى جيش التوشيح ودار الطراز، ع «تبى» – ٥ يعنى «لَشَـهَّـرَك» – ٦ ع «يراك» – ٧ كذا فى دار الطراز. ع «يا اعنى»، وفى جيش التوشيح «فانى اكنى | ان رابنى الدهر» – ٨ ع «اذ» – ٩ كذا ع، وفى جيش التوشيح ودار الطراز «فنـدا» – ١٠ ع «ام» – ١١ كذا ع، وفى جيش التوشيح ودار الطراز «من الحبّ» – ١٢ هذه الخرجة موجودة أيضا فى موشّحة عبرانيّة للشاعر **יהודה הלוי** [موشّحة ١٦] – ١٣ كذا ع وفى الموشّحة العبرانيّـة، وفى جيش التوشيح ودار الطراز «فيمن» – ١٤ يعنى «يُعَنِّو» على ما يبدو، وكذا فى جيش التوشيح ودار الطراز، ولكن نجد فى الموشّحة العبرانيّة **יעאנקה** (يعانقـ[ـه])، ومن الممكن أنّ هذا هو الصواب

٣٢٠

موشحة

فوادى اضحى رشيو بتفبيل احوى رشيو

الا بابى خوط بان
دمى وبى مافيه بان

وغادرنى[1] يوم بان

بى[2] وبل دموعى شريق   [3]وفل بخد شريق[3]

اشاب جفا مع رضا

وللحتف بى[4] عرضا

وان صدنى معرضا

فعذب عذابى اذوق   وانى به لا اضيق

سموت ايابا الحكم

وفى المهد حزت الحكم

رضيناك انت الحكم

فطورا جمالا تروق   وطورا دماء تريق

ايا نخبة من زهر

تملكت رق الزهر

واخجلت وشى[5] الزهر

بخد كمثل الشقيق   له كل ورد شقيق

فؤادى بحمص صبا

لعهد زمان الصبا

لها بلغى[6] يا صبا

سلاما لعرف الخلوق   يجدد منى خليق

١ ع «غارنى» – ٢ كذا ع، ولعلّ الصواب هو «بِـوبل» – ٣ كذا ع – ٤ كذا ع، ولعلّ الصواب هو «لى» – ٥ ع «وشىء» – ٦ كذا قرأتُ، ع «بلغا»

٣٢١

موشحة

لعل زمان الصبا
يعاود صبا صبا
تنشق عرف الصبا
فتاق لمسك فتيق وراق لدمع اريق

اما وبياض الطلا
ومرتشف كالطلا
وما شفنى من طلا
لما كنت فيمن يفيق وما زال وجدى يفوق

عرفت رشا كلما
[1]رنا طرفه[1] كلما
ولو شاء كان اللما
شفاء لصب يضيق بايسر شىء يذوق

اشار بعنابه
واعرض عنا به
فكم ذا اعنا به
وابكى لعهد[2] العقيق بدمع كلون العقيق

سادعوا وان لم يَجِب[3]
حبيبا وان لم يجب[4]
واشدوا بصوت يَجِب[5]

لك العهد منى وثيق   فثق يا ابن عبد الوثيق

١ كذا قرأتُ، ع «ونا ظرفه» – ٢ كذا قرأتُ، وفى المخطوطة ما يماثل «عمد» – ٣ كذا قرأتُ [بمعنى «إن لم يكن من الواجب»]، ع «يحب» – ٤ يعنى «يُجِبْ» – ٥ كذا قرأتُ [بمعنى «ذى الوجيب»]، ع «لجب»

٣٢٢

موشحة لابن حزمون

ايدرى البرق من تلك الخيام   جفن من أرّق[1]
سقى الابق الذى يرعى جفونى   صوبه الرقراق

لمن قد بان فى قلبى مقام   وله مثوى
على دار الهوى منى سلام   قدر ما اقوى
ولما ان نأت تلك الخيام   باح بالشكوى
حفيظ للمودة والذمام   ربما رقرق
لتغريد الحمام على الغصون   فى الدجا †الرقراق†[2]

ادار[3] لا يزال على العقيق   طلحها وارف
قدحت النار فى زند[4] المشوق   بالضنا عارف
الا ادى الى ذاك الفريق   اننى تالف
فيا ليت النوى للمستهام   لم تكن تخلق
اضاع مواضع العلق الثمين   للمنا اعلاق[5]

فؤادى ظل يخفق فى ضلوع		ما له خافق
احبتنا[6] اليكم[7] دموع		اننى عاشق
اذا غنى الحمام على الفروع		فى الدجا الغاسق
بكيت له [8]بادمعى السجام[8]		فلما تطبق
[9]بكا الورى[9] ترفل فى الدجون		ادمع العشاق

بدا كالشمس ترفل فى شعاع		طالع السعد
وادنى كفه عند الوداع		من يد العبد
لقد اكرمت مولاى استطاع[10]		فاجن من حمد
ازاهر تزدرى زهر الحمام		نشرها يعبق
كانفاس الاحبة روعونى[11]		ولهم اشفاق

حكيت لنا ابا داود منزع		للعلى باهر
فحسبى ان اقول وانت تسمع		نفثة الشاكر
واشدوا اذ اتى نفس تضوع		للصبا عاطر
ايا ريح الصبا بلغ سلام[12]		نجل عبد الحق
وقبل كفيه[13] فى كل حين		عن شج مشتاق

١ كذا قرأتُ، ع «ارفى» – ٢ الظاهر أنّ الكلمة منقولة من المطلع – ٣ كذا ع، ولعلّ الصواب هو «أدارًا» – ٤ ع «رند» – ٥ ع «اعاق» – ٦ يعنى «أَحِبَّتنا» – ٧ كذا ع، ولعلّ الصواب مثل «أأنبتكم» أو «تنبّيكم» – ٨ كذا قرأتُ، ع «بادمع سجام» – ٩ كذا ع، والأرجح أنّ الصواب هو «بكاء الورق» – ١٠ كذا ع، ولعلّ الأصل هو مثل «اتّضاحى» – ١١ كذا ع، ولعلّ الصواب هو «ودّعونى» – ١٢ كذا قرأتُ، ع «السلام» – ١٣ كذا ع، ولعلّ الصواب هو «كفّه»

حرف السين

٣٢٣

موشحة

غصن الهوى فى فؤادى غرسا   لم اجن[١] [٢]شيا منه غير[٢] طول اسا

حللت بالروضة[٣] الغناء
فاشرب هنيئا مع الظباء
صهباء ناهيك من صهباء
صيرها الدهر كالهباء[٤]

اظما اليها فاسقى فبسا   ناهيك سقيا رد ماتمى عرسا

ارغب عن صحبة النديم
حتى يكون شبيه الريم
نقلى من خده الوسيم
عند ارتشاف ابنة الكروم

لهفى على رسم عيش درسا   كان الحميا والحبيب فاختلسا

مضى زمان الرضا يا يحيى
فسوف افضى وانت المحيا
حكيت فيما صنعت الدنيا
اذ جئت قربا وجئت نايا

مذ الهوى جر ان تلتمسا   قربا ونايا احسن الهوى واسا

هل عودة لليالى الوصل
اذ نحن من عيشنا فى ظل

بين المدام وبين النفل
لا انس لا انس عهد الخل
اذ طاف بدرا بكاس حبسا   ابدى[5] اليا منه كوكبا وحسا

يومى مع الحب مثل امس
اصبح ڢى وصله وامسى
ڢها انا معه ڢى انس
ڢكم دعت حين تشدو نڢسى
طاب عيشى الله يديمه[6] وعسا   انا ويحيى ڢى وصال صباح ومسا

١ ع «احن» – ٢ ع «شيا غير»، ولكنّ السياق يقتضى زيادة مثل «منه» – ٣ كذا قرأتُ، ع «بروضة» – ٤ كذا ڢى المخطوطة على ما يبدو – ٥ ع «ايدى» – ٦ كذا قرأتُ، ع «يديم»

٣٢٤

موشحة لابى العبّاس الاعمى[1]

ءاه من ضنين   ڢى الڢؤاد مكنون
كيڢ بالخلاص   وهو بين انڢاس

بابى نڢور   لا ينال بالختل
بارع غرير   يستريب من خبل
بات يستشير   رايه على ڢتلى
سىء الظنون   مطرڢا الى حين
صاده اڢتناصى   بحبائل الكاس

اين من غرام   نازع[2] الى الهجر

مايس[3] القوام كالغلامة البكر
عب بى المدام بارتوى من السكر
نفلت جعونى عزتى الى الهون
ما انا بعاص حرفى ووسواس

يا ابا الحسين هب دمى لانصارى
ان بعد عينى طالبا[4] على ثارى
ليس كل دين مثل دين او ثار
تشتهى منونى وتخاف من دون
حكمة الفصاص انصبت من الناس

كيف لا يهاب شادن هو الليث
مفدم[5] يصاب حيث لا به[6] حيث
كفه سحاب ونواله غيث
اسد العرين بات غير مامون
لابس الدلاص خلفا[7] من الباس

بضحت هواها بيه كل غيداء
خضبت يداها بخضاب حناء
ولفد تناها بيه فول حسناء
ليلة ان تجينى وانا بتحنينى
نعطيك النواصى والضمير من راسى

١ هذه الموشّحة موجودة فى جيش التوشيح (فصل ٣، موشّحة ٩) بين موشحّات الأبيض – ٢ كذا فى جيش التوشيح، ع «بازع» – ٣ كذا فى جيش التوشيح، ع «ليس» – ٤ كذا ع، وفى جيش التوشيح «حافزا» – ٥ كذا قرأتُ. فى جيش التوشيح «بطل»، ع «مفدام» – ٦ كذا ع، وفى جيش التوشيح «بها» – ٧ كذا ع، وفى جيش التوشيح «حذرا»

موشحة لعبَادة المرى[١]

اى عسجديه — كالشهاب كالقبس
عذبة شهيه — كالرضاب كاللعس

هاتها شمولا — فى حدائق زهر
جررت ذيولا — كل يانع نضر
يبعث العفولا — حسنها على الشكر
جعلت رسولا — لها[٢] ذلك النشر
فلها تحيه — فى الاصيل والغلس
نفحة ذكيه — عنبرية النفس

روضة[٣] بهام[١] — لا يمل هاجره
من ندى همام — كالحصا ماثره
عز فى الانام — ضيفه وزائره
بات فى اعتصام — كل من يجاوره
نفسه العليه — اخلصت من الدنس
فهى كوكبيه — روحها من القدس

نحن فى امان — عند من له الفضل
ملك يمان — طعم ذكره يحل
بحيا البنان — منه ينجلى المحل
فهو كالزمان — غير انه عدل
عمت البريه — فى ذراه بالانس
عيشة رضيه — فالجميع فى عرس

العلى تنادى   بلسانها الناطو
ليس للعباد   ملك سوى الواثو
فلب ذى العناد   مثل بنده خافو
ايها المعادى   خجه ان علا سابو
اسد الحميه   بوو صهوة الڢرس
ڢاحذر المنيه   من يمين مڢترس

روضه يناطح   بفصوره الشهبا
والى صمادح   سيد الورى نسبا
هزت المدائح   فصره به طربا
ڢشدوت مادح   شدو من به عجبا
تڢخر المريه   ڢى بلاد اندلس
بالصمادحيه   ورء يسها الندس

١ كذا ع – ٢ كذا قرأتُ، ع «طها» – ٣ ع «روضتا»

٣٢٦

موشحة

يا فلب لفد حملت اشجانا
واصبحت لا تامل سلوانا
على ذا عرفنا الحب مذ كانا
ڢيا فلب كم تغرى بوسواس   وتاتى الامان[1] عفب الياس
يا مرتحلا ما زال عن بال

اولى لى فى حبك اولى لى
ويا سائلى ما شئت من حالى
فد ذبت باشوافى وانفاسى   واغريت[2] حتى ذاب جلاسى

اذا سجعت فى ايكها الورق
شجانى الهوى فافتزنى العشو
وبدرى اذا أطلعه[3] الافو
سجدت على مراى من الناس   كما سجد الابريق للكاس

رشا ما علمت الحب لولاه
يضن بفربى حسبى الله
وفد علفت بالفلب عيناه
كما علق الحبر بفرطاس   فوا حر فلباه ولا ءاس

لو شئت لافبلت اعاطيكا
اسرى[4] هوى تفضى[5] الى فيكا
واى فؤاد لم يهم فيكا
اهواك وما فى الحب من باس   رحماك ورحمى فلبك الفاس

١ يعنى «الأمانى» – ٢ ع «اعريت» – ٣ كذا قرأتُ، ع «طلعه» – ٤ يعنى «أسرّى» – ٥ كذا ع، ولعلّ الصواب هو «يفضى»

٣٢٧

موشحة لعبادة المالفى

دم الصب   وان عز مطلول

فذر[1] عتب فلومك تضليل
فذو الحب عن العذل مشغول
باشواق فكلنى لوسواس
اذب عشفا فما فيه من باس

سبا لبى بتفتير عينيه
رشا يصبى براعة[2] خديه
ففى فلبى لاسهم لحظيه
جوى باق فما هو بالاس
لما الفا ولا انا بالناس

ايا لهفا وان باح ما اضمر
وهل تخفا طوية مستهتر
وفد اوفا كبدر الدجا المفمر
من اطواق على غصن الاس
لكى تشفا به انفس الناس

ارى فرضا هوى من يرى السفما
لنا فرضا ويستحسن الظلما
ولو بعضا تشكيته مما
انا لاق الى الحجر الفاس
اذا رفا لزفرة انفاس

لفد عنا وهيج اشوافى
متى غنا ليفى مع السافى
اذا ضنا فيظفر بالبافى

ايا ساق | اخر عنى اكواسى
عسى نبفا | ويسكر جلاسى

١ كذا قرأتُ، فى المخطوطة ما يماثل «بذر» – ٢ كذا ع، ولعلّ الصواب هو «بناعم»

٣٢٨

موشحة لابراهيم بن سهل[١]

هَل[٢] دَرَى ظَبْىِ الحِما ان فد حَمَا | فَلْب صَبٍّ[٣] حَلَّهُ عَن مِكْنَسِ
فَهْوَ فِى حَرٍّ وَخَفْقٍ مِثْلَمَا | لَعِبَتْ رِيحُ الصَّبَا بِالفَبَسِ

يَا بُدُورًا اَطْلَعَتْ يَوْمَ النَّوَى | غَرَرًا تَسْلُكُ فِى نَهْجِ الغَرَرْ
مَا لِعَيْنى وَحْدَهَا ذَنْب الهَوَى | مِنكم الحسن وَمنْ عَيْنى النَّظَرْ
أجْتَنى بالذَّات[٤] مَكْرُوه الجَوَى | والتدان[٥] من حبيبى بالفِكر
وَاِذَا اشْكُوا بِوَجْدِى بَسَمَا | كَالرُّبَا وَالْعَارِضِ المُنْبَجِسِ
اذْ يُفيمُ الْفَطْرُ فِيهَا مَأْتَمَا[٦] | وَهْىَ مِن بَهْجَتِهَا فِى عرس

مَن اِذَا اُمْلِى عَلَيْهِ حُرَفِى | طَارحَتنى[٧] مُفْلَتَاهُ الدَّنِفَا
تَركَتْ الحاظه من رَّمَق | اَثَر النَّمل عَلَى صُمِّ الصَّفَا
وَاَنَا اشْكُرُهُ فِيمَا بَفِى[٨] | لَسْتُ اَلْحَاهُ عَلَى مَا أَتْلَفَا
هُوَ عِندِى عَادِلٌ اِن ظَلَمَا | وَنَصِيحِى نُطْفُهُ كَالخَرَسِ
لَيسَ لِى فِى الأَمْر حُكمٌ بَعْدَمَا | حَلَّ من نَفْسِى مَحَلَّ النَّفَسِ

غالب لى غالب بالتؤده | بابى افديه من جاف رفيق
ما علمنا فبل ثغر نضده | افحوانا[٩] عصرت منه رحيق

اخذت عيناه منه العربده   وفؤادى سكره ما ان يفيق
فاحم المقلة معسول اللمـا   ساحر الغنج شهى اللعس
وجهه يتلوا الضحى مبتسمـا   وهو من اعراضه فى عبس

ايها السائل عن جرمى اليه   لى جزاء الذنب وهو المذنب
اخذت شمس الضحى من وجنتيه   مشرفا للصبر فيه مغرب
ذهبت[10] دمعى اشوافى عليه   وله خد بلحظى مذهب
ينبت الورد بغرسى كلمـا   لحظته مقلتى فى الخلس
ليت شعرى اى شىء حرما   ذالك الورد على المغترس

انفدت دمعى نار فى ضرام   تلتظى فى كل حين ما تشا
هى فى خديه برد وسلام   وهى ضرّ وحريق فى الحشا
اتقى منه على حكم الغرام   اسدا وردا واهواه رشا
قلت لما ان تبدى معلمـا   وهو من الحاظه فى حرس
ايها الاخذ[11] قلبى مغنمـا   اجعل الوصل مكان الخمس

١ هذه الموشّحة موجودة فى عدّة مراجع ، أهمّـها ديوان ابن سهل (موشّحة ١)، وأزهار الرياض (٢، ٢١٣)، ونفح الطيب (٧، ٦١) – ٢ المخطوطة غير واضحة – ٣ ع «صَبِّ» – ٤ كذا ع وديوان ابن سهل، وفى نفح الطيب وأزهار الرياض «اللذات» – ٥ يعنى «التدانى» – ٦ ع «مأثما» – ٧ ع «صَارَحَتَّ» – ٨ ع «بَـفَى» – ٩ ع «امحوانا» – ١٠ يعنى «ذهّبت» – ١١ يعنى «الآخذ»

٣٢٩

موشحة

يا جنة العانـى   يغدوا بها رضوانيه[1]   ويمسى

لا توحش المثوى لله ما اولانيه بالانس

وبخذ[2] بما لا اطيق مولاى من هذى[3] الدموع
يرعاك جفن طليق لم يدر ما طيب الهجوع
شعشعت بيه الرحيق كاسا بكاس بالدموع

واصلت[4] اشجانى ببت من سلطانيه[5] بى باس
وبحت بالشكوى باستعبرت اجبانيه بى الكاس

لله در الهمام محمد بن جابر
اعلى يدى بى الانام رغما لكل شاعر
كم من كؤوس مدام مذمومة الاواخر

وكاس احسانى[6] تضىء بى جثمانيه كالشمس
لم يولنى جدوى وانما احيانيه من رمس

كم ذا تكون الليال امرا عساه ان يكون
وانهض بان الحال[7] ملك عزيز[8] او منون
نبه صدور العوال ونم لها ملء الجفون

انالها الجانى بقد جرى سلطانيه من نبس
يا غاية[9] القصوى وقد طغى شيطانيه بى راس

يا شاربا من بجاج ورد قليل مائس
انصبت حر الهياج من كل ليث عابس
وانت تحت العجاج تنشد كل بارس

الدهر ميدانى وهمتى برسانيه بى الباس
بان لى دعوى باليوم[10] قد اغنانيه عن امس

لله ايام طيب ما كان احلاها لدى

فبلت فيها الحبيب يرضيه شيء ١١
وفلت كالمستريب ما ادرى هل لى او على

ان كنت تهوانى فبل حبيبك ثانيه يا انس
يا جنة الماوى واجعل ثمارك دانيه من نبس

١ كذا قرأتُ، ع «روضانيه» – ٢ فى المخطوطة الفاء مفقودة بسبب ثقب – ٣ ع «هذا» – ٤ الكلمة غير واضحة فى المخطوطة – ٥ كذا ع، ولعلّ الصواب هو «سُلوانيه» – ٦ كذا ع – ٧ كذا ع، والظاهر أنّ النصّ غير صحيح – ٨ ع «عزير» – ٩ يعنى «غايتى» – ١٠ كذا فى المخطوطة على ما يبدو – ١١ سقط لفظ، ولعلّه كان فى الأصل «يرضيه ...... شى»

٣٣٠

موشحة

مزق الصبح اديم الغلس عندما انصدعا
واغتدا الروض ذكى النبس غب ما همعا
بادر كاس الطلا كالفبس نورها سطعا
بكان الكبف لما ان حواه بلك الشمس
باذا ما حجبت نحو الغروب كان بى النبس

بابى ظبى نبى عنى الكرا عندما هجرا
اى ظبى فانص اسد الشرا عندما نظرا
باحذروا منه سهاما بى الورى ايما حذرا
[1]من جبون ويح من امت حماه[1] بئس ما يمس
من كلوم برؤها عند الطبيب ضمة الرمس

فد خلعت العذر يا صاح ڢما   ابتغى عشفا
وحويت السبق ڢى الحب كما   فد حوى السبفا
بانڢراد الحسن حتى ان ما   ڢوفه مرفا[2]
من محيا ڢيه للحسن اشتباه   ليس للانس
اجتنى بالشم زهر كل طيب   عز عن لمس

عبثت كف الهوى ڢى كبدى   من هوى †خلاد†
وكست خبلا وسفما جسدى   يا لها ابراد
وصريع الحب ما من فود   ڢيه للاساد
يحسب اللفيا ڢؤادى ڢى هواه   رشدا ينس
كل صب سبل الرشد المصيب   عدم الانس

غن [3]ڢى الوجد[3] الذى بى والاسى   [4]ارى اس[4]
وفصارى املى ڢيه عسى   وهو ايناسى
غير ان الفلب يشدوا دارسا   ڢيه وسواس
ان هجر حبى وان صد وتاه   نصبر انس
على [5]ذل ڢش[5] يعمل الحبيب   ترتضيه نڢس

١ ع «من جڢون ويح من امت ونح حمـاه» – ٢ كذا ع ، ولعلّ الصواب هو «يرفا» – ٣ كذا ع ، ولعلّ الصواب هو «ڢالولد» – ٤ كذا ع ، وأميل إلى الرأى بأنّ الصواب هو «لا أرى آس» – ٥ كذا ع

٣٣١

موشحة لابن بڧى

صل ببنت الكروم   طرب الجلاس

واجل ليل الهموم　　بصباح الكاس

ما على من عذل　　لو افام عذرى
فى الصبا والغزل　　باصطباح الخمر
هل بلوغ الامل　　غير فطع الدهر

بمدام تديم　　لذة الايناس
حثها يا نديم　　كسنا[1] مفباس

طال ليلى ولا　　مسعد فى السهر
وانطويت[2] على　　جاحم مستعر
وظميت الى　　جوهرى خصر

وفتنت بريم　　غير ذى استيناس
ناشئ فى النعيم　　والفؤاد فاس

حبذا للفخار　　وامان السرب[3]
احمد بن خيار　　ذو النوال السكب
اين منه البحار　　وغوادى السحب

بابى من زعيم　　مثل طود راس
فدره فى النجوم　　وهو بين الناس

يا وزير اغتنم　　حمد اهل الدنيا
بدفاع الملم　　واكتساب العليا
بك عاد الكرم　　بعد موت حيا

فالنوال عميم　　كالحيا البجاس
والرجاء سليم　　من حدوث الياس

ما يشك احد　　للذى يوليه

ان خير بلد   بلد تحويه
فل بغير فند   للنزيل فيه
هل شممت نسيم   كنسيم فاس
او رايت كريم   كابى العباس

١ ع «كسناء» – ٢ كذا قرأتُ، ع «انطوت» – ٣ ع «الشرب»

٣٣٢
موشحة لابن زهر

ءاه من حرارة[1] انفاس   ووسواس
خاب عاذلى نصحا
كم اكتم[2] البرحا
والمدامع السفحا
وهى بى تنم لجلاسى   وحراسى
فل لمطلع الفمر
تحت طرة الشعر
ما عليك من سهر
اذ ابيت اضرب اخماسى   باسداس[3]
يا فضيب ريحان
عطفته ريحان
من عليك يلحانى
شد لم يلن فلبه الفاسى   لايناس

ان حرمتنى ودك

ومنحتنى[4] صدك

لست ناسيا عهدك

لا وحق وجهك ما الناس   من الناس

اخذت بامافى

سكرتى واشوافى

اذ افول للسافى

خلنى نطيب ويميل راسى   على كاس

١ كذا قرأتُ، ع «حر» – ٢ يعنى «أكتِّم» – ٣ كذا قرأتُ، ع «لاسداس» –
٤ كذا قرأتُ، ع «ونحتنى»

٣٣٣

موشحة

الراح راحت براح   تديرها الكاس

شعاعها كالصباح   حلى بها ورس

هذا اوان السرور   وهذه الخمر

تختال ڢى ثوب نور   كانها الدر

ڢاشرب كئوسا تدور   نسيمها عطر

وواصل الارتياح   ڢدهرنا عرس

ايامنا ذو سماح   فد امكن الانس

ادر كئوس العفار   صرڢا لحاسيها

حمراء[1] كالجلنار فى كف سافيها
وهاتها كالدرار افلاكها فيها
من كف خود رداح يزينها الخرس
تدير راحا براح بنانها الخمس

من لى بلحظ سفيم يحيى رياض الخفر
يسفى بماء النعيم [2]نوال مالى الزهر[2]
ريحانة[3] للشميم ونزهة للنظر
فى وجنتيه الملاح كانه نفس
يسود[4] فوق الصباح كانه طرس

ظبى احم الجفون للبدر مرءاه
فد انبت الياسمين والورد خداه
يكاد من فرط لين تنفد[5] خصراه
رفيق مجرى الوشاح ما ان له جنس
الحاظه فى الكفاح الرمح والترس

عشيت[6] لما بدا فردا بلا ثان
وفلت لما غدا عظيم سلطان
كانما فلدا ملك سليمان
محمد يا ملاح ما بينكم شمس
تهواه بالاصطلاح[7] الجن والانس

١ ع «حمرا» – ٢ كذا ع، والظاهر أنّ النصّ غير صحيح – ٣ ع «ريحانه» – ٤ يعنى «يسودُّ» – ٥ كذا ع، ولعلّ الصواب هو «ينفدُّ» – ٦ ع «غشيت» – ٧ كذا قرأتُ، ع «باصطلاح»

٣٣٤

موشحة لابن بفى

هى الافدار		وحسب[١] الفتى ما اختار
واحظى الناس		صريع الهوى والكاس

على رسلك		فان المدى اطول
ومن فبلك		تمرست بالعذل[٢]
بان اهلك		ومن لى بان افعل

على افصار		من امرى واستبصار
فما من ءاس		وما بالضنا من باس

ضنى جسمى		ادل على وجدى
نسيت اسمى		ولم انس ما عندى
غدا خصمى		فهل حكمه يعدى

على غدار		بعهد الوفا ختار[٣]
طوى الايناس[٤]		خلال الرجا والياس

جرى احمد		الى الغاية الفصوى
من السودد		فاحرزه شاوى
فتى ايد		على الشك[٤] والشكوى

اذا ما جار		زمان فنعم الجار
جلا الالباس		باذكى من النبراس

سنى البدر		اذا اظلم الخطب
حيا الفطر		اذ اضطرب[٥] الجدب

وكالبحر ولاكنه عذب
له ءاثار كما لاحت الاقمار
الى انفاس كما هب عرف الاس

رعى الله امالك ما اسعد[6]
وكاساه[4] يدور بها اغيد
وهناه اخو ثقة ينشد
دع الاوتار يخاصمها المزمار
وهات الكاس فى ود ابى العباس

١ كذا قرأتُ، ع «حسبى» – ٢ يعنى «بالعذّل» – ٣ يعنى «خَتّار» [خائن] – ٤ كذا فى المخطوطة على ما يبدو – ٥ كذا ع، ولعلّ الصواب هو «اذا اضطرب» – ٦ ع «اسعدك»

٣٣٥

موشحة لابى العباس الاعمى

ارى الاقمار تعنوا[1] لك من اكبار
ويصبوا الاس الى قدك المياس

كذا اشرق من البارد العذب
ولا ارزق وصالك يا حب
اما تشفق لمكتئب[2] صب
له استعبار مثل الدمعة المدرار
الى انفاس قد احرقت الجلاس

سطا التفريق عليه مع الصد

ولا مخلوق   يواسيه ڢى البعد
سوى ابريو   يفهفه كالرعد
اذا ما دار   واعفبه التذكار
بكى ڢى الكاس   دموع الرجا والياس

خذوا حسد   بفولى اڢصاحا
مشى السودد   يطوى الارض مرتاحا
الى احمد   ولله اذ لاحا
الى الابصار   وجاد بلا مفدار
ڢفال الناس   هذا العارض البجاس

ايا ندبا   من خلق وانعام
ويا عضبا   من حزم وافدام
ذر الحربا   وطاعن بالافلام[3]
هى الافدار   فد اجرين ڢى الاسطار
دم الانفاس   على وجنة الفرطاس

اجب عشرا   رسول بنى اڢلح
وفل جهرا   لمكتسب اصبح
يرى النفرا   من مشربنا ارجح
دع الاوتار   يخاصمها المزمار
وهات الكاس   ڢى ود ابى العباس

١ ع «معنوا» – ٢ كذا قرأتُ، والمخطوطة غير واضحة – ٣ كذا ع، والأرجح أنّ الصواب هو «بِأفلام»

موشحة لابن اللبانة[١]

كذا ينفاد   سنا[٢] الكوكب الوفاد
الى الجلاس   مشعشعة الاكواس

افم عذرى   ففد ءان ان اعكف
على خمر   يطوف بها اوطف
كما تدرى   هضيم الحشا اهيف
اذا ما ماد   فى مخضرة الابراد
رايت الاس   باعطافه فد ماس

من الانس   وإن[٣] زاد فى النور
على الشمس   وبدر الديجور[٤]
له نفسى   وما نفس مهجور
غزال صاد   ضراغمة الاساد
بلحظ جاس   خلال ديار الناس

الا دعنى   من الصد والهجر
وحدثنى[٥]   حديثين فى الفخر
وفل انى   احدث عن بحر
سطا وجاد   رشيد بنى عباد
فانسى الناس   رشيد بنى العباس

جلا[٦] الاحلاك   بنور العلا مرءاه
فما الافلاك   تدير سوى علياه
كذا الاملاك   عبيد عبيد الله

ومن ارتاد[7] فياسك بالانجاد
وجهلا فاس سنا[2] الشمس بالنبراس

لك الفضل وانك من ءاله
راى الكل منكم كنه ءاماله
مما يخل من ينشد فى حاله
بنى عباد بكم نحن فى اعياد
وفى اعراس لا عدمتم للناس

١ هذه الموشّحة موجودة فى جيش التوشيح (فصل ٤، موشّحة ٢) وفى دار الطراز (موشّحة ١٢)، ويوجد فى المغرب (٢، ٤١٥) المطلع والدور الأوّل والسمط الثالث – ٢ ع «سنى» – ٣ كذا فى جيش التوشيح ودار الطراز، ع «ففد» – ٤ ع «لديجور» – ٥ كذا ع. فى جيش التوشيح «وخذ عنِّى»، وفى دار الطراز «خذ منِّى» – ٦ كذا فى جيش التوشيح ودار الطراز، ع «حلا» – ٧ كذا ع، وفى جيش التوشيح ودار الطراز «أراد»

٣٣٧

موشحة

حسبك من جملة المطالب نيل نعيم وصرف بوس
وخذ من الدهر بعض ثار بشرب مشمولة الكئوس

موضع انسى واكتئابى[1] هل للرضا غرة تلوح
جمالك الفرد اصل ما بى وهل الى غيره جنوح
اعطيته مفود التصابى ولم اخل انه جموح

لاح فكان الغرام واجب　　　شمسا توارت له الشموس
منه بافق الجمال سار　　　لاكنه يالف النفوس

ضن فما زار فى المنام　　　معتذرا عنه بالسهاد
يابى لنفسى سوى الغرام　　　فارث[2] لها صعبة تفاد
وراءه فى الهوى امام　　　يسلك بى حيثما اراد
سالمت من لحظه محارب　　　غادر بين الحشا وطيس
اظفر ما شاء[3] باصطبار　　　وجدا على خاطرى حبيس

تبديه نفسى وما لديها[4]　　　فلا نفل[5] انه قليل
من همة لم تسو اليها　　　غير هوى شادن بخيل
ياخذ طرف المنا عليها　　　فما له نحوها سبيل
بروق ميعاده كواذب　　　ووجه احسانه عبوس
يجنى فالفاه باعتذار　　　لو لان صعب لمن يسوس

ما باله لم يزل يحيل　　　سلطان هجرانه على
فى وجهه عذرى الجميل　　　يا ليته فيد ناظرى
طورا الى هجره يميل　　　وتارة ينثنى الى
الفيته راضيا وعاتب　　　ظبى كناس وليث خيس
ان راع وفت العتاب ضار　　　رافك عند الرضا انيس

يا عذر صب به مروع　　　شارف سلوانه وكاد
ثم انثنى نحوه بروع　　　يحفزه وجده المعاد
[6]ذكره فدرة الخليع[6]　　　اذ هجر الشرب ثم عاد
[7]اش كنت مر تفل تائب[7]　　　فقلت معدود هى الكئوس
خلونى يفوم[8] على اختيار　　　الخمر هى راحة النفوس

١ كذا قرأتُ، ع «واكتابى» – ٢ ع «ڢارت» – ٣ كذا ع، ولعلّ الصواب هو «شئتُ» – ٤ ع «لديه» – ٥ كذا ع، ولعلّ الصواب هو «تفل» – ٦ يكثر الشكّ فى القراءة لأنّ المخطوطة غير واضحة – ٧ كذا فى المخطوطة على ما يبدو، ولعلّ الكلمة الأولى «لش» – ٨ يعنى «يا ڢومى»

٣٣٨

موشحة

من لى بتانيس ولا شىء يسلينى منذ زمت العيس

ساروا غلسا بذات العفيڧ
وڧد عسعسا صباح المشوڧ
جڢنى ڧد اسا بالدمع غريڧ
يشكوا من ڧسا بڧلب خڢوڧ

منوا بتعريس ولو بعض ما حين[1] ايها الطواويس

ڢيا عاذلى كڢا عن ملامى
حسبى ما لدى من ڢرط الغرام
ولومى غى ڢى حب الرئام
وعار على وجدى وهيام

بتلك الشموس من تلك الرياحين ڢوڧها الحناديس

همت ادمعى بحبك احمد[2]
يابا مضجعى الا ان اسهد
ڢڢى اضلعى نار تتوڧد
لا صبر معى ڧد بان التجلد

مذ عز الانيس ڢلا صبر محزون مانع الوساويس

ايا من ظعن　　اوحشت مشوفا
يا فد غصن　　يا درا انيفا
يا كل حسن　　يا مسكا فتيفا
ملكت فكن　　فظا او رفيفا
فانت الرءيس　　سلطان السلاطين　　والجميع مرءوس

ما فى الغيد ما　　كالظبى المعشا[1]
يسبى الاىما　　[2]اذا ما تمشا[3]
وكم مغرما　　لا يضمر غشا
ان ذاق اللما　　يفل †للرشا†
فمك اذ نبوس　　يطيب لى يا مغلين[4]　　سكر وعروق سوس

١ كذا ع – ٢ ع «يا احمد» – ٣ كذا قرأتُ، ع «اذا تمشا» – ٤ كذا فى المخطوطة على ما يبدو

حرف الشين

٣٣٩

موشحة

هم بفطف الورود　　فوق صحف الخدود　　من رشا
واصطبح بالاغانى
وببنت الدنان
بوجوه حسان
واستماع لعود　　واصطباح جديد　　وانتشا
بابى فى الملاح

١ وجه الصباح

باسم عن افاح

لؤلؤ ڢى برود   ڢيه انس العميد[٢]   مذ نشا

[٣]سكرى[٣] الصڢات

ناعم الوجنات

ساحر اللحظات

كالغزال الشرود   او كبدر السعود   ان مشا

[٤]ڢيكَ أَبا إسْحَاق[٤]

ذُقْتُ مُرّ المذاقِ[٥]

منك يَوْمَ الڢِراقِ[٥]

وَدُمُوعى شُهُود   تَشْڢِى[٦] غَيْظَ الحَسُود ٧

لَما ان جاء زائرْ

وَدُجَى اليل عَاكِرْ

قُلْتُ ڢيه مَڢَاخِرِ[٨]

جَا مَليح الصُّدودْ   بعْد نقْضِ العُقُود   ڢى العشَا

١ سقط لفظ – ٢ كذا قرأتُ، وڢى المخطوطة ما يماثل «العيد» – ٣ قراءة مشكوك ڢيها – ٤ كذا ع – ٥ ع بتسكين القاف، ولكنّ الوزن يقتضى كسرها – ٦ ع «تشڢنى» – ٧ سقط لفظ مثل «والحشا» – ٨ كذا ع، والأرجح أنّ الصواب هو «مُڢاخر»

لعبادة المالقى

هَلْ لما بِى طَبِيب   من أَليمِ النَّـهشِ
اذ ابيت[١] سَلِيمْ   بالعُـيُون الرفْش

ءَاهُ من عِلّتِى   فَـد دَّنَا تَـوديع
ذَهَبتْ صِحَّتِى   بالكرَا المَنْـنُوع
يا ذَوِى خلتِى   كَـيْفَ بالمَـلْسُوع
من جُفُون رَبيبْ   شاردُ فِى الوحْشِ
رد جسْمى سَفيمْ   لا يرَى فِى الفِرْشِ

عَـلِّلُوا رَمَـفِى   بشَـذَا انفَاسِهْ
سَكِّـنُوا فلَـفِى   بحُلا وسْوَاسِهْ
بَـرِّدُوا حُـرَفِى   بِحُـميَّـا كَـاسِهْ
لوْ بذَاك الشَّـنيبْ   مِن لِثاتٍ خُـمْشِ
عَـلَى[٢] فتلى يَـرِيم   لاحِيًا فِى نَـعْشِ

مرَّ بى نَـازحَـا   ودَنَى لو يُـدْنِى
بالنَّوى بَـارحَـا   كالفَضِيب اللّـدْن
ينْثَـنى رَاجحَـا   فِى الربَـا من عَـدْنِ
يَـا لَـهُ من فَضِيبْ   يَـغْـتَذِى بالرشّ
تحْتَ برْد النَّـعِيم   برَذَاذِ العَـرْشِ

نشْـره سحَـرَا[٣]   روْضة الخَـيْرى
شربُـه مطرَا   عَـبق الألْـرى[٤]
مَـاشِيًا فِمرَا[٣]   فِى صَفَـا دُرِى

لیتَه لَا یَغِیبْ   فَسَناهُ یُعْشِی
نَیِّراتِ النُّجُومْ   وَبَنَاتِ نَعْش

زُرتُه هَائِمَا[3]   فِی تناهِی سُکْرِی
وافِعًا فائمَا[3]   لیْس شیْئًا ادْرِی
فَشَدَا ناظِمَا[3]   ما رءَا من امْرِی

یَا جَمال الحَبِیبْ   اذ اتَانَا یَمْشِی
ویفَعْ ویفُومْ   ویفُول أشْ ذا شَرِّ

٣٤١

لهُ ایضا

کیف ان یَّسْلَا   مَن بَراهُ الهَجْرُ

فِی هَوَی من لَّا   یتعاطَی[1] البدْرُ
حسْنُه کلَّا   لیسَ عنهُ صبرُ[2]

سِرِّی المکْتُوم   فِی هَواه فَاشِ

أنَا افْدِیه   من غَزَال ناعِمْ
فِی جَنَی فِیهِ   بُرءُ سُقْم الهَائِم
لمْ اطعْ فِیهِ   کلَّ واش لَائم

انّ عیْنَ اللّوم[3]   ان یُطَاعَ الواشِی

لسْتُ اسْلاهُ   وبقَلْبِی بَلوَی
منهُ لولاهُ   کُنتُ منه خلْوا[4]

حَسْبىَ اللّه   واليْهِ الشّكْوى
كلّ ذا مَحتُوم   بِدَعُوا ايحاشى[5]

ان يكُن اظْهر   غدرهُ[6] اوْ حَالَا
لم ادعْ مفْخر[7]   فِى الفِلَى[8] او حَالَا
انّ لى معْشَر   سادة ما زالَا
بالعُلى معْلُومْ   كهْلُهُمْ والنَّاشِ

مَالَ اذ مرَّا   ماشيًا كالغُصْن
يفْضَحُ البدْرا   من تَناهِى الحُسْنِ
وشَدَا عُذْرا   من حَياءٍ منّى
وَنَفَعْ ونفُومْ   ونفُلْ أش[9] ذَ شِّ

١ كذا ع – ٢ ع «صبُرْ» – ٣ ع «اللؤم» – ٤ ع «خلْوًا» – ٥ الكلمة غير واضحة بسبب ثقب فى المخطوطة – ٦ كذا قرأتُ، ع «عُذرهُ» – ٧ كذا فى المخطوطة على ما يبدو – ٨ كذا ع، والأرجح أنّ الصواب هو «العُلَى» – ٩ كذا قرأتُ من نصّ الموشّحة السابقة، ع «شْ»

٣٤٢

موشحة

مَن لِى بذَاك الشَّنَبِ الألْعَسِ[1]   وَلَمْ يَزَلْ مُعْطِشى

كَم ذَا ارجّى النَّفْسَ بالْباطِلِ
اجدُّ فِى حُبِّ رشًا هَازِلِ[2]
ولا ارَى للهَجْرِ من طَائل
الّا ضَنًى فِى جَسَدٍ ناحِلِ

لا يَحْسِبُ السُّفْمَ سِوَى ملْبَسِ   من زَفْرَةٍ فَدْ حُشِ

يا جَنَّةَ الخلْدِ ومغنَى النَّعِيم
ومطْلِعِ الشّمْسِ بغُصْنٍ فَويمْ
يَضُوعُ منهُ المسْكُ عِند الشَّمِيمْ
كَروْضَةِ الحسْنِ دَنَتْ للمُفِيم
تَنِمّ بالسَّوسَنِ والنَّرجسِ   بالصُّبحِ وَالغَبَش

[3]يا امّ أَوْفا أنتِ[3] افْصَى الْمُنا
ثغْرك دُرٌّ ولَماكِ[4] الجَنا
وليْسَ للظَّمئانِ عنْهُ غِنَى
فَاسْمَحْ فَفِى وصْلِك بُرْءُ الضّنَى
فَد كُنتِ يا سِرَّ الهَوى مُونِسِ   فَلَا تَعُدْ مُوحِشِ

حَاشَى لذاكَ الوَجْهِ ان يبْخلَا
والبدْرُ من مَّنْظرِه مُجْتَلَا
اذْ هُو منْ[5] بهْجتِهِ أَجْملَا[6]
فِى ليلةِ النِّصْفِ اذا كملا
فَمن رأَى حُسْنَكِ لَمْ يَيْأَسِ   مِن وَصْلِكِ المنْعِشِ

وَربَّ عَتْبٍ فِى فَدِيم الزّمان
جَدَّدته باللَّفْظِ لَا بالجنَان
والفلبُ لا يرْضَى بفَول اللِّسَان
فانشَأَتْ تَسْحَرُنى بالبَيَانْ
هَذَا الحديث[7] كمْ لُ الذى فَدْ نُس   اياك[8] تُعيد أَنتَ شِ

١ من الحاشية، وفى النصّ «الأَعْلَسِ» – ٢ ع «هَازِلْ» – ٣ كذا قرأتُ، ع «يا امّ أَوْف فَانتِ» – ٤ ع «لَمَاكَ» – ٥ كذا ع، ولعلّ الصواب هو «فى» – ٦ كذا ع، ولعلّ الصواب هو «جمّلا» – ٧ ع «الحديثُ» – ٨ ع «اياكَ»

٣٤٣

موشحة

ايُّهَا القلبُ لا تَذُبْ سقَمَا يَوْمَ جَدّ[1] الرَّحيلْ
وأَقِمْ عُذر نَاظِرِى رسْمَا للتَّصَابِى مُحِيلْ
واخْلَع العُذْر لا تَرمْ كَتْما انَّه مُسْتَحِيلْ
كَيفَ اخْفِى دلَائل الحُزْنِ والضَّنا مفْتَشِ
وَدُموعِى كَواكفِ المُزْن بضَمِيرِى تَشِ

بِأَبى فى الغَرام تيَّاه لَيْسَ بالمُنصِفِ
صَدَعَتْ باللِّحاظِ عيْناه كَمَد المُدْنفِ
فاذا مَا لمحْت[2] مرْءَاه لمْحَ مسْتَعْطِف
ايْنَعَتْ فيهِ رَوْضَةُ الحسْنِ حِينَ لمْ يَخْتشِ
وَوَفاهُ بايّما حِصْنِ ايّما ارْفَشِ

يا سَمِىَ الخليل بُوّتْنَا[3] كَبدِى عَن تَراضْ
وَقسمْتَ الفؤَادَ إذ غِبْتَا بالصِّحاح المِرَاضْ
فتحكَّم بكُلِّ ما شئْتَا وافضِ ما أنت فاضْ
شَفَّنِى لحْظُ ذلكَ[4] الجفْنِ فَارْضَ أو جيشْ[5]
منْهُ للرَّاتِعِين[6] فِى أَمْنِ كلُّهَا مُدْهِشِ

[7]جُؤْذَرٌ من جَئَاذِرِ الأَمن[7] [7]أَهْيفُ سَاحِرُ[7]
شَبَّ[7] فِى رَوْضَةٍ على حَزْنِ[8] فَدُّه الناضِرُ
ومَحا حُسْنَ بَهْجةِ النَّفْسِ[9] خَدُّهُ الزاهِرُ
أيُّ بدْرٍ بَدا عَلى غُصْن فِى دُجَى أَغْبَشِ
مِن مُدَام الشَّبَابِ لَا الدِّنِّ لَمْ يَزَلْ يَنتَشِ

واذَا ارْتاحَ للنَّوى فلبُهْ[10] وأَبَى أن يَّلينْ
حذَرًا ان يُذله فُربُهْ[10] يجْعَل الهجْرَ دينْ
فِشَدَاهُ من الجَوى صَبُّهْ[10] شَدْوَ مُضْنًى حَزينْ
يَا حَبيب فَلْبِ لشْ تَجَنَّبْنِ بالغُدُو والعَشِى
أَرِ[11] يَدَّيكْ وفُمْ بِنَا يَا بنِ لَشْ تَخَفْ مِن شِ

١ كذا قرأتُ، فى المخطوطة ما يماثل «جَهدًّ» – ٢ ع «لمحتْ» – ٣ كذا قرأتُ، ع «بوَّأْتَا» – ٤ ع «ذاك» – ٥ يعنى «جيِّشِ»، ع «جبش» – ٦ كذا قرأتُ، ع «للرَّائعِين» – ٧ المخطوطة غير واضحة – ٨ ع «حُزْنِ» – ٩ كذا ع، ولعلّ الصواب هو «العين» – ١٠ ع بضمّ الهاء، ولكنّ الوزن يقتضى تسكينها ١١ ع «أرَ»

٣٤٤

موشحة لابن بقى

يَا خَليلىَّ سأَلْفَى اللّه من أَلم العِشْقِ
مثْلَ مَا مَاتَ[1] بِهِ فَبْلِى كَثِيرٌ[2] من الخلْقِ
أَنَا عبْدٌ وفليلٌ ذاكَ فِى نصَب الحقّ
للَّذِى أَهْوَى فِمَا يرْضَى بتَفْدِيَة العِتقِ[3]

كيْف والحبّ عَلى قَلبِى كتاب منْقُوشُ[٤] ليْس يمْحُوه [٥]اذا مِتُّ[٥] بِعادُ وتَوْحِيشُ

ما لِهَذا الحُبِّ يا قوْم يجدُّ ولا يَبْلَى
طَال ما قطَّعَ[٦] انفاسى وَشَيَّبنِى طِفلَا
فذَرُوا عَذلى فإنِّى قدْ خضَعْتُ لكمْ ذُلَّا
حَسْبُكُم لوْ قيلَ لِى قُمْ لَمْ يَقُمْ جَسَدِى باللّاه[٧]

مِنْ هَوى غايَةِ[٨] سُولِى وَالصَّبابة مَرْعُوشُ[٤] مُسْتَطَارٌ[٩] بجَنَاحَىْ طائرٍ مَّا لَهُ رِيشُ

شَفَّنِى حُبُّ غَزال جَلَّ عن كُل تَمْثِيلِ[١٠]
صِيغَ من نُور صَفا الْيافُوت اوْ عَظْم الفِيل
سَاحر الطَّرف رَخيم[١١] فِى صِفَاتِ ابْن راحِيل
طَيِّب الشَّمِّ لَذِيذ اللَّثْمِ حُلْو لتَقْبيلِ

[١٢]غَيْر أَنَّ فِى فُؤَادِى من يَّهواهُ جَمْرٌ مفْرُوشُ[١٢] يا مُحِبّيه ألَا مُوتُوا بذَلكَ أَوْ عِيشُ

كَمْ [١٣]وكَم قد لَامَ[١٣] فِيهِ من يُرِيدُ بذَا بُعْدِى
فَازْدجِرْ يا لَائِمِى فَسْرًا فلَوْمُكَ لِى يُعْدِى
انّنِى راضٍ بما الْقاهُ منْ لَوْعَة الوَجْدِ
فَعَسَى اسْتَنْجز ....[١٤] بِالوَعْدِ

خَدّهُ يسْحَر للنَّاظِرِ مَا[١٥] فِيهِ تخْمِيشُ لَحْظهُ يظْفَر بالطَّالبِ مَا[١٥] فِيهِ تَجْيِيشُ

كُلَّما لَاعَبْتُها[١٦] بيْن النَّمارِقِ والسَّجْفِ
جَرَّدَتْ عَن بَدَنٍ كالمَاءِ يخْمشُه طرْفِ[١٧]
فاعْتنقت[١٨] البدْرَ فِى دَاجٍ من الحلك الوحْفِ
ثُمّ قالتْ [١٩]وهى مَا بيْن[١٩] التَّرائبِ والشنْفِ

نن ممردش يا حَبِيبِ لا نفر دنيش الغلاله[٢٠] رخصه[٢١] بشت[٢١] اطوطو[٢٢] مربيش[٢٣]

١ ع «مَاتُ» – ٢ ع «كَثِيْرُ» – ٣ ع «...تو» – ٤ ع بتسكين الشين – ٥ كذا قرأتُ، ع «ان مِتُّ»، بشدّة تحت الميم تشير إلى «مِتُّ» – ٦ ع «فَطَعْ» – ٧ كذا ع – ٨ ع «غَايَةُ» – ٩ ع «مُسْتَطَارُ» – ١٠ ع «تَمْثِيلُ» – ١١ ع «رَخِيْمُ» – ١٢ كذا ع، ولعلّ الأصل مثل «غَيْرَ أَنّى بِى فُؤَادِى مِنهُ جَمْرٌ مَبْروشُ» – ١٣ كذا قرأتُ، ع «وكَم لَامَ» – ١٤ سقطت عدّة كلمات – ١٥ ع «وَمَا» – ١٦ ع «لَاعَبَتْها» – ١٧ ع «طَرْفُ» – ١٨ ع «باغْتفت» – ١٩ كذا قرأتُ، ع «وهى بين» – ٢٠ ع «العلاله» – ٢١ فى المخطوطة بياض، وهتان الكلمتان من نصّ الموشّحة التالية – ٢٢ ع «اطرطر» – ٢٣ كذا قرأتُ من نصّ الموشّحة التالية، ع «مبريش»

٣٤٥

موشحة لابن رحيم[1]

يا نَسيمَ الرِّيحِ إِن عُجْتَ[2] على رَبَّة[3] الفُرْطِ

فاهْدِهَا مِنِّى رَيْحان السَّلام على الشَّحْطِ

واعتَمِد تَذْكارها بالعهدِ [4]والوِدِّ والشرطِ[4]

ثمَّ يا غيثُ اسقِ رَبْعًا كنتُ اعْهَدُ بالسفْطِ

بوَّفه للعزِّ والعَلياءِ مجدٌ معروش[5]   طالما اغْلت يَدِى لَا نالَها مِنكَ تَعْطِيشُ

سَقِّنى لَا عُذْرَ لى ان لَّمْ أمتْ خالعَ العُذْرِ

بِى الحِسَان الخُرَّدِ الغيدِ الكَوَاعِب والخَمْرِ

ما أرى يرْدعُ عذْلٌ[6] بعْد ما فَد طَوَى صَدْرى

لَا ولا اسْطيعُ[7] اَن اسْلُوا اظنّ[8] مدَا عُمْرِى

والضَّنَى نَمَّ على جسْمِى وفلْبِى مذهُوشُ   كيف يَسْعَى طائرٌ يا فوْم ليسَ لَه ريشُ

يا خلِى النَّفْسِ[9] لَا تعْذِلِ بُؤَادًا شجيًّا

هَلْ تَرى ما صَنَع الحُبّ على غِرّة بيّا

صَيَّرتْ ايْدِى الضّنا جِسْمِى بلَا رأفَةٍ فِيَّا[9]
فَاتْركُوا لا زَال ثوْب السُّقْمِ وَقفًا عَليًّا
انَّ عذْل الصَّبِّ اغْراءٌ لديْه وتوْريشُ   ما عَليْكمْ انْ أَمُتْ وجْدًا هنيئًا لكمْ عِيشُ

بأَبِى عاطِرَة الأَرْدان سَاحرة الطَّرف
كَاعِبٌ مائلةُ الزّنّار مفْعَمة الرِّدْفِ
جُملةٌ من كُلِّ حُسْنٍ ليْسَ يُدْركُها وصْفِ
بدْرُ تَمٍّ حقّهُ ليْلٌ من الشَّعَر الوحْفِ
تَحتَهُ خَدٌّ من السُّوسَان بالمسْكِ مرْشُوشُ   زانهُ للحُسْنِ تَنْميقٌ ولِلْحُسْنِ تَرْفيشُ

عَاهَدَتْ بَلْ حلَفتْ ان لّا تَحولَ عَنِ العَهْدِ
ثُمّ عادَتْ عَطَفَتْ حَنَّتْ فِزارت[10] بِلَا وَعْدِ
فَارتَشفْتُ الشُّهْدَ مِن فِيهَا وَمِلْتُ إلى النَّهْدِ
فَشَكَتْ ذَاكَ وَقَالتْ لِى سَأَلْتُكَ بِالْودِّ
[11] نون مطنكش يا حبيب لا[12] نفر دنيش   الغلاله رخصه بشت اطوطا مى رفيش

١ هذه الموشّحة موجودة فى جيش التوشيح (فصل ١٣، موشّحة ٢) – ٢ ع «عُجْتِ» – ٣ الكلمة غير واضحة بسبب ثقب فى المخطوطة – ٤ المخطوطة غير مقروءة، والنصّ من جيش التوشيح – ٥ فى جيش التوشيح «وتعريش» – ٦ يعنى «عذلى» – ٧ ع «استطيع» – ٨ فى جيش التوشيح «ظبيا» – ٩ يعنى «فَيَّا» – ١٠ «فزارت» من الحاشية – ١١ توجد خرجة مماثلة فى موشّحة للشاعر יהודה הלוי [موشّحة ٣]، ولكنّ نصّ الخرجة فى الموشّحة العبرانيَّة اغمض منه فى مخطوطتنا، ولا يساعدنا على فهم هذه الخرجة – ١٢ كذا قرأتُ من الموشّحة السابقة، ع «كذا نفر». للنصّ فى الموشّحة العبرانيّة انظر
Stern, *Hispano-Arabic Strophic Poetry*, pp.138-9

موشحة لابن حزمون

لِى ناظِرٌ للبرُوقِ نَاظِرْ ومُـهْجتِى فِى الحشَا تَجِيش[١٠]
يا غَائبًا فِى الفُؤادِ حَاضِرْ صِلْنِى اذَا شِئْت أَن أَعِيش

يَا نَازحَ[٢] الدَّار وهْو سَاكِن فِى حَبَّةِ الفلبِ لَا يَزُول[٣٠]
من [٤]نَشْر المِسْكِ[٤] فِى أمَاكِن خيْلك فِى ريها[٥] تَجولْ
شَطّتْ دِيارُ الهَوى ولَاكِنْ خيَالُهَا زائرٌ وَصُولْ
فَد طَالَ [٦]شوْفِى الى الأَكَابر[٦] يا لَيْتَ للمُسْتَهام رِيش
حَتَّى تجَلَّى الصَّباح زَاهِرْ بعَرْشهِ جَلَّ منْ عَرِيشْ

ابن ابى عابِدِ الإِلاهِ[٧] يا سِبْطَ عِيسَى أَبِى الأَسُودِ
فَاخِرْ بمَا حُزْتَه وَبَاهِ مِنْ كرَم الذَّاتِ والجدُود[٨]
يا محرِزًا غَايةَ التَّناهى فِى كلِّ فِضْلٍ وكُلِّ جود[٩]
انسلْت[١٠] منكَ الإِمام[١١] باتِرْ عَلَى العِدَا يَا ابَا الجُيُوش
ان فيل للرُّوم ذَا عَسَاكِرْ فَرُّوا كما تنفِر الوُحُوش

حَدِّثْ بهِ والغبارُ سَاطِعْ [١٢]وللظُّبَى تحْته[١٢] بَصِيص
وَالخيْلُ تَخْتالُ فِى بَرافِعْ من رَوْنو الهِندِ والدليص
فَإِنَّه فِارسُ الوفَائِعْ الضَّيْغَم الأَحمرُ الفَمِيص
إِذا هفَتْ انفُسُ الجبَابِرْ وطاشَ منْ لَّم يكُنْ يطِيش
يصْنَعُ بالسَّيْف فِى الجمَاهِرْ ما تصْنَعُ النَّارُ فِى الحَشِيش[١٣٠]

فلَّدتَّ جيدَ العُلى جَواهِر اعطَر من نفْحَةِ الزّهَرْ
لبَّيك إنّ اللِّسَان شاكِرْ يا طَلْعةَ الشمْسِ والفمَرْ
اهْدَى الَى[١٤] المُنَا عَسَاكِرْ فَانْتَظمَ الشّكرُ والدُّرَرْ

مَدَّ جَنَاحِى وَكَانَ فَاصِرْ　　وَرَاشهُ خَيْر مَن يريش
حُلاحِلٌ طَيِّب العَناصِر　　مِن ءَال عيسَى وَمردنيش

وَغادةٍ ضَخْمة الجمَالِ　　غَرّاءَ مِنْ سَادةِ العَرَبْ
كَأنَّها البدْرُ فِى الكمالِ　　رَدَّت رداءً منَ الذَّهَبْ
غَنَّتْ وَصَوْتُ الثّناءِ عَالِ[١٥]　　يَصْغَى لَهُ المجْدُ والْحَسَبْ
هَواكَ يا فَارِسَ العسَاكِرْ　　حُبُّكَ يَا فَائدَ الجُيُوشْ
أَلْفَى على خَاطِرِى أَسَاطِرْ　　تَبْفَى اذا تَمتَحِى النُّفُوش

١ ع «تَجِيشُ» – ٢ الكلمة غير واضحة بسبب ثقب فى المخطوطة – ٣ ع «يزُولا» – ٤ «المِسْكِ» فى الحاشية، وفى النصّ «الفلْب». ولعلّ الصواب هو «مِن نَشْرِكَ الْمِسْكَ» – ٥ كذا قرأتُ، ع «رها» – ٦ كذا قرأتُ، ع «شوْفى الأَكَابر» – ٧ الكلمة غير واضحة فى المخطوطة – ٨ ع «والجُود» – ٩ كذا قرأتُ، وفى المخطوطة ثقب – ١٠ كذا ع، ولعلّ الصواب هو «ارسلْتَ» – ١١ ع «الْإِمامُ» – ١٢ كذا قرأتُ، ع «وَللضُّبَى من تحْته» – ١٣ ع «الخشيش» – ١٤ يعنى «إلَيَّ» – ١٥ ع «عَالٍ»

٣٤٧

موشحة للمعتمد بن عباد

مَنْ يَّغُشْ　　اوْ يَهْجُرُ[١] خلَّهْ　　كَيْفَ يُنْعَشْ[٢]

مَتَى أَسْتَرِيحُ　　مِن هَجْر الحبَائِب
أَغْدُوا وَأَرُوحُ　　مِنْهُ فِى كَتائِبْ
وَالهَجْرُ فَبِيحُ　　إِذْ لَستُ بِتَائِبْ
عَن شمسٍ تَلُوحُ　　مِنْ تَحتِ الذَّوايبْ
كَالحنش　　يَكْسُوا الجسْمَ حلَّه　　حِين يفْرَش

تَعلَّقت ظَبيَا[٣]　　مُسوَدَّ[٤] السَّوالِفْ
شَمْسِيَّ المُحيَّا　　غُصْنِيَّ المعَاطِفْ
اذا قامَ يَعْيَى　　بحمْلِ الرَّوادِفْ
كَانَّ الحميّا[٥]　　مِن تلك المَراشِفْ
مَن يرشْ　　مِنْ فِيهِ ببَلّهْ　　كَيْفَ يَعْطَشْ

غزالٌ تفرَّد[٦]　　بالحُسْنِ الحَصِين
حُسْنٌ[٧] ليْسَ يُوجَدْ　　الّا بالظّنُون
بلحْظٍ تَقَلَّدْ　　حُسَامَ المَنُونِ[٨]
وَخَدٍّ تَورَّدْ　　بِالوَرْدِ المصُونِ[٩]
فِي غَبَشْ　　إن تلْحَظْهُ مُقْلَهْ　　فيُخَمّشْ

مُنّى بالتّهنّى　　لمَن يتَمنّاكْ
أَرْضِى[١٠] المتمَنّى　　وَجُودِى بعُتْبَاكْ
عَلَيْه ومُنّى　　برشْفِ ثَناياكْ
قالتْ بِتجَنّى　　أَخْشَى الإِثْم فِى ذَاك
قلْتُ لَشْ　　والسّمحُ بقُبلة　　لَيْسَ يَفْحَشْ

وَلَيْل توالتْ　　عَلَيْنا المَلاهِى
اذْ نِمْتُ فقَالت　　تُريدُ انْتِباهِى
سِنَاتُكَ طَالتْ　　فكمْ أَنتَ سَاهِ
ولما اسْتَمالتْ　　بثغر يباهِى[١١]
قلْتُ ءاشْ　　يحيى[١٢] بكَالَهْ　　حلْو مثْل أش

١ ع «يهجُرْ» – ٢ ع «ينعَشْ» – ٣ ع «ظَبْيًا» – ٤ ع «مُسَوَّد» – ٥ ع «المحيّا» – ٦ ع

«تفرَّدَ» – ٧ ع «حَسَن» – ٨ ع «المَنونُ» – ٩ الكلمة غير واضحة بسبب ثقب فى المخطوطة – ١٠ كذا قرأتُ، ع «وارض» – ١١ يكثر الشكّ فى القراءة، فالمخطوطة غير واضحة – ١٢ المخطوطة غير واضحة وقرأ Garcia Gomez «تحيى»

٣٤٨

موشحة

مَن لِّى بمن سَبانِى وزَادَنِى غَـرَامْ
خَلَعْت من عِنانِى فِى حُبِّه ندَامْ[١]
[٢]عَـدلْت لَـوْ كَهانِى[٢] صَبرْت للسِّقَـام
وفِى سِوَى الحَبيب مَـا طابَ لِى معَـاشْ
ولَا اعْـتَـقدتّ خُلَّـه إنْ طعْتُ فِيهِ واش[٣]

رِيمٌ من الرِّجَالِ يُـزْهَى[٤] على الإمامْ[٥]
غُصْنٌ من اللَّأَلِى[٦] يسْبَى به الأَنام[٥]
شُبِّـهَ بالهِلالِ فِى لَيْلةِ التَّـمَـامْ
يَبْدُوا عَلَى فَضِيبِ فَوْقَ الكَثيبِ ماش[٣]
يَسْطُوا على الأَهلَّـهْ بالسِّـرُّ فيهِ بَـاش[٣]

بِفُـرطِهِ وشنفِه نورٌ معَ الظَّلَام
بثَـغْره[٧] ورَشْفِه دُرٌّ معَ المُـدَام
بصُدْغِه وطَـرْفِه نَصْلٌ معَ السِّهَـامْ[٨]
بسَـهْـمِهِ الْـمُصِيبِ[٩] وَالسَّـهْم ذُو ريَـاشْ
والنّصْلُ اِن يَّسُـلَّـهْ بالفَـلبُ ذُو ارتعاشْ

لَـمَّا بَـدَتْ تَـبَـخْـتَـرْ[١٠]　　كالغُصْنِ فى فوامْ
يزْهُـوا بهَـا المعَصْبَـرْ　　وَهَـا[١١] بِهَـا فِيَـامْ
نَـادَيْـتُـها بمُـضْـمَـرْ　　وقَـد دَّنا الحِـمَـامْ

يَـا نُـزْهَةَ القُـلُـوب　　يَـا منَّـة العِطَـاش
اسْـقِ الصَّدِى المُـدَلَّـهْ　　منْـهَـا وَلَـوْ رشَـاشْ

لَـمَّـا بَـدَتْ بشَـكْلِ[١٢]　　مَشْـدُودَة الزّمَـامْ
وقَـدْ دَنـتْ لرَحْلِ[١٢]　　بأدْمُعٍ سِجَـامْ
اسْـتَـعْـبَـرَت[١٣] لوَصْلِى　　نوْعًـا مِنَ الكَلامْ

أَمَـان يا حَـبيب　　الوحْشُ منبراش
بون باج[١٤] ما بكاله　　لوشك[١٥] [١٦]نُن يِرَاش[١٦]

١ يعنى «يَـا نِدَامِـى» – ٢ ع «عَـذلْت لَـوْكَبانِـى» – ٣ ع بكسر الشين، ولكنّ الوزن يقتضى تسكينها – ٤ ع «يَـزْهَى» – ٥ كذا ع، ولعلّ الصواب هو «يزهى على الأنام» و«يسبى به الإمام» – ٦ يعنى «اللآلى» – ٧ ع «ثغره» [بدون باء] – ٨ ع «السِّهَـامِ» – ٩ كذا ع، ولعلّ الصواب هو «مُصِيبِى» – ١٠ كذا قرأ Garcia Gomez، ع «بتَخَتُّر» – ١١ كذا فى المخطوطة على ما يبدو [يعنى «وَهَى»]، ولكنّ الكلمة غير واضحة – ١٢ ع بالتنوين – ١٣ ع «واسْتَعْبَرَتْ» – ١٤ كذا قرأ Gomez Garcia، وفى المخطوطة «باح» – ١٥ يعنى «وِشْكَ» باللفظ العامّىّ من «وِشْقة»، وهى مدينة Huesca – ١٦ كذا قرأتُ، وفى المخطوطة «تنيراش»

٣٤٩

موشحة

أَباحَ حِمَى الصَّبِّ
بَـدْرُ[١] التَّمِّ فى الحُبِّ

فَظَلَّ مِنَ الكَـرْبِ
يَـهِيمُ بِلَا لُبِّ
موحَّشْ به ارَش منجش[٢] يُـثير الغش
فاجْـهَشْ بَكَـا ينبش عَلَى السِّـرِ مسْـتبْتَش

أَنَـا فِى الهَوَى عانِ
لأَحْـور فتَّـانِ
رَمَـانِـى فأَصْمَـانِـى
باسْـهُمِ أَجْفَـانِ
تريَّشْ بغنج حش[٣] وَأَفْحَش حشـى ينتش[٤]
تَـعَطَّش بدَمْع رش[٢] على الخَـدِّ مسْـتعْـرش

رَشًـا سامَـنِى بالصَّدْ[٥]
اسًى فوَّتـى فدْ هَـدْ
ويعْطى[٦] لثارى[٧] خَـد
لهُ ناعمٌ امْـلَـدْ
يخمّش[٨] اذا[٨] حُـمِّش ويخْـدَش اذا ادْهِشْ
وينفشْ كمـا رُفِّش طِرازُ ريَـاضِ الطَّشْ

[٩]بوَجْـهك اسْتَشفِ[٩]
من السُّـفْم واللّـهْفِ
فلمْ[١٠] صُغتَ[١١] لِى حَتْفِ
بصُدْغَـيْكَ للعَطْفِ
كأَرفَشْ غَـدَا ينهَشْ ويبْطشْ وفَـدْ حُـرّشْ
ويدْهشْ بمَن يوحِشْ مشُـوفًـا به عيِّش

وَخَوْدٍ[12] بنهْد غَضْ
كرُمْحٍ اذَا اسْتَعْرَضْ
به[13] اثرٌ للْعَضْ
بيهِ [14]فلتُ إذ اعْرَضْ[14]

رُخَامَش[15] كن الشامش مرادَش[16] كم اللزمش
افوطش كم اللنجش †كمال ش† ذ المش

١ كذا قرأتُ، ع «ذُو» – ٢ كذا ع – ٣ كذا قرأتُ، ع «حلش» – ٤ ع «يننش» – ٥ ع «بالصَّدِّ» – ٦ ع «يعْطِى»، ولعلّ الصواب هو مثل «ينضى» – ٧ كذا فى المخطوطة على ما يبدو – ٨ المخطوطة غير واضحة – ٩ المخطوطة غير واضحة، ولكنّ آثار الحروف تشير إلى هذه القراءة – ١٠ يعنى «فَلِمْ» – ١١ كذا قرأتُ، ع «صنت» – ١٢ ع «وَخُودٍ» – ١٣ كذا قرأ سيّد غازى، ع «بيه» – ١٤ كذا قرأتُ، ع «فلتُ اعْرَضْ» – ١٥ كذا قرأتُ، وفى المخطوطة ما يماثل «ذخمش» – ١٦ كذا قرأتُ، ع «مرديش»

٣٥٠

موشحة

جَيّشْ عينيه للفتال[1] حبّى فَكَيْفَ أَنعشْ

اهْلَا[2] بشادِنٍ سبانِى
ختلَا مثْواه فى جَنَانِى
وَلَا[3] بالأَمْنِ والْأَمَانِى[4]
أوْحَشْ[5] فَلْبى بمَا احتيالِ [6]واذ اراه[6] ادْهَشْ

دَعْنى يَا عَاذِلِى عَلَيْهِ

ذَرْنِى   امُتْ عَلَى يَدَيْهِ

انى[7]   رَهينُ رَاحَتَيْهِ

ارش   سواك بالمحال   وما اراه عيش

أَحْمدْ   يا مُنيةَ الحَزِين

اغْمَدْ   لَوَاحِظَ الجُفُون

اسْعَدْ   مَنْ ظَلَّ ذَا شُجُونْ

يَنهَشْ   مِن ناظِرَى[8] غَزَال   سِهَامَهَا[9] تريَّش[10]

مَن لِّى   وقَدْ اطَلْتَ هَجْرِى

فَتْلِى   أبحْتَ دُونَ وتْرِ

خِلِّى[11]   اشْكُوك فَرْطَ ضُرِّى

اعْطَش   والرِّيْق[12] كَالزَّلال[13]   يَحْمِى لَماهُ أَرْفَشْ

جالَا[14]   يقطِّعُ القُلُوبَا

مالَا   فَاخْجَلَ الفضِيبَا

فالَا   لِيُسْمِعَ الْكَئِيبَا

افتَشْ   مَليح كَذا بحَالِ   ولا يكُونْ مُحَشَّشْ

١ كذا قرأتُ، ع «لفتال» – ٢ ع «اهْلاً» – ٣ يعنى «ولَّى» – ٤ ع «والْأَمَانِ ى» – ٥ ع «اوْحَشَ» ٦ كذا قرأتُ، ع «وان اره» – ٧ ع «انّنى» – ٨ ع «ناظِرِى» – ٩ ع «سِهَامُهَا» – ١٠ ع «تَرِيشْ» – ١١ ع «خَلِّى» – ١٢ ع «للرِّيْق» – ١٣ ع «كالزُّلل» – ١٤ كذا قرأتُ، ع «حـالا»

حرف الهاء

٣٥١

موشحة لابى الفاسم المنيشى[١]

خليلىّ[٢] حُثَّاها طلاً وَأَدِيرَاهَا[٣]

أَنا اعْكفُ النَّاسِ[٤]
عَلى خَمْرة الكَاسِ
وَمَا أَنَا بالنَّاسِ
لَذِيذَ حُميَّاها وحُسْن مُحيَّاهَا[٥]

لَالشُّهدُ[٦] يُضَاهِيهَا
وَلَالشَمْسُ[٧] تحْكِيهَا
وَأَعْجَبُ مَا فِيهَا
[٨]أَنْ تَرْمُوَ مضْنَاهَا وتَنشرُ[٨] صَرْعَاهَا

انا جد هَيْمان
ونَاحِلِ جُثْمان
عَلَى بنْتِ نعْمَان
فَإِنْ بان مرْءَاهَا فَقَلْبى يرْعَاهَا

هى الشَّمسُ والبدْرُ
هىَ الغُصْنُ والزَّهْرُ
هِىَ الشُّهْدُ وَالعِطْرُ
هِى الامْنُ مدْنَاهَا هِىَ الخوْفُ مُنئاها[٩]

أَيا[١٠] عَاذِلِى فصرَا

بَفلْبِى بهَا مُغْرَا
وَأَشْـدُو[11] بهَا الدَّهْـرَا
مَا عُمِّرتُ أَهْواهَا وَلس[12] باللّـه[13] أَنْسَاهَا

١ ع «للمنينى» – ٢ ع «خليليًّا» – ٣ ع «وأَدِرَاهَا» – ٤ ع «للنَّاسِ» – ٥ الكلمة غير واضحة بسبب ثقب فى المخطوطة – ٦ كذا قرأتُ، ع «بَالشُّهدُ» – ٧ كذا قرأتُ، ع «وَلَالشَمْسِ» – ٨ كذا قرأتُ، ع «ترمو مضناها وتَنْشُرُ» – ٩ ع «مُناها» – ١٠ كذا قرأتُ، ع «يَا» – ١١ كذا قرأتُ، ع «أَشْدُو» – ١٢ كذا قرأتُ، ع «وَلَيْسَ» – ١٣ ع «باللّهِ»

٣٥٢

موشحة لابى بكر بن بقى

تطْوِى الْهَوَى الضُلُوعُ وتُخْفِيهِ وتَسكُبُ[1] الدُّمُوعُ فتُبْدِيهِ
أَنَا فَطَعْتُ كَفِّى بكَفِّى
أَنَا فتَنْتُ طَرْفِى بِطَرْفِى
نَشَبْتُ فِى حَبَائِلِ خَشْفِى
معْشُوق مضمر[2] الخَصْرِ[3] طَاوِيهِ يجْنا العَفِيق[4] والدُّرُّ مِن فِيهِ[4]
موْلاىَ ان مَننْتَ فَشُكْرَا
مولَاىَ ان جَفَوْتَ فصَبْرَا
موْلاىَ زِدْ عَلَى الهجْر هَجْرَا
دَعِ الْهَوى بفَلبِى يكْويهِ لا تبْدِل الصُّدودَ فأَدْرِيهِ
يا مُهْجتِى [5]فَهَلْ اوْفَيْت[5]
لو تعْلَمين[6] مَا بِى بَكَيْت

مَا ضَرَّ بِى الْـهَـوَى لَـوْ رثَـيْت

لِعَاشِقٍ صُدُودُك يُضْنِيهِ　　　يَبْكِى لَـهُ العَـدُوُّ ويَـرْثِيه

عَـلِقْت مَنْ تَـعلَّو فُـرْطَـاه

كالمِسْكِ والمُـدامةِ رِيَّـاه

ظَـبْـىٌ اذَا مرَرْتُ بمَـثْـوَاه

اصُدّ عَـنْـهُ وَجْـهِـى وَألْـوِيهِ　　　خَـوْف العِدَا وَفِى القَـلْـبِ ما فِيهِ

يا رَشـا هويْت وهُـنت[7]

وهمْتُ بالمِلاح ودِنْت

†وفيا لِى ومرويك†[8] فُـلْت

من غرْفةِ[10] الفَصر لا اسَـمِّـيهِ

١ كذا قرأتُ، ع «وَتَـنْسَكِبُ» – ٢ فى المخطوطة ما يماثل «معْـند» أو «معْنر» – ٣ ع «الخِضْرِ» – ٤ كذا قرأتُ، ع «والدُّرُّ فِيهِ» – ٥ كذا ع، ولعلّ الصواب «فِهلّا وَفَيْت» – ٦ ع «تعلمُـون» – ٧ كذا ع، ولعلّ الصواب هو «صنت» – ٨ لعلّ الكلمة الأولى «وفيل» – ٩ المخطوطة غير مقروءة بسبب ثقب – ١٠ المخطوطة غير واضحة

٣٥٣

موشحة له ايضا[1]

[2]لاتبعنّ الْـهَـوَى[2]　　　الى افاصِيه[3]

حتَّى يفُـول فِـريو[4]　　　رِفَّتْ حَـوَاشِيهِ

[2]مَـا عيل[2] مُصْطبَرِ[5]　　　لولاكَ يَـا يَحْـيَـى

امُـوتُ بالنَّظَرِ　　　وَتَـارَةً احْـيَـا

مَا شِئْتَ مِنْ خَبَرٍ[٦] يَا أَبْدَعَ الأَشْيَا
صَبٌّ يُفَاسِى النَّوَى فِيمَا يُفَاسِيهِ
يفِيضُ وَاد العَفِيو[٧] عَلَى مَئَافِيهِ

مَن لِى بوَجْه جمع مَحاسن[٨] الصور
يغْنِى اذَا مَا طَلَع[٩] عن مَّطلعِ الْقَمَرِ
ومبْسَمٍ لمْ يَدَعْ صَبْرًا لمصْطَبَرِ
مثْل الأَفَاحِ اسْتَوى فبَات يسْفِيهِ
ريقٌ كانَّ الرَّحيق[١٠] مُشَعْشَعٌ بيهِ

هَل لِّى الَيْكَ سَبيل[١١] اوْ عَنكَ مُنصَرَفُ
فلبٌ يُفاسِى العَليل[١٢] وَعَبْرَة تكِفُ
فَمَا [١٣]عَسَا أَنْ أَفول[١٣] وَمَا عَسَى أَصِفُ
يَا رَبِّ ان الجَوَى فَد كُنتُ اخْفِيهِ
لَاكِن دَمْعِى الطَّلِيق[١٤] يَجْرى فَيُفْشِيهِ

دَمْعٌ جَرَى فَنطق[١٥] عَن بعْضِ ما اجدُ
وَمُسْعِدى فِى الأَرَق والنَّاسُ فد رَفَدُ
نَجْمٌ ضَعيفُ الرَّمَق حَيْرَانُ[١٦] مُنْفَرِدُ
يَلُوحُ ضَعْفُ الْفُوى على تَرَافِيهِ
مثل الْتِماسِ الغَرِيق[١٧] ما لَيْسَ يُنجِيهِ

مَن لِى بهِ كالهِلَال يَبْدُوا عَلَى غُصْن
وَصَفْتُه بالجَمَال[١٨] ونخْوة الحُسْنِ
فَبَعْد ذَالكَ فال[١٩] [٢٠]فولوا له عَنِ[٢٠]
لِس[٢١] يحتَمل سِوَى وصْفِى وتَشْبيه

يُـريدْ نكُـونْ [22]لُ صديو[22]ْ   يصْبَـر على تِيهِ

١ هذه الموشّحة موجودة فى المُغرب لابن سعيد (٢، ٢٧٠) بين موشّحات ابن زهر، بدون الدور الثالث – ٢ المخطوطة غير واضحة، ولكنّ آثار الحروف تشير إلى هذا اللّفظ، وهو موجود فى المُغرب أيضًا – ٣ كذا فى المغرب، ع «الفَاصيه» – ٤ ع «فَريوٌ» – ٥ ع «مُصْطبَرٌ» – ٦ ع «خَبَرِ» – ٧ ع «عَفِيوِ» – ٨ ع «ومحاسن» – ٩ ع «طلَعَ» – ١٠ ع «الرَّحيوَ» – ١١ ع «سَبيلٌ» – ١٢ كذا ع، ولعلّ الصواب هو «الغَليل» – ١٣ كذا قرأتُ، ع «عَسَا أفوَل» – ١٤ ع «الطَّليوَ» – ١٥ ع «فَنطوَ» – ١٦ ع «حَيْرَانٌ» – ١٧ ع «الغَريوِ» – ١٨ ع «بالجمَالِ» – ١٩ ع «فالَ» – ٢٠ كذا قرأتُ من النصّ فى المُغرب، ع «فوْلُه الدعْن»، فعسى أن يشير نصّ المخطوطة إلى «بِفَوْلَةِ الدعْنِ» – ٢١ كذا قرأتُ، ع «لَيْسَ» – ٢٢ كذا فى المغرب، وفى المخطوطة ما يماثل «اصْديوْ»

٣٥٤

موشحة[1] [2]

دَهَـتْنِى عُـيُـونُ الْـمَـهَـا الْـغَـاوِيَـه[3]ْ   بِداهِيَـةٍ أَيَّـما دَاهِيَـهْ

عُـيُـون الْـهَـوى فَـتَكـتْ بالظُّبا
وفَـلْبِى صَبَـا رُشْـدُه للصِّبَـا
وَبى أَوْطَفُ عَـلَّلتْه الصَّبـا[4]

وَبِى كَـبِدِى عِلَّةٌ مَـاضِيَـهْ   فَيَـا ليتَـهَـا كانتِ الفَـاضِيَـهْ

رَشًـا أَحْـوَرٌ لَحْظُـهُ يَسْحَـرُ[5]
ومبْسَـمُـهُ نَظْـمُـهُ[6] جَـوْهَـرُ
وَرِيفَـتُـهُ عَـذْبَـةٌ تُسْكِرُ

وَبِى خَـدِّه جَـنَّـةٌ عَـالِيَـهْ   وَلَـيْسَ الْفُطُـوفُ بِهَـا دَانِيَـه[7]

رشًا اغيدُ لحْظه فِى[8] فُتُونْ
إذَا لاحَ يَغْشَا سَنَاهُ العُيُونْ
بِه[9] يفْتَدِى فِى ظَلَام الدجون[10]

[نهاية الصفحة الأخيرة الباقية فى المخطوطة]

١ لا شكّ فى أنّ هذه الموشّحة مؤلّفة قبل نهاية القرن السادس، فإنّ لها معارضة من قلم ابن سناء الملك «أرى أدمعى كالدماء جاريه» (عقود اللآلى للنّواجىّ، موشّحة ٥١) – ٢ يوجد المطلع وثلاثة أدوار فى العذارى المائسات [موشّحة ٢٣] – ٣ ع «الْغَاوِيَةْ» – ٤ ع «لِلصَّبَا» – ٥ ع «يُسْحِرُ» – ٦ ع «نَظُمُه» – ٧ فى العذارى المائسات السمط كما يلى:

فمن يستقى ريقة شافيه | لقد صار فى عيشة راضيه

٨ كذا قرأتُ، ع «فِيِه» – ٩ كذا قرأتُ، ع «فِيه» – ١٠ ع «الدجن» – ١١ فى العذارى المائسات يوجد ههنا السمط الثانى فى مخطوطتنا

فهرست الأعلام

١

فهرست الأماكن